普通高等院校"十二五"规划教材

RENLI ZIYUAN
GUANLI YU KAIFA

人力资源
管理与开发

荆 炜　周 清　郝金磊　主　编
郭 雪　冯红霞　时书霞　景 吉　王洪涛　副主编
朱晓燕　李 强　刁宇凡　何艳梅　参　编

清华大学出版社
北　京

内 容 简 介

　　本书是作者在研究人力资源管理理论并进行实践的基础上,将理论与实践科学结合的成果。作者围绕人力资源管理的规划、获取、养护、发展、协调、激励等职能为主线展开探究,结构框架清晰、内容全面、教学方法务实。本书既有战略人力资源管理的前瞻性,又兼顾了本土化、实用性的需要。每章的开篇均有导入案例,并在章末配相关的综合练习,包括名词解释、选择题、判断题、论述题和案例分析等。

　　本书适于作为企业管理和人力资源管理专业本科生和研究生的专业课教材,同时也适于作为相关专业和企业管理人员的培训教材。

本书封面贴有清华大学出版社防伪标签,无标签者不得销售。
版权所有,侵权必究。举报:010-62782989,beiqinquan@tup.tsinghua.edu.cn。

图书在版编目(CIP)数据

　　人力资源管理与开发 / 荆炜,周清,郝金磊主编. —北京:清华大学出版社,2016(2022.8重印)
　（普通高等院校"十二五"规划教材）
　ISBN 978-7-302-42439-0

　　Ⅰ.①人… Ⅱ.①荆… ②周… ③郝… Ⅲ.①人力资源管理-高等学校-教材 ②人力资源开发-高等学校-教材 Ⅳ.①F240

　　中国版本图书馆 CIP 数据核字(2015)第 306879 号

责任编辑:刘志彬
封面设计:汉风唐韵
责任校对:王荣静
责任印制:刘海龙

出版发行:清华大学出版社
　　网　　址:http://www.tup.com.cn,http://www.wqbook.com
　　地　　址:北京清华大学学研大厦 A 座　　邮　编:100084
　　社 总 机:010-83470000　　邮　购:010-62786544
　　投稿与读者服务:010-62776969,c-service@tup.tsinghua.edu.cn
　　质量反馈:010-62772015,zhiliang@tup.tsinghua.edu.cn
印 刷 者:北京富博印刷有限公司
装 订 者:北京市密云县京文制本装订厂
经　　销:全国新华书店
开　　本:185mm×260mm　　印　张:21　　字　数:534千字
版　　次:2016 年 1 月第 1 版　　印　次:2022 年 8 月第 9 次印刷
定　　价:57.00元

产品编号:067488-02

Preface 前言

21世纪的今天，各个企业为了生存乃至发展，除了进行战略重组、资金运作以及整合竞争资源以外，更重要的一点，也是根本的一点就是加强人力资源管理。

本书从人力资源的规划、获取、培训、激励以及劳动关系管理等各大职能对人力资源管理的理论和操作技术进行了系统性、综合性的阐述，内容涉及战略规划、工作分析、员工招聘、人员甄选、员工培训、组织发展、绩效管理、薪酬管理、职业生涯计划、劳资关系、战略人力资源、国际人力资源，以及人力资源研究等实际人力资源管理中可能碰到的种种问题，并针对国内企业的特色有创新性地提出了若干具体操作技术。本书每章紧密结合该章的内容，提供较多国内外的案例，帮助读者加深对于理论的理解和提高实际运用的能力。

第一，本书在整体结构上做了比较完善的设计。首先是对篇章结构进行了补充，把人力资源管理的全部功能概括为 12 个字，即规划、获取、养护、发展、协调、激励，并逐一描述；每章包括导入案例、正文、综合练习等内容。

第二，本书在理论与实践的联系上有较大的突破。内容围绕企业人力资源管理过程中的问题，以及对这些问题的分析和其产生的社会背景与历史文化背景的归纳和总结，并配有大量的案例。理论与实践相结合、理论为实践服务。

第三，本书在教学方法上做了尝试性的探索。综合练习、开放式讨论和角色模拟训练等都着眼于学生的积极参与，教学相长和互动式、体验式的教学方式，有利于培养和提高学生分析问题和解决问题的能力。

本书的写作得到了兰州财经大学众多专家、教授的指导和帮助。此外，还要感谢为本书提供人力资源管理实践机会的甘肃省国有资产投资集团有限公司、甘肃红川酒业有限责任公司、甘肃古河州酒业有限责任公司等。

本书由荆炜、周清、郝金磊、郭雪等老师担任主要编写工作。其中荆炜编写第一章，第二章；周清编写第三章，第四章；郝金磊编写第五章；冯红霞编写第六章；时书霞编写第七章；郭雪编写第八章～第十章。

Contents 目 录

第一章 人力资源管理概述

第一节 人力资源概述 …………………………………………………… 3
第二节 人力资源管理的基本问题 ……………………………………… 10
第三节 人力资源管理的发展历史 ……………………………………… 16
第四节 现代人力资源管理面临的挑战与发展趋势 …………………… 24
本章小结 …………………………………………………………………… 29
综合练习 …………………………………………………………………… 30

第二章 战略人力资源管理

第一节 战略人力资源管理概论 ………………………………………… 36
第二节 人力资源管理战略 ……………………………………………… 43
第三节 战略人力资源管理思想的应用 ………………………………… 50
本章小结 …………………………………………………………………… 52
综合练习 …………………………………………………………………… 52

第三章 人力资源管理规划

第一节 人力资源管理规划概述 ………………………………………… 60
第二节 人力资源需求预测 ……………………………………………… 63
第三节 人力资源供给预测 ……………………………………………… 67
第四节 人力资源规划的编制 …………………………………………… 70
本章小结 …………………………………………………………………… 73
综合练习 …………………………………………………………………… 73

第四章 工作分析

第一节 工作分析的概念与作用 …………………………………………… 80
第二节 工作分析的基本方法 ……………………………………………… 85
第三节 工作分析的基本程序 ……………………………………………… 91
第四节 工作说明书的编写 ………………………………………………… 94
本章小结 ……………………………………………………………………… 102
综合练习 ……………………………………………………………………… 102

第五章 人力资源招聘

第一节 员工招聘概述 ……………………………………………………… 110
第二节 员工招聘的主要程序 ……………………………………………… 116
第三节 招聘的来源与方法 ………………………………………………… 121
第四节 人员甄选的主要方法 ……………………………………………… 127
第五节 录用与评估 ………………………………………………………… 137
本章小结 ……………………………………………………………………… 142
综合练习 ……………………………………………………………………… 142

第六章 员工培训与开发

第一节 员工培训与开发概述 ……………………………………………… 147
第二节 培训需求分析 ……………………………………………………… 154
第三节 培训管理 …………………………………………………………… 160
第四节 员工培训与开发方法 ……………………………………………… 167
第五节 员工的分类培训 …………………………………………………… 173
第六节 员工的职业生涯管理 ……………………………………………… 177
本章小结 ……………………………………………………………………… 186
综合练习 ……………………………………………………………………… 186

第七章 绩效管理

第一节 绩效 ………………………………………………………………… 191
第二节 绩效管理 …………………………………………………………… 195
第三节 绩效考核 …………………………………………………………… 209

本章小结 ··· 224
综合练习 ··· 224

第八章　薪酬管理

第一节　薪酬概述 ··· 229
第二节　薪酬管理 ··· 233
第三节　如何设计企业的薪酬体系 ··· 242
第四节　工资制度 ··· 246
第五节　工资形式 ··· 249
本章小结 ··· 255
综合练习 ··· 255

第九章　劳动关系管理

第一节　劳动关系 ··· 261
第二节　劳动合同管理 ··· 265
第三节　劳动争议与处理 ··· 272
第四节　劳动保护与社会保障 ··· 277
本章小结 ··· 283
综合练习 ··· 283

第十章　企业国际化运营中的人力资源管理

第一节　企业国际化运营中的人力资源管理概述 ······································ 290
第二节　企业国际化运营中的人力资源配置 ··· 299
第三节　企业国际化运营中的人力资源培训与开发 ·································· 307
第四节　企业国际化运营中的人力资源绩效管理 ···································· 312
第五节　企业国际化运营中的人力资源薪酬管理 ···································· 316
本章小结 ··· 322
综合练习 ··· 323

参考文献 ··· 328

第一章 人力资源管理概述

学习目标

本章主要介绍了人力资源和人力资源管理的含义、特征、基本职能及战略意义,以及人力资源部门及其从业人员在企业中的地位与角色、组织结构及其所承担的工作、从业人员的素质要求等,并介绍了人力资源管理的发展历史和趋势。

1. 掌握人口资源、劳动力资源、人力资源及人才资源的相关概念。
2. 掌握人力资源管理的含义及其职能。
3. 了解人力资源管理的理论渊源。
4. 了解人力资源管理的历史、现状与未来。

导入案例

宝洁(中国)公司的人力资源管理

宝洁公司名列美国"最受MBA欢迎的50家企业"名单之中,在一份"最受中国大学生欢迎的外企"的调查报告中,宝洁公司同样名列前茅。宝洁公司何以具有如此魅力?请看其独特的人力资源管理。

获取(选人)——在沙海中淘金

宝洁(中国)公司每年都要在全国各重点大学举办大规模的招聘会,通过严格有序的招聘,吸引大批有才能的年轻人。

宝洁公司在大学校园给人的感觉是"太难进了",即使在北京大学、清华大学,宝洁公司的招聘会现场也会挤得水泄不通。有限的几个名额,就有数十人甚至上百人去应聘,如此激烈的竞争是罕见的。

应聘者的竞争使宝洁公司能够在众多的应聘者中大浪淘金。填表、第一轮面试、解难能力测试、英文测试、第二轮面试……当然,"留下来的就是宝洁所需要的一流人才"。

宝洁公司人力资源部的高级经理张伟认为:"宝洁员工应该是具备领导能力、诚实正直、能发展自己、能承担风险、团结合作、具有专业技能,并且能够积极地创新以解决问题的人。"

宝洁公司招聘人员通过一轮轮地挑选来发现具有潜能的人。比如，考察领导能力，不一定要看他是否担任过领导职务，关键是看他是否具有领导素质，能否鼓动和带领大家完成工作任务。

激励（用人）——在想象中长跑

宝洁公司采用内部晋升制度。要实现内部晋升制度，必须具备如下条件：一是员工必须有发展的潜力；二是员工必须认同公司的价值观；三是职业生涯设计非常明确；四是具有完善的培训体系；五是晋升制度必须透明化。

作为一家国际性的大公司，宝洁公司有足够的空间来让员工描绘自己未来的职业发展蓝图，无论他是一个技术型人才，还是一个管理型人才。张伟结合自己描述了一个人力资源经理的职业成长之路："最初你会是一个人力资源专职管理培训生，然后你将成为负责培训、招聘或者工资福利制度的助理经理。下一步，你将成为人力资源部的某一专业领域的经理，负责公司政策制度的实施、招聘等工作。然后，你会作为分公司的人力资源部经理，全面负责所属合资公司的人力资源系统的整体管理工作，或者负责人力资源某个专业领域系统的发展和完善。而后，你会成为人力资源部的经理。"

这种清晰的职业发展之路在公司其他各部门同样得到了充分的展现。内部晋升的制度在宝洁公司得到了严格的执行，宝洁公司大中华区总裁潘纳友先生也是从底层逐步晋升的。

开发（育人）——在学习中成长

宝洁公司的培训体系在业内堪称一流。无论在美国总部还是在中国，都有专门的培训学院。公司为每一位员工提供独具特色的培训计划和极具针对性的个人发展计划，使他们的潜力得到最大限度的发挥。

培训包括入职培训、语言培训、管理技能和商业知识的培训，以及专业技术的在职培训。其特点有三个：一是全员性，公司所有员工都有机会参加各种培训；二是全程性，内部晋升制客观上要求，当一个人到了更高的阶段，需要相应的培训来帮助其发展和成功；三是针对性，公司根据员工的能力特点和工作需要提供不同的培训。

人力资源部高级经理张伟在宝洁公司工作的 7 年时间里参加过上百次种类繁多的培训。他结合自己的受训过程，对自身的职业发展之路进行了一个大体的规划。

刚进宝洁公司的时候，张伟的英语写作没问题，但是口语交流有困难。为此，公司请外教对他进行了一对一的口语培训，使他的口语交流能力有了很大的提高。在后来的工作过程中，公司依然给他提供有针对性的口语培训。

随着工作职位的提高，公司提供的培训越来越多，范围也越来越广，培训地也越来越远。开始是在国内某一个大城市，如广州、天津、北京等，后来是日本、菲律宾、韩国、泰国，最后到了美国总部。每当他晋升到一个更重要的职位时，公司总是要先做一次培训。

比如，当他第一次晋升时，首先参加了有效管理下属的培训。其中有一个案例，当要翻一堵墙时，一个有效的管理者必须先判断翻墙的目的是什么，墙后面有什么，什么方式翻墙最有效，如何能让整个团队及时地过去而没有人落下，这些都是由于不同的思维方式导致的不同的行为模式。通过这种培训，宝洁公司的经理人会明白，如何工作更有效，如何能够更快地成长。

保持（留人）——在激励中提升

宝洁公司的经济激励主要靠薪酬福利来形成对人才的吸引力。由于市场是薪酬福利的最终决定者，宝洁公司自然就把决定权交给了市场。宝洁公司每年都会请国际知名的咨询公司进行市场调查，内容包括同类行业的薪酬水平、知名跨国公司的薪酬水平，然后根据调查结果及时调整薪酬水平，从而使薪酬具有足够的竞争力。

具体的薪酬包括两大部分：一部分是工资，实行年薪制；另一部分是全方位的福利，其中包括政府要求给员工购买的福利、公司在国际上统一给员工的福利，以及根据中国实际情况给予的福利(如休假，公司会同时结合中国和外国的休假给予员工假期，包括"五一"、"十一"、中秋、春节，也包括圣诞节)，员工同时享受中资和外资企业的福利。

当一个人在物质上得到基本满足以后，就会追求来自精神上的奖励。尊重和认可是最基本的精神奖励，在宝洁公司，上级会经常过问下属的工作，尊重下属的意见，及时沟通。当下属的工作取得成绩时，上级经理会及时致谢，以感谢信或者表扬信的方式对下属进行激励。

资料来源：张爱卿，钱振波. 人力资源管理：理论与实践[M]. 3版. 北京：清华大学出版社，2015.

获取、激励、开发、保持以及整合是人力资源管理的主要功能，宝洁公司在这些方面做得非常出色。本章从人力资源管理的组织层面、部门层面和历史发展的角度对人力资源管理的基本情况进行介绍。

对人的管理，从一定意义上讲，是任何一位管理者都必然要做的，因为管理者要管事，而任何事都是通过人来做的，所以管理必定要管人，也就是说管理者是广义的人力资源管理功能的执行者。但狭义的人力资源管理却是指那些在人力资源管理职能部门中的专职人员所做的工作。

人力资源管理是近几十年来才逐渐出现并普及的新概念，以前称之为人事管理。人事管理与生产、营销、财务等管理同为工商企业管理中不可或缺的基本管理职能之一，但由于早期人事管理工作主要是较简单的、行政事务性的、低技术性的内容，所以曾长期被忽略和轻视。随着企业内、外环境的变化，这项工作的作用日渐重要起来。于是，人事管理更名为人力资源管理，这不仅是名称上的改变，其具体的工作内涵也有了深刻的变化；但更根本的是，在观念上对企业最宝贵的资源——人的认识上，有了质的改变。

第一节　人力资源概述

一、人力资源的含义

"人力资源"(human resources)这一概念最早于1919年和1921年由约翰·R·康芒斯(J. R. Commons)在《产业信誉》和《产业政府》中提出。而现代意义上的"人力资源"概念是由著名管理大师彼得·德鲁克(Peter F. Drucker)于1954年在名著《管理实践》(*The Practice of Management*)中明确界定的。德鲁克通过这一概念表达传统"人事"所不能表达的意思。他认为，与其他资源相比，人力资源是一种特殊的资源，其拥有其他资源所没有的素质，即协调能力、融合能力、判断力和想象力。人力资源必须通过有效的激励机制才能充分发挥作用，并为组织带来经济价值。

在我国，最早使用"人力资源"概念的文献是毛泽东于1956年为《中国农村社会主义高潮》所写的按语。在按语中他写道："中国的妇女是一种伟大的人力资源，必须发掘这种资源，为建设一个社会主义中国而奋斗。"

20世纪60年代以后，随着W·舒尔茨人力资本理论的提出，人力资源的概念更加深入人心，对人力资源的研究也越来越多。国内外学者关于人力资源的主要观点如表1-1所示。

表1-1 国内外学者关于人力资源的主要观点

专　　家	主　要　观　点	范畴	强调的特征
彼得·德鲁克	人，拥有当前其他资源所没有的素质，即协调能力、融合能力、判断力和想象力	广义	人的资源独特性、人具有的各种能力
伊万·伯格	人类可用于生产产品或提供各种服务的活力、技能和知识	广义	活力、技能、知识
内贝尔·埃利斯	企业内部成员及外部与企业相关的人，可提供潜在合作与服务及有利于企业预期经营活动的人力的总和	广义、狭义	与企业相关的人及人力
时勘	一定时、空条件下，劳动者数量和质量的总和	广义	劳动者数量和质量
姚裕群等	一定范围的人所具有的劳动能力的总和	狭义	劳动能力

综合国内外学者的观点，本书认为，人力资源有广义和狭义之分，广义的人力资源是指人类社会所拥有的一切可以利用的人们劳动能力(体力、智力)的总和；狭义的人力资源是指特定组织所拥有的全部人员(与企业目标相关的其他人)的各种能力的总和。在本书中，除了特殊说明之外，我们是从狭义的角度来理解人力资源的概念。

这一概念强调三个要点：其一，人力资源的主体是特定组织及其全部人员；其二，人力资源的核心是人的体力和脑力；其三，人的多种能力是人力资源的集中体现。

二、与人力资源相关的概念

与人力资源相关的概念还有人口资源、劳动力资源和人才资源，准确地把握这些概念和它们之间的相互关系，有助于我们准确地理解人力资源的实质、内涵及其重要性。下面我们一一表述。

▶ 1. 人口资源

人口资源是指一个国家或地区的人口总体的数量表现，是形成人力资源的自然基础。在人口范围内，人分为具备劳动能力者、暂时不具备劳动能力而将来会具备劳动能力者，以及丧失劳动能力者。

▶ 2. 劳动力资源

劳动力资源是指一个国家或地区在"劳动年龄"范围之内有劳动能力的人口的总和，是指人口资源中拥有劳动能力并且进入法定劳动年龄的那部分，偏重劳动者的数量。在劳动年龄段的人口是构成我国劳动者的主体，是人力资源的主体，代表着劳动力的供给量。劳动力不包括尚未进入就业领域的学生、失业者，以及丧失劳动能力者。

▶ 3. 人才资源

人才资源是指一个国家或地区具有较强的管理能力、研究能力、创造能力和专门技术能力的人的总称。

人口资源主要表明数量概念，是形成劳动力资源、人力资源和人才资源的基础。劳动力资源包含在人口资源中，是人口资源中拥有劳动能力的人，人口资源和劳动力资源突出了人的数量和劳动者数量，人才资源侧重人的质量，人力资源是人口数量与质量的统一，是潜在人力与现实的统一。四者的关系如图1-1所示。

(a) 人口资源、人力资源、劳动力资源、人才资源四者的包含关系

(b) 人口资源、人力资源、劳动力资源、人才资源四者的数量关系

图1-1 人口资源、人力资源、劳动力资源、人才资源四者的关系

我国是拥有13亿人口的大国，人口资源丰富，但高素质的劳动力资源，特别是人才资源比较匮乏，主要表现在：劳动力素质结构失调，高素质劳动力供不应求；农村专业技术人才短缺；专业技术人才资源素质结构不能满足需要；高级专业技术人才不足。因此，注重教育、注重培养、注重人力资源的合理开发利用已经成为共识，只要我们坚持不懈，就能够充分利用我国人口资源的优势，不断增加人才资源数量，实现我国从人口资源大国向人力资源强国的转变。

三、人力资源的特征

与自然资源和财力资源相比，人力资源的特殊性在于，人力资源既是生产的承担者，又是生产发展目的的实现者。因为，一切生产都是为了满足人类的发展和社会全面进步的需要。除此之外，人力资源和组织的其他资源相比，还具有如下特征：

▶ 1. 生物性

人力资源存在人体之中，是以人为载体的，是有生命的"活"的资源，必然会与人的自然生理特征相联系，表现出一定的生物性。

▶ 2. 能动性

能动性是人力资源与其他资源的最根本的区别。人力资源具有思想、情感和思维，具有主观能动性，能有目的地、有意识地主动利用其他资源去工作，而其他资源则处于被动利用的地位。因此，在价值创造过程中，人力资源处于主动的地位，是劳动过程中最积极、最活跃的因素。人，作为人力资源的载体，和物质资源一样是价值创造的客体，但同时它还是价值创造的主体。

▶ 3. 时效性

人力资源是以人为载体，表现为人的智力和体力，因此它与人的生命周期是紧密相连的。人的生命周期一般可以分为发育成长期、成年期、老年期三个大的阶段，在人的发育成长期，体力和智力还处在一个不断增强和积累的过程中，这时人的智力和体力还不足以用来进行价值创造，因此还不能称之为人力资源。当人们进入到成年期以后，体力和智力的发展都达到了可以从事劳动的程度，可以对财富的创造作出贡献，因而也就形成了现实的人力资源。当人们进入到老年期以后，其体力和智力都会不断衰退，人力资源的价值会减少。生命周期和人力资源的这种"倒U"形关系就决定了人力资源的时效性，必须在早期对其进行开发和利用，否则就浪费了宝贵的人力资源。

▶ 4. 再生性

人力资源在使用过程中也会出现有形磨损和无形磨损。有形磨损是指人自身的疲劳和衰老，这是一个不可避免的、无法抗拒的损耗；无形磨损是指个人的知识和技能的相对老化。物质资源在形成产品、投入使用并磨损以后，一般予以折旧，不存在继续开发问题。人力资源在使用过程中，有一个可持续开发、丰富再生的独特过程，使用过程也是开发过程。人可以通过不断地学习更新自己的知识，积累经验，提高技能。所以，人力资源能够实现自我补偿、自我更新、自我丰富，持续开发。这就要求人力资源的管理和开发要注重终身教育，加强后期培训和开发，不断提高员工的德才水平。

▶ 5. 社会性

人力资源受到社会、文化和时代等因素的影响，从而具有社会属性。社会政治、经济和文化的不同，会导致人力资源质量的不同。每一个民族或组织都有其自身的文化特征，每一种文化都是一个民族或组织的共同的价值取向，这些文化特征是通过人这个载体表现出来的。由于每个人受自身民族文化、组织文化和社会环境影响的不同，其个人的价值观也不相同，这会在经营活动中或人与人交往中表现出来。人力资源的社会性，要求人力资源管理要注重团队的建设，注重人与人、人与群体、人与社会的关系及利益协调与整合，倡导团队精神和社会责任感。

▶ 6. 双重性

人力资源既是投资的结果，同时又能创造财富。因此，他/她既是生产者，又是消费者。人力资源的双重性要求我们既要重视对人口数量的控制，又要重视对人力资源的投资、开发和利用。

▶ 7. 可变性

人力资源和物质资源不同，在使用过程中，他/她发挥作用的程度会有所变动，从而具有一定的可变性。人力资源是人所具有的智力和体力，它必须以人为载体，因此人力资源的使用就表现为人的劳动过程，而人在劳动过程中又会因为心理状态不同而影响劳动的效果。例如，当受到有效的激励时，他/她就会主动地进行工作，较充分地发挥自身的能力，人力资源的价值就能得到充分的发挥；相反，他/她就不愿意进行工作，智力和体力不会充分发挥。所以，人力资源作用的发挥具有一定的可变性，不同的条件，人力资源创造的价值也不同。

四、人力资源的数量、质量和种类

作为一种资源，人力资源具有量的规定性和质的规定性。由于人力资源是依附于人身上的劳动能力，和劳动者是密不可分的，因此可以用劳动者的数量和质量来反映人力资源的数量和质量。

▶ 1. 人力资源的数量

对于组织或企业而言，人力资源的数量一般来说就是其员工的数量。

对于国家而言，人力资源的数量可以从现实人力资源数量和潜在人力资源数量两个方面来计量。

潜在人力资源的数量，可依据一个国家具有劳动能力的人口量加以计量。为此，各国都根据国情对人口进行劳动年龄的划分，我国现行的劳动年龄规定是男性16~60岁，女性16~55岁。在劳动年龄上下限之间的人口称为"劳动适龄人口"。小于劳动年龄下限的称为"未成年人口",大于劳动年龄上限的称为"老年人口",一般认为这两类人口不具有劳动能力。

但是在现实中,劳动适龄人口内部,存在一些丧失劳动能力的病残人口;此外,还存在一些因为各种原因暂时不能参加社会劳动的人口,如在校就读的学生。在劳动适龄人口之外,也存在一些具有劳动能力、正在从事社会劳动的人口,如退休返聘人员等。在计量人力资源时,上述两种情况都应当加以考虑,这也是划分现实人力资源与潜在人力资源的依据。

按照上述思路,可以对我国的人口构成进行划分,如图1-2所示。

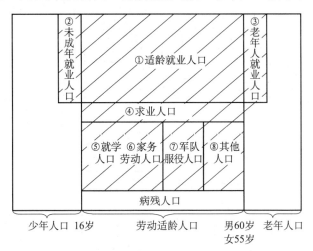

图1-2 人口构成示意图

潜在的人力资源数量由阴影部分构成,即适龄就业人口、未成年就业人口、老年就业人口、求业人口、就学人口、家务劳动人口、军队服役人口和其他人口8个部分;

现实的人力资源数量则由①、②、③、④这4个部分构成,即未成年就业人口、适龄就业人口、老年就业人口和求业人口。这部分人口也称为经济活动人口,或劳动力人口。

现实人力资源的相对量可用劳动参与率表示,公式如下:

$$\text{劳动参与率} = \frac{\text{劳动力人口(现实人力资源)}}{\text{潜在人力资源}} \times 100\%$$

由该公式可以看出,人力资源的数量受到很多因素的影响,概括起来主要有以下几个方面。

(1)人口的总量。人力资源属于人口的一部分,因此人口的总量会影响到人力资源的数量。人口的总量由人口基数和自然增长率两个因素决定,自然增长率又取决于出生率和死亡率,用公式表示如下:

$$\text{人口总量} = \text{人口基数} \times [1 + (\text{出生率} - \text{死亡率})]$$

(2)人口的迁移。

(3)人口的年龄结构。人口的年龄结构也会对人力资源的数量产生影响,相同的人口总量下,不同的年龄结构会使人力资源的数量有所不同。劳动适龄人口在人口总量中所占的比重比较大时,人力资源的数量相对会比较多;相反,人力资源的数量相对会比较少。

▶ 2. 人力资源的质量

人力资源是人所具有的智力和体力,因此劳动者的素质就直接决定了人力资源的质量。人力资源质量的最直观表现,是人力资源或劳动要素的体质水平、文化水平、专业技术水平以及心理素质的高低、道德情操水平等。此外,也可以用每百万人口中接受高等教育的人数、小学教育普及率、中学教育普及率、专业人员占全体劳动者比重等经济社会统计常用指标来表示。

劳动者的素质由体能素质、智能素质及非智力素质3部分构成。就体能素质而言,又有先天的体质和后天的体质之分;智能素质包括经验知识和科技知识两个方面,而科技知识又可分为通用知识和专业知识两个部分;此外,劳动者的积极性和心理素质是劳动者发挥其体力和脑力的重要条件,如图1-3所示。

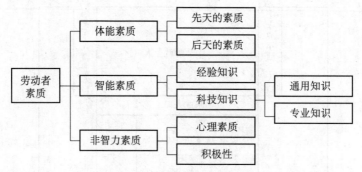

图1-3 劳动者素质的构成

社会发展历史表明,在人力资源对经济发展的贡献中,智能因素的作用越来越大,体能因素的作用逐渐降低;智能因素中,科技知识的作用不断上升,经验知识的作用相对下降。就现代专业科学知识和技术能力而言,存在着"老化"与"更新"速度不断加快的规律性。与这一趋势相适应,劳动者的类型发生了如下变化,如图1-4所示。

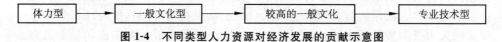

图1-4 不同类型人力资源对经济发展的贡献示意图

在这个链条中,第一类劳动者全凭体力去劳动;第二类劳动者具有一些文化,但劳动还是以体力劳动为主;第三类劳动者具有较高的一般文化,劳动已不再是以体力为主,他们主要是通过机械技术相联系;最后一类劳动者以专业技术为主,基本上摆脱了体力劳动,他们是与当代和将来的自动化技术联系在一起的。

影响人力资源质量的因素有以下几个方面。

(1)遗传、其他先天和自然生长因素。人类的体质和智能有一定的继承性,遗传从根本上规定着人力资源的质量,决定了人力资源水平的可能限度。

(2)营养因素。营养是人体正常发育和正常活动的重要条件。

(3)教育培训因素。教育是人类传授知识、经验的一种社会活动,是赋予人力资源一定质量的最重要手段,对人力资源素质有着决定性的影响。

与人力资源的数量相比,其质量方面更重要。人力资源的数量能反映出可以推动物质资源的人的规模,人力资源的质量则反映可以推动哪种类型、哪种复杂程度和多大数量的物质资源。一般来说,复杂的劳动只能由高质量的人力资源来从事,简单劳动则可以由低质量的人力资源从事。经济越发展,技术越现代化,对于人力资源的质量要求越高,现代化的生产体系要求人力资源具有极高的质量水平。从人力资源内部替代性的角度,也可以看出其质量的重要性。一般来说,人力资源质量对数量的替代性较强,而数量对质量的替代性较差，甚至不能代替。

▶ 3. 企业人力资源的分类

为反映企业的人力资源成本收益情况，需要按照资源的使用价值与价值进行分类。其中，不同类别的人力资源价值不同，在招聘、选拔、培训开发、薪酬、绩效评估等方面的成本也有差异，因此，对人力资源进行分类是人力资源管理与开发的基础性工作之一。人力资源可以从不同角度进行分类。

1）美国劳工部的人员资源分类

美国劳工部统计局自 20 世纪 80 年代以来先后采用过 3 种人力资源的统计分类方法，如表 1-2 所示。

表 1-2 美国劳工部的人力资源分类

传统分类法（20 世纪 80 年代前）		商务部 20 世纪 80 年代颁布的分类法	新分类方案
白领	蓝领	管理人员和专业人员	行政长官
专业技术人员	技工	技术人员	经理及行政管理人员
经理和行政人员	操作工	服务人员	专业人员
销售人员	非工业劳动力	农、林、渔业工人	职员
职员	服务业工人	技工	熟练工人及技工
	农业工人	操作工	非熟练工及半熟练工

2）我国的人力资源分类

我国对人力资源的分类主要采取按照行业分类、按照职业分类和按照企业员工统计分类 3 种方法。

（1）按照行业分类如下。

① 农、林、牧、渔、水利业。

② 工业。

③ 地质普查和勘探业。

④ 建筑业。

⑤ 交通运输、邮电通信业。

⑥ 商业、公共饮食业、物资供销和仓储业。

⑦ 房地产管理、公用事业、居民服务和咨询服务业。

⑧ 卫生、体育和社会福利事业。

⑨ 教育、文化艺术、广播电视。

⑩ 科学研究和综合技术服务业。

⑪ 金融保险业。

⑫ 国家机关、党政机关和社会团体。

⑬ 其他行业。

（2）按照职业分类如下。

① 各类专业技术人员：科学研究人员，工程技术人员，科学技术管理人员与辅助人员，教学人员，飞机船舶技术人员，卫生技术人员，经纪业务人员，法律工作人员，文艺体育工作者，文化工作人员，宗教职业者。

② 国家机关、党群组织、企事业单位：负责人，国家机关及其工作机构负责人，党群组织负责人，企事业单位及其工作机构负责人。

③ 办事人员和有关人员：行政办事人员，政治保卫工作人员，邮电工作人员，其他商业工作人员。

④ 商业工作人员：售货人员，采购员及供销人员、收购人员、其他商业工作人员。

⑤ 服务性工作人员：服务员，厨师及炊事员、导游员、生活日用品修理人员，其他服务性工作人员。

⑥ 农林牧渔劳动者：农林牧渔业劳动者，狩猎业劳动者，农业机构操作人员，其他农林牧渔劳动者。

⑦ 生产工人、运送工人和有关人员。

⑧ 不便分类的其他劳动者

(3) 企业根据国家统计局劳动分类而经常使用的6类人员统计如下。

① 工人。

② 学徒。

③ 工程技术人员。

④ 管理人员。

⑤ 服务人员。

⑥ 其他人员。

第二节 人力资源管理的基本问题

一、人力资源管理的定义

人力资源管理(human resource management，HRM)这一概念，是在德鲁克1954年提出人力资源的概念之后出现的。1958年，社会学家怀特·巴克(Wright Bakke)出版了《人力资源职能》一书，首次将人力资源管理作为管理的普通职能加以论述。此后，随着人力资源管理理论和实践的不断发展，国内外产生了人力资源管理的各种流派，他们从不同的侧面对人力资源管理的概念进行了阐释，综合起来，可以将这些概念归纳为五类。

(1) 根据人力资源管理的目的进行定义，认为它是借助对人力资源的管理来实现组织的目标。

(2) 从人力资源管理的过程或承担的职能出发来进行解释，把人力资源管理看成是一个活动过程。

(3) 揭示了人力资源管理的实体，认为它就是与人有关的制度、政策等。

(4) 从人力资源管理的主体出发解释其含义，认为它是人力资源部门或人力资源管理者的工作。

(5) 从目的、过程等方面出发综合地进行解释。

综上所述，考虑到工商管理学科的特点，本书给出如下人力资源管理的定义：人力资源管理是指企业为实现组织的战略目标，对人力资源的获取、开发、保持、利用、评价和激励等方面所进行的计划、组织、指挥、监督、激励、协调、控制的活动。

人力资源管理的基本任务是根据企业发展战略要求，吸引、保留、激励与开发企业所需人力资源，促成企业目标实现，从而使企业在市场竞争中得以生存和发展。具体表现在：求才、用才、育才、激才、护才、留才。

二、人力资源管理的职能

人力资源管理的职能是指人力资源管理在实现组织目标的过程中，围绕选人、留人、育人、用人这一核心管理活动，所发挥的主要职责、功能和管理作用。

不同的学者对人力资源管理的主要职能有着不同的理解。美国人力资源管理协会（The Society for Human Resource Management，SHRM）确定了人力资源管理的六大职能，即人力资源规划、招聘与选择、人力资源开发、薪酬和福利、安全和健康、劳资关系。

我国的大多数学者认为，人力资源管理的职能可以归纳为七个方面，如图 1-5 所示。

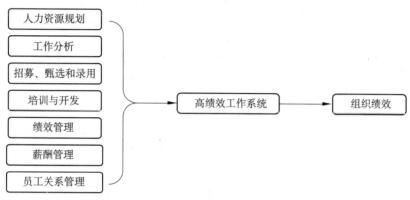

图 1-5　人力资源管理的职能

▶ 1. 人力资源规划

对组织在一定时期内的人力资源需求和供给做出预测，再根据预测的结果制定出平衡供需的规划。通过制定人力资源规划，一方面保证人力资源管理活动与企业的战略方向和目标相一致；另一方面保证人力资源管理活动的各个环节互相协调，避免冲突。同时，在实施此规划时还必须在法律和道德观念方面创造一种公平的就业机会。

▶ 2. 工作分析

工作分析是人力资源开发与管理的基本任务。主要包括两个部分的活动，一是对组织内各职位所要从事的工作内容和承担的工作职责进行清晰的界定；二是确定出各职位所要求的任职资格，如学历、专业、年龄、技能、工作经验、工作能力、工作态度等，工作分析的结果一般体现为职位说明书。

▶ 3. 招募、甄选和录用

组织为了发展的需要，根据人力资源规划和工作分析数量和质量的要求，招募、甄选与配置员工，将合适的人放到合适的位置上，做到人尽其才，才尽其用。

此职能包含三部分活动，招募是指通过各种途径发布招聘信息，将应聘者吸引过来；甄选是对应聘者进行知识、技能、经验、人格等方面的测评；录用则是指从应聘者中确定符合要求的人选并办理相关手续。

▶ 4. 培训与开发

人力资源培训与开发的目的是开发人的潜能，提高人的素质，包括确定培训的需求、课程开发、实施培训、培训评估等活动。

▶ 5. 绩效管理

绩效管理是一种根据设定目标评价员工业绩的方法。这一职能要确定考核内容，根据考核内容对员工的工作结果做出评价，发现其工作中存在的问题并加以改进，一般包括制订绩效计划、绩效考核、绩效沟通和改进等活动。通过考核员工工作绩效，及时做出信息反馈，奖优罚劣，进一步提高和改善员工的工作绩效。

▶ 6. 薪酬管理

根据员工的工作绩效的大小和优劣，企业给予不同的报酬和奖励，并采用不同的激励手段，调动员工的工作积极性、主动性和创造性。这一职能要确定薪酬的结构和水平，实施工作评价，制订福利和其他待遇的标准，进行薪酬的测算和发放等。

▶ 7. 员工关系管理

加强劳动关系管理，处理好劳动者与用人单位的关系，在现代组织人力资源管理中居于核心地位。其内容具体包括：劳动合同的签订、劳动纠纷的处理、劳动保护、平等就业和公平对待、员工安全与健康等。

人力资源管理系统是由这些紧密连接的职能构成的，既体现了人力资源管理目标实现的主要方式，又体现了人力资源管理的主要内容。组织人力资源管理的各项管理活动是一个相互联系、相互影响的有机系统，如图1-6所示。

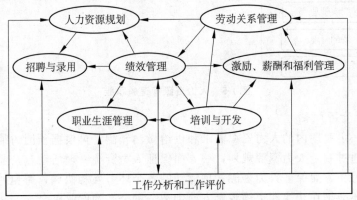

图1-6　人力资源管理各项职能之间的关系

三、人力资源管理的目标

人力资源管理应当达到或实现什么样的目标是学术界与人力资源管理专业人员都感兴趣的问题。

美国学者提出了四大目标：①保证适时地雇用到组织所需要的员工；②最大限度地挖掘每个员工的潜质，既服务于组织目标，也确保员工的发展；③留住那些通过自己的工作有效地帮助组织实现目标的员工，同时排除那些无法对组织提供帮助的员工；④确保组织遵守政府有关人力资源管理方面的法令和政策。

阿姆斯特朗（Armstrong，1992年）认为人力资源管理应实现以下10个目标：①通过公司最有价值的资源——员工来实现公司的目标；②使人们把促成组织的成功当成自己的义务；③建立具有连贯性的人事方针和制度；④努力寻求人力资源管理方针和企业目标之间的统一；⑤当企业文化合理时，人力资源管理方针应起支持作用，当不合理时，人力资源管理方针应促使其改善；⑥创造理想的组织氛围，鼓励个人的创造性，培养积极向上的作风；⑦创造灵活的组织体系，帮助公司实现竞争环境下的具体目标；⑧提高员工个人在决定上班时间和职能分工方面的灵活性；⑨提供工作和组织条件，为员工充分发挥潜力提供支持；⑩维护和完善员工队伍以及产品和服务。

萧鸣政将人力资源管理的目标归纳为三点：①保证组织人力资源的需求得到最大限度的满足；②最大限度地开发和管理组织内外的人力资源，促进组织的持续发展；③维护和激励组织内部的人力资源，使其潜能得到最大限度的发挥，使其人力资本得到应有的提升和扩充。

张德也认为人力资源管理的目标有三点：①取得最大的使用价值；②发挥最大的主观能动性；③培养全面发展的人。

还有人认为人力资源管理的目标是：①雇主从人力资源生产潜力的充分发挥中获得最大可能的利益，即收益最大化；②公司员工通过劳动从企业组织中获得预期的物质和心理方面的最大回报，即效用最大化；③通过员工和雇主的良好关系，形成企业长期的顾客满意最大化。

华为公司对人力资源管理的目的是这样概括的："人力资源管理的基本目的是建立一支宏大的高素质、高境界和高度团结的队伍，以及创造一种自我激励、自我约束和促进人才脱颖而出的机制，为公司的快速成长和高效运作提供保障。"

我们认为，对于人力资源管理的目标应当从最终目标和具体目标这两个层次来理解。人力资源管理的最终目标就是要有助于实现企业的整体目标，人力资源管理只是企业管理的一个组成部分，它是从属于整个企业管理的，这一观点在本章的后面会有详细的解释。而对企业进行管理的目的就是要实现企业既定的目标，因此人力资源管理的目标也应当服从和服务于这一目的。需要指出的是，虽然不同企业的整体目标可能有所不同，但最基本的目标都是一样的，那就是要创造价值以满足相关利益群体的需要。在最终目标之下，人力资源管理还要达成一系列的具体目标，这些具体目标包括：①保证价值源泉中人力资源的数量和质量；②为价值创造营建良好的人力资源环境；③保证员工价值评价的准确性和有效性；④实现员工价值分配的公平、合理。

人力资源管理的最终目标和具体目标可以用图1-7表示。

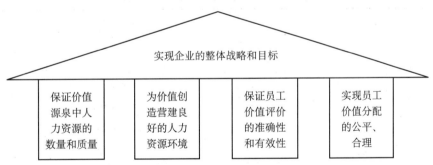

图 1-7　人力资源管理的最终目标和具体目标

四、人力资源管理者应具备的素质

素质是指一个人所具有的在工作情境中创造高绩效所必需的知识、技能、动机、个性、自我形象、价值观和社会角色等潜在特征。素质决定了一个人能否胜任某项工作或很好地完成某项任务。一般认为，知识与技能在一个人的素质中处于表层，易于观察和测量，同时也易于模仿，它们在一个人的成功中起作用但不起决定性作用；而那些处于深层的特征，如动机、个性、社会角色、自我形象和价值观等则常常成为一个人取得成功的关键，但它们不易观察和测量。美国学者莱尔·M. 斯潘塞博士(L. M. Spencer)和塞尼·M. 斯潘塞博士(S. M. Spencer)所提出的素质冰山模型形象地反映了这些个性特征所处的层次，如图1-8所示。

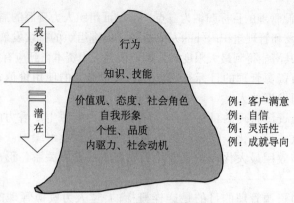

图 1-8 素质冰山模型

为了充分地履行职责,人力资源管理者需要具备一定的素质。在发达国家,人力资源管理者的职业化素养较高,对人力资源管理的基本知识和技能的掌握已经非常成熟,因此,高绩效和绩效水平一般的人力资源管理者的区分不再主要依据其知识和技能的高低,而是看他是否具备了其他方面的潜在素质特征。中国现在企业的人力资源管理由于尚处于起步阶段,人力资源管理专业人员的专业知识和技能仍较缺乏,因此,对中国企业人力资源管理专业人员素质的考察目前还是看专业知识和技能,在中国运用西方人力资源管理专业的素质模型必须加以修正,而不能生搬硬套。

在对人力资源管理者素质模型的研究中,美国密歇根大学商学院的研究获得了较为一致的认可。通过长时间的大量研究,他们认为人力资源管理者应该具备以下五项素质:战略贡献、个人可信度、HR 实施能力、业务知识和 HR 技术,如表 1-3 所示。

表 1-3 人力资源管理者的素质结构

领 域	因 素
战略贡献	文化管理
	战略决策
	快速变革
	由市场驱动的连接
个人可信度	有效的关系
	得到结果
	个人沟通
HR 实施能力	开发
	组织结构与 HR 尺度
	员工配置管理
	绩效管理
业务知识	价值链
	价值主张
	劳动力
HR 技术	HR 技术

1. 战略贡献

公司要实现战略目标，必须要有定位于战略层面的人力资源理专业人员，他们在公司中进行文化管理，推动公司的快速变革，参与公司的战略决策，并且创造市场驱动的连接。有研究表明，战略贡献这一维度解释了人力资源管理对公司绩效总体影响的43%，相当于其他素质维度对公司绩效影响的两倍以上。

2. 个人可信度

人力资源管理专业人员必须被所服务的人员信任。他们需要与公司内外的关键人员保持有效的关系；需要做出承诺、传递结果，建立可信赖的人际交往；需要具备有效的书面和口头沟通技能。

3. HR 实施能力

HR 实施能力是指人力资源管理专业人员要具备推行和实施各种人力资源制度和方案的能力，主要包括以下四个方面。

（1）开发：设计员工开发方案，为员工提供职业生涯规划方面的服务，促进内部沟通。既包括对个体的开发也包括整个组织范围内的开发方案。

（2）员工配置管理：包括员工的吸引、调配、保留、剔除等工作。

（3）组织结构与 HR 尺度：建立或优化组织结构，评价人力资源管理实践对组织结构的影响。

（4）绩效管理：开展绩效管理，建立以绩效为基础的测评体系和薪酬体系。

4. 业务知识

为了发挥战略作用，人力资源管理专业人员必须理解公司的业务和所在行业的状况，尤其是对公司价值链整合的理解（公司如何实现横向整合）和对公司价值主张的理解（公司如何创造财富）。

5. HR 技术

人力资源技术越来越丰富和成熟，并发展出一系列的人力资源管理工具，成为进行人力资源管理的平台和载体。人力资源管理专业人员要熟悉并能够提供各种人力资源管理技术和工具，如 E-HR，可以有效率地创造更多的价值。

上述素质模型可用图 1-9 表示。

图 1-9　密歇根大学商学院提出的人力资源管理的素质模型

由图 1-9 可以看出，战略贡献是人力资源管理者素质的核心；个人可信度和人力资源管理的实施为人力资源管理者赢得一席之地；业务知识是基础；人力资源管理技术尤其是 E-HR 是人力资源管理的重要载体。

因此，要成为优秀的人力资源管理专业人员，仅仅具备人力资源管理的专业知识是不够的，比专业知识更重要的是，能否参与到公司的战略层面，为公司的战略作出贡献；同时，人力资源管理者还需要具备出色的人际沟通能力，在公司内外取得他人，尤其是服务对象的信赖。

第三节　人力资源管理的发展历史

一、西方人力资源管理的发展历史

西方学者对人力资源管理的发展阶段进行了深入的研究，提出了各自的观点。典型的理论包括六阶段论、五阶段论、四阶段论、三阶段论和二阶段论，这些划分从不同的角度揭示了人力资源管理渐进发展的历史，如表1-4所示。

表1-4　人力资源管理发展阶段的不同观点

主要代表人物	阶段划分		理论发展与关注要点
佛伦奇	第一阶段：科学管理运动阶段		改进工具、关注生产任务
	第二阶段：工业福利运动阶段		改善待遇、关注员工福利
	第三阶段：早期工业心理学阶段		人员测评、关注人机匹配
	第四阶段：人际关系运动阶段		调适情绪、关注人际关系
	第五阶段：劳工运动阶段		建立工会、关注劳工权益
	第六阶段：行为科学与组织理论时代		弹性组织、关注文化与团队
罗兰和菲利斯	第一阶段：工业革命时代		前四个阶段与佛伦奇的六阶段理论和关注点相同
	第二阶段：科学管理时代		
	第三阶段：工业心理时代		
	第四阶段：人际关系时代		
	第五阶段：工作生活质量时代		参与、分享、关注工作生活质量
韦恩·F.卡肖	第一阶段：档案保管阶段		建立部门，管理员工档案
	第二阶段：政府职责阶段		政府介入，建立政策法规
	第三阶段：组织职责阶段		组织负责，加强人力资源管理
	第四阶段：战略伙伴阶段		核心战略，获取组织竞争优势
福姆布龙、蒂奇和德兰纳	操作性角色时代		简单事务性工作
	管理性角色时代		相对独立的管理职责和任务
	战略性角色时代		进入企业战略高度思考、解决问题
赵曙明	人事管理阶段	科学管理阶段	人事阶段及三个分阶段与佛伦奇的六阶段理论和关注点相同
		人群关系阶段	
		行为科学阶段	
	人力资源管理阶段	人力资源的提出阶段	强调人及人力资源管理的价值 概括人力资源管理的职能
		人力资源的发展阶段	吸引、激励员工，获取战略优势

▶ 1. 六阶段论

以美国华盛顿大学的佛伦奇（W. L. French，1998年）为代表，从管理的历史背景出发将人力资源管理的发展划分为六个阶段。

1) 第一阶段：科学管理运动阶段

这一阶段以泰勒（W. Taylor）和吉尔布雷斯（Gilbreth）夫妇为代表，关注重点主要是工作分析、人员选拔、培训和报酬方案的制订以及管理者职责的划分。

2) 第二阶段：工业福利运动阶段

在此阶段，企业出现了福利部、社会秘书或福利秘书，专门负责员工福利方案的制订和实施，员工的待遇和报酬问题成为管理者关心的重要问题。

3) 第三阶段：早期工业心理学阶段

这一阶段以心理学家雨果·芒斯特伯格（Hugo Munsterberg，1913年）等人为代表的心理学家的研究结果，推动了人事管理工作的科学化进程。关于个人心理特点与工作绩效关系的研究、人员选拔预测效度的提出，使人事管理开始步入科学化的轨道。

4) 第四阶段：人际关系运动阶段

人际关系运动时代。这一阶段的代表是梅奥等人，由他们发起的以霍桑实验为起源的人际关系运动，推动了整个管理学界的革命，也影响了人力资源管理，人力资源管理开始从以工作为中心转变到以人为中心，把人和组织看成是社会系统。此阶段强调组织要理解员工的需要，这样才能让员工满意并提高生产效率。20世纪三四十年代，美国企业管理界流行着一种"爱畜理论"，当时在爱畜牛奶公司的广告中说爱畜来自于愉快的奶牛，因此品质优良。因此，研究人员认为愉快员工的生产率会比较高，于是，公司用郊游和员工餐厅等办法来试图改善员工的社会环境，提高士气，从而提高生产率。实际上，这一理论夸大了员工情感和士气对生产率的影响，最终实践表明，良好的人际关系可以提高生产效率的理念是不可靠的。

5) 第五阶段：劳工运动阶段

雇用者与被雇用者的关系，一直是人力资源管理的重要内容之一，从1842年美国麻州最高法院对劳工争议案的判决开始，美国的工会运动快速发展；1869年就形成了全国的网络；1886年，美国劳工联合会成立；大萧条时期，工会也处于低潮；到1835年，美国劳工法案，即瓦格纳法案（Wagner Act）的颁布，工会才重新兴盛起来。罢工现象此起彼伏，缩短工时、提高待遇的呼声越来越高，出现了集体谈判。到20世纪六七十年代，美国联邦政府和州政府连续颁布了一系列关于劳动和工人权利的法案，促进了劳工运动的发展，人力资源管理成为法律敏感行业。对工人利益的重视、工人权力的重视，成为组织内部人力资源管理的首要任务。

6) 第六阶段：行为科学与组织理论时代

进入20世纪80年代，组织管理的特点发生了变化，人的管理成为主要任务。从单个的人到组织人，把个人放在组织中进行管理，强调文化和团队的作用，成为人力资源管理的新特征。

▶ 2. 五阶段论

以罗兰（K. M. Rowland）和菲利斯（G. R. Ferris）为代表的学者则从管理发展的历史角度将人力资源管理的发展历史划分为五个阶段。

(1) 第一阶段：工业革命时代。

(2) 第二阶段：科学管理时代。

(3) 第三阶段：工业心理时代。

(4) 第四阶段：人际关系时代。

(5) 第五阶段：工作生活质量时代。

五阶段论中关于前四个阶段的划分与六阶段论是一样的。此观点的独特之处，是把工作生活质量作为一个独立的阶段提出来。工作生活质量一般有两种含义，一是指一系列客观的组织条件及其实践，包括工作的多样化、工作的民主性、员工参与、工作的安全性等；二是指员工工作后产生的安全感、满意程度以及自身的成就感和发展感。第一种含义比较强调描述工作的客观状态；第二种含义比较强调描述员工的主观需要。将这两种含义结合起来，工作生活质量是指员工在工作中所产生的生理和心理健康的感觉。美国的一项调查研究表明，在辞职的打字员工中，有60%是由于工作枯燥无聊，而不是因为工作任务繁重。

影响工作生活质量的因素有很多，为了提高员工的工作生活质量，企业可以采取一系列措施。

工作生活质量的核心是员工参与管理，参与的方法有很多，并且还在不断推陈出新。从美国的实践看，工人参与企业管理的形式主要有：建立质量控制小组以及解决各种问题的小组，劳资双方合作，参与工作设计和新工厂设计，实现收益分享和利润分享以及斯坎隆计划，实行企业的雇员所有制。

▶ 3. 四阶段论

持这种观点的学者以科罗拉多(丹佛)大学的学者韦恩·F·卡肖(W. F. Cascio, 1995)为代表，他们从功能的角度将人力资源管理的发展历程划分为四个阶段。

1) 第一阶段：档案保管阶段(从人事管理出现一直到20世纪60年代)

这一阶段，人事管理的主要工作就是招聘录用、培训、人事档案。随着雇主对员工的关心程度的增加，新员工的录用、岗前教育、个人资料的管理等工作，都由人事部门或专门的人员负责，但在这一阶段缺乏对工作性质、目标的明确认识，也没有清晰的条理和制度。

2) 第二阶段：政府职责阶段(20世纪六七十年代前后)

这一阶段的特点是政府介入和法律规定开始在各个方面影响员工雇用，但企业的高层领导人仍将人力资源管理的成本视为非生产性消耗。

以美国为例，继1964年通过《民权法》之后，政府相继通过了《种族歧视法》、《退休法》、《保健安全法》等涉及公民雇用的多种法规，企业如果违反这些法规就会造成巨大的经济损失。这就迫使企业各层领导对劳动人事管理工作给予足够的重视，要求日趋严格，不允许任何环节有丝毫的疏忽，力求避免和缓解劳资纠纷，在出现劳资纠纷时能争取主动。美国电话电报公司曾经于1973年与联邦政府达成一项协议，同意将晋升到管理职位上的女员工的起点工资与晋升到同样职位上的男员工的工资拉平。这本属于纠正性别歧视的合理之举，但在当时的企业中却被认为是"错误的人事管理"，因为该公司为此多支付了3亿多美元。正是在上述背景条件下，企业人事管理工作不得不强调规范化、系统化和科学化。工作内容逐渐形成了主要包括吸收、录用、维持、开发、评价和调整的工作链，为完成上述各种任务所需要的各类人事专家也纷纷进入企业。而为此所支出的一切费用，仍然被许多企业的高层管理者视为整个组织的非生产性消耗，企业不过是为了应付政府不得已而为之。所以，这个阶段称为"政府职责"阶段。

3) 第三阶段：组织职责阶段(20世纪70年代末到80年代)

进入20世纪80年代后，企业领导人对人事管理不再认为是"政府的职责"，而把它真正视为自己企业的"组织的职责"了，人力资源的管理和开发成为企业人事部门的职责。

这种认识的转变是有其历史背景的。首先，心理学、社会学和行为科学日益渗透到企业管理领域，在这种学科交融的基础上形成的理论日益受到企业的重视，并被广泛接受。其次，1972—1982年间，美国的生产率平均年增长0.6%，而同期日本、西德和法国则分别增长了3.4%、2.1%和3%，员工的懒散和管理的平庸使企业高层领导日益忧虑。再次，劳资关系日益紧张。最后，政府官员对企业进行了非公正地干预，再加上劳动力的多样化，教育水平的提高，使对人的管理更加困难。因此，企业高层领导被迫从企业内部寻找出路，发现人力资源管理是一个重要的突破口，认为人力资源是一种重要的战略资源，是企业成败兴衰的关键。为此，企业开始吸收人事经理进入企业高层领导集团，共同参与企业的经营决策。20世纪80年代初期，美国和欧洲纷纷出现了人力资源开发和管理组织，人事部门改名为人力资源管理部，企业从强调对物的管理转向强调对人的管理。

4) 第四阶段：战略伙伴阶段（20世纪80年代开始）

把人力资源战略作为公司重要的竞争战略，或者从战略的角度考虑人力资源管理问题。把人力资源管理与公司的总体经营战略联系在一起，是20世纪90年代后企业人力资源管理的重要发展。

▶ 4. 三阶段论

这种观点的代表是福姆布龙（Fombrun）、蒂奇（Tichy）和德兰纳（Deranna），他们从人力资源管理所扮演的角色和所起的作用这一角度把人力资源管理的发展划分为三个阶段。

1) 操作性角色时代

在此阶段，人力资源管理的内容主要是一些简单的事务性工作，在管理中发挥的作用并不是很明显。

2) 管理性角色时代

人力资源管理在这一阶段开始成为企业职能管理的一部分，承担着相对独立的管理任务和职责。

3) 战略性角色年代

随着竞争的加剧，人力资源在企业中的作用越来越重要，人力资源管理开始纳入企业的战略层次，要求从企业战略的高度来思考人力资源管理的相关问题。

▶ 5. 二阶段论

国内学者赵曙明从人事管理和现代人力资源管理之间的差异性角度，将人力资源管理的发展历史划分为人事管理和人力资源管理两个阶段。

1) 人事管理阶段

人事管理阶段又可具体分为以下几个阶段：科学管理阶段；霍桑实验和人际关系运动阶段；组织行为学理论的早期发展阶段。

2) 人力资源管理阶段

人力资源管理是作为替代传统的人事管理的概念提出来的，它重在将人看作组织中的一种重要资源来探讨如何对人力资源进行管理和控制，以提高人力资源的生产效率，帮助组织实现其目标。人力资源管理阶段又可分为人力资源管理的提出和人力资源管理的发展两个阶段。

"人力资源"这一概念早在1954年就由彼得·德鲁克在其著作《管理的实践》中提出并加以明确界定。20世纪80年代以来，人力资源管理理论不断成熟，并在实践中得到进一步发展，为企业所广泛接受，并逐渐取代人事管理。进入20世纪90年代，人力资源管理理论不断发展，也不断成熟。人们更多地探讨人力资源管理如何为企业的战略服务，人力资源部门的角色如何向企业管理的战略合作伙伴关系转变。

在战略人力资源管理理论中，最具有影响力的观点是由迈克尔·比尔（Michael Beer）等人于1984年在《管理人力资本》一书中提出的，他们认为应该在组织中统一管理个体的不同方面，人力资源管理综合了组织行为学、劳工关系以及人事行政管理学等学科的特点。他们还指出人力资源管理的研究领域已经拓展为对影响组织和员工之间关系的所有管理决策和活动的研究。战略人力资源管理理论的提出和发展，标志着现代人力资源管理的新阶段。

对人力资源管理的发展阶段进行划分，目的并不在于这些阶段本身，而是要借助于这些阶段来把握人力资源管理整个的发展脉络，从而更加深入地理解它。因此，对于阶段的划分并没有绝对的标准和绝对的对错。

二、我国人力资源管理的发展历史及问题

▶ 1. 我国人力资源管理的发展

1）古代人事管理的思想

中国具有五千年文明史，在古代文化典籍之中蕴藏着丰富的人事管理的思想，对有关人才的重要性、如何选拔人才、如何用好人才等方面都有过精辟的论述。例如，有关人才的重要性，唐太宗的名言"为政之要，惟在得人"就把"得人"看作"为政"的关键。康熙更是将人才提到治国的首要位置，认为："政治之道，首重人才"；有关如何选拔人才，汉朝的王符指出："德不称其任，其祸必酷，能不称其位，其殃必大"，强调人员的品行和能力必须与其职位相符，否则会带来严重的后果；有关如何用好人才，诸葛亮曾说过："古之善将者，养人如养己子，有难，则以身先之；有功，则以身后之；伤者，泣而抚之；死者，哀而丧之；饥者，舍食而食之；寒者，解衣而衣之；智者，礼而录之；勇者，赏而劝之。将能如此，所向必捷矣。"这段话说明作为将军，如果能爱兵如子，以心换心，以情感人，满足每个士兵不同的需要，就能调动士兵的积极性，军队必将战无不胜。宋代政治家王安石指出："一人之身，才有长短，取其长则不问其短。"强调应用人之长。这些思想对于今天企业的人力资源管理者来说都具有值得借鉴之处。

2）我国近代人事管理的概况

鸦片战争之后，中国演变为半殖民地半封建社会，这时的人事管理具有两个基本特点，一是带有浓厚的封建色彩，企业大多是家族性质的小型私人企业。许多企业实行包工制度，将工作包给包工头，然后由包工头招收工人，组织生产，进行监督，发放工资。二是学习引进西方资本主义国家的科学管理方法。一些规模较大的企业学习引进了泰勒科学管理的方法，开始对人员进行比较规范的管理，如天津东亚毛纺公司开始按照"雇用工人程序图"招工，同时取消学徒制，举办艺徒培训班，培训熟练技术工人，该公司还引进了时间动作研究，确定劳动定额，实行差别计件工资制，公司还制定了一套厂训、口号等，以提高企业的凝聚力。

3）新中国成立以来人力资源管理的发展

从1949年新中国成立以来，我国企业管理发展经历了计划经济、经济改革两大发展阶段。人力资源管理的发展是从单一计划体制下的人事管理到目前多种所有制并存的人力资源管理阶段，可以将其分为四个发展阶段。

（1）人事管理阶段。

1949年新中国成立以后，我国确定了计划经济的经济体制。与经济体制相适应，实

行"统包统配"的就业制度，企业没有用人的自主权，不能自行招聘所需的人员；人员只进不出，没有形成正常的退出机制；同时在企业内部，对员工没有考核，大家干好干坏一个样，干多干少一个样；工资分配中存在着严重的平均主义，与工作业绩和工作岗位没有任何关系。

在此阶段，人事管理的内容主要是一些流程性的事务性工作上，如员工人事档案管理、招工录用、劳动纪律、考勤、职称评定、离职退休、计发工资等。企业人事部完全服务于国家的政策，配合国家有关政策的落实完成。内部听命于厂长或经理，外部听命于政策部门，工作的技术含量很低。作为人事主管则是这个部门的高级办事员，人事主管充其量是一个高级办事员的论断由此而来。至今仍有不少人认为人力资源管理是一个没有专业的工作，只有那些专业水平不高、技术能力不强的人才去做人力资源管理，人力资源管理什么人都能做。

办事员的形象定位限制了人事部门从业人员的主观能动性，一味地被动应付，大量的时间花在了附加值很低的事务性工作上，机械地重复着流程性工作，其价值大打折扣。人事部门的官僚作风也在这种工作环境下日渐增长，长时间的机械性事务工作使得人事部门从业人员变得懒散、不求上进、不思进取。

（2）人力资源管理阶段。

党的十一届三中全会特别是改革开放以来，随着我国经济体制改革的不断深入，国有企业的劳动人事工作也在不断进步。1979年，国务院颁发了《关于扩大国营工业企业经营自主权的若干规定》，重新规定了企业人事管理的职责权限范围。规定指出：允许企业根据生产需要和精简、效能的原则决定自己的机构设置和人员配备；有权根据国家下达的劳动指标进行招工，进行岗前培训；有权对成绩优异、贡献突出的职工给予奖励；有权对严重违反劳动纪律的职工给予处分，甚至辞退。随着这些规定的落实，企业在用人方面有了更大的空间，正常的进出渠道逐步形成；劳动人事管理制度逐渐完善，劳动定额管理、定员定编管理、技术职称评聘、岗位责任制等在企业中广泛推广；工资管理规范化，打破了分配的平均主义，增强了工资的激励作用；推行了对工人的工作业绩考核。所有这些都表明，我国企业的人事管理工作发生了巨大的变化，已经初步具备了人力资源管理的某些功能和作用。

此阶段又可以细分为两个小阶段：①人力资源管理的唤起阶段。随着改革开放的深入进行，企业面临的竞争压力增大，企业间人才流动速度加快，企业管理遭遇到更大的挑战，企业管理层尤其是中高层开始关注如何调动员工的工作积极性，如何留住优秀员工，并督促人力资源管理部研究解决这些难题。在此阶段，高层管理者仍起着决定性的作用，主导着企业人力资源管理的发展方向；在此阶段，许多的企业开始改头换面，将人事部改名为人力资源部，企业的人事管理开始向人力资源管理转型。②人力资源管理的形成阶段。人力资源经理开始注重相关理论的学习，研究有关企业人力资源管理的理论书籍，参加有关人力资源管理的研讨会，初步形成了相对完整的理论体系，对人力资源的理念也有了较深入的认识，并在企业中初步建立了招聘管理、培训管理、绩效管理、薪酬管理等人力资源管理体系。

需要说明的是，要正确理解人事管理与人力资源管理的区分，需要摒弃两种错误的观点，一是将人力资源管理等同于人事管理，认为两者一样，只不过换了一个名称而已；二是将人力资源管理与人事管理彻底割裂开来，认为两者毫无关系，认为人力资源管理与人事管理没有交叉重叠。

实际上,人力资源管理和人事管理之间是一种继承和发展的关系:一方面,人力资源管理是对人事管理的继承,它是从人事管理演变过来的,在人力资源管理阶段仍然要履行相当比重的人事管理的职能;另一方面,人力资源管理是对人事管理的发展,它的立场和角度完全不同于人事管理,是一种全新视角下的人事管理,两者之间的区别可用表1-5概括。

表1-5 人力资源管理和人事管理的区别

比 较 项 目	人力资源管理	人 事 管 理
管理理念	视员工为有价值的重要资源	视员工为负担、成本
管理内容	丰富:建立人力资源规划、开发、利用与管理系统,提高组织竞争力	简单:行政的、事务性的工作
管理活动	重视培训开发;主动	重使用、轻开发;被动
管理性质	战略性、整体性、未来性	战术性、分散性
管理地位	战略层	执行层
管理目的	组织和员工长远利益的共同实现	组织短期目标的实现
工作模式	以人为中心,人本化管理,参与、透明	以事为中心,命令、控制
与其他部门关系	和谐、合作	对立、抵触
本部门与员工的关系	帮助、服务	管理、控制
角色	挑战、变化	例行、记载
部门属性	生产与效益部门	非生产、非效益部门

传统人事管理把人看作一种成本,而现代人力资源管理把人作为一种资源。传统上,将人当作一种工具,注重的是投入、使用和控制。是工具就可以随意控制它、使用它;而现代的观点更注重对人的产出和开发。是资源,特别是把人作为一种资源,就得小心保护它、引导它、开发它。难怪有学者提出:重视人的资源性的管理,并且认为21世纪的管理哲学是"只有真正解放了被管理者,才能最终解放管理者自己"。

传统人事管理的特点是以"事"为中心,而现代人力资源管理以"人"为核心。传统上,只看见事或人的某一方面,而不见人与事的整体、系统性,强调"事"的单一方面的静态的控制和管理,其管理的形式和目的是"控制人";现代的观点强调一种动态的、心理、意识的调节和开发,管理的根本出发点是"着眼于人",其管理归结于人与事的系统优化,致使企业取得最佳的社会和经济效益。

传统人事管理只存在于人事部门,而现代的人力资源管理成为其他部门的战略伙伴。传统上,人事管理似乎与其他职能部门的关系不大,但现代人力资源管理却与此截然不同。实施人力资源管理职能的各组织中的人事部门逐渐成为决策部门的重要伙伴,从而提高了人事部门在决策中的地位。人力资源管理涉及企业的每一个管理者,现代的管理人员应该明确:他们既是部门的业务经理,也是部门的人力资源经理。人力资源管理部门的主要职责在于制定人力资源规划、开发政策,侧重于人的潜能开发和培训,同时培训其他职能经理或管理者,提高他们对人的管理水平和素质。所以说,企业的每一个管理者,不单要完成企业的生产、销售目标,还要培养一支为实现企业组织目标能够打硬仗的员工队伍。

(3)人力资本阶段。

在管理理念上将员工看成是资本,认为进入企业的人力已经是资本,不再是资源。在发展观上，完成了从以物为本向以人为本的转变。

此阶段的人力资源管理，从追求数量转到追求质量。人力资源工作的重心转移到员工的绩效管理，建立现代薪酬体系，营造良好的工作氛围和优秀的企业文化等环境，并开始考虑整合企业人力资源，通过工作分析和人才盘点，更加合理地配置企业人力资源，通过加大培训力度，提高员工的工作技能和绩效能力，通过改革和优化薪酬管理体系，使之更有激励性，提高人力资本的"投资收益"比率。

人力资源经理秉持人力资本理念，在企业里倡导和培养重视人才、开发人才、有效配置用才、激励人才的观念，带动整个企业人才观的转变，自身也向人力资源专家的方向迈进。

（4）战略人力资源管理阶段。

随着知识经济和全球化时代的到来、经营环境不确定性的加强，以及企业竞争的加剧，人才的作用越来越重要，企业对人才的争夺战也越演越烈，人才成了企业竞争的核心，也成为企业核心竞争力的来源。在此条件下，企业人力资源管理就需要与企业战略密切结合，使人力资源更好地服从服务于企业战略的实现。基于此，人力资源经理进入了企业的决策层，以专家顾问和战略合作伙伴的身份出现，参与决策，推动变革，使人力资源管理上升到战略人力资源管理阶段。

根据美国国际公共管理协会（IPMA）素质模型，在战略人力资源管理阶段，人力资源管理者应该扮演战略伙伴、专家（顾问）、变革推动者、员工服务者四种角色，其行为和结果如表1-6所示。

表1-6　战略人力资源管理阶段人力资源管理者扮演的角色

角　色	行　为	结　果
战略伙伴	企业战略决策的参与者，提供基于战略的人力资源规划及系统解决方案	将人力资源纳入企业的战略与经营管理活动中，使人力资源与企业战略相结合
专家（顾问）	运用专业知识和技能研究开发企业人力资源产品与服务，为企业人力资源问题的解决提供咨询	提高组织人力资源开发与管理的有效性
变革推动者	参与变革与创新，组织变革（并购与重组、组织裁员、业务流程再造等）过程中的人力资源管理实践	提高员工对组织变革的适应能力，妥善处理组织变革过程中的各种人力资源问题，推动组织变革进程
员工服务者	与员工沟通，及时了解员工的需求，为员工及时提供支持	提高员工满意度，增强员工忠诚度

▶ 2. 我国人力资源管理的现状和问题

虽然目前人力资源管理在我国得到了蓬勃的发展，人力资源管理的概念深入人心，企业对人力资源管理的重视达到了前所未有的地步，但是，我们要清醒地认识到，我国人力资源管理的发展和发达国家相比还有很大的差距，很多的理论、技术和方法还只是借鉴，没有形成自己的体系；从业人员的专业化程度不高，不少人没有接受过系统的教育和培训，影响到了人力资源管理作用的发挥；企业的人力资源管理水平不高，人力资源管理的战略作用没有得到体现等。

大量调查资料表明，我国在人力资源管理方面存在诸多问题，下面我们主要以企业为例来说明这些问题。

1) 总量过剩和结构性短缺并存

企业中,冗员现象很普遍,但在一些关键岗位、重要岗位,又缺乏合适人选,结构性短缺严重。

2) 缺乏合格的经营者,更缺乏企业家

目前在岗的董事长、总经理等高层经营管理者,受过正规系统工商管理教育者较少。

3) 缺乏强有力的主要经营者激励约束机制

原有的无私奉献机制大多失灵,而新的以年薪制、股权、期权为特征的激励约束机制效果尚未显现。

4) 缺乏拔尖的专业技术人才

这种人才有能力开发出与跨国公司相抗衡的新技术、新产品,有能力提升企业的管理水平,既包括技术开发及应用人才,也包括高级管理专家,诸如财务总监、人事总监、市场总监、信息总监等。

5) 缺乏熟练的技术工人

随着激励的缺失,以及不少企业为降低成本而较多使用廉价临时工担任技术工作,使骨干技术工人缺乏的问题雪上加霜。

6) 作为企业外部利益相关者,合格的政府公务员也十分缺乏

一方面,在岗的公务员的业务水平、专业化程度不高;另一方面,其廉洁自律等综合素质偏低。

7) 员工缺乏工作积极性和动力

员工缺乏工作积极性和动力的主要原因如下。

(1) 在改革开放中,广大企业员工是受益最小的阶层之一,下岗工人成为改革成本的主要承担者。

(2) 广大企业员工的政治地位下降,在实行劳动合同制后,原来的主人翁变成了现在的契约和雇用关系。

(3) 员工缺乏精神支柱,原来的以主人翁精神为核心的价值体系效果不大,而新的、有效的价值体系尚未建立起来,在一些企业中存在着信仰危机、信仰真空,使企业内部的精神发动机难以启动。

(4) 国有企业的大锅饭模式尚未彻底打破,不少民营企业甚至外企也存在大锅饭现象,没有建立起充满活力的公平竞争机制,限制了员工积极性的发挥。

综上所述,人力资源管理在我国的发展可以说是机遇与挑战并存,这就需要人力资源管理的理论工作者和实际工作者共同努力,积极探讨,以不断提高我国人力资源管理的理论和实践水平。

第四节 现代人力资源管理面临的挑战与发展趋势

由于现代技术的运用和社会经济的高速发展,现代人力资源管理面临许多新的挑战。

一、现代人力资源管理面临的挑战

21世纪是全球化时代、知识经济时代、信息时代、E时代,人力资源与知识资本优势

的独特性成为企业的核心竞争要素，人力资源的价值成为衡量企业整体核心竞争力的标志。人力资源管理面临着各种力量的冲击和挑战。美国学者雷蒙德·A·诺伊归纳了影响人力资源管理的四大挑战：新经济的挑战、经济全球化的挑战、满足利益相关群体需要的挑战和高绩效工作系统的挑战。

▶ 1. 新经济的挑战

新经济的挑战主要是指电子商务发展、经济结构变化、技能要求的变化及雇用关系的转变对人力资源管理提出的挑战。

1）电子商务的发展

过去几年中，商业交易的方式发生了很大的变化，电子商务蓬勃发展。电子商务催生了一大批网络公司，这些网络公司面临的竞争压力大，变化速度快，存在着许多人力资源管理的挑战。例如，必须迅速识别并雇用有才干的员工；努力消除精简或业务重组时所产生的压力；对潜在的法律问题做出反应并尽可能地减少这些问题出现的可能性。

2）经济结构的变化

经济结构的变化主要表现在，在整个经济结构中，服务业所占的比重越来越大，美国有80%的劳动力受雇于服务业。服务业的特点是员工要大量直接接触或面对客户，这对员工的素质以及人力资源管理提出了更高的要求。

3）工作角色和技能要求的变化

在新经济条件下，科技发展日新月异，企业经营环境不确定性增加，企业里的工作岗位会经常发生调整，员工工作角色也经常随之发生变化，对员工的技能要求也会发生变化。例如，以前要求员工掌握岗位知识、产品知识、应知应会，现在更强调学习能力、沟通能力、人际交往能力、解决问题的能力等。

4）雇用关系和工作场所的变化

（1）雇用关系的变化。以前雇用关系的特点是长期雇用，现在倾向于短期雇用，企业和员工之间没有长期的心理契约，员工的流动性增加。员工不能对企业承诺工作一辈子，企业也无法向员工承诺终身雇用，雇用关系的这种变化对人力资源管理提出了挑战。

（2）工作场所的变化。企业用工形式越来越多元化，除了正规员工外，还有临时工、随时待命员工（on-call worker）、劳务派遣员工等用工形式。在此情况下，不少员工并不在办公室或者工厂里工作，而是在家里、路上甚至海滩上工作，即分散式工作。

▶ 2. 经济全球化的挑战

经济全球化是指各个国家经济相互依赖、相互渗透日益加深，资本、货物、技术、劳务等生产要素，以越来越大的规模在世界范围内流动和配置，各个国家越来越深地被纳入不断扩大的、统一的世界市场体系的一种历史进程。在这样一种历史进程中，国际经济竞争主要表现为技术的竞争，作为科技载体的人力资源，成为一个国家或企业拥有的持久的竞争要素。面对经济全球化的挑战，企业要转变观念，确立面向经济全球化的开发理念。建立起相应的人力资源开发与管理机制。

经济全球化给企业经营管理带来的严重挑战主要表现在：企业将更多地面对不同的政治体制、法律规范和风俗习惯等，适应这些变化了的与本国不同的环境，使不同民族、不同文化背景、不同语言的员工一起融洽地工作，使管理制度与工作价值观迥异的组织能够有效沟通，共同为企业目标而努力，创造出高的生产率。这几乎涉及人力资源管理的各个方面，也是人力资源管理所面临的挑战。经济全球化导致人力资源的竞争越演越烈，对人力资源的开发提出了更高的要求，人力资源成为有效地利用其他资源的关键，成为经济全球化的主要依托。

▶ 3. 满足利益相关群体需要的挑战

满足利益相关群体主要是指要全面考虑利益相关群体的需要，科学发展，兼顾多方的利益。

1）满足顾客对质量的需要

顾客对产品质量、服务质量要求越来越高，顾客变得越来越挑剔。适应这种变化，需要通过人力资源管理改变员工的态度和行为，树立客户导向意识、质量意识，关注客户的需求，满足客户的要求。

2）劳动力队伍的构成

劳动力队伍出现了新群体，并且中国已经进入了老龄化时代，这都对人力资源管理提出了挑战。

（1）新群体的出现。"85后"和"90后"逐渐进入劳动力市场，他们的价值观与他们的父辈有很大的不同，出现了"月光族"、"啃老族"、"毕婚族"、"闪婚族"等新群体，管理者和被管理者之间存在代沟，在此情况下如何进行人力资源管理是一个新课题。

（2）人口老龄化。根据人口统计学指标，中国于2000年进入了老龄化社会，老龄化来得很迅猛，这也是人力资源管理要面对的一个挑战。

3）技能不足

由于人事管理的品位分类制、劳动者价值观的变化、政策因素的影响等原因，导致技工荒，企业无法招到满足要求的技术工人，这对人力资源规划、员工招聘、员工培训等人力资源管理工作直接提出了挑战。

4）员工价值观的变化

社会越发展、越开放，人的价值观越是多元化。人的价值观多元化，从人类社会进步的角度而言是值得肯定的，但是对人力资源管理而言，却是增加了困难，人力资源管理要能应对形形色色的员工价值观。

5）法律和诉讼

劳动方面的法律越来越健全，如2008年1月1日实施的《劳动合同法》、《就业促进法》，2008年5月1日开始执行的《劳动争议调解仲裁法》等，人力资源面临的法律环境越来越严格和规范，人力资源管理要适应这种变化，遵守国家的法律法规，减少不必要的诉讼。

6）道德方面的考虑

时代对企业道德、企业伦理以及企业社会责任提出了明确的和越来越高的要求，因此，在进行人力资源管理和决策的时候需要考虑道德等方面的因素，否则可能会殃及企业的形象甚至是可持续发展。

▶ 4. 高绩效工作系统的挑战

高绩效工作系统主要是指将技术系统和企业的社会系统有机地整合起来，构建高绩效工作系统，以获得企业的竞争优势。

1）利用雇员团队来完成工作的情况不断增多

现在，团队工作方式越来越普遍，在此情况下如何做好绩效考核、员工培训、薪酬管理等人力资源管理工作是一个挑战。

2）管理工作性质的变化

传统的管理强调命令、控制、服从，现在更加强调分权、授权，强调横向的沟通和协调。管理的主要目的变成如何创造条件，发挥员工的积极性、能动性和创造性，这就要求管理者要具备较高的人际关系技能和沟通技能。

3）企业组织结构的变化

以前一般是纵向的、官僚式的、金字塔式的组织结构形式，强调控制和效率；现在组织结构越来越扁平化，强调横向沟通、强调灵活、强调反应速度、强调学习，要求构建学习型组织，通过学习型组织或者横向组织来适应外界环境的变化。

企业结构形式的变化导致知识型员工增多，知识型员工增大，对知识员工的管理成为人力资源管理的一个重要内容。

此外，企业结构的变化必然会导致流程再造，流程再造必然涉及人员的重新安排，这也会对人力资源管理造成影响。

4）企业人力资源管理方面的信息越来越容易获得

现代信息技术越来越发达，很多企业都建立了人力资源信息系统，运用 E-HR，通过信息技术提高人力资源管理的质量和效率。现在很多人力资源管理职能，例如，招聘、培训、考核、薪酬等均可以借助于人力资源管理信息系统来完成。

此外，尤其要提到的一点是人力资源管理的外包。很多企业通过将人力资源管理一些事务性的工作外包出去，让人力资源管理人员有更多的精力从事更有战略性和更有价值的工作。

5）高绩效工作系统中的竞争

在构建高绩效工作系统时，既要重视技术因素，也要重视组织、重视人，要把技术系统和组织系统，或者说技术和人要匹配好。不能"只见物、不见人"，否则效果将大打折扣。通过人力资源管理实践支持高绩效工作系统包括以下几方面。

（1）以团队的方式完成工作。

（2）员工参与新员工的甄选。

（3）员工能获得正式的绩效反馈，并且积极地参与绩效改善过程。

（4）强调持续培训并且对此提供报酬。

（5）使员工的报酬和薪酬与企业的财务绩效挂钩。

（6）设备和工作流程的组织安排以及技术的使用都有利于实现最大程度的灵活性，并且鼓励员工之间的相互沟通。

（7）员工参与设备、工作布局以及工作方法的变更规划过程。

（8）职位设计的方式匀许员工运用多种不同的技能。

（9）员工理解自己的工作对最终产品或服务所作出的贡献。

二、现代人力资源管理的发展趋势

目前，人力资源管理得到了蓬勃发展，并取得了令人瞩目的成果。现代的人力资源管理呈现出以下发展趋势。

▶ **1. 人力资源管理的全球化与跨文化管理**

组织的全球化，必然要求人力资源管理策略的全球化、人才流动的国际化，也就是说，企业要以全球的视野来选拔人才，来看待人才的流动。尤其是加入WTO以后，我们所面对的就是人才流动的国际化以及无国界；经济全球化、组织的全球化必然带来管理上的文化差异和文化管理问题，跨文化的人力资源管理已经成为人力资源领域的热点问题，跨文化培训是解决这一问题的主要工具。

2. 在人力资源管理中更多地运用经济学

在现代人力资源管理中，更多地运用经济学原理与方法对人力资源管理活动进行分析、选择。经济学以严谨的经济理论和实证分析为基础，使人力资源管理与组织经济效益紧密结合。如运用经济学原理分析人力资源管理中的员工招聘，就会考虑分析下列问题：必须聘用那种人才？应该为各岗位确定什么样的用人标准和待遇？这些要求是否符合经济效益？如果不符合经济效益，有没有可替代的方法？根据上述问题，组织可以从经济效益出发，制订不同的招聘方案，设计各种各样的报酬结构，聘用合适的人才。这方面的相关理论和方法正在逐渐完善，有可能发展成为一门单独的学科——人力资源管理经济学。

3. 动态化人力资源管理平台得到长足发展

随着全球化、信息化，尤其是网络化的发展，动态化网络人力资源管理已经出现并将成为未来人力资源管理的重要发展趋势。随着动态学习组织的发展，通过互联网来进行的组织职业开发活动将越来越多，大量的人力资源管理业务，如网络引智与网络招聘、网络员工培训、网络劳动关系管理等将会越来越多地成为现实。网络化人力资源管理的开展，必将在管理思想、管理职能、管理流程及管理模式上对传统人力资源产生重大影响，可能使得人力资源管理面临日趋激烈的环境变化，人力资源管理的空间可能被极大地拓展，人力资源管理的网络化竞争也会变得日趋激烈，人力资源管理的途径、方法和策略都可能随之进行必要的变革。

4. 知识型员工逐渐增多

随着科学技术的发展，组织对人才素质的要求越来越高，伴随着这种趋势，社会劳动力结构发生了巨大变化，组织的人才队伍结构也必然发生巨大的变化。在组织人力资源队伍中，普通员工的人数日渐减少，知识型员工的比例日渐增多，并可能成为组织人力资源管理的主要的、核心的管理对象。知识型员工在整体素质、知识技能、心理特征等方面具有其明显的特征，例如，拥有核心知识资产、具有更多地工作自主性和流动意愿、有更大的选择权、对专业忠诚而非对雇主忠诚、工作特征更难以监控和管理、工作绩效的评价更加复杂、工作结果对组织发展的贡献更大，等等。所有这些都对人力资源管理提出了严峻的挑战。人力资源管理将更加重视知识型员工的创造性，发挥其创造才能，提高员工的积极性，激发高级人才的创新意识，充分发挥每个科研人员的聪明才智，做到"人尽其才"，从而加强组织竞争力，树立良好的组织形象。

5. 员工客户化的趋势

员工作为组织人力资源管理的核心资源，员工客户化的关键是员工角色的变化，即员工不再是传统意义上的被管理对象，他们可能变为组织的重要客户，人力资源部经理也随之转变为"客户经理"即为员工提供他们所需要的各类服务。例如，具体而详尽地向员工说明组织人力资源产品和服务方案，努力使员工接受组织的人力资源产品和服务。资源管理者要为员工提供富有竞争力的薪酬回报和多元化的价值分享体系，并且要给员工更大的自主选择权，使员工自主性工作，满足员工参与管理的主体意识，在管理措施方面，要为员工的发展和成长提供更多支持和帮助等。

6. 强化契约化伙伴关系

组织激励理论认为，组织与员工之间实际上存在着"委托—代理"均衡协议关系，这种"委托—代理"关系的理想结局是在员工与组织之间建立一种"准合作伙伴关系"。这种新型契约关系的建立，能够有效地强化员工的主体意识，使员工从被动的被雇用人员转变成为组织的合作者，组织与员工之间就可能形成一种新型的合作关系。人力资源管理者的重要任务是努力把组织愿景与员工期望结合起来,使员工在实现组织目标的过程中,也能够达到自我实现的个人目标。组织与员工契约化伙伴关系的建立,需要在管理体制等方面进行必要的变革。首先,建立现代化的公司治理机制,完善公司股份制及相应的股权激励制度,使核心人才成为组织的"准合伙人";其次,要不断提升员工的组织承诺水平,强化员工的主体化意识。

▶ 7. 人力资源管理业务的外包与派遣

人力资源外包是指把原来由组织内部人力资源承担的基本职能,通过招标方式,签约付费委托给市场上专门从事相关服务的组织。在经济全球化的冲击下,组织出于降低成本、希望获得专家的高级服务、获得更为广泛的信息,以及促进组织人力资源管理的提升等目的,将人力资源管理业务进行外包。目前,人力资源管理业务外包仍处于动态的发展过程中,并呈现出以下发展趋势:一是人力资源业务外包领域不断扩展,从单向业务的外包发展到多项业务的外包;二是组织聘请专业顾问提供人力资源管理外包服务,提高外包业务的专业水平;三是外包服务商、咨询公司逐步结成业务联盟,并力图垄断高级人力资源管理的外包业务;四是以人力资源业务外包强化组织竞争优势,并促进外包业务朝着全球化方向发展。

人力资源派遣又称为人力资源租赁,是指由人力资源服务机构向某些需要相关服务的组织提供其所需要的人力资源业务,尤其是急需的各类人才及人力资源管理等。人力资源派遣是与人力资源业务外包密切相关的一种发展趋势。如果说"业务外包"是一种主动需求人力资源管理服务的市场活动,那么"业务派遣"则是一种主动提供人力资源管理服务的市场活动,外包与派遣具有对象的互补关系。

目前,人力资源派遣存在着如何在政策、法律和制度层面进行规范管理,加强派遣机构人员的专业化建设,提升派遣服务人员素质,建立派遣认证体系,规范收费标准,协调人力资源业务外包机构与派遣机构之间的关系等诸多问题。

▶ 8. 人力资源管理角色的重新定位

随着人们对人力资源管理价值重要性认识的加深,随着人力资源管理促进组织发展的作用日趋显著,人力资源管理逐渐成为组织中所有部门的职责,而不仅仅是人力资源管理部门的职责。密歇根大学的尤里奇(Ulrich)教授认为,作为企业获取竞争力的帮手,人力资源管理应更注重工作的产出,而不仅仅是把工作做好。根据人力资源管理的战略决策、行政效率、员工的贡献和变化能力这四种产出,尤里奇归纳了人力资源管理的四种基本角色。第一,掌握业务,要求人力资源从业人士成为企业核心经营管理层的一部分,了解并参与基本的业务活动,具备强烈的战略业务导向;第二,掌握人力资源,是指人力资源管理要确保基本的管理和实践相互协调,并担当起行政职能;第三,个人信誉,要求人力资源从业人士应具备良好的人际影响力、问题解决能力和创新能力;第四,掌握变革,要求人力资源管理懂得如何领导企业变革与重组。

本 章 小 结

人力资源管理是现代组织管理的重要组成部分,在全球化、知识经济时代、信息时代的背景下,人力资源管理的重要性日益凸显。现代企业的人力资源管理越来越多地被认为是各级各类管理者的职责,而不仅仅是人力资源部门的事情,因为它对所有的管理者都很重要。本章介绍了人力资源的定义和特征;讲解了人力资源管理的定义及其相关基本问题,包括人力资源管理的职能和目标,及其专业人员应该具备的素质;组织要想取得成功,要想在全球化的竞争中保持竞争优势,人力资源管理必须克服很多挑战,特别是应该勇敢地面对中国特有的一些问题。我们也要从人力资源管理的演变过程中吸取经验与教训;同时,从人力资源管理发展的历史眼光来看问题,还要求我们要有前瞻性,清楚人力资源管理的未来发展新趋势。

综 合 练 习

一、名词解释

人力资源　　人力资本　　人事管理　　人力资源管理　　核心能力　　核心能力模型　　组织发展　　战略人力资源管理

二、单项选择题

1. 在价值创造过程中最活跃、最重要的资源是(　　)。
   A. 自然资源　　　　B. 资本资源　　　　C. 信息资源　　　　D. 人力资源

2. 所谓人力资源,是指人所具有的对价值创造起贡献作用并且能够被组织所利用的(　　)的总和。
   A. 智力＋体力　　　B. 智力＋能力　　　C. 智力＋经验　　　D. 体力＋心力

3. 人力资源区别于其他资源的最根本的特征是(　　)。
   A. 生物性　　　　　B. 主观能动性　　　C. 社会性　　　　　D. 双重性

4. 人力资源的双重性特征是指(　　)。
   A. 生产性与能动性　　　　　　　　　　B. 生物性与社会性
   C. 生产性与消费性　　　　　　　　　　D. 可用性与有限性

5. 人力资源的可变性是指(　　)。
   A. 人力资源在使用过程中发挥作用的程度会有所变动
   B. 人在劳动过程中的价值会有所变化
   C. 个人的智力和体力水平会发生变化
   D. 个人的收入水平和工作内容会发生变化

6. 在管理学上关于人力资源管理的概念,最初是由(　　)提出来的。
   A. 舒尔茨　　　　　B. 巴克　　　　　　C. 德鲁克　　　　　D. 贝克尔

7. "人力资本之父"指的是(　　)。
   A. 德鲁克　　　　　B. 舒尔茨　　　　　C. 丹尼森　　　　　D. 明塞尔

8. "计件工资制"和"计时工资制"是由(　　)提出的。
   A. 梅奥　　　　　　B. 法约尔　　　　　C. 马斯洛　　　　　D. 泰勒

9. 适龄就业人口是指(　　)。
   A. 尚未达到劳动年龄,已经从事社会劳动的人
   B. 处于劳动年龄之内,已经从事社会劳动的人
   C. 已经超过劳动年龄,继续从事社会劳动的人

D. 处于劳动年龄阶段，正在从事家务劳动的人

10. 人力资源管理活动的基础是（　　）。
    A. 工作分析　　　　B. 招聘甄选　　　　C. 培训开发　　　　D. 绩效管理
11. 人力资源管理的最终目标是（　　）。
    A. 提高工作效率
    B. 履行人力资源管理的职能
    C. 取得人力资源的最大使用价值，促进组织目标的实现
    D. 建立良好的员企（员工—企业）关系
12. 人力资源管理者素质的核心是（　　）。
    A. 战略贡献　　　　B. 个人可信度　　　C. HR实施能力　　　D. 业务知识
13. 人力资源管理的重要载体是（　　）。
    A. 个人可信度　　　　　　　　　　　　B. 业务知识
    C. 人力资源管理技术　　　　　　　　　D. HR实施能力
14. 工作生活质量是指员工在工作中所产生的生理和心理健康的感觉，提高工作生活质量的核心是（　　）。
    A. 做好人力资源规划　　　　　　　　　B. 员工参与管理
    C. 满足员工的福利需求　　　　　　　　D. 丰富员工的业余生活
15. 生命周期和人力资源的这种（　　）关系就决定了人力资源的时效性，必须在早期对其进行开发和利用，否则就浪费了宝贵的人力资源。
    A. 正比例　　　　　B. 反比例　　　　　C. "正U"形　　　　D. "倒U"形

三、多项选择题

1. 现实的人力资源数量是由（　　）构成的。
    A. 未成年就业人口　　　　　　　　　　B. 适龄就业人口
    C. 老年就业人口　　　　　　　　　　　D. 退休人口
2. 人力资源的质量包括劳动者的（　　）。
    A. 先天的体质　　　B. 后天的体质　　　C. 经验知识　　　　D. 科技知识
3. 企业文化是（　　）。
    A. 一种假设　　　　　　　　　　　　　B. 一种制度
    C. 一种集体价值观　　　　　　　　　　D. 一种集体习惯和行为方式
4. 与组织的其他资源相比，人力资源具有的特征是（　　）。
    A. 衍生性　　　　　　　　　　　　　　B. 主观能动性和时效性
    C. 再生性和社会性　　　　　　　　　　D. 双重性和可变性
5. 企业中承担人力资源管理责任的人员包括（　　）。
    A. 高层管理者　　　　　　　　　　　　B. 人力资源管理专员
    C. 直线经理　　　　　　　　　　　　　D. 普通员工
6. 下列对于人事管理和人力资源管理关系的表述正确的是（　　）。
    A. 人力资源管理等同于人事管理，只是名称不同而已
    B. 人力资源管理与人力管理毫无关系，两者没有交叉重叠
    C. 人力资源管理是对人事管理的继承，人力资源管理仍然要履行相当比重的人事管理职能
    D. 人力资源管理是对人事管理的发展，是一种全新视角下的人事管理

7. 人力资源的再生性体现在其能够实现（　　）。
   A. 自我更新　　　　B. 自我丰富　　　　C. 自我管理　　　　D. 自我补偿
8. 依据人力资源管理所扮演的角色不同，可以将人力资源管理的发展划分为（　　）。
   A. 操作性角色时代　　　　　　　　　　B. 管理性角色时代
   C. 战略性角色时代　　　　　　　　　　D. 服务性角色时代
9. 工作生活质量的含义是（　　）。
   A. 加强对员工绩效管理，提升员工的满意度和工作质量
   B. 提高员工薪酬的内部公平性、外部公平性以及自我公平性
   C. 一系列客观的组织条件及其实践
   D. 员工工作后产生的安全感、满意程度以及自身的成就感和发展感
10. 下面哪些是舒尔茨的观点（　　）。
    A. 人力资本的累积是社会经济增长的源泉
    B. 时间是人力资本的构成部分
    C. 教育促进经济增长是通过提高人们处理不均衡状态的能力的具体形式实现的
    D. 教育是生产中的单独因素

四、判断题

1. 人力资源的时效性要求人力资源的管理和开发要注重终身教育，加强后期培训和开发，不断提高员工的德才水平。（　　）
2. 管理学大师彼得·德鲁克1954年在其著作《管理实践》中对"人力资源"进行了界定，他认为人力资源是一种特殊的资源，它必须通过有效地激励机制才能充分发挥作用，并为组织带来经济价值。（　　）
3. 从能力的角度出发来理解人力资源的含义，人力资源的本质是人，而人所具有的能力是载体。（　　）
4. 社会发展历史表明，在人力资源对经济发展的贡献中，智能因素的作用越来越大，体能因素的作用相对逐渐降低；在智能因素中，经验知识的作用不断上升，科技知识的作用相对下降。（　　）
5. 20世纪三四十年代，美国企业管理界流行着一种"爱畜理论"，当时在爱畜牛奶公司的广告中说爱畜来自于愉快的奶牛，因此品质优良。因此，研究人员认为愉快员工的生产率会比较高。最终实践表明，良好的人际关系确实可以提高生产效率。（　　）
6. 只有人力资源经理才需要制定关于员工招聘、薪酬政策、绩效考核、员工晋升和人员调配等人力资源管理方面的决策。（　　）
7. 以前雇用关系的特点是长期雇用，现在倾向于短期雇用，企业和员工之间没有长期的心理契约，员工的流动性增加。（　　）
8. 我国的人力资源发展历史大致可以分为四个阶段：档案保存阶段、政府职责阶段、组织职责阶段和战略伙伴阶段。（　　）
9. 归根结底，管理就是要让组织中的所有人，朝着统一的组织战略目标做出努力。因此，从本质意义来讲，管理就是人力资源管理。（　　）
10. 美国学者雷蒙德·A·诺伊归纳了影响人力资源管理的四大挑战：新经济的挑战、经济全球化的挑战、满足利益相关群体需要的挑战、高绩效工作系统的挑战。（　　）

五、简答题

1. 什么是人力资源？与其他资源相比，它有哪些特征？

2. 什么是人力资源管理？人力资源管理的职能是什么？
3. 人力资源管理专业人员应该具备哪些素质？
4. 请简述我国企业人力资源管理的发展历史。

六、论述题

1. 如何看待传统的人事管理与现代人力资源管理的关系，两者有什么区别和联系？
2. 你认为影响我国人力资源管理发展的因素是什么？为什么？
3. 在知识经济时代，人力资源管理面临哪些挑战和机遇？如何应对？

七、案例分析

福临汽车配件有限责任公司的人事制度改革

福临汽车配件有限责任公司位于珠江三角洲，是乔国栋在十几年前创办的，专门生产活塞、活塞环、气门之类的产品，为华南的汽车制造与修理业服务。乔国栋是董事长兼总经理，但干营销是他的拿手好戏，所以坚持自己又兼任营销副总。关迪琼任财务副总，傅立朝是生产副总，他手下还有位生产厂长，叫刘志仁，是老傅自己找来的。事实上，在厂区布局、车间设备、工艺、质量标准，直至四位车间主任人选，全由老傅包揽，连第一批生产工人中不少人也是他招聘进来的。老乔并未全力关注公司发展的全局和战略，至少1/4的精力花在他爱干也擅长的营销、采购和公关上了。好在当时公司规模不大，市场也有利，这么干下来效益相当不错。

从一开始，公司的做法就是大胆放权，各车间主任和科室负责人都各自包下自己单位的人事职能，对自己手下人，从招聘、委派、考核、升迁、奖惩都由他们说了算，公司领导基本不过问。经过七年发展，公司规模扩大到340来人，业务也复杂起来。乔总发现当初那几年全公司"一个和睦大家庭"的气氛消退了，近两年员工士气在不断下降。班子开会研究一致决定，应该专门设一个管人事职能的办公室了。但这办公室该设在哪一级，领导班子的意见并不一致，争辩再三，才决定设在生产厂长之下，办公地点在生产厂进门左边一间小房内。该办公室有主任一名，并配一名秘书。

公司财务科有位成本会计师，叫郭瀚文。他六年前从北方一所大学工商管理专业毕业，经乔总的一位亲戚推荐，来公司财务科工作。那时公司还小，工作分工不细，他聪明能干，科长让他管成本控制，不久就熟练了。他的工作使他跟生产与营销两方面的人都多有接触，人缘甚佳。乔总和傅总都觉得这小伙工作自觉，受到大家喜爱。但他常说，我并不喜欢干财会，我其实爱搞人事工作，爱跟人打交道，爱跟数字打交道。他那天在食堂，正巧跟总经理秘书小周同桌吃饭，从小周处听到公司要设"人事办"的消息。于是他闻风而动，马上递上书面申请，要求当这个"人事办"主任，又分头向乔、傅、关"三巨头"口头汇报，软磨硬泡，终于如愿以偿，当上了"人事办公室主任"。上任前，乔总关照说："你这人事办公室干得好坏，对全厂工作很重要。"

郭主任新官上任三把火，上任伊始，他就向各车间主任发出书面通知说："为适应公司的扩展，公司决定对全厂员工的人事管理实行集权，为此成立本办公室。今后各车间一切人事方面的决定，未经本主任批准，一概不得擅自执行。"

通知下发后，车间主任们对此政策变化的不满接踵而至，都说"小郭这小子太狂了，一朝权在手，便把令来行，手太长了"。厂长开始听到主任们的抱怨，说："工人们已经跟刚招来时不同，难管多了。"厂长有一回见到一位车间主任，问为什么生产下降了，主任答道："我的手脚给困住了，还怎么管得了工人。如今奖励、惩罚、招聘、辞退，我都没了权，叫我怎么控制得了他们？怎么让他们出活？"

有一天,有位女工闯进人事办公室气冲冲地说,她被车间主任无缘无故地辞退了。郭主任说:"别急,让我先搞清楚情况。"于是就给那车间主任挂了电话:"喂,三车间张主任吗?我是郭瀚文。你们车间林达芬是怎么回事?""我炒了她鱿鱼。""这我知道,但为什么?""很简单,我不喜欢她。""你知道,没有人事办批准,你是不能随便辞退工人的。""是吗?可是我已经辞退她了。""老张,你不能这么办。你总得有个站得住脚的理由才……""我不喜欢她这一点就够了。"电话到此给挂断了。

郭主任把这事向刘厂长做了汇报。刘厂长做了不少工作,并坚持让小林复职,这事才平息下来。但主任们抱怨招的工人质量差,自己没有人事权,主张人事办应当管的事越少越好。这事终于闹到老傅那里,但乔总出差去走访用户去了。刘厂长对傅总说,看来这厂的规模还不算大,用不着设一个专门的人事职能部门。他建议还是用行之有效的老办法,去让各车间主任自己管本单位人事工作。郭主任还是回他财务科去做原来的成本会计为好。老傅左思右想,觉得恐怕只好按刘厂长的意见办了,但他说还是等几天乔总回来后,请示了再定。

1. 为什么最初福临公司同意把人事权下放给车间主任?为什么当初这套办法看来还算有效?
2. 你认为该公司这样处理人事职能恰当吗?若恰当,为什么?若不恰当,又为什么?
3. 郭瀚文改行去干人事工作,是否正确?为什么?
4. 你若是乔总,回来听了傅总的汇报,会怎样决定?为什么?
5. 福临公司实行的是传统人事管理还是现代人力资源管理?在这个案例的研讨过程中,你有什么收获?

资料来源:陈维政等. 人力资源管理[M]. 3版. 北京:高等教育出版社,2014.

第二章 战略人力资源管理

学习目标

本章通过对战略人力资源管理的产生和发展、含义和特征、模型的构建等多个方面的深入探讨,明确人力资源管理战略以及战略人力资源管理思想的应用在人力资源管理实践活动和企业竞争战略中的重要作用,较为全面地介绍战略人力资源管理的相关理论基础。

1. 理解对人力资源进行战略管理是企业战略不可或缺的有机组成部分。
2. 了解战略人力资源管理的理论来源、基本内涵以及不同经营战略的人力资源需求的区分。
3. 明确人力资源战略制定的方法以及企业战略与人力资源战略整合的意义。
4. 学会通过战略人力资源管理的相关知识对企业实际人力资源管理问题进行规划和解决。

导入案例

中美集团战略人力资源管理模式

中美集团是中国最大的民营医疗企业之一,是一家集医疗、科研、制药、生物工程技术和中医中药研究开发为一体的大型医疗企业。近两年的高速发展,中美集团员工队伍不断壮大,拥有一批比较优秀的经营管理和技术人才。但是,在经历了一段高速增长后,中美集团出现了企业成长期常见的人力资源约束,突出表现为集团内部中高层管理人才的短缺问题。出现了一系列与集团的发展阶段和经营战略要求不相匹配的状况,在一定程度上制约了集团的可持续发展。

针对这一问题,中美集团高层决定进行人力资源管理变革,以突破中高层人才瓶颈为切入点,构建基于经营战略的人力资源管理体系,探索出适应企业成长期发展要求的战略性人力资源管理模式。

一、制定人力资源战略

中美集团在集团人力资源整体工作定位的指导下,制定了成长期人力资源战略的三阶段规划。

1. 第一阶段:搭建体系性架构,夯实管理基础

重点构建战略性人力资源管理体系,夯实人力资源基础工作,初步将各项制度、机制

融入人力资源管理体系中来，引进现代人力资源管理制度和机制，有针对性地开展当前紧迫的工作，着重突破企业成长期人才瓶颈。

2. 第二阶段：系统规划，综合提升

全面推进人力资源管理体系的构建，真正实现对全集团公司的人力资源工作进行综合统筹、分级管理，在整个集团公司内充分形成互动，提升人力资源管理体系的整体运作效果，培养和开发大批核心员工。

3. 第三阶段：完善升级，实施前瞻性管理

根据内外环境变化对人力资源管理体系进行升级、维护，在此基础上，前瞻性地开展人力资源战略管理，形成一批能够管理重量级医疗企业的人才团队，使人力资源成为中美集团的核心竞争力之一，充分发挥人力资源对集团公司整体工作的牵引作用。

二、开展人力资源规划

根据集团经营发展战略与指示精神，集团人力资源部重点进行了以下几个方面的规划。

1. 根据集团的经营发展战略，确定核心岗位的职责及其要求，并确定公司未来的人才需求趋势。

2. 通过研究现有人力资源的配置和利用状况以及工作岗位对人力资源的知识、技能需求的预期变化，制订未来人力资源配置计划。

3. 根据盘点现状以及市场调查情况进行人力资源配备情况分析，在集团内部进行人力资源的优化配置。

4. 经过内外分析，中美集团将成长期人力资源管理的重点管理对象确定为经营管理班子成员、高级管理人才、高级技术人才以及其他掌握企业关键资源的核心员工。

5. 根据以上内容，制定人力资源战略，制订人力资源获取、开发、保留、激励等具体计划。

案例思考：

1. 如何正确理解战略人力资源管理？
2. 如何发挥战略人力资源管理在管理中的作用？

进入21世纪以来，面对日益激烈的市场竞争，越来越多的企业开始考虑怎样才能通过人力资源及其管理来获得持续竞争优势。战略人力资源管理以企业战略和人力资源管理的相关理念为基础，将人力资源管理实践活动和企业竞争战略与优势相联系，通过对人员进行有效的开发与管理来实现组织目标。

第一节　战略人力资源管理概论

一、战略人力资源管理理论的产生与发展

战略是组织发展的长期方向和愿景，是组织整体的运营和未来的发展目标。20世纪七八十年代，随着西方的企业管理进入战略管理时代。企业的各个职能部门开始思考他们在组织的战略管理中该扮演什么角色，人力资源管理当然也不例外。战略人力资源管理开始出现在人们的视野中。

战略人力资源管理（strategic human resource management，SHRM）的研究开始于20世纪80年代中期，是站在更高的角度考虑人力资源管理对整个公司绩效的影响。美国人沃克（Walker）于1978年在其文章《将人力资源规划与战略规划联系起来》中，初步提出将战略规划与人力资源规划联系起来的思想，这是战略性人力资源管理思想的萌芽。战略性人力资源管理产生的标志性文章是德文娜、冯布伦和迪奇于1981年发表的《人力资源管理：一个战略观》。在这篇文章里，作者深刻分析了企业战略与人力资源的关系，掀开了探索人力资源管理、增强企业竞争优势的途径与方法的新篇章。在此之后，人们对人力资源管理在提高公司绩效中所扮演的战略性角色的关注兴趣迅猛增长，成为人力资源研究中的一个重要领域。它是组织中关于"人"的管理思想的又一次飞跃。在战略人力资源管理思想的指导下，人力资源管理部门的角色正越来越从执行者转变为战略伙伴、变革推动者的角色，其人力资源管理工作也正越来越从事务性走向战略性。近年来，战略人力资源管理逐渐取代传统人力资源管理而日益成为组织尤其是知识型组织进行人力资源管理实践的指导思想。

战略人力资源管理与传统的人力资源管理在许多方式上有根本的区别，传统的人力资源管理只是在观念上转变为把员工视为组织最有价值的资源和资产，不是被管理和控制的工具，强调了尽量满足员工的各种需要，进而充分发挥其主动性和积极性。这种传统的人力资源管理的主要特点就是，人力资源管理部门并不直接参与企业的战略决策；同时，它与诸如营销、财务、生产、研发等部门仍处于相对较为隔离的状态。战略人力资源管理与传统的人力资源管理相比，其最大的区别就在于，在战略人力资源管理中，人力资源管理部门能够直接参与组织的战略决策，在明确的组织战略前提下，与其他部门协调合作，针对组织内部和外部环境制定策略，共同实现组织的战略目标。

战略人力资源管理是战略管理理论与人力资源管理理论共同发展的结果，主要强调的是人力资源管理活动对组织绩效的重要性。其理论来源主要有以下几个方面。

▶ 1. 资源基础理论

最早应用在战略性人力资源管理的理论是组织经济学及战略管理文献中经常提到的资源基础观点。人力资源管理活动为何能够对组织绩效产生影响，资源基础理论做了一个有力的解释。资源基础理论强调组织的竞争优势是由组织内部资源所产生。组织所拥有的资产、能力、内部程序、技能、知识等被组织所控制，有助于组织策略的形成与执行，从而有助于建立人力资源管理系统对组织绩效影响竞争优势的有力资源。因此形成组织竞争优势的资源不仅是有形资源，而且包括无形资源。资源基础理论区分出三种组织资源：实体资本、人力资本以及组织资本。实体资本指工厂、设备、技术以及地理位置等；人力资本指组织成员的经验、判断和知识；组织资本包括结构、规划、控制与协调系统以及群体间的非正式关系。

▶ 2. 人力资本理论

人力资本理论观点认为，组织的成员所具备的技能、知识与能力等是具有经济价值的，而且人力资源管理活动对于人力资本的提升具有正向关系。这些提升人力资本的人力资源活动对组织绩效的发挥是最有利的。

▶ 3. 行为角色理论

行为角色理论源于权变理论。社会心理学的学者将角色行为定义为：一个人的行为与他人的行为发生适当关联时，能产生可预期的结果。战略人力资源管理的行为角色理论的主要论点是：员工的行为是战略和组织绩效的中介变项，而人力资源管理实践是为了诱导或控制员工的态度与行为，不同的组织特性及经营战略则会引发不同的态度与行为需求，由此可以推论在战略性人力资源管理系统中，由于每一个战略所需要的人员态度与行为不同，组织的人力资源管理实践也将随之改变。

▶ 4. 一般系统理论

一般系统理论认为人力资源管理为一个大组织层级下的次系统。Wright 和 Snell 提出了用开放性的系统观点来描写组织的竞争管理模式，其中能力与技能被视为"投入"，员工行为被视为"转换"，而员工满意度与工作绩效被视为"产出"。在这个系统中，有效的管理才能包括取得、利用、维持和剔除。有效的管理行为则包括行为控制和行为协调。在这些管理活动中，人力资源管理起到了重要的作用。因此，一般系统理论认为，人力资源管理系统可经由取得、运用、留任及转换等功能，提升组织效能。

二、战略人力资源管理的含义与特征

▶ 1. 战略人力资源管理的含义

战略人力资源管理，是指组织为达到战略目标，系统地对人力资源各种部署和活动进行计划和管理的模式。

对人力资源进行战略管理是企业战略不可或缺的有机组成部分，包括了企业通过人力达到组织目标的各个方面。由于人力资本是获取竞争优势的主要资源，战略也需要人来执行，所以最高管理层在开发战略时必须认真考虑人的因素。

到目前为止，就什么是战略人力资源管理而言，并没有统一的界定，但是其含义却较为明确，具体包括：①将人力资源视为获取竞争优势的一种首要资源；②强调通过人力资源规划、政策及具体实践，可以达到获取竞争优势的人力资源配置；③强调获取竞争优势的人力资源配置，能够与企业战略垂直匹配，并能在内部各种活动间水平匹配；④强调所有人力资源活动皆为一个目的，即达到企业目标。

战略人力资源管理将组织的注意力集中于：改变结构和文化，组织绩效和业绩，特殊能力的开发以及管理变革。它的目的是：通过确保组织获取具有良好技能和良好激励的员工。使组织获得持续的竞争优势，从而形成组织的战略能力，依靠人们实现战略目标和依靠核心人力资源建立竞争优势。

战略人力资源管理具有以下四个基本内涵。

1) 战略性

企业拥有这些人力资源是企业获得竞争优势的源泉。战略人力资源管理的本质特征在战略层面的表现主要体现在四个方面。

(1) 在战略指导思想上，现代人力资源管理是"以人为本"的人本管理。

(2) 在战略目标上，现代人力资源管理是"为了获取竞争优势"的目标管理。

(3) 在战略范围上，现代人力资源管理是"全员参与"的民主管理。

(4) 在战略措施上，现代人力资源管理是运用"系统化科学和人文艺术"的权变管理。

2) 协同性

企业为了获得可持续竞争优势而部署的人力资源管理政策、实践以及方法、手段等构成一种战略系统，这个战略系统在组织内部人力资源管理各项实践活动中协同发挥作用，共同服务组织经营战略。一般而言，实践活动的协同模式可分为两类：一是所有人力资源管理的具体实践活动组合在一起，没有核心实践活动。这种模式强调了所有实践活动的系统性和均衡性；二是在所有实践活动中，以一项或某几项为核心而捆绑在一起，这种模式往往是根据组织自身特征和要求强调某一项或某几项事件活动的作用，并使其他实践活动支持核心活动。

3）目标性

战略人力资源管理通过组织建构，将人力资源管理置于组织经营战略系统，促进组织绩效最大化。战略人力资源管理的目的是：通过确保组织获取具有良好技能和良好素质的员工，使组织获得持续的竞争优势，从而形成组织的战略能力，依靠人们实现战略目标和依靠核心人力资源去建立竞争优势。战略人力资源管理的目标性与普通人力资源管理的目标性不同，其目标性具有两个显著特点：一是战略人力资源管理模式下的目标更强调雇员的个人目标与企业战略结合在一起。其目标性不仅在于组织的绩效，还在于个人的绩效与目标；二是战略人力资源管理的目标更在于长期性、整体性。人力资源管理虽然也强调其目标性，但战略人力资源管理更关注决定企业命运的与人有关的战略性因素，其目标体现战略性。

4）灵活性

在战略人力资源管理的研究中，西方学者越来越重视其灵活性。在当今企业面临着复杂动态的环境中，需要企业这种灵活性来适应不断变化的需求。企业的战略是不断变化的，那么就要求与企业战略匹配的战略人力资源管理具有一定的灵活性。西方学者提出需要重视三个方面的灵活性：开发一个能够很快适应变化的人力资源管理系统；开发一个具有高适应性的人力资本库；在雇员中促进行为的灵活性。

▶ 2. 战略人力资源管理对组织的作用

战略人力资源管理对组织的作用主要表现在以下几个方面。

（1）对达成组织的战略和目标提供支持，确保所有的人力资源活动都产生附加值。

（2）加强文化管理，释放并开发人的内在能力。

（3）开发流程使员工的贡献达到最大，对那些具有潜力的员工，在他们的职业生涯早期就该对他们进行组织和管理方面的远景规划。

（4）在全企业范围内，使每一个人的持续学习和发展成为其工作生活的重要内容。

（5）设计、执行和管理各种系统，提供特殊的技能培训，以确保员工学到相关的经验。

（6）通过专家招聘、开发和培训员工，使他们具有应对变化环境的技能和态度。

（7）管理一个不断增长的多种职业生涯模式、多种职业追求的员工队伍。

▶ 3. 战略人力资源管理的特征

与过去人力资源管理观点相比较，战略人力资源管理有其明显特征，具体如下：

（1）就人力资源的重要性而言，认为人力资源是组织获取竞争优势的最重要资源。即认为组织中核心人员及处于战略岗位上的人员是组织的根本资源，是组织技术资源、管理资源及其他相关资源的获取源。所以，组织中人力资源是决定组织成败的关键因素。

（2）就其职能而言，认为人力资源管理的核心职能是参与战略决策，根据内外环境需要倡导并推动变革，进行组织整体的人力资源规划，并实践相应的人力资源管理活动。战略人力资源管理的职能更加偏重于组织层次的决策、规划与实践活动，而非具体执行性事务。

（3）就其与战略的关系而言，人力资源管理职能与战略规划是一体化联系，即是一种动态的多方面的持续的联系，而不是一种按照先后顺序发生的相互作用，人力资源职能直接融入企业的战略形成和战略执行过程之中，也就是由过去的反馈—执行者、协助者角色转化为关键参与者、倡导者、推动者及执行者角色。因此，人力资源管理部门也更加受到重视，人力资源管理部门的经理成为组织高层领导中的一名重要成员。

(4) 就其实践而言，更加关注员工目标与组织目标的一致性问题，更加强调人力资源管理各项实践活动间匹配性及捆绑性，即强调系列人力资源管理活动的协同效用。

(5) 就其绩效关注焦点而言，人力资源管理部门的绩效已与组织绩效整合成一个整体。所以，其关注焦点集中在组织绩效的获取上，集中在组织持续竞争优势的获取上。

三、战略人力资源管理模型的构建

战略人力资源管理发生作用的重要原则是匹配或称为契合，组织的效率依赖于人力资源战略与企业战略之间紧密的匹配，匹配是战略人力资源管理发生作用的主要机制。

战略人力资源管理的匹配主要包括两种类型：外部匹配与内部匹配。外部匹配又被称为"纵向整合"，指的是人力资源战略与企业战略之间的关系，人力资源战略需要和企业战略完全一致，和企业的发展阶段完全一致，要考虑组织的动态性，完全吻合组织的特点。内部匹配也称作"横向联合"，指的是发展和强化人力资源管理各种政策和实践之间的内在一致性，或捆绑式人力资源实践，意思是将几种互补的人力资源活动一起开发和执行，从而使它们内在一致，达到相互促进的目的。

▶ 1. 战略管理的过程

组织的战略管理过程也可以叫做战略制定过程，包括五个阶段。

(1) 确立并说明其经营活动的使命，如果目前已经有使命说明，则要对其进行检查。几乎所有的组织都有关于使命的说明，一般都是以非常简短的语句说明本组织存在的目的和理由。例如，旭电科技有限公司将自己组织的使命陈述为：始终坚持以诚实和道德为商业准则的长期合作关系，通过提供质量最好、总成本最低、用户化、整体化的设计，以及供应链和制造解决方案，满足我们世界各地的客户需要。

(2) 通过对组织外部环境的各个不同组成部分进行分析，确定关键性的作用因素，清楚认识外部环境中存在的威胁和机遇。

(3) 对组织的资源和管理体系等内部环境进行评价，确定组织的主要优势和劣势，找到将优势变成资本或最大限度减少劣势的途径。

(4) 确定目标，即确定下个时期的工作目的和目标，同时确定如何衡量和评价实现这些目标过程中的工作业绩。

(5) 确定战略，即确定组织打算使用何种方式，采取什么样的过程，如何操作和竞争从而实现自身目标。

不同组织的使命不相同，所处的外界环境不一样，组织的资源和管理体系特征不同，所确定的目标肯定会不相同，因此实现目标的战略也不相同。制定组织战略对每个组织都是一个独特的过程，甚至同一行业中的组织也会出现根本不同的战略。

▶ 2. 不同总体组织的战略人力资源需求

组织的总体战略从根本上而言有以下三种类型，其中每一种都需要有独特的人员管理方法。

1）成长战略

成长可以使组织获得规模经济的效益，提高其在行业中的竞争地位，使组织能为员工的专业发展和进步提供更多的机会。组织的成长战略可以分为内部成长战略与外部成长战略。

采用内部成长战略的组织关注市场开发、新产品或新服务的开发，它们往往会努力将资源组织起来以强化现有的优势。与成长战略相关的战略人力资源问题主要包括：制定适当的规划以保证及时雇用和培训新员工，适应市场需求，改变现有员工的晋升和发展的机会，保证快速成长时期依然能够继续保持质量和绩效标准。

外部成长战略通常是通过购并竞争对手(横向整合)，或购并其他可能提供原材料或作为本组织分销链组成部分的组织(纵向整合)，从而扩展资源或强化市场地位。与外部成长战略相关的关键战略性人力资源管理问题有两个：一是对不同组织的人力资源管理体系进行合并。有时可能会从零开始，为新组织建立一个全新的人力资源战略。此时需要考虑的关键性问题是：本组织的战略是否因兼并或收购而发生了变化，以及这种战略是如何改变的。二是裁员战略，兼并和收购通常导致解雇员工，必须做出让谁走，让谁留的决策，并且要制订出周密的人才保留计划，体现组织可能为员工承担的所有法律义务。

2）稳定性战略或维持战略

执行这种战略的组织认为环境中的机会非常有限，决定继续维持目前的经营方式。这类组织的关键战略性人力资源管理问题是，组织为其员工所提供的机会是有限的，向上发展的机会可能越来越少，而员工可能会决定离去，到其他雇主那里去寻找机会。因此，对于采用这种战略的组织重要的是确定关键员工，并制订特殊的人才保留战略以留住他们。

3）转向或紧缩战略

采用这种战略的组织一般决定压缩或精简业务，力图增强基本能力。大型组织在成长中往往会出现这种情况：组织效率低下，不能对市场变化做出迅速反应，环境所产生的威胁多于所提供的机会，组织的弱点超过优势。这种组织一般会极力进行自我重组，常常要解决的问题是削减成本。而在许多组织中，尤其是服务性组织中，人员工资往往是主要的费用。所以裁员常常是这一类组织的主要问题。裁员对人力资源管理提出了很多挑战。挑战一是必须能够裁去那些工作绩效不佳的员工从而实现对劳动力队伍的精简。而要做到这一点并不容易，因为最好的员工一般是能力最强的，通常也是最愿意去寻找另一份工作的，因此他们有可能在裁员开始之前主动离开企业。挑战二是如何提高那些在裁员之后仍然留在企业中的人员的士气。这是组织精简过程中最容易被忽视的工作之一。管理人员往往假设，那些精简过程中的幸存者会心存感激，富有激情地高效率地去工作。但事实却是相反的。许多组织在对员工发出正式通知之前很久就公布了解雇员工的意图。因此，很多幸存者可能已经在自身就业危机的担心中工作了几个月。当他们保住了工作时，却发现许多朋友和同事走了。留下的人一方面可能会在不加薪的情况下被要求承担更多的工作，另一方面可能还会有负罪感，因为他们的朋友被解雇了，而自己却得以保留住职位。还有，他们可能会为未来担忧，认为在后来的裁员中自己就不会如此幸运了。裁员之后，组织中员工的满意度和归属感一般会下降。这时提高士气是重要的战略性人力资源管理问题，需要组织开诚布公地与留下来的员工沟通，培养他们对组织的信任和归属感，同时必须谨慎地遵守所有制约人员解雇活动的劳资关系法律。

▶ 3. 不同经营战略的人力资源需求

除了公司的整体战略外，组织还常常会制定适合于自身市场及竞争环境的比较特殊的经营战略。组织的经营战略一般分为三种类型，需要不同的人力资源战略方法对应。

1）成本领先战略

实施这类战略的组织力图提高效率、削减成本，将节省的资金用于吸引顾客。这种战略假设产品价格的小幅度变化会对顾客的需求产生重大影响，还假设，顾客对价格比对品牌更敏感。这种组织会围绕短期的、结果导向的绩效评价来制定人力资源战略；这些组织往往采用内部晋升，并且建立起具有内部一致性的报酬系统，在这种报酬系统中，管理人员和下属的工资差距很大；这些组织往往通过员工参与以及吸取员工们所提出的关于如何才能提高生产效率的意见来达到更高的生产效率。

2）差异化战略

实施这种战略的组织往往让自己的产品或服务不同于竞争对手。组织极力追求顾客对某种特殊品牌的忠诚。例如，耐克公司就成功地运用了这种战略赢得了顾客的极大忠诚。对于采用差异化战略的组织而言，产品设计或服务多样化的创造与创新是关键。因此，组织的人力资源管理重点是激励创新。这种类型的组织往往期待员工能够与他人合作，有长远眼光，容忍模棱两可的情况，勇于承担风险。组织往往将工作说明书界定得非常宽泛，从而获得更大的创造性，更多地从外部招募员工，并且会向员工提供更为宽泛的职业通道。

3）聚焦战略

实施这种战略的组织认为，不同的细分市场有不同的需求，并极力去满足某一特定群体的需求。此时，关键性的问题是确保员工清楚地了解，究竟是什么造成了这个特殊市场的独特性。培训和保证顾客满意是这种战略的关键因素。组织常常会招聘符合目标市场要求的人，这种人能对顾客的需求心领神会。

▶ 4. 战略性人力资源管理的障碍

尽管战略性人力资源管理对组织而言意义重大，但在现实中许多组织在采用战略方法进行人力资源管理的过程中困难重重。其中的障碍主要表现为六个方面。

（1）大多数组织追求短期利益，专注于眼前的工作绩效。为了保持自己的位置，首席执行官们关注每个季度的短期财务指标；投资者期望看到的是自己的财富每个季度都在增长。在这样一种追求短期利益的理念推动下，组织一般采用的都是以目前的工作结果为基础的绩效评价和报酬系统。而人力资源的投资所获得的回报是一种滞后指标，这种投入的回报往往会在未来的3~5年才有可能表现出来。所以目前大多数组织并不愿意采用战略的观点对待人的问题，他们希望管理决策能够使组织长期收益，但具体的激励机制却是针对短期业绩的。

（2）人力资源管理人员的地位、水平过低，不能从战略的角度思考问题。人力资源管理是一种复杂的、不断变化的职能，要求管理者具有丰富的技术知识。目前组织中人力资源管理人员所接受的一般管理培训通常不足以使他们理解整个组织的战略，也不足以理解组织所面临的财务、运营以及市场等方面的问题和挑战，再加上他们一般并没有进入组织的决策层，所以进行战略思考的能力很弱，对其他职能人员的影响力也很有限。

（3）大多数部门管理者对人力资源的价值缺乏认识，不知道人力资源能从战略的角度为组织作出贡献。许多人只了解传统的人力资源工作或操作职能，将人力资源部门看成是与其业务工作没有关系的官僚机构，更多地将人力资源部门当作敌手而不是同盟，认为人力资源管理的任务增加了管理工作，耽误了他们的本职工作。

（4）职能管理人员对技术问题的关注多于对人力资源管理问题的关注，他们很少将自己作为人力资源管理者对待。事实上，任何对员工的绩效负有责任的人都是人力资源经理，人力资源职能人员只是为协调员工关系提供内部支持或帮助。

（5）人力资源管理活动的成果难以量化。由于竞争压力，组织常常以利润为导向，而人力资源管理活动的效果很难用直接的数量方法来计量，例如，培训、团队建设等对组织的战略贡献都很难用数量化的指标来衡量，所以人力资源计划一般不太容易获得组织的重视与资源支持。

（6）由于战略性人力资源管理可能引发变革，因此会受到传统的抵制。采取战略性人力资源管理的方法意味着对一系列工作实施重大变革，包括工作的组织方式、员工雇用、培训及开发方式、工作绩效测量方式、员工薪酬的给付方式等。这些都会引起那些因循习惯，希望维持现状，特别是年长的员工或技能较少的人员的反对。

总之，战略性人力资源管理的实施所面临的障碍大部分根植于组织的文化，组织的历史、价值观以及管理规则可能成为实施战略性人力资源管理的阻力。

第二节 人力资源管理战略

一、人力资源战略的概念与方法

▶ 1. 人力资源管理战略的含义

现代企业的竞争归根结底是人才的竞争，人才是企业竞争核心动力，因此企业必须树立科学的人才观，将人力资源管理提升到战略的高度，不断完善和发展企业的人力资源管理体系，企业才能在激烈的市场竞争中立于不败之地。随着国际竞争的加剧，人力资源战略管理被视为企业发展的重中之重。不少企业在逐步发展中认识到，企业的整体竞争优势只有通过高素质的员工才能获得。为此，需要建立科学、高效、健全的企业部门人力资源战略管理机制，才能更好地为企业服务。

人力资源战略，不同的学者有不同的看法。美国学者舒勒和沃克将人力资源战略定义为"程序和活动的集合，它通过人力资源部门和直线管理部门的努力来实现企业的战略目标，并以此来提高企业目前和未来的绩效及维持企业竞争优势"。人力资源战略是根据企业内、外部环境，参照企业发展战略目标，采取直线职能管理，充分考虑员工的期望，制定的关于企业为适应外部环境变化和人力资源自身发展需求的纲领性长远规划。

企业人力资源战略是根据企业战略来制定的，人力资源战略作为预测未来组织任务和环境对组织的影响和要求的组织目标，其目的是为了工作者和组织的最大利益。它是人力资源管理的一个重要职能，是实现企业人力资源战略的重要保障。

▶ 2. 现代人力资源战略的演变

人力资源管理的实践活动可以追溯到相当久远的年代，而它作为一种科学管理理论学说则是近代工业革命的产物。纵观人力资源管理的发展历史，它经历了经验管理、科学管理、现代管理三个发展阶段，并先后提出了雇用劳动管理、劳动人事管理和人力资源管理的概念。

第一阶段是经验任务管理阶段。工作的主要任务是确保员工按照企业规定的生产流程进行工作，在这一阶段，"人"被视为"物质人"，在雇主的眼里，工人只是会说话能劳动的工具，完全忽视了工人的心理需求。这一阶段人事管理的主要特点是：招聘劳动工人成为企业人事管理的主要任务，人事管理的内容就是解决工厂内部劳动分工与协作的问题。

第二阶段是科学人事管理阶段。欧洲工业革命的爆发使机器时代形成，生产效率的极大提高和劳动分工的进一步明确使得人员管理全面进入科学管理阶段。这一时期人事管理理论和实践有了很大的发展，管理人员与工人出现新的分工，劳动人事部门诞生。这一阶段人事管理和人力资源管理研究都是集中在某一特定领域，并没有形成完整的人力资源管理理论体系，但是这些理论和研究都为日后人力资源管理理论体系的建立奠定了基础。

第三阶段是现代人力资源管理阶段。20世纪80年代以后，传统的人事管理开始转变为人力资源管理。人事管理在企业管理中的作用也发生了很大变化，这种变化不是简单的名称变化，而是管理理念和管理方式的巨大变化。人力资源管理将员工视为组织最重要的资源，重视对员工的长期开发和合理使用。在管理职能方面，人力资源管理不再仅仅承担单纯性的行政事务性工作，更关注影响组织目标实现的长期的战略性工作。在管理方式上，人力资源管理强调"以人为本"的管理理念，使管理方法不仅科学化，而且更为人性化。

▶ 3. 现代人力资源战略在企业管理中的作用

1）人力资源战略是公司战略的核心

人力资源是与企业的核心资源战略相适应的管理和专业技术人才，最大限度地发掘他们的才能，可以推动企业战略的实施，促进企业的飞跃发展。人力资源战略是公司战略的核心，它指导着人力资源管理活动，使人力资源管理的活动之间能够有效地互相配合。不同的资源战略规划必然会影响到人力资源的管理活动。人力资源管理是企业战略管理的核心。

2）实施人力资源战略可提高企业的绩效

人力资源战略的目标是根据企业总体战略来确定的，企业绩效的实现是通过向顾客有效地提供企业的产品和服务体现出来的。所以，企业中的人力资源可以看作就是设计生产和提供这些产品和服务的人员。人力资源管理贯穿于企业整个生命周期的不同阶段，并随着企业发展的不同阶段表现出不同的差异。过去，人力资源管理是以活动为宗旨，主要考虑做什么，而不考虑成本和人力的需求；现在，经济发展正在从资源型经济向知识型经济过渡，企业人力资源管理也就必须实行战略性的转化。人力资源管理者必须把他们活动所产生的结果作为企业的成果，特别是作为人力资源投资的回报，使企业获得更多的利润。

3）实施人力资源战略能扩展人力资本

企业中人力资本就是它全部的人力资源，它由企业中的人以及他们所拥有的潜能用于他们工作的能力所构成，体现在劳动者身上就是以劳动者的数量和质量所表现出的非物质资本。人力资源管理的战略目标就是不断增强企业的人力资本总和。扩展人力资本的一个重要手段是利用企业内部所有员工的才能和吸引外部的优秀人才，作为企业战略的一部分，人力资源工作要保证各个工作岗位所需人员的供给，保证这些人员具有其岗位所需的技能，即通过培训和开发来缩短及消除企业各职位所要求的技能和员工所具有的能力之间的差距。当然，还可以设计与企业的战略目标相一致的薪酬系统、福利计划、提供更多的培训、为员工设计职业生涯计划等来增强企业人力资本的竞争力，达到扩展人力资本的目的。

4）实施人力资源战略保证人力资源管理系统的高效率

在企业的实际人力资源工作中，存在着投入成本和产出收益之间的矛盾，行政管理和事务管理需要投入大量的人力成本，但并不能创造出最大价值。在企业实施成本领先战略中，应努力控制人力资源成本，这就需要将人力资源集中在与成本-收益关系紧密的工艺上，从人力资源规划和管理等方面进行严格控制。如何平衡行政管理、事务管理、人力资源战略管理三个方面的投入，是企业保证有效人力资源成本的关键。规范人力资源管理方面的行为，建立客观的人与事的评价与检测标准，建立相应的法律法规，才能保障企业和劳动者的自身利益，保障双方的合法权利，使得人力资源管理系统更高效化、标准化和现代化。

▶ 4. 人力资源战略制定的方法

人力资源战略的制定有两种方法：目标分解法和目标汇总法。

1）目标分解法

目标分解法是根据组织发展战略对人力资源开发与管理的要求，提出人力资源战略的总目标，然后将此目标层层分解到部门与个人，形成各部门与个人的目标与任务。这种方法的优点是，战略的系统性强，对重大事件与目标把握较为准确、全面，对未来的预测性较好，但缺点是战略易与实际相脱离，易忽视员工的期望，且过程非常烦琐，不易被一般管理人员掌握。

2）目标汇总法

目标汇总法是目标分解法的逆向过程。它首先是部门与每个员工讨论、制定个人工作目标，在目标制定时充分考虑员工的期望与组织对员工的素质、技能、绩效要求，提出工作改进方案与方法，规定目标实施的方案与步骤，然后组织再由此形成部门的目标，由部门目标形成组织的人力资源战略目标。部门与个人的目标的确定往往采用经验估计、趋势估计的方法。显然，这样的估计，带有较多的主观臆断，缺少对未来的预测，但是，这样的估计非常简单，因而在现实中，经常被使用。这种方法的优点是目标与行动方案非常具体，可操作性强，并充分考虑员工的个人期望，但这种方法全局性差，对重大事件与目标、对未来的预见能力较弱。

以下是两种方法的详细比较，如表 2-1 所示。

表 2-1 目标分解法与目标汇总法的比较

项目 方法	目的	时间	涉及范围	操作性	环境分析	信息要求	评估者
目标分解法	战略规划	长远	全局到局部	较差	要求较高	全面	HR 部门
目标汇总法	行动规划	短期	局部到全局	较强	要求一般	局部	职能部门

二、人力资源战略模式的演变

▶ 1. 以竞争为导向的人力资源战略

这是最为简单的一种模式，这种模式主要侧重对企业的外部和内部环境和条件进行分析，对人力资源的优势和劣势进行权衡，找到影响人力资源管理的战略变量，引入人力资源管理活动中，从而形成人力资源的战略决策，并通过现有的人力资源管理系统来实现。

▶ 2. 为企业组织服务的人力资源战略

这种模式把人力资源管理作为组织战略实施的保证、组织优势发挥的基础、组织文化建设的依托、组织适应性的来源，这种模式侧重人力资源管理对组织战略的影响（如促进组织灵活性和适应性的战略），并通过人力资源的功能重组和人力资源开发和管理的战略整合来实现。

▶ 3. 侧重提高人力资本投资效益（HRIR）的人力资源战略

这是一种最大限度利用财务金融知识对人力资源的价值进行计量和管理的模式。企业对人力资源的投资进行立项，利用量本利、现金流量分析法等对人力资源投资经营决策进行规划和控制，通过人力资源的投资收益分析，员工激励机制的设计，把人力资源的投入作为激励员工的重要措施,并通过风险管理来实现组织绩效提升和员工福利改善的双赢局面,最终为企业的长远发展战略提供有力支持。人力资本投资中的风险主要是决策风险和管理风险,前者是投资后企业得不到预期收益的风险,后者是管理不善造成人力资本效率低下或人才流失的风险。特别是经济定量模型和金融工具的应用(如管理层持股、员工持股、股票期权计划、实物期权方法)使人力资源管理更富于战略特征,这极大地提高了管理者和员工的积极性,使企业在吸引和激励人才方面更具竞争力。

▶ 4. 以人力资源为基础(RBV)的资源配置战略

该模式突出了人力资源作为企业内部核心能力的作用,认为人力资源战略在企业的众多职能战略中居于首位,其首要作用在于能够确保和维持企业的生存和发展,其次它能够使人力资源成为企业获取持续竞争优势的来源。战略与人力资源的一致性或匹配是人力资源战略获取成功的关键。人力资源为基础(RBV)的模式较好地把 HRM 与竞争优势结合起来,解释了为什么人力资源管理能实现企业的可持续竞争优势。这种模式主要包括:人力资本储备、员工关系和行为、人力资源管理系统或高绩效工作系统,企业通过人力资源管理系统来调动人力资本储备,激发员工的行为,来实现企业的绩效目标,正是这三个因素的综合效应带来了持续的竞争优势。

▶ 5. 以目标为导向(MBO)的人力资源战略

这种模式的基础是目标管理法,它以整个企业或组织的目标为出发点,强调管理者与员工共同制定目标,特别重视和利用员工对组织的贡献,通过指导和监控目标的实现过程来提高员工的工作绩效,并通过绩效反馈来制订绩效改进计划。员工能够全过程地参与到整个绩效管理的过程中,包括参与目标的建立、目标实施的沟通、评价之后的绩效反馈,因而能够促使员工共同推进组织目标。它的不足在于只重视短期效益,而对战略目标制定和实施缺乏控制;员工与管理者在共同制定目标过程中会发生冲突,员工的注意力集中在目标上,但对达到目标所要求的行为不明确;其绩效标准因员工不同而不同,没有相互比较的基础。

三、人力资源战略规划

人力资源战略规划是基于企业的发展战略,科学地预测、分析企业在环境变化中的人力资源供给和需求状况,制定必要的人力资源获取、利用、保持与开发的策略和措施,以确保企业在需要的时候和需要的岗位上获得各种需要的人才(包括数量和质量),并使企业和员工个人都得到长期的利益的过程。

依据人力资源战略规划的目的不同,可以分为仅考虑组织利益的人力资源战略规划和兼顾组织和个人利益的人力资源战略规划。前一种人力资源战略规划是从企业的目标、发展和利益要求出发,在适当的时间,向特定的各个工作岗位提供合乎岗位要求的劳动力,以满足特定生产资料对人力资源的数量、质量和结构的要求。后一种观点认为人力资源战略规划是在有效设定企业目标和满足个人目标之间保持平衡的条件下使企业拥有与工作任务要求相适应的必要数量和质量的人力资源。这种观点认为人力资源战略规划所要实现的企业目标是包括实现个人利益在内的,其最终目的是实现企业与个人的同步成长。

人力资源战略规划是人力资源管理工作的起点,是企业人事行动的指南和工作纲领。在战略规划层次上,人力资源规划主要涉及的内容是:企业外部环境因素分析、预计未来企业总需求中对人力资源的需求、估计远期的企业内部人力资源数量、人力资源规划的调整等，重点在于分析问题。在经营计划的层次上，人力资源规划涉及对人力资源需求与供给量的预测，并根据企业人力资源的方针政策，制订具体的行动方案。

企业的人力资源战略规划的主要步骤和内容如图 2-1 所示。

图 2-1　人力资源战略规划的主要步骤和内容

▶ 1. 调查和分析企业人力资源规划信息

在调查分析阶段，要认清企业总体发展战略目标方向和内外部环境的变化趋势。首先要调查企业与人力资源相关的基本信息，例如，企业组织结构的设置状况、职位的设置及必要性；企业现有员工的工作情况、劳动定额及劳动负荷情况；企业未来的发展目标及任务计划；生产因素的可能变动情况等，同时需要特别注意对组织内人力资源的调查分析。这一部分通常包括：企业现有员工的基本状况、员工具有的知识与经验、员工具备的能力与潜力开发、员工的普遍兴趣与爱好、员工的个人目标与发展需求、员工的绩效与成果、企业近几年人力资源流动情况、企业人力资源结构与现行的人力资源政策等。另外，对于企业外在人力资源相关调查分析，如劳动力市场的结果、市场供给与需要的现状、教育培训政策与教育工作、劳动力择业心理与整个外在劳动力市场的有关因素与影响因素均需作深入的调查研究。这些信息都是企业人力资源规划制定的基础。

▶ 2. 企业人力资源需求和供给情况预测

企业的人力资源需求预测主要是基于企业的发展实力和发展战略目标的实现规划。人力资源部门必须了解企业的战略目标分几步走，每一步需要什么样的人才和人力做支撑，需求数量是多少，何时引进比较合适，人力资源成本分析等内容，然后才能够做出较为准确的需求预测。

企业人力资源供给预测分为内部人力资源供给预测和外部人力资源供给预测。

在进行内部人力资源供给预测时，要仔细地评估企业内部现有人员的状态和他们的运动模式，即离职率、调动率和升迁率。内部人力资源供给预测包括企业内部现有人员的状态：年龄、级别、素质、资历、经历和技能。必须收集和储存有关人员发展潜力、可晋升性、职业目标以及采用的培训项目等方面的信息。其中技能档案是预测人员供给的有效工具，它含有每个人员技能、能力、知识和经验方面的信息，这些信息的来源是工作分析、绩效评估、教育和培训记录等。人员在企业内部的运动模式，亦即人员流动状况。人员流动通常有以下几种形式：死亡和伤残、退休、离职、内部调动等。

外部人力资源供给预测包括：本地区人口总量与人力资源比率、本地区人力资源总体构成、本地区的经济发展水平、本地区的教育水平、本地区同一行业劳动力的平均价格与竞争力、本地区劳动力的择业心态与模式、本地区劳动力的工作价值观、本地区的地理位置对外地人口的吸引力、外来劳动力的数量与质量、本地区同行业对劳动力的需求等。

▶ 3. 企业人力资源战略规划的制定

企业人力资源战略规划的制定是基于以上获得的信息来开展的，是与企业的发展战略相匹配的人力资源总体规划，是企业人力资源管理体系形成的基础和保证。企业的人力资源体系能否建立起来，建立的如何，取决于企业的人力资源战略规划制定的基本内容是否全面和水平的高低。人力资源战略规划的制定主要涉及的内容包括：与企业的总体战略规划有关的人力资源规划目标、任务的详细说明；企业有关人力资源管理的各项政策策略及有关说明；企业内外部人力资源的供给与需求预测的结果分析；企业人力资源净需求状况分析；企业业务发展的人力资源计划；企业员工招聘计划、升迁计划；企业人员退休、解聘、裁减计划；员工培训和职业发展计划；企业管理与组织发展计划；企业人力资源保留计划；企业生产率提高计划等相关内容。一份完整的人力资源战略规划是企业人力资源管理的基础和核心，企业的人力资源其他管理工作都会时刻围绕着它来不断展开。

▶ 4. 企业人力资源战略规划的实施与执行

人力资源战略规划的实施与执行实际就是构建或者是规范企业的整个人力资源管理体系，即按照企业的人力资源战略规划来逐步建立或者完善企业现有的人力资源管理体系。把企业的发展战略和人力资源战略规划中的目标和计划进行分解和落实。主要包括企业组织机构的设计与优化、企业职务分析和评价、企业的人员招聘和管理、企业的绩效考核体系设计、员工工作表现评估和核心胜任能力模型塑造、企业薪酬激励和福利体系设计、员工培训管理体系、员工职业生涯发展体系等内容设计时需要把握的基本原则和相关政策的落实。

▶ 5. 企业人力资源战略规划的监控和评估

在企业人力资源战略规划的实施执行过程中，需要不断监控人力资源战略规划的具体落实情况，不断收集人力资源管理方面的资料和信息，查看人力资源战略规划是否与企业的发展战略相匹配，是否与企业的人力资源体系模块的设计相匹配、人力资源管理的各体系模块建立的合理性和可操作性，同时，在企业人力资源管理体系实施和执行的一个相对周期内对人力资源战略规划实施情况进行必要的分析和评估，并根据企业内外部环境的变化来调整人力资源战略规划的内容以适应企业整个发展战略的变化。

总之，人力资源战略规划的目的是通过制定规划来保证企业人力资源战略符合企业战略和不断发展需要。要管理好企业的人力资源，就必须制定相应的人力资源战略规划，并且要按照科学的程序来制定和实施，最终将人力资源战略规划的内容变成真实的行动，从而不断提升企业的人力资源管理水平和企业整体管理水平，达到实现企业发展战略目标，提高企业经营绩效的目的。

四、企业战略与人力资源战略的整合

企业战略是企业管理层所制定的"策略规划"，是以企业未来为出发点，旨在为企业寻求和维持持久竞争优势而做出的有关全局的重大筹划和谋略，是企业为自己确定的长远发展目标和任务，以及为实现这一目标而制定的行为路线、方针政策和方法。人力资源战略是企业根据企业战略和目标定出企业的人力资源管理目标，进而通过各种人力资源管理职能活动实现人力资源目标和企业目标的过程；是企业关于人力资源活动的长远性的决策和方略。它直接与企业战略相联系，重点是人力资源活动规范与一体化，达到使组织具有人力资源竞争力的目的。

企业战略和人力资源战略之间是一种单向的关系即垂直关系。人力资源战略被定位在职能战略层次上，它是在企业战略基础上形成的，通过发挥其对企业战略的支撑作用，促进企业战略的实现，因此，人力资源战略必须与企业战略相一致。

企业的竞争战略也可以根据不同的标准而有不同的类型。根据迈克尔·波特的竞争理论，企业基本竞争战略模型分为低成本、差异化和专一化三种，戈梅斯和麦加等人则提出了与之相匹配的三种人力资源战略，如表2-2所示。

表 2-2 企业战略人力资源与战略之间的整合

企业战略	一般组织特征	人力资源战略
低成本战略	(1)持续的资本投资； (2)严密地监督员工； (3)经常、详细的成本控制； (4)低成本的配置系统； (5)结构化的组织和责任； (6)方便制造的产品设计	(1)有效率的生产； (2)明确的工作说明书； (3)详尽的工作规则； (4)强调具有技术上的资格证明和技能； (5)强调与工作有关的培训； (6)强调以工作为基础的薪酬 (7)用绩效评估作为控制机制
差异化战略	(1)营销能力强； (2)重视产品的开发与设计； (3)基本研究能力强； (4)公司以品质或科技的领导著称； (5)公司的环境可吸引高科技的员工、科学家或具有创造性的人	(1)强调创新性和弹性； (2)工作类别广； (3)松散的工作规划； (4)外部招聘； (5)团队为基础的训练 (6)强调以个人为基础的薪酬； (7)绩效评估作为员工发展的工具
专一化战略	结合了成本领先战略和差异化战略、具有一定的战略目标	结合了上述两种人力资源战略

当企业采用成本领先战略时，它主要是通过低成本来获得竞争优势，因此应该严格控制成本和加强预算。为了配合这一战略，此时的人力资源战略强调有效性和低成本生产，强调通过合理的高度、结构化的程序来减少不确定性，并且不鼓励创造性。

当企业采用差异化的竞争战略时，这种战略思想的核心在于通过创造产品或服务的独特性来获得竞争优势。因此，这种战略的一般特点是企业具有较强的营销能力，强调产品的设计和研发，以产品质量著称。此时的人力资源战略则是强调创新性和弹性，形成创造性氛围，采用以团队为基础的培训和评价，采用差异化的薪酬策略等。

当企业采用专一化战略时，其特点是综合了低成本战略和差异化战略，相应的人力资源战略的特点是上述两种的结合。

因此，当一个企业在制定其人力资源战略时需要综合考虑多方面的因素和条件。特别是和企业竞争战略方面的协调配合。其关键点可以归纳为以下几点。

(1)制定人力资源战略之前应当结合企业的发展阶段，众所周知，任何一个企业的成长和发展都有一定的阶段，具体分为：幼年期、成长期、成熟期和衰退期。人力资源战略的制定应当同企业的成长周期相一致。例如，在成长期，企业业务扩张时就应该扩充人力，积极培养员工；而当处于衰退期时则应采用紧缩战略，适当精简，以降低成本。

(2)要综合分析企业所面临的宏观环境和内外部资源。企业竞争战略的制定就是建立在对自身和外部环境的分析基础之上，只有充分考虑了企业内外部的环境和资源，进行SWOT分析，充分考虑和分析面临的机会和威胁才能找出与之相匹配的人力资源战略。

(3)人力资源战略是指导一个企业的总体人力资源管理思想和方向，但是在实际和具体的工作当中应当有其具体的实施方案，并且能随着环境和形式改变而做出灵活多变的调整。只有这样才能适应瞬息万变的市场状况，利用人力资源战略巩固和加强其竞争优势，在激烈的竞争中出奇制胜。

第三节 战略人力资源管理思想的应用

战略人力资源管理思想在推动企业发展和变革中扮演着重要的角色，人力资源管理与企业战略的一致性将为企业带来巨大的竞争优势。在现代企业中，人力资源管理的外包、企业并购等都是战略人力资源管理思想在企业实践中的应用。

一、人力资源管理外包与战略人力资源管理

人力资源外包就是企业根据需要将某一项或几项人力资源管理工作或职能外包出去，交由其他企业或组织进行管理，以降低人力成本，实现效率最大化。总体而言，人力资源管理外包将渗透到企业内部的所有人事业务，包括人力资源规划、制度设计与创新、流程整合、员工满意度调查、薪资调查及方案设计、培训工作、劳动仲裁、员工关系、企业文化设计等方方面面。

人力资源外包管理，简单而言，即指公司委托第三方人力资源管理外包服务机构代为处理公司部分人力资源工作。由于公司规模、人力资源要求、公司长远战略规划的不同，人力资源外包在各个公司实际开展程度有很大差异。对于我国的企业而言，人力资源职能外包管理主要旨在降低成本和聚焦核心能力。

许多公司的实践表明，外包业务需要遵循一个原则才能最大限度地为公司业务服务：公司核心业务，即有关公司文化建设、机构设置、核心决策等事项不能外包，只要是常规事务性的工作都能够外包。

这就给人力资源外包提供了相当大的拓展空间。人力资源管理牵涉内容众多，流程庞杂。若企业邀请咨询公司评价其专业技术与能力，给整个人力资源管理的涵盖内容进行重新设计，这就是"大外包"的概念。总体说来分为五大块：人员的配置、培训与发展、薪酬福利、绩效考核、企业架构及岗位设置。

而通常在完成诸多人力资源管理体系的设计后，企业仍然需要聘用专业外包公司来实施日常烦琐的操作和管理，如薪资福利管理、薪资福利数据的获得、能力评估、人员培训与发展等，这就是普遍意义上的"小外包"概念。

这样一来，企业把一些重复的、烦琐的、事务性的工作、不涉及企业秘密的技能性培训工作、高层次人才招聘的物色工作、社会福利管理等工作外包给专业机构，而对其他一些涉及公司机密的职能依然会由企业内部的HR部门管理。内外分工明确合理，工作的效率得以最大程度的提高。

人力资源管理主要有以下外包业务。

(1) 员工入职、离职的服务和管理（甄别员工入职前的身份，核定员工社会保险缴纳状况）。

(2) 各项社会保险以及住房公积金的代理和管理。

(3) 工资代发与个人所得税的办理。

(4) 员工入职前体检。

(5) 各类人事档案的转接与管理。

(6) 职称评定、公证、工龄审定等各项人事手续的办理。

(7) 各类招工手续以及各地应届毕业生接受的办理。

(8) 调解处理聘用争议和突发事件。
(9) 员工暂住证(A类)、就业证、边境证等各类证件的办理。
(10) 员工集体户口的办理。
(11) 员工及其子女健康保障。
(12) 员工活动与旅游的组织。
(13) 员工的培训。

二、企业并购与战略人力资源管理

企业并购是现代企业成长和扩张的重要途径，而人则是企业能否并购成功的关键因素。实现企业并购的战略目标必须对并购企业间的核心人力资源进行战略整合。

▶ 1. 并购前的人力资源整合规划

企业并购不但要注重对方的资产质量与市场质量，尤其要重视其管理团队，即要得到目标企业的关键人力资源(KHR)。一般而言，在尚未决定是否并购时与这些人员接触会被认为是一种"过线行为"。人力资源管理部门此时需要做的是详细了解情况，建立个人档案，建立因企业突然并购使这些关键人员出现动荡的对策预案。最大限度地留下那些稀缺、不可替代的关键人员，他们是构筑企业核心竞争力的灵魂。

在将近作出并购决定时，有必要通过正式和非正式渠道宣传本企业在未来一段时间的发展战略走向，以达到安定自身、安定目标企业人心的目的。应该看到，此时本企业和目标企业的人员可能会因为无法得到正确信息而造成惶恐和震动。本企业员工因为了解企业，如果企业本身有良好的沟通反馈渠道，问题尚可控制。被并购公司的企业员工因为处在信息真空中，极有可能为了个人利益做出跳槽等有碍于企业利益的事。

此时需要引入成本领先的战略观点。一般而言，企业在并购时会在争取良好的并购优势、吸引优势人才方面花费大量人、财、物力。企业此时应该有的放矢，将有限的资源投向关键人力资源。通过人力资本的增值效应，在企业未来的发展中获得较于竞争对手的成本竞争优势。

▶ 2. 并购中的差异化战略实施

差异化战略原本是这样一种战略：指导企业提供给顾客区别于竞争对手的产品和服务，以占领消费者。在并购过程中，目标企业和本企业的员工都是所要争取的"顾客"。只有使他们感受到差异，提升其满意度，才能从根本上成功并购，这是从人力资源本身差异性出发的战略选择。企业中不同层次、不同教育背景、不同能力的员工其本身目标也是不同的。必须根据马斯洛的需求层次理论对员工进行差异化服务，留下那些对企业最为关键的人才，我们的企业才能持续发展。

目前，企业界强强联合的越来越多，由此出现的一个问题是两个强势文化较难融合，此时需要进行差异化战略。进行强行对接只能引发双方的对抗和碰撞。应该分析企业中目前最关键的战略是什么，从两个企业的文化价值观入手，进行差异化渗入，根据员工个人不同文化背景和价值趋向选择不同的管理和激励措施。采取目标分解等措施，分步实施。

▶ 3. 并购中的战略沟通

一个有凝聚力的企业首先应该是一个透明的企业。上至企业最高管理层，下至普通员工，每一个人都应该对企业未来发展战略、措施、步骤等关键信息详细掌握，这一点在企业并购中尤为重要。本企业与目标企业人员因为并购行为，通常会对企业和个人前途充满疑问。管理层掌握了大量信息，如果他们不愿发布信息，就会被员工怀疑。从而使员工对企业失去信任，关键员工还是会选择离开，给企业造成损失。企业从开始就必须统一实施战略沟通策略，而战略沟通的对象应该包括企业中各个层次的人员。这是因为包括企业中高层管理者在内的多数人员对于企业未来方向没有一个宏观的把握，包括中层人员在内的许多人员都在为个人前途做相关准备，这必然会影响企业绩效。战略沟通应该是过程式的长期进程，使每一个员工都能明白企业的战略，自己在企业发展中的位置，如何调整自己的行为以助企业整体目标的最终实现。

▶ 4. 并购后的战略变革

企业并购的完成仅仅是企业未来更长远发展的开始。作为融合了原有企业个性的新企业，必须综合实施战略融合和企业再造。原来的人力资源流程，包括人力资源规划、工作设计与分析、员工招聘和配置、员工培训和提升、绩效考核、薪酬管理等，都必须重新设计或改造。战略变革应该从最高管理层开始实施，它必须同时得到所有员工的支持和认同。从开始就必须努力贯彻执行，在执行过程中不断反馈信息，综合信息进行控制处理，然后提出修正战术，继续实施变革。如此反复实施，始终确保企业在战略变革的轨道上。此阶段人力资源部门和各级管理部门必须紧密配合，通过人力资源规划，提供所需人员，及时对员工进行绩效管理，加强培训教育，引导其在企业发展过程中成长，实现其个人目标与企业目标的融合。企业和员工双赢才是企业变革的真正成功。

本 章 小 结

本章介绍了战略人力资源管理的发展历程，探讨了战略人力资源管理的含义及特征。战略人力资源管理通过确保组织获取具有良好技能和良好素质的员工，使组织获得持续的竞争优势，从而形成组织的战略能力，依靠人们实现战略目标和依靠核心人力资源建立竞争优势，具有战略性、协同性、目标性和灵活性等特点。

综 合 练 习

一、名词解释

企业战略　　人力资源战略　　管理思想　　制定

二、单项选择题

1. 战略人力资源管理是战略管理理论与人力资源管理理论共同发展的结果，主要强调的是（　　）对组织绩效的重要性。

　　A. 人力资源管理活动　　　　　　　　B. 组织管理
　　C. 战略管理　　　　　　　　　　　　D. 财务管理

2. 在战略措施上，现代人力资源管理是运用"系统化科学和人文艺术"的（　　）。

　　A. 系统管理　　B. 制度管理　　C. 权变管理　　D. 双重管理

3. 人力资源战略管理的内部匹配也称作"横向联合"，意思是将几种（　　）一起开发和执行，从而使它们内在一致，达到相互促进的目的。
    A. 人力资源活动与绩效管理   B. 人力资源管理与组织管理
    C. 人力资源管理与财务管理   D. 互补的人力资源活动
4. 在管理方式上，现代人力资源管理强调（   ）的管理理念，使管理方法不仅科学化，而且更为人性化。
    A. 利益最大化   B. 以人为本
    C. 社会效益最大化   D. 股东利益最大化
5. 目标汇总法的优点是（   ）。
    A. 战略的系统性强   B. 对重大事件与目标把握较为准确、全面
    C. 对未来的预测性较好   D. 可操作性强
6. （   ）不足在于只重视短期效益，而对战略目标制定和实施缺乏控制。
    A. 以竞争为导向的人力资源战略   B. 以人力资源为基础（RBV）的资源配置战略
    C. 为企业组织服务的人力资源战略 D. 以目标为导向（MBO）的人力资源战略
7. （   ）是预测人员供给的有效工具。
    A. 德尔菲法   B. 比例趋势分析法
    C. 经济计量模型法   D. 技能档案
8. 企业战略和人力资源战略之间是一种单向的关系，即（   ）。
    A. 并列关系   B. 垂直关系   C. 平行关系   D. 承前启后关系
9. 下列事项不能外包的是（   ）。
    A. 员工的培训   B. 员工入职前体检
    C. 员工入职、离职的服务和管理   D. 决策事项
10. 目前企业界强强联合中出现两个强势文化较难融合时，此时需要的战略是（   ）。
    A. 变革战略   B. 沟通战略
    C. 集中战略   D. 差异化战略

三、多项选择题

1. 战略人力资本理论的理论来源主要包括（   ）。
    A. 资源基础理论   B. 人力资本   C. 行为角色   D. 一般系统理论
    E. 企业管理理论
2. 战略人力资源管理在组织中关注（   ）。
    A. 改变结构和文化   B. 组织绩效和业绩
    C. 特殊能力的开发   D. 管理变革
    E. 人才的培育与开发
3. 战略人力资源管理的基本内涵包括（   ）。
    A. 战略性   B. 一致性   C. 协调性   D. 目标性
    E. 灵活性
4. 组织的总体战略主要包括（   ）。
    A. 成长战略   B. 稳定性战略   C. 维持战略   D. 紧缩战略
    E. 转向战略
5. 组织的经营战略包括（   ）。
    A. 成本领先战略   B. 差异化战略   C. 聚焦战略   D. 分散战略
    E. 集中战略

6. 人力资源战略制定的方法包括（   ）。
   A. 目标分解法   B. 目标汇总法   C. 目标导向法   D. 目标认定法
   E. 目标维持法
7. 人力资源战略模式包括（   ）。
   A. 以竞争为导向的人力资源战略
   B. 为企业组织服务的人力资源战略
   C. 侧重提高人力资本投资效益的人力资源战略
   D. 以人力资源为基础的资源配置战略
   E. 以目标为导向的人力资源战略
8. 人力资源战略规划过程的基本步骤包括（   ）。
   A. 调查分析   B. 供求预测   C. 战略制定   D. 战略实施
   E. 评估与控制
9. 与差异化战略相匹配的人力资源战略包括（   ）。
   A. 强调创新性和弹性   B. 强调以个人为基础的薪酬
   C. 松散的工作规划   D. 外部招聘团队为基础的训练
   E. 绩效评估作为员工发展的工具
10. 下列人力资源管理活动可进行外包的是（   ）。
    A. 人力资源规划   B. 员工满意度调查
    C. 薪酬调查及方案设计   D. 培训工作
    E. 劳动仲裁

四、判断题

1. 在战略人力资源管理中人力资源管理部门能够直接参与组织的战略与决策。（   ）
2. 战略人力资源管理中实践活动的协同模式是指所有人力资源管理的具体实践活动组合在一起，没有核心实践活动。（   ）
3. 横向联合指的是人力资源战略与企业战略之间的关系，要求人力资源战略需要和企业战略完全一致。（   ）
4. 战略性人力资源管理追求短期利益，专注于眼前的工作绩效。（   ）
5. 由于战略性人力资源管理可能引发变革，因此会受到传统的抵制。（   ）
6. 现代人力资源管理将员工视为组织最重要的资源，重视对员工的长期开发和合理使用。（   ）
7. 企业人力资源供给预测分为内部人力资源供给预测和外部人力资源供给预测。（   ）
8. 人力资源战略的制定应当同企业的成长相一致。（   ）
9. 概念大外包与小外包的内涵与外延完全一致。（   ）
10. 企业并购能否成功与人才有很大关系。（   ）

五、简答题

1. 什么是战略人力资源管理？
2. 如何认识战略人力资源管理和人力资源管理战略之间的关系？
3. 简述人力资源管理外包与战略人力资源管理的关系。

六、论述题

1. 试析不同企业战略下人力资源战略是如何与之匹配的？
2. 调查你身边的企业并分析战略人力资源管理思想在这些企业中的运用情况。

七、案例分析

沃尔玛的人力资源战略

沃尔玛是世界上最大的零售业企业。1962年，沃尔玛创始人山姆·沃尔玛先生白手起家，在美国阿肯色州的本顿威尔小镇投资经营第一家沃尔玛折扣店，店名是WAL-MART，以"售价最低、保证满意"作为企业的经营理念。20世纪70年代，沃尔玛成长为全美最大的区域性零售公司，80年代又发展成为全美最大的折扣连锁公司，每年的销售额以40%的速度递增。到1990年11月，沃尔玛超过位居美国折扣百货业龙头达10年之久的凯玛特（KMART），成为全美销售额第一的零售公司。1991年又超过自"二战"后即名列全美第一的老百货业盟主西尔斯（SEARS），雄踞全美零售业榜首。之后持续增长，90年代再创全美和世界零售第一。2002年是沃尔玛自创业以来最为辉煌的一年。在《财富》杂志公布的全球2001年度500强企业的排行榜中，沃尔玛以2198.12亿美元的总收入，夺得全美乃至于全球企业的第一把金交椅。

那么究竟是什么使沃尔玛在短短的30年时间内打败业内的所有巨头，创造了世界零售业史上如此辉煌的奇迹？零售业的竞争，归根结底是人才的竞争。沃尔玛最独特的优势是其员工的献身精神和团队精神。山姆·沃尔玛和他的继任者一再强调人对沃尔玛的重要性，员工被视为公司最大的财富。沃尔玛的人力资源战略可以归纳为三句话：留住人才、发展人才、吸纳人才。

一、留住人才

沃尔玛致力于为每一位员工提供良好和谐的工作氛围，完善的薪酬福利计划，广阔的事业发展空间，并且在这方面已经形成了一整套独特的政策和制度。

1. 合伙人政策

在沃尔玛的术语中，公司员工不被称为员工，而称为"合伙人"。这一概念具体化的政策体现为三个互相补充的计划：利润分享计划、雇员购股计划和损耗奖励计划。1971年，沃尔玛实施了一项由全体员工参与的利润分享计划：每个在沃尔玛工作两年以上的并且每年工作1000小时的员工都有资格分享公司当年利润。截至20世纪90年代，利润分享计划总额已经约有18亿美元——这些都是属于沃尔玛公司"合伙人"的利益。此项计划使员工的工作热情空前高涨。之后不久，山姆又推出了雇员购股计划，让员工通过工资扣除的方式，以低于市值15%的价格购买股票。这样，80%以上的员工或借助利润分享计划，或直接持有公司股票。员工利益与公司利益休戚相关，实现了真正意义上的"合伙"。沃尔玛公司还推行了许多奖金计划，最为成功的就是损耗奖励计划。如果某家商店能够将损耗维持在公司的既定目标之内，该店每个员工均可获得奖金，最多可达200美元。这一计划很好地体现了合伙原则，也大大降低了公司的损耗率，节约了经营开支。

在沃尔玛，管理人员和员工之间也是良好的合伙关系。公司经理人员的纽扣镶有"我们关心我们的员工"字样，管理者必须亲切对待员工，必须了解员工的为人、员工的家庭、员工的困难和员工的希望等，必须尊重和赞赏他们，对他们关心，认真倾听他们的意见，真诚地帮助他们成长和发展。

总之，合伙关系在沃尔玛公司内部处处体现出来，它使沃尔玛凝聚为一个整体，使所有的人都团结起来，为着公司的发展壮大而不断努力。当管理者开始尝试把员工当成"合伙人"时，将有助于公司进一步发挥其巨大潜力，而且员工也会发现，随着公司状况的改善，他们的所得也在增加，这对员工和公司都是有益的。

2. 门户开放政策

沃尔玛公司重视信息的沟通，提出并贯彻门户开放政策，即员工任何时间、地点只要有想法或者意见，都可以以口头或者以书面的形式与管理人员乃至于总裁进行沟通，并且不必担心受到报复。若他的上司本身就是问题所在，或者员工对领导答复不满意，可以再向公司任何级别领导人汇报，任何管理层人员如借"门户开放"政策实施打击报复，将会受到严厉的纪律处分甚至被解雇。这种政策的实施充分保证了员工的参与权，为沃尔玛人力资源管理的信息沟通打下了坚实的基础。

事实上，重视信息的沟通和共享是沃尔玛公司用人之道的精髓所在，也是公司成功的关键之一。沃尔玛以各种形式进行员工之间的沟通，大到年度股东大会小至简单的电话会谈，公司每年花在电脑和卫星通信上的费用达数亿美元。尤其值得一提的是沃尔玛的星期六晨会，会上经理和员工可以畅所欲言，提出创见，陈述弊端，目的在于交流资讯，减轻员工的思想负担，团结队伍。星期六晨会已成为沃尔玛文化的核心。

沃尔玛还是同行业中最早实现与员工共享信息的企业。授予员工参与权，与员工共同掌握公司的许多指标是整个公司不断升格的经营原则。分享信息和责任也是合伙关系的核心。员工只有充分了解业务进展情况，才会产生责任感和参与感。员工意识到自己在公司里的重要性，觉得自己在公司里受到尊重和信任，才会努力取得更好的成绩。

3. "公仆"领导

这是沃尔玛全新的人才管理概念。在公司内，领导和员工是"倒金字塔"形的组织关系，领导处于最低层，员工是中间的基石，顾客永远是第一位的。员工为顾客服务，领导则是为员工服务，是员工的"公仆"。对于所有走上领导岗位的员工，沃尔玛首先提出这样的要求："如果您想事业成功，那么您必须要您的同事感觉到您是在为他们工作，而不是他们在为您工作。"沃尔玛的领导要为每一位员工服务，指导、支持、关心、鼓励他们工作，为他们的成功创造机会。"公仆"不是坐在办公桌后发号施令，而是实行"走动式"管理，管理层人员要走出来直接与员工交流、沟通，并及时处理有关问题。

在沃尔玛，任何一个普通员工佩戴的工牌注明"OUR PEOPLE MAKE DIFFERENCE"(我们的同事创造非凡)。除了名字之外，工牌上没有标明职务，包括最高总裁。公司内部没有上下级之分，可以直呼其名，这有助于营造一个温暖友好的氛围，给员工提供一个愉快的工作环境。

另外，还有离职面试制度可以确保每一位离职员工离职前有机会与公司管理层交流和沟通，从而能够了解到每一位同事离职的真实原因，有利于公司制定相应的人力资源策略。挽留政策的实行不仅使员工流失率降低到最低程度，而且即使员工离职，仍会成为沃尔玛的一位顾客。诸如此类的政策和制度为公司营造了融洽的工作氛围，使每一个员工都能感受到沃尔玛大家庭的温暖，留住了人心，也留住了人才。

二、发展人才

沃尔玛的经营者在不断的探索中领悟到人才对于企业成功的重要性。加强对员工的教育和培训是提高人才素质的重要渠道。因此，沃尔玛把加强对现有员工的培养和安置看作是一项首要任务。

1. 建立终身培训机制

沃尔玛重视对员工的培训和教育，建立了一套行之有效的培训机制，并投入大量的资金予以保证。各国际公司必须在每年的9月与总公司的国际部共同制订并审核年度培训计划。培训项目分为入职培训、升职培训、转职培训、全球最佳实践交流培训和各种专题培训。在每一个培训项目中又包括30天、60天、90天的回顾培训,以巩固培训成果。培训又分为不同的层次,有在岗技术培训,如怎样使用机器设备、如何调配材料;有专业知识培训,如外国语言培训、电脑培训;有企业文化培训,全面灌输沃尔玛的经营理念。更重要的是沃尔玛根据不同员工的潜能对管理人员进行领导艺术和管理技能培训,这些人将成为沃尔玛的中坚力量。

公司在总部和各级商店开设各类培训班,利用晚间上课,并设有沃尔顿零售学校、萨姆营运学院等培训组织,专门培养高级管理人员。沃尔玛还非常注重提高分店经理的业务能力,并且在做法上别具一格。沃尔玛的最高管理层不是直接指导每家分店负责人怎样做生意,而是要创造一种环境,让分店经理们从市场、从其他分店学习这门功课。例如,沃尔玛的先进情报资讯系统,为分店经理提供了有关顾客行为的详细资料。此外,沃尔玛还投资购置专机,定期载送各分店经理飞往公司总部,参加有关市场趋势及商品采购的研讨会。后来,随着公司规模的持续扩大又装置了卫星通信系统,公司总部经常召开电话会议,分店经理无须跨出店门便能和其他分店彼此交换市场信息。

沃尔玛为员工提供了大量的培训课程,采用的是经验式培训,以生动活泼的游戏和表演为主,培养员工"跳出框外思考"的能力。在培训课上,老师通过讲故事、做游戏和表演的方式,让他们在培训中展示真实的行为,协助参与者分析、讨论他们在活动中的行为,这种方式既有趣又有效。

2. 重视好学与责任感

沃尔玛创始人山姆先生在用人中注重的是能力和团队协作精神,学历、文凭并不十分重要。"管理人员中60％的人是从小时工做起的。"在一般零售公司,没有10年以上工作经验的人根本不会被考虑提升为经理。而在沃尔玛,经过6个月的训练后,如果表现良好,具有管理员工、擅长商品销售的能力,公司就会给他们一试身手的机会,先做助理经理或去协助开设新店,然后如果干得不错,就会有机会单独管理一个分店。在公司看来,一个人缺乏工作经验和相关知识没有多大关系,只要他肯学习并全力以赴,绝对能够以勤补拙。而且公司乐于雇用有家室的人,认为他们稳定,能努力工作。而在今日美国,由于大量使用兼职工、非熟练工以压低成本,各公司的员工流失率均居高不下,唯有沃尔玛是例外。

3. 内部提升制

过去,沃尔玛推行的是"招募、保留、发展"的用人哲学,现在则改为"保留、发展、招募"的模式。沃尔玛人力资源部资深副总裁科尔门·彼得森说:"这种改变不仅是语意的改变,它表明了对保留与发展公司已经具有的人才的侧重强调,而不再是公司以前的不断招聘的用人特点。"公司期望最大限度发挥员工的潜能并创造机会使其工作内容日益丰富和扩大,尽可能鼓励和实践从内部提升管理人员。沃尔玛绝大部分经理人员都是通过公司的管理培训计划,从公司内部逐级提拔上来的。

对于每一位员工的表现,人力资源部门会定期进行书面评估,并与员工进行面谈,存入个人档案。据了解,沃尔玛对员工的评估分为试用期评估、周年评估、升职评估等。评估内容包括这位同事的工作态度、积极性、主动性、工作效率、专业知识、有何长处以及需要改进之处等。这些将作为员工日后获得晋职提升的重要依据。

此外,沃尔玛公司着重加强员工对于整体工作运行的普遍性认识,进行多技能培训,提倡实现员工技能的多元化。当员工一人能做多种工作时,工作团体的灵活性和适应性就会得到很大的提高。在有人度假、生病和任务突变时,他们可以轻而易举地代替工作,因而保持了工作的高效无误。对于公司主管，公司推行岗位轮换制。公司经常要他们轮换工作，有机会担任不同工作，接触公司内部的各个层面，相互形成某种竞争，最终能把握公司的总体业务。这样做虽然也可能造成企业内某些主管间的矛盾，但公司认为每个人应首先帮助公司的其他人，发扬团队精神，收敛个人野心。

及时发现人才，并积极创造环境以最大限度发挥人才潜力，是沃尔玛的人才观，正是如此才会有今天成功的沃尔玛。

三、吸纳人才

在沃尔玛发展之初，重实干、轻学历的用人之道曾排斥受过高等教育的人。但是随着公司的不断发展，技术、营销、财务、法律等各方面的高级人才变得不可或缺。除了从公司内部选拔现有优秀人才之外，沃尔玛开始从外部适时引进高级人才，补充新鲜血液，以丰富公司的人力储备。

在招聘员工时，对于每一位应聘人员，无论种族、年龄、性别、地域、宗教信仰等，沃尔玛都为他们提供相等的就业机会。招聘过程中，每一位应聘者都必须经过笔试和面试。笔试又分为两种，一类是针对应聘管理层的一个综合测试，包括英文水平的测试、组织管理的测试、领导能力的测试、逻辑思维的测试等；另一类是针对应聘非管理层人员的测试题，包括文化素质的测试、团队合作精神的测试、简单服务行业英文口语的测试等。面试将会从言谈中了解应聘者的工作背景、综合能力、处理问题的态度、团队合作精神、个性及个人对工资福利方面的要求等。通过笔试和面试，筛选出合格的应聘者。

从1998年开始，沃尔玛开始实施见习管理人员计划，即高等院校举行CAREER TALK（职业发展讲座），吸引了一大批优秀的应届毕业生。经过相当长一段时间的培训，然后充实到各个岗位，此举为公司增添了新鲜血液，极大缓解了公司业务高速扩展对人才的需求。目前沃尔玛正在努力改进招聘方法，拓宽招聘渠道，如通过网络招聘、中介推荐或直接到国内部分高等院校招收应届毕业生。

沃尔玛总裁兼首席执行官大卫·格拉斯说："是我们的员工创造了沃尔玛的价值体系。"沃尔玛如此辉煌的发展历史和发展前景，其用人之道确实值得我们中国的零售行业深思、借鉴；员工是公司的主体，尊重员工，与员工建立利益共享的伙伴关系，最大限度地挖掘员工的创造潜力，让每一位员工充分实现个人的价值，在各项工作中达到卓越的境界，这样才能真正使企业站在较高的起点上，实现跨越式发展。

资料来源：中国劳动资讯网 http://www.51labour.com/html/73/73331.html。

1. 沃尔玛公司的人力资源管理战略有哪些特点？
2. 沃尔玛公司的人力资源管理战略与公司的发展战略有何联系？
3. 沃尔玛公司的人力资源管理战略对于中国企业有哪些借鉴意义？

第三章 Chapter 3 人力资源管理规划

>>> 学习目标

本章探讨的组织中的人力资源状况随着组织内外环境的不断调整和变化,这使得组织的人力资源战略目标也处于不断的变化中。人力资源战略目标的变化必将引起组织内外人力资源供需的变化,人力资源规划就是要对人力资源供需状况进行分析预测,以确保组织在近期、中期和长期对人力资源的需求。

1. 系统和全面地认识人力资源管理规划。
2. 了解和掌握有关企业人力资源规划的基本理论与实际操作的方法。
3. 提高分析与解决企业人力资源规划实际问题的能力。
4. 并能借鉴所学原理的方法,为企业制订人力资源规划的方案、建立人力资源战略与规划并引导企业的以人为本的战略发展。

导入案例

西南航空公司:重点在于起飞,而不是解雇

2001年夏天,由于商务旅行和度假需求的急剧下降,整个航空业都面临严重的危机。事实上,西北航空公司已经宣布要大幅度地削减航班班次以及减少所提供的服务;中途航空公司则干脆在当年的8月宣布破产。然而,尽管航空业的日子已经非常难过了,但是更大的灾难还在后头。

2001年9月11日,恐怖主义袭击了纽约和华盛顿特区,从而使整个国家陷入灾难状态。然而,在整个美国经济中,没有哪一个经济部门所受到的影响可以和已经在苦苦挣扎的整个航空业相提并论。尽管航班架次削减了20%以上,但是大多数飞机在起飞的时候却只有不到半数的乘客,而且,航空股股票在股市中的价值下降了1/3。为了继续经营下去,大多数航空公司都需要大幅度削减成本,美利坚航空公司、联合航空公司、美国航空公司、大陆航空公司以及美国西部航空公司最终解雇的员工人数超过10万人。

但是,西南航空公司却在顽强地抵抗着这一趋势。事实上,尽管整个航空业在有规模地经历着不断的起伏,在西南航空公司从事经营的30年多中,它却从来没有解雇过任何员工。更为引人注目的是,在2001年秋天这种航空业的艰难时刻,它依然保持住了这项

纪录。西南航空公司的不解雇政策是支撑该公司人力资源战略的核心价值观之一。业内人士认为，这种不解雇政策是西南航空公司的员工对公司高度忠诚，同时又具有高生产率和高度灵活性的主要原因之一。

西南航空公司员工的高生产率有助于公司降低人工成本，而这种人工成本的节约又通过低票价的形式将利益传递给了消费者。有时候，西南航空公司的机票价格仅仅是竞争对手的一半。高水平的工作保障还推动西南航空公司的员工在自己的工作岗位上发挥创造力，而不必担心会因为犯任何错误而受到惩罚。西南航空公司还发现，具有高满意度的员工不仅帮助公司获得了较高的客户满意度，而且还在经济形势好转从而有利于公司进一步发展时，帮助公司招募到新的员工。

为了在2001年仍然能够保持"零解雇"这一完美纪录，西南航空公司的高层管理人员在达拉斯组建了一个紧急指挥与控制中心，通过头脑风暴的形式来寻找除解雇员工之外的其他降低成本的方法。公司做出了推迟购买新飞机的原定计划，并且取消了正在进行的改建公司总部的计划。西南航空公司不仅没有任何债务，反而有超过10亿美元的现金，它也正是依靠这笔"阴天"基金帮助自己渡过了难关。这是一段艰难而痛苦的过程，但是，正如公司首席执行官吉姆·帕克所指出的那样："为了保护我们的员工，我们宁愿承受一些损失，甚至包括公司股票价格的下降。"

资料来源：雷蒙德·A.诺伊等. 人力资源管理：赢得竞争优势[M]. 刘昕, 译. 北京：中国人民大学出版社，2011.

案例思考：
1. 如何使公司的战略方向与其人力资源规划联系在一起？
2. 如何发挥人力资源规划在组织中的作用与价值？

第一节 人力资源管理规划概述

人力资源规划作为企业人力资源管理的一项核心工作，其关键在于科学分析企业的人力资源现状，有效进行企业人力资源的需求与供给预测，并相应制订人力资源开发方案。人力资源规划工作需要在企业人力资源战略的指引下来进行，以实现战略性的人力资源管理。

一、人力资源规划的概念

人力资源规划是根据组织的人力资源战略目标，在分析组织人力资源状况的基础上，科学预测组织在未来环境变化中人力资源的供给与需求状况，制定必要的人力资源获取、利用、保持和开发策略，确保组织对人力资源在数量上和质量上的需求，保证组织和个人获得长远利益。

从这个定义我们可以看到：

(1) 人力资源规划是以组织的人力资源战略目标为依据的，当组织的人力资源战略目标发生变化时，人力资源规划也随之发生变化。因此也可以说，组织的人力资源战略目标是人力资源规划的基础，人力资源规划是组织人力资源战略目标的实现计划。

(2) 组织外部环境中的政治、经济、法律、技术、文化等一系列因素处于不断的变化之中，组织中的人力资源状况也在不断调整和变化，这使得组织的人力资源战略目标也处于不断的变化中。人力资源战略目标的变化必将引起组织内外人力资源供需的变化，人力资源规划就是要对人力资源供需状况进行分析预测，以确保组织在近期、中期和长期对人力资源的需求。

（3）人力资源规划必须将组织确定的人力资源战略转化为必要的人力资源政策措施，以确保组织对人力资源需求的如期实现。政策措施要正确而明晰，如对涉及内部人员调动补缺、晋升或降职、外部招聘、开发培训等要有切实可行的措施保证，否则就无法确保组织人力资源规划的实现。

（4）人力资源规划要使组织得到长期的利益。这是指组织的人力资源规划要创造良好的条件，充分发挥组织中每个人的主观能动性，使每个人提高自己的工作效率，提高组织的效率，使组织的目标得以实现。

（5）人力资源规划要注重实现员工的目标。人力资源规划在注重实现组织长远利益的同时，也要切实关心组织中每个人在物质、精神和业务发展等方面的需求，并帮助他们在实现组织目标的同时实现个人的目标。

二、人力资源规划的过程

人力资源规划的主要过程如图 3-1 所示。

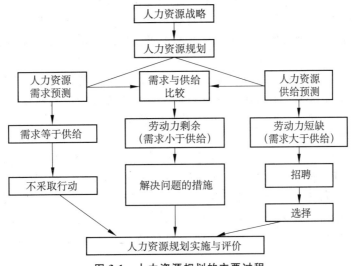

图 3-1 人力资源规划的主要过程

▶ 1. 人力资源战略

人力资源战略是用来预测和管理人力资源供求的方法。人力资源战略为企业的人力资源管理与活动设定了一个大致的方向。基于人力资源战略，企业需要对人力资源内部和外部供求状况进行评价，并得出分析结果。一旦评估工作结束，预测结果必须用来对人力资源的供求关系及缺口进行分析和确认。为了消除这种供求之间的不平衡，必须及时制订长期或短期的人力资源战略和人力资源计划。

▶ 2. 制定人力资源规划

人力资源规划必须具有长期导向性。例如，在为人力资源进行规划时，组织必须考虑到它是把自己的员工长时间分配到某一工作岗位上，而不仅仅是下一个月或下一个年。这种工作安置必须洞察到将来影响到组织的任何在经营方面的缩减与扩张，以及技术方面的变化。人力资源规划为组织将来的发展提供了路径，指明哪里可以得到员工资源，什么时候需要员工资源和员工需要什么样的培训和发展计划。

▶ 3. 人力资源规划实施与评价

在规划方案执行阶段需要解决的一个关键问题是：不仅要确保有具体的人来负责既定目标的达成，同时还要确保实施规划方案的人拥有达成这些目标所必要的一些权力和资源。另外，要定期得到关于执行情况的进展报告，以确保所有的方案都能够在既定的时间里执行到位，并且在这种方案执行的早期所产生的一些收益与预测的情况是一致的。当然，对人力资源规划所能够做出的最为明显的评价是：检查一下企业是否有效地避免了潜在的劳动力短缺或劳动力过剩情况。

三、人力资源规划的作用

通过以上对人力资源规划概念及过程的了解，可以看出，人力资源规划在企业的人力资源管理中起到了一个先导作用，对整个人力资源工作有重要的战略意义。另外，由于人力资源规划是与企业发展战略相联系的，所以，在实施企业目标和战略规划的过程中，它还能指导人力资源管理的具体活动，并不断地对人力资源管理的政策和措施做出相应的调整。具体说来，人力资源规划的作用主要体现在以下几个方面。

（1）使组织及时了解由于企业经营活动变化而导致的人力资源管理方面的变化。组织的生存和发展与组织的人力资源密切相关，组织经营活动过程中的任何变化都有可能导致组织中人力资源的变化，如果组织的人力资源不能适应组织的这种变化，组织的目标就难以实现。人力资源规划就是要预见组织变化将要产生的组织对人力资源需求的变化，并且及早进行准备。

（2）使组织能够预见未来人力资源不足或过剩的潜在问题。对于一个不断变化的组织来说，人力资源的需求和供给不可能实现自动平衡。人力资源规划通过分析组织变化，预测人力资源的供求差异，及时预见组织在未来可能出现的人力资源不足或过剩的潜在问题，并及时采取措施进行调节。

（3）有助于组织获得并且留住能满足企业需要的具有一定知识、技能和经验的人力资源。通过人力资源规划，组织可以了解哪些人员是组织短缺的，组织应该制定什么样的员工发展政策和薪酬政策吸引和留住组织所需要的人力资源。人力资源规划对调动员工的积极性也很重要。因为只有在人力资源规划的条件下，员工才可以看到自己的发展前景，从而去积极地努力争取。人力资源规划有助于引导员工职业生涯设计和职业生涯发展。

（4）使组织充分有效地利用人力资源。人力资源规划既可以保障组织拥有足够数量而且满足工作要求的人力资源，满足组织发展的需要，又能够防止人力资源的浪费，最大限度地节约人力成本。人力资源规划是人员招聘和员工安置的重要依据，它使组织能够将合适的员工安置在合适的岗位，最有效地利用每一个人力资源。

（5）为开发培训提供信息，使员工能够适应不断变化的环境需要。人力资源规划在为员工招聘提供信息的同时，也为员工培训提供了信息。在快速变化的环境下，组织不可能通过外部招聘的办法解决组织所遇到的所有人力资源短缺的问题。通过人力资源规划，组织可以了解未来组织发展对员工的知识、技能提出了哪些新的要求，现有的员工能否满足这些要求，组织应该为员工提供哪些培训等。员工培训不仅使员工个人的知识技能水平得以提高，工作适应性加强，也能满足组织对人力资源新的需要。

第二节 人力资源需求预测

人力资源规划工作始于科学准确的预测企业人力资源的需求。进行人力资源需求预测，一方面要进行详尽的人力资源需求调查，了解和掌握尽可能多的信息；另一方面要利用合适的预测工具和方法对收集到的信息进行分析，以得到企业在将来特定时期内切实需要的人力资源状况。

一、人力资源需求调查

人力资源需求预测受到许多因素的影响，与组织的整体战略目标、组织结构和职位设置、管理体制和机制等密切相关，因此需对组织战略、策略、规划等做深入分析。一般需要了解以下项目。

(1) 现有的组织结构设置、职位设置状况。
(2) 现有员工的数量、质量、分布、工作情况、定额及劳动负荷情况。
(3) 未来的生产任务计划，生产因素的可能变动情况。
(4) 未来的组织结构设置和人员编制。

二、人力资源需求预测方法

人力资源需求预测方法一般可分为两大类：定性预测法与定量预测法。

1. 定性预测法

这是一种较为简单、常用的方法，是由有经验的专家或管理人员进行直觉判断预测，其精度取决于预测者的个人经验和判断力。由于预测者主要是这一领域的专家，所以这类方法往往也称为"专家征询法"或"天才预测法"。在实践中被广泛使用的主要有以下几种方法。

1) 现状规划法

人力资源现状规划法是一种最简单的预测方法，较易操作。它是假定企业保持原有的生产规模和生产技术不变，则企业的人资源也应处于相对稳定状态，即企业各种人员的配备比例和人员的总数将完全能适应预测规划期内人力资源的需要。在此预测方法中，人力资源规划人员所要做的工作是测算出在规划期内有哪些岗位上的人员将得到晋升、降职、退休或调出本组织，再准备调动人员去弥补。

2) 经验预测法

经验预测法就是企业根据以往的经验对人力资源进行预测的方法。采用经验预测法是根据以往的经验业进行预测，预测的效果受经验的影响较大。通常有"自上而下"和"自下而上"两种方式，具体内容如图3-2所示。

实际工作中，企业一般是结合"自上而下"和"自下而上"两种方式来预测人力资源需求的。首先由公司总经理提出总的用人指导性建议，各部门经理根据建议会同人力资源部确定本部门的具体用人需求，再由人力资源部汇总公司各个部门的总需求，形成公司总的人员需求预测，并报公司总经理审批。

经验预测法是企业人力资源预测中较为简单的方法，比较适合于发展业务相对稳定的小型企业。由于经验预测法是根据相关人员的经验进行预测，其结果会有一定的偏差，但可以通过多人预测或查阅记录等方法提高预测的准确率。

3) 德尔菲法(Delphi)

德尔菲法又称专家预测法，是采用问卷调查的方法获得专家对于企业人力资源需求趋

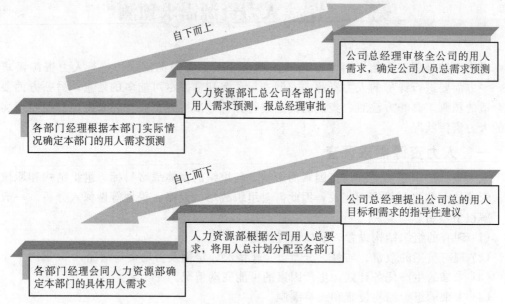

图 3-2 经验预测法

势的分析评估、并经过重复调查最终使专家达成一致意见的定性预测方法。总体来讲，由人力资源部设计调查问卷，并循环地收集和反馈各个专家意见，直到专家们的意见趋于一致，便得到了人力资源预测结果。具体来讲，德尔菲法的实施步骤如图 3-3 所示。

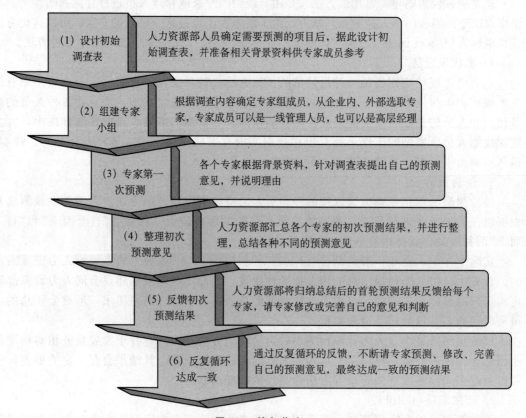

图 3-3 德尔菲法

值得注意的是，运用德尔菲法进行人力资源需求预测时，一般应采用匿名问卷的方式，不公开专家的姓名和职务。同时，各个专家之间并不直接面对面，也不必集中到一个地方讨论，而只是与调查人员联系，并根据调查人员提供的反馈信息不断修正自己的预测。

另外，在设计问卷时，问题应尽可能简单，以便于不同层次、水平的专家能够从相同的角度理解问题。在问卷内容设计上，既可以问某类人员需求的总体绝对数量，也可以问某类人员预计的变动百分比，专家的预测结果不要求非常精确，但应要求专家说明其对预测的肯定程度。

▶ 2. 定量预测法

定量预测法是利用数学和统计学的方法进行分析预测，常用的、较为简便的方法有以下几种。

1）定员定额法

定员定额法是在特定的生产技术条件下，为保证企业生产经营活动正常运行，满足企业各岗位所需配备具有一定素质的各类人员预先设定限额的一种方法。此类方法的基本原理为

规定时间内的工作总任务量＝某类岗位所需人员数量×某类人员劳动效率

在企业的具体实践中，通常有如表 3-1 所示的 5 种核定企业定员人数的方法。

表 3-1　企业定员核算方法

企业定员核算方法	计　算　公　式	说　　　明
工作定额定员法	$N=\dfrac{W}{q\times(1+R)}$	R 为劳动生产率综合变动系数，由技术进步、经验积累、劳动技能等因素决定
劳动效率定员法	$N=\dfrac{W}{q\times 定额完成率\times a\times(1-b)}$	a 为出勤率，b 为废品率
设备定员法	$N=\dfrac{设备开动台数\times 每台设备开动班次}{q\times a\times(1-b)}$	设备开动台数是指完成生产任务所需正常开动的设备台数，q 为设备看管定额，a 为出勤率，b 为废品率
岗位定员法	$N=\dfrac{各岗位生产工作时间和}{工作班时间-一个人需要及休息宽放时间}$	生产工作时间指工作布置、准备、作业及收尾时间的总和
比例定员法	$N=T\cdot q$	T 为该类员工服务对象人数，q 为定员的标准比例

注：N 为企业某岗位所需定员人数，W 为特定时间段内的工作总任务量，q 为企业定额标准。

其中，劳动效率定员法是根据岗位的工作量和劳动定额来计算所需人员数量的，特别适合以手工操作为主的工种；设备定员法则更适用于以机械操作为主、同时看管多台设备的工种；岗位定员法则适用于实行倒班制的生产型企业，根据开动的班次计算每班所需要的人员；而比例定员法是根据企业某类人员与另一类人员之间存在着一定的数量依存关系（如食堂炊事员与就餐员工人数之间、医务人员与就诊人数之间等）原理来计算企业定员的，主要适用于企业食堂工作人员、卫生保健人员等具有服务性质的人员。

2）回归分析法

回归分析法是根据企业多年的历史数据，通过建立人力资源需求量及其影响因素之间的函数关系来预测企业在未来一定时期内所需要的各类人员数量。回归分析法依据自变量个数的不同可分为一元回归分析法和多元回归分析法，前者只有一个自变量，后者则有两个以上

的自变量。运用回归分析法预测企业某类人员需求数量可按照图3-4所示的步骤进行。

(1) 确定自变量和因变量
一般选择拟预测的某类人员数量为因变量，其他相关人员数量为自变量；或者以企业总人数为因变量，销售收入、总资产、设备数量等为自变量

(2) 建立回归分析方程
收集企业历年有关自变量和因变量的资料及数据，进行汇总和处理后建立回归分析方程

(3) 分析变量间的相关性
对自变量（影响因素）和因变量（预测对象）进行数理统计分析，只有两者的相关性（接近于1）较强时，回归分析方程才有一定的预测意义

(4) 进行检验和预测误差
对回归方程进行各种检验并计算误差，回归方程只有在通过检验且误差值在允许范围之内，才可以作为预测的科学依据

(5) 进行定员预测
将(5)与预测对象向相应的自变量的值代入回归方程，最后确定预测值，即企业在未来某段时期内所需的某类人员或总人员数量

图3-4 回归分析法实施步骤

应用回归分析法进行人力资源预测时应首先确定自变量与因变量之间是否存在高度相关关系。如果两者之间不存在相关关系，运用回归方程进行预测便会得出错误的结果。此外，回归分析法需要查阅企业历年（一般为10年以上）大量的数据和资料，数据越齐全，预测值就越准确，仅用几年的数据进行预测得出的结果往往是不准确的。回归分析法还需要借助计算机及统计分析软件（如SPSS、SAS等）进行数据分析和处理，过程比较复杂。

三、制定人力资源需求预测表

▶ 1. 各类人员需求预测表

各类人员需求预测表如表3-2所示。

表3-2 各类人员需求预测表　　　　　　　　　　单位：人

人员类别	现有人数	计划人数	空缺人数	预计人员流失					年度需求总人数
				调动	离职	退休	其他	合计	
总监									
经理									
主管									
一般员工									
……									
合计									

▶ 2. 各部门人员需求预测表

各部门人员需求预测表如表3-3所示。

表3-3　各部门人员需求预测表　　　　　　　　　　　　单位：人

部门	职位	人员要求			需求人数	备注
		专业	学历	经验		
人力资源部	招聘经理					
	考核专员					
财务部	总会计师					
销售部	销售总监					
	销售代表					
市场部	策划专员					
生产部	部门经理					
	调度主管					
	生产班组长					
工程部	维修主管					
	点检员					
……						
合计						

第三节　人力资源供给预测

人力资源供给预测是人力资源规划中的核心内容，是预测在某一未来时期，组织内部所能供应的（或经培训可能补充的）及外部劳动力市场所提供的一定数量、质量和结构的人员，以满足企业为达成目标而产生的人员需求。从供给来源来看，人力资源供给分为外部供给和内部供给两个方面。

一、外部人力资源的供给预测

招聘和录用新员工对企业是必不可少的，无论是由于生产规模的扩大、劳动力的自然减员，还是因为管理者希望改变企业文化或需要引进某些专业人才，都必须在外部劳动力市场招聘，因而企业需进行外部人力资源的供给预测分析。

分析外部劳动力市场，主要在于了解企业外部人力资源状况所提供的机会和造成的威胁。对于组织外部人力资源供给，以下因素需要予以考虑。

（1）一个地区内人口总量与人力资源率。它们决定了该地区可提供的人力资源总量。当地人口数量越大，人力资源率越高，则人力资源供给就越充裕。

（2）一个地区人力资源的总体构成。它决定了在年龄、性别、教育、技能、经验等层次与类别上可提供的人力资源的数量与质量。

（3）一个地区的经济发展水平。它决定了对外地劳动力的吸引能力。当地经济水平越高，对外地劳动力的吸引力就越大，则当地的劳动力供给也就越充分。

（4）一个地区的教育水平，特别是政府与组织对培训和再教育的投入。它直接影响人力资源的供给质量。

（5）一个地区同一行业劳动力的平均价格、与外地相比较的相对价格、当地的物价指数等都会影响劳动力供给。

（6）一个地区劳动力的择业心态与模式、本地区劳动力的工作价值观等也将影响人力资源的供给。

（7）一个地区的地理位置对外地人口的吸引力。在我国，一般说来，沿海地区对非本地劳动力的吸引力较大。

（8）一个地区外来劳动力的数量与质量。

（9）一个地区同行业对劳动力的需求也会对本组织人力资源的供给产生影响。

（10）另外还有许多本地区外的因素对当地人力资源供给有影响，如全国人力资源的增长趋势、全国对各类人员的需求与供给（包括失业状况）、国家教育状况、国家劳动法规等。

二、内部人力资源的供给预测

▶ 1. 内部人力资源供给的主要方面

分析内部劳动力市场，主要是了解企业内部人力资源的优劣势，除分析现状外，也要预测未来的状况。分析内部劳动市场可以从企业的人员编制表开始，以了解包括企业的不同职位、在任者、现有空缺，甚至是未来可能出现的空缺等情况。此外，技能库是通过技能审核编录而成，一般包括的资料如下。

（1）员工职位、年龄。
（2）员工经验、工作经历。
（3）员工技能、学历。
（4）职责。
（5）职业测评结果。
（6）掌握的语言、兴趣和爱好。
（7）获得的证书。
（8）训练课程、进修记录。
（9）职业设计和工作意愿。
（10）工作内容。

▶ 2. 内部人力资源供给预测方法

1）人员替换法

此方法是在对人力资源彻底调查和现有劳动力潜力评估的基础上，指出公司中每一个职位的内部供应源。具体而言，即根据现有人员分布状况及绩效评估的资料，在未来理想人员分布和流失率已知的条件下，对各个职位尤其是管理阶层的接班人预做安排，并且记录各职位的接班人预计可以晋升的时间，作为内部人力供给的参考。经过这一规划，由待补充职位空缺所要求的晋升量和人员补充量即可知道人力资源供给量。人员替换法如图3-5所示。

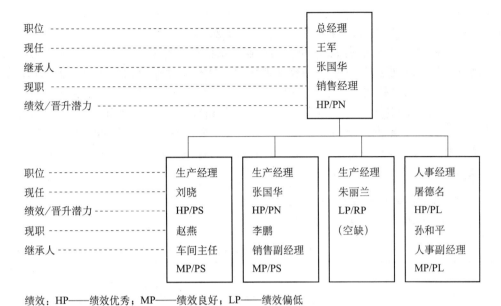

绩效：HP——绩效优秀；MP——绩效良好；LP——绩效偏低
晋升潜力：PN——即可晋升；PS——需短期培训；PL——需长期培训；R——需被人替代

图 3-5 人员替换法示意图

资料来源：赵伊川，韩晓琳，于春燕. 人力资源管理[M]. 北京：中国商务出版社，2010：96.

2）马尔可夫模型

这种方法广泛应用于企业人力资源供给预测上，其基本思想是找出过去人力资源变动的规律，来推测未来人力资源变动的趋势。模型前提为：第一，马尔可夫性假定，即 $t+1$ 时刻的员工状态只依赖于 t 时刻的状态，而与 $t-1$、$t-2$ 时刻状态无关。第二，转移概率稳定性假定，即不受任何外部因素的影响。

马尔可夫模型的基本表达式为

$$N_i(t) = \sum N_i(t-1)P_{ji} + V_i(t)(i,j=1,2,3,\cdots,k;t=1,2,3,\cdots,n)$$

式中：k——职位类数；

$N_i(t)$——时刻 t 时 i 类人员数；

P_{ji}——人员从 j 类向 i 类转移的转移率；

$V_i(t)$——在时间 $(t-1,t)$ 内 i 类所补充的人员数。

某类人员的转移率(P)＝转移出本类人员的数量/本类人员原有总量

3）目标规划法

一种结合马尔可夫分析和线性规划的综合方法，指出员工在预定目标下为最大化其所得，是如何进行分配的。目标规划是一种多目标规划技术，其基本思想源于 Simon 的目标满意概念，即每一个目标都有一个要达到的标靶或目标值，然后使距离这些目标的偏差最小化。当类似的目标同时存在时，决策者可确定一个应被采用的优先顺序。

3. 预测方法之比较

德尔菲法和人员替换法作为一种定性研究方法，因预测结果具有强烈的主观性和模糊性，无法为企业制定准确的人力资源规划政策提供详细可靠的数据信息，精确性较差。但在实施性和完整性方面，德尔菲法因为主要是各方专家依据其经验进行分析预测，在预测时可综合考虑社会环境、企业战略和人员流动三大因素对企业人力资源规划的影响，人员替换法则依据员工置换图,实施起来简单易行,因而得分较高。在通用性方面,因不同的企业,置换图也不可能相同,因而其得分较德尔菲法低。

马尔可夫模型和目标规划法虽然可以为企业提供精确的数据信息,有利于企业做出有效决策。特别是目标规划法,"它是一种容易理解的、具有高度适应性的预测方法,但为了体会它的优越性,我们必须调配广泛的资源,以找到公式所需的全部参数,如相对一般的应用需要超过 1200 个变量和 1100 多个限制条件"(德拉佩和梅尔坎特),因而模型的实施性较差。

上述三种人力资源供给预测方法各有优劣,在实际应用中,企业可以依据自身规模的大小、周围环境的条件以及规划预测重点的不同,选择最适用自己的一种预测方法,亦可将几种预测方法建立一个组合系统进行预测。

三、制定人力资源供给预测表

人力资源供给预测表如表 3-4 所示。

表 3-4　人力资源供给预测表　　　　　　　　单位:人

预测范围	预测情况		人员类别			合计
			经营管理人员	专业技术人员	专门技能人员	
内部供给	现有人员数量					
	未来人员变动量					
	规划期内人员拥有量	第1季度				
		第2季度				
		第3季度				
		第4季度				
	合计					
外部供给	第1季度					
	第2季度					
	第3季度					
	第4季度					
	合计					

第四节　人力资源规划的编制

人力资源规划是一种战略规划,着眼于为未来的企业生产经营活动预先准备人力,持续和系统地分析企业在不断变化的条件下对人力资源的需求,并开发制定出与企业组织长期效益相适应的人事政策的过程。它是企业整体规划和财政预算的有机组成部分,因为对人力资源的投入和预测与企业长期规划之间的影响是相互的。在完成人力资源需求与供给的预测后,企业就可以编制企业的人力资源规划了。

一、人力资源规划的原则

人力资源规划一般包括人员总规划、职务编制规划、人员配置规划、人员需求规划、人员供给规划、人员补充规划、人员考核规划、投资预算规划等。制定人力资源规划必须遵循以下原则。

（1）必须充分考虑内部、外部环境的变化。人力资源规划只有充分地考虑了内外部环境的变化，才能适应需要，真正做到为企业发展的目标服务。为了更好地适应这些变化，在人力资源规划中应该对可能出现的情况做出预测，包括风险和变化，最好能有面对风险的应对策略。

（2）明确人力资源规划的根本目的，确保企业的人力资源。企业的人力资源保障问题是人力资源规划中应解决的核心问题。只有有效地保证了对企业的人力资源供给，才可能去进行更深层次的人力资源管理与开发。

（3）人力资源规划的最终目的是使企业和员工都得到发展，取得预期目标。人力资源规划不仅要面向企业规划，而且要面向员工规划。企业的发展和员工的发展是互相依托、互相促进的关系。如果只考虑企业的发展需要，而忽视了员工的发展，则会有损企业发展目标的实现。优秀的人力资源规划，一定是能够使企业的员工实现长期利益的规划，一定是能够使企业和员工共同发展的规划。

（4）优质的人力资源规划是企业内部相关人员共同完成的，而绝非人力资源部单独所能够解决的问题。因此，人力资源部在进行人才资源规划时，一定要注意充分吸收各个部门以及高层管理者的参与，只有这样，人力资源规划才能够符合企业实际并落到实处。

二、人力资源规划编制步骤

一般企业在年度或季度结束时编制相应人力资源规划体系，步骤如下。

（1）根据企业的发展规划，结合企业各部门的人力资源需求报告进行盘点，确定人力资源需求的大致情况。结合企业现有人员及职务人员，职务可能出现的变动情况，职务的空缺数量等，掌握企业整体的人员配置情况，编制相应的配置计划。

（2）编制职务计划。企业发展过程中，除原有的职务外，还会逐渐有新的职务诞生，因此，在编制人力资源计划时，不能忽视职务计划。编制职务计划要充分做好职务分析，根据企业的发展规划，综合职务分析报告的内容，详细陈述企业的组织结构、职务设置、职位描述和职务资格要求等内容，为企业描述未来的组织职能规模和模式。

（3）合理预测各部门人员需求。在人员配置和职务计划的基础上，合理预测各部门的人员需求状况。在做人员需求预测是，应注意将预测中需求的职务名称、人员数量、希望到岗时间等详细列出，形成一个标明有员工数量、招聘成本、技能要求、工作类别，及为完成组织目标所需的管理人员数量和层次的分列表，依据该表有目的地实施日后的人员补充计划。

（4）确定员工供给状况。人员供给主要有两种方式：公司内部提升和外部招聘。如果采取第一种方式，人力资源部经理要求充分了解公司各部门优秀员工，了解符合提升的条件的员工数量、整体质量等，也可与各部门经理联系，希望他们推荐。内部提升是一种比较好的方式，因为被提升的员工基本上已经接受了公司的文化，省去了文化培养的程序。其次是通过提升使员工得到某种满足，更易激发工作的热情和积极性。外部招聘相对来说比内部提升效果要差一些，但也不是全部，如果能够从外部招聘优秀人才并留住人才，得以发挥其作用，也是很好的。在确认供给状况时要陈述清楚人员供给的方式、人员内外部的流动政策、人员获取途径和获取实施计划等。

（5）制订人力资源管理政策调整计划。该计划中要明确阐述人力资源政策调整的原因、调整步骤和调整范围等。人力资源调整是一个牵涉面很广的内容,包括招聘政策调整、绩效考核制度调整、薪酬和福利调整、激励制度调整、员工管理制度调整等。人力资源管理政策调整计划是编制人力资源计划的先决条件,只有制订好相应的管理政策调整计划,才能更好地实施人力资源调整,实现调整的目的。

(6) 编制人力资源费用预算。费用预算包括招聘费用、员工培训费用、工资费用、劳保福利费用等。有详细的费用预算,让公司决策层知道本部门的每一笔钱花在什么地方,才更容易得到相应的费用,实现人力资源调整计划。

(7) 编制培训计划。对员工进行必要的培训,已成为企业发展必不可少的内容。培训的目的一方面是提升企业现有员工的素质,适应企业发展的需要;另一方面是培养员工认同公司的经营理念,认同公司的企业文化,培养员工爱岗敬业精神。培训计划中要包括培训政策、培训需求、培训内容、培训形式、培训效果评估以及培训考核等内容,每一项都要有详细的文档,有时间进度和可操作性。

(8) 在编写人力资源规划时,还要注意防止人力资源管理中可能会遇到的风险,比如优秀员工被猎头公司相中、新的人力政策导致员工情绪不满、内部提升遇到阻力、外部招聘失败等。这些潜在的风险可能会影响到公司的正常运作,甚至造成致命的打击。规避这些风险是人力资源部的一项重要职责,在编写人力资源计划时要结合公司实际,综合职务分析和员工情绪调查表,提出可能存在的各种风险及应对办法,尽可能减少风险带来损失。人力资源规划是一个动态的过程,必须关注影响人力资源规划的各种因素。实践中,我们发现,一些企业在人力资源开发与管理中,往往缺乏动态的人力资源规划和开发观念,它们把人力资源规划理解为静态地收集信息和相关的人事政策信息,无论在观念上还是实践上都有依赖以往规划、一劳永逸的思想。这是一种有害的错误观念。因为这种静态观念与动态的市场需求和人才自身发展的需求是极不适应的,造成人力资源得不到合理的利用,甚至严重地影响了人力资源的稳定性,造成优秀人才的流失,对企业的发展壮大极为不利。所以,企业在做人力资源规划时,必须坚持动态的规划,必须密切关注影响人力资源规划的一些重要因素。真正做到人尽其才、才尽其用,使人才真正成为公司最宝贵的资源。

三、制定人力资源规划表

企业年度人力资源规划表范例一如表 3-5 所示。

表 3-5 企业年度人力资源规划表范例一

序号	预测项目	年 份					备 注
1	所属行业业务增长量						
2	企业年主营业务收入						
3	企业净利润						
4	员工总人数						
5	各部门人数 人力资源部						
	财务部						
	销售部						
	市场部						
	生产部						
	工程部						
	……						

企业年度人力资源规划表范例二如表 3-6 所示。

表 3-6　企业年度人力资源规划表范例二

人员类别		人员规划			学历要求			
		2012 年	2013 年	2014 年	博士	硕士	本科	大专
管理人员	高层（总监级）							
	中层（经理级）							
	基层（主管级）							
技术人员	软件技术							
	生产技术							
普通员工	一线生产操作							
	其他							
合计								

本章小结

本章介绍了人力资源战略与规划的发展阶段，阐述了人力资源战略与规划的相关概念，提出了人力资源需求预测与人力资源供给预测的方法，同时阐述了人力资源规划的流程。本章解读了组织在人员供需不平衡的情况下，人力资源规划与人力资源管理其他职能的关系，最后谈到了人力资源供需平衡的措施，从而促进了组织目标的实现。

综合练习

一、名词解释

人力资源规划　　人力资源供给预测　　人力资源需求预测　　人力资源供需平衡

二、单项选择题

1. 我国组织目前面临的一个重大问题是（　　）。
   A. 人力资源管理不当　　　　　　　　B. 人力资源不足
   C. 人力资源过剩　　　　　　　　　　D. 人力资源浪费
2. 在人力资源规划中，为了保持组织在中、长期内可能产生的职位空缺而制定的人力资源规划称为（　　）。
   A. 人力分配规划　　B. 招聘规划规划　　C. 岗位规划　　D. 晋升规划
3. （　　）是对企业人工成本和人力资源管理费用的整体规划。
   A. 人员规划　　B. 制度规划　　C. 费用规划　　D. 战略规划
4. 狭义的人力资源规划实质上是（　　）。
   A. 企业人力资源永久开发规划　　　　B. 企业组织变革与组织发展规划
   C. 企业人力资源制度改革规划　　　　D. 企业各类人员需求的补充规划

5. 影响企业人力资源管理的外部环境因素不包括（　　）。
   A. 劳动力市场的结构　　　　　　　B. 企业文化氛围的营造
   C. 劳动者的择业意识　　　　　　　D. 竞争对手的人力资源情况

6. 列宁说过："朝着大的目标走去，必须从小的目标开设"，人力资源战略是较为宏观的人力资源管理整体部署方案，具有目标性、方向性和引导性，但不具有直接可操作性。为了实现人力资源战略目标，必须将人力资源战略转化为人力资源规划，这说明（　　）。
   A. 人力资源规划是人力资源战略的延伸
   B. 人力资源战略是人力资源规划的前提
   C. 人力资源战略与人力资源规划重要性相同
   D. 人力资源战略与人力资源规划须整合

7. 在人力资源现状分析中经常使用德尔菲法，德尔菲法属于（　　）。
   A. 案例分析法　　　　　　　　　　B. 专家分析法
   C. 预测分析法　　　　　　　　　　D. 抽样问卷分析法

8. 许多大学生毕业时对职业选择的期望值过高，希望进大城市的合资企业、高收入的公司或政府机关，而不愿进入中小城市的一般性企业工作，使得小企业出现外部人力资源供给困难的现象。这是（　　）因素在影响企业的外部人力资源供给。
   A. 择业心理偏好　　　　　　　　　B. 劳动力市场发育程度
   C. 地域性因素　　　　　　　　　　D. 人口发展趋势

9. 在马尔可夫模型中，在给定时间内从第一层次向高一层的转移人数，或从某一类型向另一类型转移的人数是起始时刻低层次总人数或某一类型总人数的一个比例，这个比例称为（　　）。
   A. 人员晋升率　　B. 人员转移率　　C. 人员流动率　　D. 人员补充率

10. 麦当劳的最高管理者认为，公司首先应该是培养人的学校，其次才是快餐店。这种管理思想通过任何具体措施来实现，都需要人力资源管理部门和用人部门的共同努力，这说明（　　）。
    A. 人力资源战略是人力资源规划的前提
    B. 人力资源规划是人力资源战略的前提
    C. 人力资源规划与人力资源战略处于并列关系
    D. 两者不存在特定关系

三、多项选择题
1. 关于人力资源存量分析的描述，下列正确的是（　　）。
   A. 企业外部的人力资源指的是企业潜在的人力资源
   B. 对企业内部的人力资源存量分析，有助于企业了解自己和竞争对手的差距
   C. 对企业内部的人力资源存量分析，有助于企业了解自身的人力资源的数量、质量和结构
   D. 对企业外部的人力资源存量分析，有助于提升企业员工的素质
   E. 企业人力资源存量分析包括对企业的外部人力资源状况和内部人力资源状况的分析

2. P企业进行外部人力资源供给预测，以下所提供的渠道中（　　）是比较容易预测的。
   A. 技术职业学校毕业生　　　　　　B. 复退专业军人
   C. 大中专院校应届毕业生　　　　　D. 城镇失业人员农村富余人员的供给

E. 下岗职工

3. 下面表述中，（ ）是人力资源规划的作用。
A. 人力资源规划有利于控制人工成本
B. 人力资源规划是组织战略规划的核心部分
C. 人力资源规划是各项人力资源管理实践的起点和重要依据
D. 人力资源规划有利于调动员工的积极性
E. 人力资源规划是组织适应静态发展需要的重要条件

4. 企业进行人力资源外包的主要原因是（ ）。
A. 维护资源形象　　　　　　　　　B. 为了节省费用
C. 为了提高人力资源工作的效果　　D. 临时性的措施
E. 聚焦于战略和核心业务

5. 管理人员分析法中主管人员对所管辖人员的记录与分析内容主要包括（ ）。
A. 责任　　　B. 社会环境　　　C. 工作任务　　　D. 职位要求
E. 技能要求

6. 下面（ ）工作是人力资源战略的主要内容。
A. 组织文化发展战略　　　　　　B. 人力资源引进与保留战略
C. 人力资源中长期规划　　　　　D. 人力资源培训与开发战略
E. 绩效和薪酬战略

7. 下列关于德尔菲法理解正确的是（ ）。
A. 是一种人力资源供给预测的方法　B. 是一种定量预测方法
C. 又称专家意见法　　　　　　　　D. 专家人数越多越好
E. 各专家之间一般不见面，只和专门人员发生联系

8. 对人力资源管理实际成本支出审核，需要的资料包括（ ）。
A. 成本账目　　　　　　　　　B. 企业所有工作记录
C. 核算结果　　　　　　　　　D. 企业值班记录
E. 原始记录与凭证

9. 企业内部供给预测方法包括（ ）。
A. 地方劳动力市场　　　　　　B. 全国劳动力市场分析
C. 现状分析法　　　　　　　　D. 人员调配图
E. 马尔可夫分析法

10. M企业发展生态良好，企业员工供不应求，为了解决这一失衡状况，企业可以采取以下措施（ ）。
A. 减少员工补充　　B. 技能培训　　C. 裁员　　D. 聘用临时工
E. 延长工作时间

四、判断题

1. 导致组织内部人浮于事，内耗严重的人力资源供求情况是人力资源供给小于需求。（ ）

2. 人力资源规划，是各项具体人力资源管理活动的起点和依据，它直接影响着组织整体人力资源管理的效率。（ ）

3. 人力资源需求预测方法中的专家判断法又称经验预测法。（ ）

4. 人力资本关注的是收益问题，人力资源关注的是价值问题。（ ）

5. 人力资源规划的作用之一就是通过引进技术人才可以促使企业生产技术和其他工作流程变革，从而提高竞争优势。（　　）

6. 人力资源规划的制定首先要依赖于组织目标。（　　）

7. 人力投资模式是一种以满足组织个体需要为核心的激励模式，把企业目标与员工个人目标有机结合，目的是致力于对员工开展培训与开发，最终改善员工的绩效。（　　）

8. 人力资源规划是指组织在未来的发展过程中所需要的人员数量的需求预测。（　　）

五、简答题

1. 制定人力资源规划为什么要进行人力资源供给与需求的平衡？
2. 简述人力资源需求预测的步骤。

六、论述题

1. 试述人力资源规划编制的程序。
2. 如何理解人力资源规划与组织发展战略之间的关系？

七、案例分析

梦想公司的人力资源计划

梦想公司是香港速递行业的领袖，也是全球性速递公司 MG 在香港的子公司。在香港本部，公司共有全时雇员 950 人，非全时雇员 88 人。在所有雇员中，经理级人员有 58 人，主管级人员有 90 人，一线员工 320 人。公司的所有者是一个华人，管理层中的大部分人也都是华人。公司的人力资源运作包括人事及培训两部分人事部分有职员 12 人，培训部分有职员 7 人。

目前，梦想公司在官方文件递送市场上也居于领导地位。在过去的三年中，公司的利润及市场份额都保持了稳健的增长。2008—2010 年，人员流动比率是 33%。

一、人力资源管理的做法

公司的董事长吴先生把梦想公司的人力资源哲学阐述为："影响人的思想，将人力资源责任交给一线。"公司的人力资源行动纲领的焦点是对员工的承诺，它承诺公司要为员工创造良好的工作环境并提供培训机会。这种承诺最终将有助于形成公司在航空快运业的全球领导地位。

梦想公司的企业文化非常强调团队精神，公司的人力资源计划过程就是一个团队协作的过程。这个过程涉及各个部门，高级主管和经理们也参与进来。公司既强调全面化，也强调专业化，每个经理既要是他所在领域的专家，又要了解其他部门在做什么。因此，经理们就能够从公司整体来考虑问题而不能只看到自己的部门。公司另一特色的文化是公司管理层的分权化和本地化，管理层对下属只给予指导而不发布指令，各国的子公司可以自行制订战略计划，这使得公司能对本地市场做出非常迅速的反应。这种做法与公司的全球化行动纲领是一致的："在一个集中化管理的网络中的专业组织，既要跟整个组织协同工作，又要保持本地化的首创精神和及时做出适合当地特点的决策。"

公司通过定向课程行动纲领传达给员工。行动纲领被印到能装进衣袋的卡片上，在上岗培训时发给员工。因为"满足顾客需求"在公司纲领中的重要性，公司就着重于培训顾客需求驱动导向。梦想公司开发了自己的顾客满意评价方法，这些方法成为所有员工共同学习和遵守的标准。

为激励员工的自我发展，所有员工参加的所有外部培训课程公司都提供 50% 资助，即使培训内容可能与工作无关。而且，公司对员工参加培训不做任何限制。

二、最成功的实践——人力计划

梦想公司最成功的实践之一是人力资源计划(MP)。这一计划是人力资源部门五年前开发的，它得到了总经理的全力支持。人力资源部门开发该计划的主要原因，是因为人力成本是公司仅次于航运成本的第二大成本项目，MP能控制支出并最大限度地促进收入增长。

梦想公司的MP是一个非常综合的、互动的过程，从高级经理到主管层都参与其中，总共包括三个阶段。

1. 第一个阶段：企业计划

首先，市场部根据历史因素、总部战略、市场调查情况等提出公司的战略，并提交给由不同职能经理组成的高级管理小组，人力资源主管也是这个小组中的一员。然后，职能经理们开始共同讨论企业战略对各部门职能的影响。这种头脑风暴式的讨论结束后，紧接着就是一个持续两天的管理层会议，会议将讨论企业战略中10个左右关键性的问题，这些问题是公司总部提出来的，它们都非常简短，各地子公司在制订自己的战略计划时都要以此为指南。与会的经理们要熟悉其中的每一个问题并再次讨论这些问题对本部门动作的影响。

两天会议的一个特别之处是会议没有领导，大家轮流主持。某一问题对哪个部门影响最大，在讨论这个问题时，该部门的经理就自动来主持讨论。例如，如果主题是业务的增长——如何实现计划的收入、目标是提高GTP(通用数据传输平台，general data transfer platform)和出口，这个主题跟市场营销关系最大，那么，市场经理就会成为会议的主持者。另一个讨论主题是通过销售战略来实现业务增长时，主持者就是销售经理。在两天会议的整个过程中，总经理都只是作为一个参与者来提出建议。

人力资源部是两天会议的组织者。在会议开始前，总经理会跟人力资源部对会议的风格、议程进行充分讨论并给予全力支持。为提高会议的有效性，培训经理在会议开始的初期对会议的主持者和参加者都要提出几条准则。主持人的准则包括"开放"、"引起讨论"；参加者的准则包括"即使你可能不是专家，也要敢于发表意见"。这些会议的主持者并没有受过什么培训，但它们在公司会议中已经受了大量的训练，从而在演讲技巧、组织讨论等方面都具备了相当的经验和能力。

2. 第二阶段：一系列的专门小组会议

专门小组会议的核心成员包括总经理、人力资源主管、人事经理、培训与发展经理、财务与行政主管以及首席会计经理。各部门经理要向专门小组汇报他们部门的：人力计划(包括人数、未来一年的人员结构)；培训计划；资本支出；IT设备计划。讨论资本支出和IT设备计划的原因是它们直接或间接地影响到人力资源和培训资源的安排。如果有的领域跟其他部门有关，这些部门的经理也要在座。

在制订各部门的人力计划时，部门经理要遵守以下格式。

(1) 本部门的特殊问题：包括即将制订的战略计划对本部门有何影响。例如，如果公司战略准备涉足重物运输，航空服务部就要列出以下问题：提高公司在重物运输业务上的信誉；为员工提供手工搬运重物方面的培训；帮助员工取得重型卡车的执照等。

(2) 优先级。

(3) 预定完成时间。

(4) 责任(包括其他相关部门)。

在会上，人力资源经理、其他核心成员和业务经理们一起讨论他们的计划并做出必要的修改。讨论的最终结果将制作成文件并由人力资源部存档，而共同讨论所通过的计划将成为各部门制订行动计划的基础。

3. 第三个阶段：行动计划

行动计划的内容如下。

（1）各单位、部门的人数。

（2）加班时间。

（3）预计人员流动。

（4）激励计划。

（5）培训计划：将参加人力资源部组织的内部培训的人数；将参加部门培训的人数；将参加公司外部培训项目的人数。

每个职能经理都要保留一份本部门的行动计划，总经理则掌握部门的行动计划。职能经理对行动计划的执行负有责任，绩效评估就以行动计划为基础，每季度和年底都要对行动计划的执行情况进行审核。

整个过程大概持续半年(6～12个月)。这一人力资源计划过程的优点之一是所有部门的共同参与，从高级主管到最高管理层都参与其中。为了提出一个完整的、详细的计划，部门经理需要主管和助理经理为他们提供信息。另一个优点是经理们除了考虑自己的资源和目标，所有部门都顾及共同目标，因而使其思考方式更富于战略性。他们可以更好地管理自己的资源，更好地处理公司需要与员工发展的关系，有的经理甚至与他们的助理以及别的主管共同制订人力计划。对于人力资源部，由于它较早介入战略计划阶段，人力资源计划与企业计划保持了一致性；而且，人力资源部也通过这一过程理解了一线经理面临的困难并了解了他们是如何工作的。

经过五年的运行，合作关系已经在经理们中间建立起来。然而，在开始的时候，来自一线经理的阻力却是非常大的。一些经理想建立自己的势力范围，不愿意人力资源部控制他们的人数。为了保证各部门提供的信息的准确性，人力资源部要对信息进行复核。对那些不能很好地理解资源投资概念的经理，人力资源部就将做得最好的部门作为样本把他们的人力资源计划发给这些部门作参考。别的克服阻力的方法还包括在进行工作分析时吸收别的部门的经理来讨论如何进行绩效测定。

要保证计划的成功，以下因素需特别注意。

（1）人力资源部门要有强烈的商业意识，要了解企业是如何运作的。为提高人力资源部的商业意识，人力资源主管要经常阅读市场报告和各部门的报告。为熟悉一线部门的工作，人力资源部每年一次组织所有部门的经理考察一线。另外，人力资源部还组织了一门内部培训课程来帮助员工熟悉不同部门的职能和动作。

（2）高级管理层的支持是关键。梦想公司的人力资源经理王洋在接受采访时说，她很幸运有一位开明的总经理，总经理熟悉人力资源的职能，并全力支持一线经理也要承担人力资源管理责任的思想。为了争取各部门经理的支持，人力资源部把他们吸收为各种人力资源活动委员会的委员；他们还通过信息通报、照片、证书等形式对经理们的工作给予承认。人力资源部对职能经理们对人力资源管理活动所做的贡献给予充分的肯定。结果，经理们也鼓励他们的下属参与人力资源管理。他们把这看成员工发展的一个机会。

（3）公司文化鼓励全面化而非专业化，每个人都要了解其他人在做什么。

1. 结合案例，说说你对梦想公司的人力资源计划的认识。

2. 你认为梦想公司的人力资源计划还需要改进吗？请提出你的建议。

第四章 工作分析
Chapter 4

>>> 学习目标

工作分析是人力资源管理的基础，也是人力资源管理的一种基本方法和技术。本章主要介绍工作分析的含义、基本术语、作用，工作分析的主要内容与程序，工作分析的基本方法及工作说明书的编写。

1. 了解和掌握工作分析的含义及进行工作分析所需要的信息。
2. 了解工作分析的重要性。
3. 掌握工作分析的主要方法。
4. 学会编写工作说明书。

导入案例

估税员办公室的全体员工包括1个主任、2个秘书、2个打字员和3个档案管理员。到上一年为止，由于均衡的工作量和明确的责任，这个办公室的工作一直运转平稳。

从去年开始，主任注意到，打字员和档案管理员之间出现了越来越多的争执。当他们找到主任讨论这些争执时，可以确定问题是由于对特定职责的误解造成的。由于打字员感到档案管理员有过多的空闲时间而流露出强烈的不满。另外，秘书和打字员必须经常加班来做他们认为档案管理员很容易承担起来的工作。而档案管理员则强调他们不应承担任何额外的职责，因为他们的薪水没有反映额外的责任。

这个办公室每个人都有一份几年前编写的一般工作说明书。然而，由于实施了计算机系统，绝大多数职位的性质都发生了相当大的变化，但这些变化一直未被写入书面材料之中。

案例思考：
1. 你建议该主任采取什么行动？
2. 你认为应该何时进行工作分析？

工作分析是人力资源开发与管理最基本的作业，是企业人力资源规划及其他一切人力资源开发与管理活动的基础。通过工作分析，我们可以把握每一项工作的主要任务和性质，以及具备什么条件和资格的人才能胜任此项工作。通过工作分析，可以较好地为人力资源管理的其他职能活动提供基础。

第一节　工作分析的概念与作用

一、工作分析的基本术语

在人力资源开发与管理中，有许多专业术语，有的与日常生活中所使用的术语含义相近，有的却与人们通常意义上的理解完全不同。在这里，我们将有关术语逐一解释。

▶ 1. 工作要素（job element）

工作要素是工作活动中不能再继续分解的最小动作单位。例如，木工钉钉子前从工具箱中拿出一颗钉子；司机开车前插入钥匙。

▶ 2. 任务（task）

任务是指工作活动中为达到某一工作目的而由一个或多个相关工作要素所组成的集合。任务可以由一个工作要素构成，例如，生产线上的工作人员给瓶子贴标签，就只包含一个工作要素；任务也可以由多个相关工作要素构成，例如，秘书要为经理起草一份打印的发言稿，为了达到最终目的，秘书必须系统地从事以下活动：①启动计算机；②在计算机上输入发言稿；③纠错和排版；④打印发言稿。从以上活动可以看出，起草发言稿这一任务是上述四个相互关联的工作要素的集合。

▶ 3. 职责（responsibility）

职责是指任职者为实现一定的组织职能或完成工作使命而承担的一项或多项相互关联的任务集合。销售部经理的职责之一是进行新产品的推广，这一职责由下列五项主要任务构成：①制定新产品推广策略；②培训新产品推广人员；③组织新产品推广活动；④对活动进行总结，写出分析报告；⑤把分析报告反馈给组织高层等。

▶ 4. 职位（position）

职位，亦称岗位，是指由任职者担负的一项或多项相互联系的职责所组成的集合。例如，办公室主任在一定时期所担负的主要职责包括日常行政事务处理、会议记录及整理、文件归档及管理、人事调配等。

一般来说，在组织中的每一个人都对应着一个职位。也就是说，职位与职员一一对应，一个职位即一个人。例如，在一个由1名主管、2名副主管、5名职员组成的工作小组中，就有8个职位。

应该注意的是，职位以"事"为中心确定，强调的是一个人所在的职位，而非在这个职位上的人。例如，李杰是某外贸公司经理，当我们对外贸公司经理这个职位进行工作分析时，我们所指的外贸公司经理是一个职位的概念，而非李杰这个人。

▶ 5. 职务（post）

职务是由组织中主要职责在重要性和数量上相当的一组职位的集合。由于组织结构和规模大小不一，按照工作性质的不同，一个职务可以有一个职位，也可以有多个职位。也就是说，职务和职员并非一一对应，一个职务可能不止一个职位。例如，某公司人力资源部设有四个主管的职位：一个分管招聘，一个分管薪酬，一个负责考核，一个负责培训。很明显，就其工作内容来说，四个职位的工作职责并不完全相同，但是就整个人力资源部来说，这四个职位的职责相当，谁也不比谁更重要，因此，这四个职位可以统称为"主管"（职务）。

▶ 6. 职业(occupation)

职业指在不同时间、不同组织中的工作要求相似或职责平行(相近、相当)的职位集合。职业的时空跨度较大,处在不同时期、不同组织,从事相似活动的人都可以看作具有同样的职业,例如,教师职业、秘书职业等。

▶ 7. 职业生涯(career)

职业生涯指一个人在其工作生活中所经历的一系列职位、职务或职业的集合。例如,李华刚参加工作时是一名机关秘书,后来他下海到南方一个私企担任企划部经理,最后他辞去经理职务,应聘到一个小学当老师,这里的秘书、经理、老师就构成了李华的职业生涯。再如,某人的职业和工作单位虽然没变化,但是他从工人开始,沿着工头、监工、工长、主任、经理这道轨迹往上走,一直干到副总经理,那么工人、工头、监工、工长、主任、经理、副总经理也形成了这个人的职业生涯。

▶ 8. 工作族(job family)

工作族亦称职位族、工作群,指的是由两个或两个以上的工作组成的工作体系。这些工作或者要求工作者具有相似的特点,或者包括多个平行的任务。一般存在于结构复杂的大型组织中。例如,在一个组织中,所有从事策划工作的职位构成策划类工作族,所有从事销售工作的职位就组成了销售类工作族。

▶ 9. 职权(authority)

职权是指依法赋予的完成特定任务所需要的权力,职责与职权密切关联。某一职责应赋予特定的职权,有时特定的职责等同于特定的职权。例如,产品质量检验员对产品质量的检验是他的一项职责,同时这项职责也是他的职权。

▶ 10. 职系(series)

职系,亦称职种,指职责繁简难易、轻重大小及所需资格条件并不相同,但工作性质相似的所有职位的集合。例如,生产管理、销售管理、人事管理、财务管理等都属于不同的职系。每个职系中的所有职位职责大小、任职资格条件并不相同,但是工作性质十分相似。每个职系就是一个职位升迁的系统。

▶ 11. 职组(group)

职组,亦称职群,指若干工作性质相近的所有职系的集合。例如,企业中的工程技术、会计、统计、管理等职系工作性质相近,可以归为企业职组。

▶ 12. 职门(occupational categories)

职门是指若干工作性质大致相近的所有职组的集合。

职门、职组与职系是对工作的横向划分。

▶ 13. 职级(class)

职级是指在同一职系中职责大小及任职资格条件十分相似的所有职位的集合。例如,中学高级数学教师与中学一级政治教师属于同一职级,中学二级英语教师与小学一级英语教师也属于同一职级。职级的划分在于对同一性质工作程度差异进行区分,并形成职级系列。

▶ 14. 职等(grade)

职等是指在不同职系之间,职责的大小及任职资格条件十分相似的所有职位的集合。例如,大学副教授、医疗卫生行业的副主任医师、企业中的高级会计师以及新闻行业的主任记者,均属于同一职等。职等的划分在于对不同性质工作之间程度差异进行比较或寻求比较的共同点。

职系与职等是对工作的纵向划分。

我国现有27个职组、43个职系，美国现有23个职组、524个职系。

职系、职组、职级与职等间的联系与区别如表4-1所示。

表4-1 职系、职组、职级、职等间的联系与区别

职组	职系	职等 V / 职级 员级	IV / 助级	III / 中级	II / 副高职	I / 正高职
高等教育	教师		助教	讲师	副教授	教授
高等教育	科研人员		助理工程师	工程师	高级工程师	正高级工程师
高等教育	实验人员	实验员	助理实验师	实验师	高级实验师	
高等教育	图书、资料、档案	管理员	助理馆员	馆员	副研究馆员	研究馆员
科学研究	研究人员		研究实习员	助理研究员	副研究员	研究员
医疗卫生	医疗、保健、预防	医士	医师	主治医师	副主任医师	主任医师
医疗卫生	护理	护士	护师	主管护师	副主任护师	主任护师
医疗卫生	药剂	药士	药师	主管药师	副主任药师	主任药师
医疗卫生	其他	技士	技师	主管技师	副主任技师	主任技师
企业	工程技术	技术员	助理工程师	工程师	高级工程师	正高级工程师
企业	会计	会计员	助理会计师	会计师	高级会计师	
企业	统计	统计员	助理统计师	统计师	高级统计师	
企业	管理	经济员	助理经济师	经济师	高级经济师	
农业	农业技术人员	农业技术员	助理农艺师	农艺师	高级农艺师	
新闻	记者		助理记者	记者	主任记者	高级记者
新闻	广播电视播音	三级播音员	二级播音员	一级播音员	主任播音指导	播音指导
出版	编辑		助理编辑	编辑	副编审	编审
出版	技术编辑	技术设计员	助理技术编辑	技术编辑		
出版	校对	三级校对	二级校对	一级校对		

资料来源：郑晓明，吴志明. 工作分析实务手册[M]. 北京：机械工业出版社，2009.

二、工作分析的定义

工作分析又称职务分析，是对组织中某个特定工作职务的目的、任务、职责、权力、隶属关系、工作条件、任职资格等相关信息进行收集与分析，以便对该职务的工作做出明确的规定，最后形成工作描述和任职资格的过程，即形成工作说明书的过程。它是人力资源开发与管理必不可少的环节，是人力资源招聘、培训与开发、绩效管理、薪酬管理等工作的基础和前提。为员工的招聘、考核、培训、晋升、调配、薪酬奖惩提供客观依据。

工作分析的对象是工作，包括组织战略目标、组织结构、部门职能以及与工作有关的全部信息，这些工作信息一般包括七个问题的回答和四个方面的内容。

七个问题的回答可以归纳为 6 个 W 和 1 个 H，即 What(做什么？工作内容)、Why(为什么做？工作目的)、Who(谁去做？人员)、When(何时做？时间)、Where(何地做？地点)、for Whom(为谁做？工作的服务对象)、How(怎样做？方式、手段)。

四个方面的内容主要包括：工作名称(对工作特征的揭示与概括、名称的选择与表达)、工作内容(工作任务、工作责权、劳动强度和工作关系)、工作环境(物理环境、安全环境与社会环境)、任职资格与条件(必备知识、必备经验、必备能力、必备身体素质和必备心理素质)。

三、工作分析的目的与作用

▶ 1. 工作分析的目的

工作分析的目的如下。

(1) 促使工作的名称与含义在整个组织中表示特定而一致的意义，实现工作用语的标准化。

(2) 确定工作要求，以建立适当的指导与培训内容。

(3) 确定员工录用与上岗的最低条件。

(4) 为确定组织的人力资源需求、制订人力资源计划提供依据。

(5) 确定工作之间的相互关系，以利于合理的晋升、调动与指派。

(6) 获得有关工作与环境的实际情况，利于发现导致员工不满、工作效率下降的原因。

(7) 为制定考核程序及方法提供依据，以利于管理人员执行监督职能及员工进行自我控制。

(8) 辨明影响安全的主要因素，以及时采取有效措施，将危险降至最低。

(9) 为改进工作方法积累必要的资料，为组织的变革提供依据。

▶ 2. 工作分析的作用

工作分析在整个人力资源管理系统中处于基础性的位置，如图 4-1 所示，通过工作分析形成工作说明书，可以为其他各项人力资源管理活动提供资料和依据，在人力资源开发和管理过程中，发挥着重要的作用。

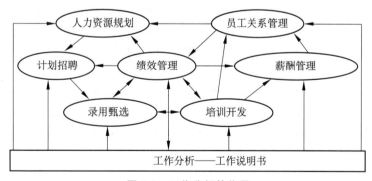

图 4-1　工作分析的作用

1) 工作分析是人力资源规划的基础

组织内的任何工作职务都是根据组织的需要来设置的，每项工作的责任大小、任务轻重、时间约束、工作条件限制等因素决定了所需的人力。通过对部门内各项工作的分析，确定各部门合理的人员编制数量，继而得到组织的人力资源需求计划。同时，可以通过工作分析合理设置岗位、配置员工、平衡供求关系，提高人力资源规划的质量。

2) 有助于选拔和任用适宜人员

通过工作分析能够明确规定各项工作的近期和远期目标，规定各项工作的要求、责任，掌握工作任务的特点，明确任职人员的客观要求，减少主观因素的干扰。在此基础上确定任用标准，可选拔和任用到更适合的人员。

3）有助于设计积极的员工开发计划

通过工作分析明确了从事某项工作所应具备的技能、知识和其他素质条件。这些要求和条件并不是所有在岗人员都能满足和达到，所以需要对员工进行不断的培训与开发。可根据工作分析的结果即工作说明书确定员工培训与开发的目标，设计和制订培训方案，有针对性地安排培训内容和方法，提高在岗员工的素质水平。

4）可以为绩效评估提供标准和依据

通过工作分析明确了工作规范与要求，明确了任职要求，就使绩效评估有了客观依据和标准，从而提高绩效评估与绩效管理水平。

5）有助于实现公平报酬

通过工作分析，该工作在组织中的重要程度得以明确，相对价值明确，以此为依据制定薪酬水平更易于实现薪酬的内部相对公平与外部相对公平。

6）有助于人力资源开发与管理整合功能的实现

首先，有利于员工的组织同化。明确的规范使员工个人价值观服从于组织理念、个人行为服从于组织规范；其次，可发现和改进组织在分工协作、责任分配、工作环境等方面的缺陷，加强沟通；最后，通过工作分析可以避免触犯劳动法规，避免劳资冲突。

7）是实现人力资源调控的基本保障

工作分析的结果之一——任职说明书，对任职资格与要求做出了明确的说明，使组织对员工的晋升、调配、解雇有了客观标准，与员工的个人能力、素质与绩效进行对比分析，做出晋升、调配、解雇等决策。

四、工作分析进行的时机

不同的企业和组织都有各自的特点和急需解决的问题。有的是为设计培训方案，提高员工的技术素质；有的是为了制定更切合实际的奖励制度，提高员工的工作积极性；还有的是根据工作要求改善工作环境，提高安全性。企业和组织所要进行的工作分析的侧重点不一样，但是通常工作分析是在如下三种情况下进行的。

▶ 1. 新成立的企业

新组织建立时，需引进工作分析以便分解、确定各项工作和条件。工作分析是新成立企业最需要迫切解决的问题，因为很多职位还存在空缺，或者有时候并不明确企业确切需要什么样的职位设置，必须通过企业的组织结构和经验发展及参照同类企业来进行工作分析。

▶ 2. 职务设置不合理

随着内外部环境的变化，企业原有职务设置变得并不是很合理，可能造成有些职务工作量大，经常无法按时完成任务，有些职务工作量很小，上班有很多空余的时间。这样既提高了人力资源成本，同时又破坏了员工之间的公平与和谐，有些员工可能会产生抵触情绪，影响工作进展，最终造成员工工作效率下降。此时，如果员工已经对现有职务没有兴趣或新鲜感而产生效率下降就必须考虑对这些职务进行职务重新设计。

▶ 3. 新工作产生

当工作由于新技术、新方法、新工艺的出现或制度发生重要变革时，人力资源部门应该配合企业的改革进行相应的职务设计，使职务能够适应新形势的需要。

第二节 工作分析的基本方法

工作分析对象和任务确定之后，应该选择适当的工作分析方法。主要有问卷调查法、访谈法、观察法、资料分析法、关键事件记录法、实验法、时间序列分析法、工作日志法等。在实践中，各种方法各有特点，工作分析人员可以根据所分析岗位工作的性质、目的，选择适当的方法，也可以将几种方法结合起来使用。

一、问卷调查法

问卷调查法是将事先设计好的问卷提供给被调查者，要求其按要求填写以获取有关工作信息的一种快速而有效的方法。问卷可以是开放性的也可以是封闭性的。精心设计的工作分析问卷可以获得大量信息。使用问卷法获得的工作信息，其质量取决于问卷本身设计的质量，同时还受到被调查者文化素质的高低以及填写时的诚意、兴趣、态度等因素的影响。所以，工作分析问卷最好请有关专家设计与编制，或者是借鉴已被广泛使用的工作分析问卷来提取工作信息，并在发放问卷、填写问卷时做出具体说明与指导，最好附上一份范例，这样可以减少填写人在问卷填写过程中的疑惑。工作分析问卷范例如表4-2所示。

表4-2 工作分析问卷范例

姓　　名		职位名称		填表日期	
所在部门		部门编号		工作地点	
1. 工作的目标要求					
2. 工作的主要职责					
3. 其他较不重要的职责					
4. 特殊要求					
请你列出你所在的职位所需要的诸如技术等级证书、程序员证书之类的岗位工作证书					
5. 工具设备					
请列出你日常工作中所需要经常使用的工具(例如，计算机、交通工具、移动电话等，也包括软件开发工具)					
工具名称			平均每周使用的时间(以小时为单位)		
6. 日常的工作内容					
请按照各项工作的重要性和每月在工作上所花费的时间排序列出					
a. 按工作的重要性排列			需要遵循的操作规范		
(1)					
(2)					
b. 按每月工作频率排列					

续表

(1)
(2)

7. 工作描述

在你以上列出的日常性工作中，请把最重要的业务过程详尽地描述出来

8. 工作联系

你的工作是否需要和以下人员交流和协作
(1)本部门的其他同事
(2)公司其他部门的同事
(3)其他公司或业务机构的人员
如果有的话，请按上面的分类写出需要与之接触的工作和业务，并表明接触的频率

9. 管理和监督

你的工作向谁直接负责
所受的监督内容
你的工作是否需要对下属人员进行管理和监督？若是，请说明管理和监督的内容

10. 决策

请列出你日常性工作所需要的决策，同时对你所需要作出的决策做一些简要的说明

假如你决策失误，请写出由此可能会带来的后果

假如你行动失误，请写出由此可能会带来的后果

11. 文档处理

请列出你工作中需要准备和处理的文档，如果有的话，请写出文档的来源部门和需要传送的部门
 a. 文档名称　　　　　　　　　　　　来源/传送部门
 b. 需要持有的文档

12. 素质要求

你认为胜任你所在的职位所需要的最低的要求是什么
(1)受教育水平
最低学历
所学专业方向
(2)工作经历
工作类型
工作时间
(3)专门的培训
类型　　　　　　　　培训时间
(4)专业技能
主管复核上述所填各项均属正确无误
主管签名
日期

调查问卷的设计原则如下。

（1）明晰原则，问卷的文字描述要明确清晰，不能有歧义和晦涩难懂的语句。

（2）高效原则，问卷要尽量简洁明了，不要过长，以免占用被调查者过多时间，影响调查结果的真实程度。

（3）合理原则，问卷各部分问题的结构设计要合理，开放式问题不能过多，以免增加问卷填写难度，但也不能设计选项过少，限制被调查者填写真实情况。

（4）完整原则，调查问卷必须要结构完整，开放式问题与封闭式问题比例适当，围绕调查目标合理设计各方面的问题，最后还应留出空间供被调查者填写问卷未涉及但想陈述的观点或情况。

问卷调查法的优点有：收集信息迅速，调查范围较广，调查方法较容易掌握，调查结果容易数量化。问卷调查法能够快速高效地从一群员工中获取大量关于工作的信息，尤其对规模较大的组织是一种非常有效的方法。这种方法的缺点主要有：前期投入成本较大，一个好的调查问卷的设计需要花费很多时间和精力；可控性差，结果易受被调查者主观影响，可能出现较大偏差，有的员工会对工作描述不够全面和准确，甚至夸大其任务的重要性，影响调查效果。

二、访谈法

访谈法是工作分析中大量运用的一种方法，指工作分析者与任职者及相关主体面对面就工作内容进行沟通、交流获取有关工作信息的一种方法。访谈的对象可以是任职者本人，也可以是专家、主管人员或任职者的同级与下级。根据访谈对象不同，访谈法可以分为个别员工访谈法、群体访谈法、主管人员访谈法三种类型。

访谈的程序可以标准化，也可以非标准化，但是为了保证访谈的效果，避免遗漏，需要事先准备好一个访谈问卷或访谈提纲，列出主要问题，如下所示。

（1）你所做的是一种什么样的工作？

（2）你所在职位的主要工作是什么？你又是如何做的呢？

（3）你的工作环境与别人有什么不同？

（4）你都参与了什么活动？

（5）这种工作的职责和任务是什么？

（6）你真正参与的活动都包括哪些？

（7）你所从事的工作的基本职责是什么？你的工作标准有哪些？

（8）做这项工作需要具备什么样的教育、工作经历和技能？它要求你必须具备什么样的文凭或工作许可证？

（9）你的责任是什么？你的工作环境和工作条件如何？

（10）工作对身体的要求是怎样的？工作对情绪和脑力的要求又是怎样的？

（11）工作对安全和健康的影响如何？

（12）在工作中你的身体可能会受到伤害吗？你在工作时会处于非正常的工作条件之下吗？

使用访谈法收集工作信息时，访谈者需具备一定的专业素质和实际操作经验，还需掌握一定的访谈技巧和访谈准则。

（1）选择最了解工作内容、最能客观描述职责的任职者。

（2）事先要征得任职者主管的同意，尽量争取主管的支持。

（3）尊重访谈对象，尽快与访谈对象建立融洽的关系，说明工作分析的意义、访谈的目的和访谈的内容，不要让访谈对象有压力或是有绩效考核的感觉。

（4）选择合适的访谈环境，营造轻松的气氛，使访谈对象畅所欲言，真实、客观地回答问题。

（5）工作分析人员应按访谈提纲中的问题顺序，由浅入深地提问，重要的问题先问，次要的后问，敏感问题适时发问，所提问题要与工作分析目的相关。

（6）工作分析人员语言表达清楚、准确，所提问题清晰、明确，避免使用生僻的专业术语。

（7）所提问题和谈话内容不能超出访谈对象的知识和信息范围，也不要引起访谈对象的不满或涉及个人隐私。

（8）在访谈过程中，工作分析人员只是被动地接受信息，若出现不同观点，不要与访谈对象争论。另外，当访谈对象发牢骚、抱怨时，不要介入个人观点，但应认真倾听，并及时把话题引向正题。

（9）如果工作不是每天都相同，就让访谈者把所有工作职责一一列出，并按重要性排序。这样可以避免忽略那些虽不常见但却很重要的问题，如护士需要偶尔在急救室中执行的任务不会被遗漏。

（10）访谈结束后，将收集到的材料请任职者及其主管审阅，并做出修改和补充。

访谈法的优点是：应用范围广泛，可发现在其他情况下了解不到的工作活动和行为，为企业提供与员工沟通的机会，操作比较简单，效率高，可控性强。缺点是：工作分析者对某一工作的固有观念会影响其做出正确判断，被访问者出于自身利益考虑有时会采取不合作态度或提供虚假信息，访问者所提问题不明确易给被访问者造成误解。

总之，尽管它不如问卷调查法那样具有完善的结构，但是这种方法由于能面对面地交换信息，可对对方的工作态度与动机等较深层次的内容有比较详细的了解，它有问卷调查法无法替代的作用。

三、资料分析法

为了降低工作分析的成本，应当尽量利用组织现有资料，对每个工作的任务、责任、权力、工作负荷、任职资格等有一个大致的了解，为进一步调查奠定基础，如组织结构图、组织内部管理制度、员工手册、组织岗位责任制度等。这些资料通常能帮助工作分析人员在最短的时间内了解和熟悉组织内部管理现状，找到下一步进行调查分析的重点与要点内容。因此，资料分析法是工作分析人员在工作分析初始阶段必不可少的一种方法。

例如，岗位责任制度是我国企业特别是大中型企业十分重视的一项制度，但是，岗位责任制度仅规定了工作的责任与任务，没有规定该工作的其他要求，如工作的社会条件、物理环境、聘用条件、工作流程以及任职条件等。如果根据各企业的具体情况对岗位责任制度增加一些必要的内容，则可形成一份完整的工作说明书。

另外，还可通过生产运作统计资料，如对每个生产工人出勤、产量、质量消耗的统计，对工人的工作内容、负荷有更深的了解，它是建立工作标准的重要依据。机器设备的操作说明书可以提供关于操作人员职务的主要工作内容、工作程序、工作职责的大量信息。人事档案则可提供任职者的基本素质资料等。

四、现场观察法

现场观察法是指在工作现场观察员工的工作过程、行为、内容、特点、性质、工具环境等，并用文字或图表形式记录下来，然后进行分析与归纳总结。

现场观察法遵循的一般原则如下。

（1）观察的工作应相对稳定。

（2）适用于大量的、标准化的、周期短的、以体力为主的工作，不适用于脑力活动为主的工作。

（3）注意工作行为样本的代表性，避免对被观察者产生影响。

（4）有详细的观察提纲和行为标准。

（5）观察者具备相关能力。

现场观察法的优点有：采用这种方法通常调查结果较准确，较少受调查人员和被调查对象的主观影响，容易核查。分析人员能够对所调查的工作有直接的认识，从而准确把握该工作的内容和性质。现场观察法的缺点有：不适用于脑力劳动为主或处理紧急情况的工作；被观察者行为可能表现出与平时不一致情况，影响调查结果的可靠性；工作量大，成本高，费时、费力。尤其对于大型组织，往往有几百项工作需要分析，这时必须结合其他方法来完成任务。

五、关键事件记录法

关键事件是指使工作成功或失败的行为特征或事件。关键事件记录法指工作分析专家向一些对某工作岗位各方面的情况比较了解的人员进行调查，要求他们描述该工作岗位半年到一年内能观察到并能反映其业绩的一系列事件。关键事件记录法要求管理人员、员工或熟悉其他工作的员工，记录工作行为中的关键事件。关键事件记录包括以下几个方面：导致事件发生的原因和背景；员工特别有效或多余的行为；关键行为的后果；员工自己能否支配或控制上述后果。

在大量收集这些关键事件以后，再对它们进行分类，总结出该工作的关键特征和行为要求。关键事件记录既能获得有关工作的静态信息也能获得工作的动态信息。例如，一项有关销售岗位的关键事件记录，总结了销售工作的12种行为。

（1）对用户、订货和市场信息善于探索、追踪。

（2）善于提前做出工作计划。

（3）善于与销售部门管理人员交流信息。

（4）对用户和上级都忠诚老实，讲信用。

（5）能够说到做到。

（6）坚持为用户服务，了解和满足用户的要求。

（7）向用户宣传企业的其他产品。

（8）不断掌握新的销售技术和方法。

（9）在新的销售途径方面有创新精神。

（10）维护公司的形象。

（11）及时结清账目。

（12）工作态度积极主动。

在此基础上，可以设计销售人员的工作职责、工作任务与任职资格，设计销售人员的选拔标准与方案，销售工作的考评标准、薪酬标准和培训方案等。

六、工作日志法

工作日志法又称工作写实法、工作日记，是由任职者本人按时间顺序以日志的形式详细记录每天的工作任务、工作程序、工作方法、工作职责、工作权限以及各项工作耗时等信息，达到工作分析目的的一种方法。需要注意的是，工作日志应该随时填写，可以10分钟、20分钟为一个周期，而不应该在下班前一次性填写，以保证填写内容的真实性和有效性，一般要连续记录10天以上。

工作日志法的优点是信息可靠性高，所需费用少，容易掌握有关工作任务、工作职责、工作过程、工作方法、工作权限以及工作耗时等方面的信息，对分析高水平与复杂的工作比较经济有效。缺点是使用范围较狭窄，只适用于工作循环周期短、工作状态稳定无大起伏的职位，信息整理工作量大，费时费力，任职者在填写工作日志时，会影响到正常的工作，从而遗漏很多工作内容。

工作日志表封面、说明及填写示例如表4-3和表4-4所示。

表4-3　工作日志表

工作日志（封面）

姓名：
年龄：
职位名称：
所属部门：
直接上级：
从事本业务工龄：
填写日期：自＿月＿日
　　　　　至＿月＿日

工作日志填写说明（封二）

1. 请您在每天工作开始前将工作日志放在手边，将工作活动发生的顺序及时填写，切勿在一天工作结束后一并填写。
2. 要严格按照表格要求进行填写，不要遗漏细小的工作活动，以保证信息的完整性。
3. 请提供真实的信息，以免损害您的利益。
4. 请您注意保留，防止遗失。

感谢您的真诚合作。

表4-4　工作日志填写示例（正文）

日期	2013年3月2日	工作开始时间	8:30	工作结束时间	17:30
序号	工作活动名称	工作活动内容	工作活动明细	时间消耗（分钟）	备注
1	复印	文件	50页	10	存档
2	起草公文	代理委托书	2000字	75	报上级
3	参加会议	上级布置任务	1次	35	参与
4	请示	贷款数额	1次	25	报批
5	接待	参观	10人	50	承办
…	…	…	…	…	…
20	布置工作	出口业务	1次	25	指示

资料来源：萧鸣政. 工作分析的方法与技术[M]. 北京：中国人民大学出版社，2014.

七、实验法

实验法是指主试者控制一些变量后,调查其他变量的变化来收集工作信息的一种方法。实验法有两种:实验室实验法和现场实验法,主要区别在于实验的场地不同。企业中常用的是现场实验法。

实验法的具体操作可举例加以说明。例如,装卸工装卸车上的货物,一般是 4 人合作,30 分钟可以装满一辆 10 吨的货车。用实验法的话,可以先安排 2 人合作,再安排 3 人合作,最后安排 5 人合作,任务都是装满一辆 10 吨的货车,看结果各用了多少分钟,哪一个组合效率最高。其中,合作的人数是控制变量,装货时间是结果变量。

实验法的使用原则主要有:尽可能获得被试者的配合;严格控制相关变量;设计严密;变量变化要符合实际情况;不能伤害被试者。

八、时间序列分析法

时间序列分析法一般用于非管理工作的描述,是一种以工作为中心的职务分析方法。时间序列分析的主要方法之一就是"动作-时间"研究,其目的在于对工作中每项任务确定一个标准的完成时间,将工作中所有任务的完成时间相加得到工作完成所需的标准工作时间。这个标准工作时间可作为确定工资和奖金、新老产品成本的依据,也可作为生产线工作小组均衡生产的依据。但是,由于标准工作时间的确定受到员工个人及工作本身特点的影响,很难做到准确无误。因此,往往需要测量员工的"真实努力程度"与"需要努力程度"。

工作样板是工作标准时间确定的有效方法。该方法首先将工作中的活动归类,工作分析专家再借助于各种仪器设备观察所有在职者完成各类活动的时间,并对它们进行平均化,所得的完成各类活动的平均时间则可作为标准工作时间。

第三节 工作分析的基本程序

工作分析是对工作的一个全面评价过程,工作分析的特点决定了它是一项非常复杂、烦琐和富有挑战性的工作。所以组织必须对工作分析的程序有清醒的认识,对整个工作分析工作进行统筹规划和有效控制。工作分析的基本程序通常包括准备阶段、调查阶段、分析阶段、完成阶段和应用阶段,如图 4-2 所示。这五个阶段关系密切,相互联系,相互影响。

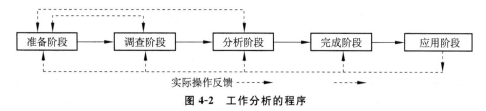

图 4-2 工作分析的程序

一、准备阶段

准备阶段是工作分析的第一个阶段,主要任务是了解情况、确定工作分析的目的,制订总体实施方案，确定样本，建立关系及组成工作小组，做好前期其他必要的准备，具体工作如下。

（1）按照精简、高效的原则由职务分析专家、岗位在职人员、上级主管组成工作小组。

（2）明确工作分析的意义、目的、方法、步骤。

（3）向有关人员宣传、解释。

（4）跟作为合作对象的员工建立良好的人际关系，并使他们做好心理准备。

（5）确定调查、分析对象的样本，同时考虑样本的代表性。

（6）制订工作计划，确定工作的基本难度。

（7）利用现有文件与资料对工作的主要任务、主要责任、工作流程进行分析总结。

（8）提出原来的工作说明书主要条款存在的不清楚问题，或对新岗位工作说明书提出拟解决主要问题。

工作分析涉及面广，费时费力，需要各方面的配合和支持。首先要取得组织中高层领导的支持和同意，其次要争取各职能部门及其主管领导的配合，再者需要广泛宣传工作分析的目的和意义，使广大员工消除恐惧心理，使他们知道工作分析的真正目的不是为了了解现有的任职者水平，而是为了了解职位要求，了解职位要求的目的是改进工作方法、规范工作内容等。与此同时，要让员工尽可能参与工作分析的活动。

二、调查阶段

调查阶段是工作分析的第二个阶段，主要任务是对整个工作过程、工作环境、工作内容和工作人员等主要方面做一个全面的调查，具体工作如下。

（1）编制各种调查问卷和调查提纲，确定调查内容和调查方法。

（2）广泛收集有关资料、数据。

（3）到工作场地进行现场观察，观察工作流程，记录关键事件，调查工作必需的工具与设备，考察工作的物理环境与社会环境。

（4）对主管人员、在职人员广泛进行问卷调查，并与主管人员、典型员工进行面谈，收集有关工作信息，征求改进意见。

（5）若有必要，工作分析人员可直接参与要调查的工作，或通过实验的方法分析各因素对工作的影响。

（6）对重点内容做重点、细致的调查。

（7）要求被调查员工对各种工作特征和工作人员特征的重要性和发生频率等做出等级评定。

三、分析阶段

在经过上一阶段后，就要对搜集到的信息进行整理、审查和分析。关于工作信息的整理，这里主要是指对上一阶段搜集到的信息按照工作说明书的要求进行归类整理，看是否有漏洞。关于工作分析的审核，一般是工作信息归类整理后，工作分析小组成员一起对这些信息的准确性进行审查、核对和确认，这里可以采用诸如测量、统计等工作信息质量鉴定方法。通过对工作信息的审查和核对，有助于确定工作分析所获得的信息是否正确、完整。同时也有助于确定这些信息能否被所有与被分析工作相关的人所理解。此外，由于工作描述是反映工作承担者的工作活动的，所以这一审查步骤实际上还为这些工作的承担者提供了一个审查和修改工作描述的机会，而这无疑会有助于赢得大家对这些资料的认可。

关于工作信息的分析,主要包括工作名称分析、工作内容分析、工作环境分析和任职者条件分析等。

本阶段的主要任务是对有关工作特征和工作人员特征的调查结果进行深入全面的总结分析,包括以下内容。

(1) 仔细审核、整理获得的各种信息。

(2) 创造性地分析、发现有关工作和工作人员的关键成分。

(3) 归纳总结出工作分析的必需材料和要素。

四、完成阶段

前三阶段工作都是为了达到此阶段作为工作目标,本阶段的基本任务就是根据对信息分析的结果,用书面文件形式编制工作描述和任职资格,然后整合为工作说明书,这也是工作分析的主要成果与表现形式。包括以下具体工作。

(1) 根据工作分析规范和经过分析处理的信息草拟工作说明书。

(2) 将草拟的工作描述和任职说明与实际工作对比。

(3) 根据对比结果决定是否需要进行再次调查研究。

(4) 修正工作描述与任职说明。

(5) 若需要,可重复(2)~(4)的工作。

(6) 形成最终的职务描述书和任职说明书。

(7) 应用于实际工作,并注意收集反馈信息,不断完善。

(8) 对工作分析本身进行总结评估,将有关信息归档保存,为今后工作分析提供经验与信息基础。

五、应用阶段

工作说明书编制完成后,最重要的是要在实际工作中真正发挥作用,这样才能体现出工作分析的价值。工作说明书使用前要进行培训,使用中要进行评价、修改和调整。

▶ 1. 工作说明书的使用培训

工作说明书以书面文件形式编写完成后,组织成员应依据它来履行职责和开展活动。但是,在现实中往往存在这样的情况,由于工作说明书是由专业人员编写的,对于一般的员工来说,要真正了解其含义和一些专有名词,还有一定差距。因此,在工作说明书使用前要进行培训,以便达到事半功倍之效。培训时应注意以下两点。

(1) 尽可能让每位使用者都了解工作说明书每部分的含义、内容以及整个说明书的意义。

(2) 尽可能使每位使用者都知道如何使用工作说明书。

▶ 2. 工作说明书的评价

工作说明书使用过程中,要给予正确的评价。在对结果的评价中,应阐明工作分析带来的效益情况以及制定和实施工作分析活动所有花费的投入产出对比表。效果评价就是看工作分析的目的是否实现,是否解决了人力资源管理中的有关问题。

(1) 组织中现有的工具、设备、材料得到充分运用了吗?

(2) 人力资源部门为各部门配备所需人员了吗?

(3) 员工流失率与事故发生率减少了吗?

(4) 培训的效果显著吗?

(5) 员工不满情绪减少了吗?

（6）劳动生产率提高了吗？

▶ 3. 工作说明书的反馈与调整

随着动态环境的变化，组织结构及其职位也会发生变化。这样，职位的性质、任务、内容等都会发生变化，工作说明书应适应动态环境变化方向，定期或适时做出修改和调整。因此，工作分析是一个连续不断的动态过程，组织应根据自身及动态环境的情况随时进行工作分析，使工作说明书能及时反映职位的变化情况，以便使其适应实际工作需要。

第四节 工作说明书的编写

工作说明书是工作分析的最终成果之一，是描述某一工作岗位的任务、职责和责任，确定做什么、如何做、在哪里做，以及在什么样的条件下做的正式的书面文件。工作说明书的编写过程并无固定模式，需要根据工作分析的特点、目的与要求具体确定编写的条目。

一、工作说明书的内容

一般来说，一份比较完备的工作说明书应该具备以下内容，如表4-5所示。

表4-5 工作说明书的主要内容

类　别	主　要　内　容
工作识别	工作名称、所在部门、定员标准、岗位等级、工作编号、被调查者姓名
工作综述	主要工作职责的简要说明
工作内容	应该做什么、如何做、工作标准
岗位关系	横向关系、纵向关系（监督和被监督）
工作权限	工作的责、权、利
其他信息	工作条件和环境、工作方式和设备、工作的时间分配

编写工作说明书应做到：任务明确，表达简洁；尽可能反映工作的结果；有一定的灵活性，体现工作协议。

工作说明书的内容取决于工作分析的目的与用途。有的是为了对现有的工作内容与要求更加明确或合理化以便制定切合实际的奖励制度，调动员工的积极性；而有的是对新工作的工作规范做出规定；还有的是为了改善工作环境，提高安全性。工作说明书一般包括两个方面的内容：一是确定工作的具体特征；二是找出工作对任职人员的各种要求。前者称为工作描述，后者称为任职说明。

▶ 1. 工作描述

工作描述亦称工作说明、职位说明、职位描述、职务描述等，具体说明了工作的物质特点和环境特点，主要说明工作内容与特征、工作责任与权力、工作目的与结果、工作标准与要求、工作时间与地点、工作岗位与条件、工作流程与规范等。工作描述一般有以下几个方面内容。

1）基本情况

基本情况主要包括职务名称、直接上级、所属部门、工资等级、工资水平、所辖人员、定员人数、工作性质等内容。

2）工作活动与工作程序

它是工作描述的主体部分，主要包括工作概要、工作活动内容、需要完成的工作任务与承担的责任、所拥有的权利、执行任务所需要的工具与设备、工作流程与规范、与他人的正式工作关系、接受及进行监督的性质与内容等。

3）工作环境

工作环境主要包括物理环境与社会环境。物理环境包括工作地点的温度、湿度、光线、噪声、安全条件、地理位置等。社会环境包括工作群体中的人数与相互关系，完成工作所需要的人际交往的数量和程度，与各部门之间的关系、工作地点内外的文化设施、社会习俗等。

4）聘用条件

主要描述本职务的工作时间、工资结构、支付工资的方法、福利待遇、晋升与发展通道、工作的季节性、进修机会等。

表 4-6 是一位财务总监工作描述的示例。

表 4-6 财务总监工作描述范例

职位编号	BF-02	职位名称	财务总监	所属部门	财务部
职位类型	财务类	上级职位	总经理	编制日期	2015年×月×日

一、目的（职位存在的理由，限制和目标）

依据法律规定，通过安排和调动有限的财务资源，领导、管理和控制公司的财务活动，使持股人得到最高的利润。

二、操作网络

外部：
董事会
持股人
放款机构
银行
法定机关
权力机关
审计

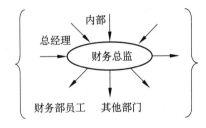

三、主要职责

1. 计划

建立和管理计划、预算过程和形式，以分散业务风险，增加持股人回报及保障税务责任。

衡量标准：持股人的回报及保障税务责任。

2. 筹集资金

与银行和投资者谈判及安排筹集资金，以最短时间和最低成本获得资金，以充分实现成本效益和增加可动用资金。

衡量标准：成本效益、可动用资金

续表

3. 预算
根据各部门提供的数据预备预算,讨论和分析资金运用的条件和整个营运过程所需的现金,以监控和凸显机构的绩效表现。
衡量标准:实际与计划的比较、可靠性

4. 人事管理
领导、指导和激励财务部员工,确保财务和会计功能的义务得以完成。
衡量标准:员工工作表现、员工士气

5. 现金管理
建立指引,确保实施适当的A/R、A/P惯例和步骤,以确保公司最具效益地运用现金。
衡量标准:可动用现金、利息

6. 报告/报表
为管理层、政府及其他汇报目的,发展、监控报告预备过程和提交报告,确保所有报告合乎法律及为管理层提供可靠的数据。
衡量标准:准确性、准时性

7. 税务计划
设定政策,为个人及业务税项演绎及控制保税条件,使合乎法律及尽量减少税务责任衡量标准:遵从法律、税务曝光率

8. 战略
主动地参与行政人员会议,提供数据、资料;在公司面对的战略性问题上提出批评和建议,以引导公司走向高利润、高增长。
衡量标准:利润增长率、盈利能力

▶ 2. 任职说明

即任职要求,说明担任某项职务的人员必须具备的要求,主要包括以下内容。

1)一般要求
一般要求包括年龄、性别、学历、所需培训的时间科目、工作经验等。

2)生理要求
生理要求包括健康状况、力量与体力、运动的灵活性、感觉器官的灵敏度等。

3)心理要求
心理要求包括观察能力、记忆能力、理解能力、学习能力、创造力、语言表达能力、计算能力、决策能力、人际沟通能力、气质、性格特征、爱好、态度、事业心、领导能力等。

表 4-7 所示是某公司总经理工作说明书。

表 4-7 总经理工作说明书

岗位名称	总经理	岗位编号	
所在部门		岗位定员	
直接上级	董事会	工资等级	一级
直接下级	营销总监、技术品管部经理、人力资源部经理、财务部经理、投资管理部经理、办公室主任	薪酬类型	
所辖人员		岗位分析日期	2014年2月

续表

本职：领导制订和实施公司总体战略，完成董事会下达的年度经营目标；领导公司各部门建立健全良好的沟通渠道；负责建设高效的组织团队；管理直接所属部门的工作

职责与工作任务：

职责一	职责表述：制定和实施公司总体战略	
	工作任务	领导制定公司的发展战略，并根据内外部环境变化进行调整
		组织实施公司总体战略，发掘市场机会，领导创新与变革
职责二	职责表述：制定和实施公司年度经营计划	
	工作任务	根据董事会下达的年度经营目标组织制订、修改、实施公司年度经营计划
		监督、控制经营计划的实施过程，并对结果负全面责任
		组织实施财务预算方案及利润分配、使用方案
职责三	职责表述：建立良好的沟通渠道	
	工作任务	负责与董事会保持良好沟通，定期向董事会汇报经营战略和计划执行情况、资金运用情况和盈亏情况、机构和人员调配情况及其他重大事宜
		领导建立公司与客户、供应商、合作伙伴、上级主管部门、政府机构、金融机构、媒体等部门间顺畅的沟通渠道
		领导开展公司的社会公共关系活动，树立良好的企业形象
		领导建立公司内部良好的沟通渠道，协调各部门关系
职责四	职责表述：建立健全公司统一、高效的组织体系和工作体系	
	工作任务	主持、推动关键管理流程和规章制度，及时进行组织和流程的优化调整
		领导营造企业文化氛围，塑造和强化公司价值观
职责五	职责表述：主持公司日常经营工作	
	工作任务	负责公司员工队伍建设，选拔中高层管理人员
		主持召开总经理办公会，对重大事项进行决策
		代表公司参加重大业务、外事或其他重要活动
		负责处理公司重大突发事件，并及时向董事会汇报
职责六	职责表述：领导人力资源部、财务部、投资管理部、办公室等分管部门开展工作	
	工作任务	领导建立健全公司人力资源管理制度，组织制定人力资源政策，审批重大人事决策
		领导建立健全公司财务、投资管理制度，组织制定财务政策，审批重大财务支出
		领导建立健全行政与后勤管理制度

权力：

公司重大问题的决策权

向董事会提出公司经营目标的建议权

对副总经理、总监的人事任免建议权

续表

除公司副总经理、总监外的人事任免权	
对公司各项工作的监控权	
对公司员工奖惩的决定权	
对下级之间工作争议的裁决权	
对所属下级的管理水平、业务水平和业绩的考核评价权	
董事会预算内的财务审批权	

工作协作关系：

内部协调关系	董事会，高层管理人员，公司内各部门
外部协调关系	上级主管部门、政府机构、客户、供应商、合作伙伴、金融机构、媒体等

任职资格：

教育水平	大学本科以上
专业	机电相关专业或管理相关专业
培训经历	接受过 MBA 职业培训，财务、人事、法律知识培训
经验	8 年以上工作经验，5 年以上本行业或相近行业管理经验，2 年以上高层管理经验
知识	通晓企业管理知识； 具备技术管理、财务管理、质量管理、法律等方面的知识； 了解公司经营产品技术知识
技能技巧	掌握 Word、Excel 等办公软件使用方法，具备基本的网络知识，具备熟练的英语应用能力
个人素质	具有很强的领导能力、判断与决策能力、人际能力、沟通能力、影响力、计划与执行能力、客户服务能力

其他：

使用工具/设备	计算机、一般办公设备（电话、传真机、打印机、Internet/Intranet 网络）及通信设备
工作环境	独立办公室，经常出差
工作时间特征	经常需要加班
所需记录文档	战略规划、年度经营计划、阶段性工作报告

考核指标：

销售收入、利润额、市场占有率、应收账款、重要任务完成情况	
预算控制、关键人员流失率、全员劳动生产率	
领导能力、判断与决策能力、人际能力、沟通能力、影响力、计划与执行能力、客户服务能力	

备注：

表 4-8 所示是某公司销售部业务员工作说明书。

表 4-8　销售部业务员工作说明书

岗位名称	业务员	岗位编号	
所在部门	销售部	岗位定员	
直接上级	销售经理	工资等级	
直接下级		薪酬类型	
所辖人员		岗位分析日期	2014 年 2 月

本职：进行市场开发，签订销售合同；跟踪订单，对客户进行售后服务

职责与工作任务：

职责一	职责表述：协助销售区域经理制订销售计划	
	工作任务	协助销售经理制订本部门年度销售计划，制订个人年度销售计划
		收集和分析本销售区域销售信息，为公司决策提供参考意见
职责二	职责表述：负责寻找代理商，进行销售区域市场代理商开发与维护	
	工作任务	负责寻找和了解代理商信息，对代理商提出评价意见，负责拟订代理商合作协议
		负责持续掌握代理商情况，保持代理商关系，做好代理商与公司间信息沟通
		负责根据公司销售政策提出本区域内代理商政策建议，并监督代理商实施公司销售政策
职责三	职责表述：负责销售工作，完成销售目标	
	工作任务	负责向代理商传达公司产品信息、企业文化与销售政策
		积极争取代理商订单，完成销售目标
		负责组织和参与对代理商商务谈判，拟订销售合同
		负责协调销售合同履行中与代理商接洽，促进货款回收
职责四	职责表述：负责对销售市场的信息收集	
	工作任务	负责协调代理商定期收集市场信息
		负责定期走访市场，亲自了解相关国家政策、市场用户、竞争对手、渠道等信息
		负责寻找多种渠道，获得销售市场相关信息
职责五	职责表述：负责销售区域市场推广工作	
	工作任务	针对本销售区域特点，提出市场推广建议
		根据公司市场推广方案，负责协调和参与本销售区域内实施，并进行评价数据收集
职责六	职责表述：协助产品创新工作	
	工作任务	针对本市场特点，提出新产品开发建议
		协助新产品开发中的产品试销与市场推广工作，做好信息反馈

续表

职责七	工作任务	职责表述：参与售后服务工作
		负责参与协调代理商退换货
		负责参与质量问题分析，协调回收或检查代理商退换货物原件
		负责组织对代理商技术培训，实施简单技术培训
职责八	职责表述：完成销售部经理交办的其他工作任务	

权力：

经理授权范围内的合同签订权

客户服务条款的建议权

新产品开发建议权

推广方案的建议权

工作协作关系：

内部协调关系	销售部经理、运作支持部、财务部、技术品管部等
外部协调关系	代理商、销售区域内相关政府机构、行业协会等

任职资格：

教育水平	大学专科以上
专业	机电相关专业或营销管理相关专业
培训经历	市场营销管理、销售管理、公共关系、推销技巧培训
经验	2年以上工作经验，1年以上本行业或相近行业营销或管理经历
知识	通晓国际贸易业务知识，掌握市场营销相关知识，具备财务管理、法律等方面的知识，了解公司所经营产品技术知识
技能技巧	熟练使用 Word、Excel 等办公软件，具备基本的网络知识，具备熟练的英语应用能力
个人素质	具有一定的判断与决策能力、人际能力、沟通能力、计划与执行能力、客户服务能力

其他：

使用工具/设备	计算机、一般办公设备(电话、传真机、打印机、Internet/Intranet 网络)、通信设备
工作环境	办公场所、各市场区域
工作时间特征	经常需要加班
所需记录文档	汇报文件或报告、总结等

考核指标：

销售金额、利润率、市场占有率、客户满意度、应收账款拖欠天数及坏账率、重要任务完成情况

考勤、服从安排、遵守制度

判断与决策能力、人际能力、沟通能力、计划与执行能力、客户服务能力、专业知识及技能

备注：

二、工作说明书编写中存在的问题及其编制原则

▶ 1. 工作说明书编写中存在的问题

由于有些公司在编写过程中缺乏专业的技术和培训以及沟通不到位和工作说明书的管理不到位等原因,致使编写过程中存在下列问题。

(1) 工作说明书的编写存在很大的随意性和盲目性。

(2) 对工作说明书的整体结构认识不清。

(3) 工作说明书的内容比较凌乱、不成体系。

(4) 对有些工作职责界定不清。

▶ 2. 工作说明书的编制原则

工作说明书是从"事"和"人"两方面来考虑人力资源管理工作的,因此工作说明书的编制必须遵循以下准则。

1) 准确性

工作说明书应当准确地说明职位的职责要求和任职资格与条件,描述要准确,语言要精练,一岗一书,不能雷同。这种准确性主要体现在以下两个方面。

(1) 工作说明书所包含的职责要求和任职资格与条件应该是正确的,能够如实反映职位特征。

(2) 工作说明书表达明确,避免出现模棱两可和含糊其辞的内容。例如,某职位要求具有四年以上从事财务管理的工作经验,不能简单说成是"具有一定的工作经验"或"要求有几年以上的工作经验"。

2) 实用性

任务明确好上岗,职责明确易考察,资格明确好培训,层次清楚好评价。同时,还应该表明各项职责所出现的频率。表示各项职责出现的频率高低可以通过完成各项职责的时间所占的比重来表示。因此,可以在各项工作职责旁边加上一列,表明各项职责在总的职责中所占的百分比。

3) 逻辑性

一般来说,一个职位通常有多项工作职责,在工作说明书中罗列这些工作职责的时候并非是杂乱无章的、随机的,而是要按照一定的逻辑顺序来编排,这样才有助于理解和使用工作说明书。较常见的组织工作职责的次序是按照各项职位的重要程度和所花费任职者的时间多少进行排列,将最重要的、花费时间较多的职责放在前面,再将次要的、花费时间较少的职责放在后面。

4) 完备性

完备性是指所编写的工作说明书在内容上应尽量涵盖某一职位的工作概况、工作概要、工作职责及任职资格与条件。只有体现完备性,才能完整揭示职位的特征和要求,从而更好地为整个人力资源管理系统服务。

5) 统一性

文件格式统一,可参照典型工作说明书编写样本。统一性的要求说明工作说明书的基本涵盖内容是一致的,如所有的工作说明书都包含职位的工作职责和任职资格与条件,这样便于不同工作间的比较。

6) 预见性

预见性主要是指工作说明书一方面要如实反映职位特征要求,另一方面要有一定的弹

性和灵活性。因为环境是不断发展变化的，如果一味地拘泥于静态的职位特征，很可能与现实情况不符，出现工作上的偏差。

本 章 小 结

本章从介绍工作分析的基本术语入手，讲解了工作分析的含义、目的与作用，指出工作分析是人力资源管理的基础，也是人力资源管理的一种基本方法和技术。并详细介绍了八种工作分析的基本方法，陈述了进行工作分析的主要程序与任务，重点介绍了工作说明书的编写，为组织有效提高人力资源管理工作质量提供参考借鉴。

综 合 练 习

一、名词解释

工作分析　　工作评价　　工作流程　　岗位设置　　工作描述　　任职者资格

二、单项选择题

1.（　　）是指一名任职者为完成一定的组织职能或工作使命而承担的一项或多项相关人物的集合。

　　A. 职务　　　　　　B. 任务　　　　　　C. 职责　　　　　　D. 职位

2. 下列关于工作分析的说法中错误的是（　　）。

　　A. 组织要根据战略意图、环境的变化、业务的调整，经常性地对工作分析的结果进行调整

　　B. 如果工作分析的目的在于选聘人才，那么工作重点在于任职资格的界定

　　C. 工作分析是由人力资源部主持开展的工作，一般员工不应参与其中

　　D. 在对一个职务进行分析时，需要注意该职务与其他职务的管理关系，从总体上把握该职务的特征与对人员的要求

3. 下列关于问卷调查法进行工作分析，说法错误的是（　　）。

　　A. 一般来说，使用问卷调查法采集工作信息，多用于规模较小、岗位设置比较简单、工作分析结果应用要求不高的组织

　　B. 问卷法可以快速、高效地从众多员工中获得所需信息

　　C. 相比其他分析方法，问卷法的开发和编制成本较低，便于实施

　　D. 工作分析调查问卷的设计直接关系到整个工作分析的成败

4. 下列关于工作日志法进行工作分析，说法错误的是（　　）。

　　A. 信息可靠性很高　　　　　　　　　　B. 所需费用较高

　　C. 适用范围较小　　　　　　　　　　　D. 整理信息的工作量大于观察法

5. 在做工作分析时使用资料分析法，资料来源不包括（　　）。

　　A. 职业分类词典　　B. 公司文件　　C. 互联网信息　　D. 人员信息

6. 访谈法是工作分析方法一种，访谈的主要内容中最为核心的是（　　）。
   A. 工作目标　　　　　　　　　　B. 工作内容
   C. 工作的性质和范围　　　　　　D. 工作环境
7. 下列工作分析方法中，受主观性影响最小的方法是（　　）。
   A. 工作日志法　　B. 调查问卷法　　C. 面谈法　　D. 观察法
8. 工作描述的本质是（　　）。
   A. 分析任职者的条件　　　　　　B. 确定工作的具体特征
   C. 工作条件的描述　　　　　　　D. 工作职责的描述
9. 整个工作分析过程中的核心阶段是（　　）。
   A. 准备阶段　　B. 设计阶段　　C. 分析阶段　　D. 描述阶段
10. （　　）属于以工作为基础的系统性工作分析方法。
    A. 观察法　　B. 关键事件法　　C. 访谈法　　D. 职位分析问卷法
11. 下列关于管理人员职务描述问卷（MPDQ）的说法中，正确的是（　　）。
    A. 成本低，投入小　　　　　　　B. 易于深入分析所有类型的管理工作
    C. 具有较强的针对性　　　　　　D. 无法为管理工作的分类提供依据
12. 在工作说明书中，描述工作的主要任务和基本目标，明确该工作是做什么的部分是（　　）。
    A. 工作标识　　B. 工作概要　　C. 工作条件　　D. 工作关系
13. 下列关于工作说明书的说法中错误的是（　　）。
    A. 工作说明书包括工作描述和工作规范两方面，两者缺一不可
    B. 工作说明书中的表述应当准确明了，避免含义模糊的表达方式
    C. 工作说明书须具有可操作性
    D. 工作说明书一旦确定，一般不会对其内容进行修改
14. （　　）能使员工掌握更多的技能，增进不同工作之间的员工的相互理解，提高协作效率。
    A. 工作轮换　　B. 工作丰富化　　C. 工作小组　　D. 工作扩大化
15. 下述（　　）不属于工作设计的内容。
    A. 工作时间的设计　　　　　　　B. 工作环境的设计
    C. 工作关系的设计　　　　　　　D. 人员特性的设计

三、多项选择题
1. 工作分析的最终结果是（　　）。
   A. 工作描述　　B. 组织结构图　　C. 工作规范　　D. 工艺流程图
2. 系统型工作分析方法包括（　　）。
   A. 职能工作分析法　　　　　　　B. 职位分析问卷法
   C. 管理职位分析问卷法　　　　　D. 职业分类词典
3. 在编写工作规范时应注意（　　）。
   A. 必须包括有助于使该项工作区别于其他工作的属性信息
   B. 应包括特定的知识、技能、能力、身体素质、工作经验、教育背景、个人品格与行为态度等内容
   C. 用语要符合法律规范，严禁种族、性别、年龄、身体残疾等方面的歧视
   D. 一般所列出的任职资格是履行工作职业的最低要求

4. 下列对工作实践法的描述正确的是（　　）。
   A. 工作分析人员通过直接参与某项工作，从而细致、深入地体验、了解、分析工作的特点与要求
   B. 工作实践法可以避免由于员工不是很了解自己的完成任务的方式难以收集到有效信息的情况
   C. 对于许多高度专业化的工作，由于分析者不具备完成某项工作的知识和技能，因而就无法参与
   D. 工作实践法只适用于一些比较简单的工作分析
5. 一份比较完备的工作说明书应具备（　　）。
   A. 工作标识　　　B. 工作概要　　　C. 工作职责　　　D. 任职者资格
6. 职位分析问卷的内容包括（　　）。
   A. 信息投入，员工从哪里以及如何获得完成工作所必需的信息
   B. 脑力过程，完成工作时需要完成的推理、决策、计划以及信息加工活动
   C. 体力过程，在执行工作时所发生的身体活动以及所使用的工具和设备
   D. 同他人的关系，在执行工作时同他人之间发生的关系
7. 工作设计程序包括（　　）。
   A. 选择工作设计目标环节，确定工作设计具体目标
   B. 记录现状
   C. 分析记录事实制订改进方案
   D. 实施与评价新的方案
8. 下述对关键事件法的描述正确的有（　　）。
   A. 由职位分析专家、管理者或工作人员在大量收集与工作相关信息的基础上更详细记录其中更关键事件并具体分析职位特征要求
   B. 基于特定的关键行为与任务信息来描述具体工作活动
   C. 频繁地用于培训、需求评估与绩效考核
   D. 关键事件的记录可由任职者的直接主管或其他目击者去完成
9. 下述（　　）因素会影响核心工作特征与工作结果的关系。
   A. 员工成长需要的强度　　　　　　　B. 从事工作所需要的知识和技能
   C. 工作动机　　　　　　　　　　　　D. 背景满意度
10. 下列对弹性工作制的描述正确的是（　　）。
    A. 降低了缺勤率和离职率，提高了工作绩效
    B. 每天的工作时间延长增加了企业的公用事业费
    C. 不能适用于所有类型的工作
    D. 提高了企业的生产率，还能使员工受益

四、判断题
1. 工作分析是一种活动或者过程，是分析者对组织中某个特定的工作岗位的责任、工作关系、工作环境、任职条件等信息进行分析、研究和确定的过程。（　　）
2. 工作要素是指工作中不能再继续分解的最小工作单位。（　　）
3. 职级是指不同职系之间，工作的职责大小、任职资格要求十分相似的所有职位的集合。（　　）
4. 通过工作分析，可以理顺职位与其流程上下游环节的关系，明确职位在流程中的

角色与权限，消除由于职位设置或者职位界定的原因所导致的流程不畅、效率低下等现象。（   ）

5. 工作分析减少了人员选拔录用过程中的主观盲目性，招聘人员根据工作说明书提供的工作描述和任职资格要求，提高了招聘的质量，实现人岗匹配。（   ）

6. 工作分析的对象是组织中由谁来进行分析。（   ）

7. 进行工作分析时，观察法适用于大量标准化的、周期较短的以体力活动为主的工作，不适用于脑力劳动为主的工作。（   ）

8. FJA是以工作者应发挥的职能与应尽的职责为核心，对工作的每项任务要求进行详细分析，对工作内容的描述非常全面具体。（   ）

9. 工作扩大化使工人在计划和控制等方面有更多的自主权，增强工人的责任感和成就感，使他们感受到工作的意义，从而满足工人个人发展和自我实现的需求。（   ）

10. 工作规范关注的是完成工作内容所需要的人的特质，也就是说它能够说明任职者需要具备什么样的资格条件及相关素质才能胜任某项工作。（   ）

五、简答题

1. 什么是工作分析？其主要作用是什么？
2. 工作分析的基本方法有哪些？
3. 工作分析的基本程序包含哪些步骤？
4. 工作描述的主要内容有哪些？
5. 任职说明的主要内容有哪些？

六、论述题

1. 比较工作设计的几种方法，其优缺点各是什么？
2. 在编写工作职责时，需要注意哪些方面的问题？

七、开放式讨论题

以小组为单位，选择一家具体学校或组织，运用所学的工作分析方法，对其中一个或几个工作岗位进行工作分析，并编制工作说明书。

八、案例分析

A公司工作分析案例

A公司是我国中部省份的一家房地产开发公司。近年来，随着当地经济的迅速增长，房产需求强劲，公司有了飞速的发展，规模持续扩大，逐步发展为一家中型房地产开发公司。随着公司的发展和壮大，员工人数大量增加，众多的组织和人力资源治理问题逐渐凸显出来。

公司现有的组织机构，是基于创业时的公司规划，随着业务扩张的需要逐渐扩充而形成的。在运行的过程中，组织与业务上的矛盾已经逐渐凸显出来。部门之间、职位之间的职责与权限缺乏明确的界定，扯皮推诿的现象不断发生；有的部门抱怨事情太多，人手不够，任务不能按时、按质、按量完成；有的部门又觉得人员冗杂，人浮于事，效率低下。

公司的人员招聘方面，用人部门给出的招聘标准往往含糊，招聘主管无法准确地加以理解，使得招来的人大多差强人意。同时目前的许多岗位不能做到人事匹配，员工的能力不能得以充分发挥，严重挫伤了士气，并影响了工作的效果。公司员工的晋升以前由总经理直接决策，现在公司规模大了，总经理已经几乎没有时间来与基层员工和部门主管打交道，基层员工和部门主管的晋升只能根据部门经理的意见来决策。而在晋升中，上级和下属之间的私人感情成为了决定性的因素，有才干的人往往却并不能获得提升。因此，许多优秀的员工由于看不到自己未来的前途,而另寻高就。在激励机制方面,公司缺乏科学的绩效考核和薪酬制度,考核中的主观性和随意性非常严重,员工的报酬不能体现其价值与能力,人力资源部经常可以听到大家对薪酬的抱怨和不满,这也是人才流失的重要原因。

面对这样严重的形势,人力资源部开始着手进行人力资源管理的变革,变革首先从进行职位分析、确定职位价值开始。职位分析、职位评价究竟如何开展、如何抓住职位分析、职位评价过程中的要害点,为公司本次组织变革提供有效的信息支持和基础保证,是摆在A公司面前的重要课题。

首先,他们开始寻找进行职位分析的工具与技术。在阅读了国内目前流行的基本职位分析书籍之后,他们从其中选取了一份职位分析问卷,来作为收集职位信息的工具。然后,人力资源部将问卷发放到了各个部门经理手中,同时他们还在公司的内部网上也发了一份关于开展问卷调查的通知,要求各部门配合人力资源部的问卷调查。

据反映,问卷在下发到各部门之后,却一直搁置在各部门经理手中,而没有发下去。很多部门是直到人力部开始催收时才把问卷发放到每个人手中。同时,由于大家都很忙,很多人在拿到问卷之后,都没有时间仔细思考,草草填写完事。还有很多人在外地出差,或者任务缠身,自己无法填写,而由同事代笔。此外,据一些较为重视这次调查的员工反映,大家都不了解这次问卷调查的意图,也不理解问卷中那些生疏的专业术语,何为职责、何为工作目的,许多人对此并不理解。很多人想就疑难问题向人力资源部进行询问,可是也不知道具体该找谁。因此,在回答问卷时只能凭借自己个人的理解来进行填写,无法把握填写的规范和标准。

一个星期之后,人力资源部收回了问卷。但他们发现,问卷填写的效果不太理想,有一部分问卷填写不全,一部分问卷答非所问,还有一部分问卷根本没有收上来。辛苦调查的结果却没有发挥它应有的价值。

与此同时,人力资源部也着手选取一些职位进行访谈。但在试着谈了几个职位之后,发现访谈的效果也不好。因为,在人力资源部,能够对部门经理访谈的人只有人力资源部经理一人,主管和一般员工都无法与其他部门经理进行沟通。同时,由于经理们都很忙,能够把双方凑在一块,实在不轻易。因此,两个星期时间过去之后,只访谈了两个部门经理。

人力资源部的几位主管负责对经理级以下的人员进行访谈。但在访谈中,出现的情况却出乎意料。大部分时间都是被访谈的人在发牢骚,指责公司的治理问题,抱怨自己的待遇不公等。而在谈到与职位分析相关的内容时,被访谈人往往又言辞闪烁,顾左右而言他,似乎对人力资源部这次访谈不太信任。访谈结束之后,访谈人都反映对该职位的熟悉还是停留在模糊的阶段。这样持续了两个星期,访谈了大概1/3的职位。王经理认为时间不能拖延下去了,因此决定开始进入项目的下一个阶段——撰写职位说明书。

可这时,各职位的信息收集却还不完全。怎么办呢?人力资源部在无奈之中,不得不另觅他途。于是,他们通过各种途径从其他公司中收集了许多职位说明书,试图以此作为参照,结合问卷和访谈收集到一些信息来撰写职位说明书。

在撰写阶段,人力资源部还成立了几个小组、每个小组专门负责起草某一部门的职位说明,并且还要求各组在两个星期内完成任务。在起草职位说明书的过程中,人力资源部的员工都颇感为难。一方面,不了解别的部门的工作,问卷和访谈提供的信息又不准确;另一方面,大家又缺乏写职位说明书的经验,因此,写起来都感觉很费劲。规定的时间快到了,很多人为了交稿,不得不急急忙忙、东拼西凑了一些材料,再结合自己的判定,最终成稿。

最后，职位说明书终于出台了。然后，人力资源部将成稿的职位说明书下发到了各部门，同时，还下发了一份文件，要求各部门按照新的职位说明书来界定工作范围，并按照其中规定的任职条件来进行人员的招聘、选拔和任用。但这却引起了其他部门的强烈反对，很多直线部门的管理人员甚至公开指责人力资源部，说人力资源部的职位说明书是一堆垃圾文件，完全不符合实际情况。

于是，人力资源部专门与相关部门召开了一次会议来推动职位说明书的应用。人力资源部经理本来想通过这次会议来说服部门支持这次项目。但结果却恰恰相反，在会上，人力资源部遭到了各部门的一致批评。同时，人力资源部由于对其他部门不了解，对于其他部门所提的很多问题，也无法进行解释和反驳。因此，会议的最终结论是让人力资源部重新编写职位说明书。后来，经过多次重写与修改，职位说明书始终无法令人满意。最后，职位分析项目不了了之。

人力资源部的员工在经历了这次失败的项目后，对职位分析彻底丧失了信心。他们开始认为，职位分析只不过是"雾里看花，水中望月"的东西，说起来挺好，实际上却没有什么大用。而且认为职位分析只能针对西方国家那些治理先进的大公司，拿到中国的企业来，根本就行不通。原来雄心勃勃的人力资源部经理也变得灰心丧气，但他却一直对这次失败耿耿于怀，对项目失败的原因也是百思不得其解。

1. 该公司为什么决定从职位分析入手来实施变革，这样的决定正确吗？为什么？
2. 在职位分析项目的整个组织与实施过程中，该公司存在着哪些问题？
3. 该公司所采用的职位分析工具和方法主要存在哪些问题？

| 第五章 Chapter 5 | 人力资源招聘

>>> 学习目标

组织的竞争归根结底是人力资源综合素质的竞争。员工招聘是组织人力资源管理工作的第一步,是其他人力资源管理工作的基础。本章主要全面系统地介绍员工招聘的基本含义、意义与影响因素,招聘的主要程序,招聘的方法与途径等。

1. 认识和理解员工招聘在组织管理中的重要地位。
2. 掌握员工招聘的基本理论、知识体系、操作流程与具体方法。
3. 掌握每一种招聘方法的操作要领。
4. 熟练运用相关理论与方法解决员工招聘中的具体问题,提高自身实践技能。

导入案例

"大象聘猫"的故事留给企业招聘人才的思考

大象新办了一家饲养场,为了防止老鼠骚扰,大象贴出广告要聘请一只能干的猫。

来应聘的猫很多,都快把大象家的门挤破了。选哪一只呢?每只猫都很能干,它们期待的目光把大象的眼睛都刺疼了。

正在大象犹豫不决时,一只花猫挤在了大象面前,只见它从皮包里掏出一张张花花绿绿的获奖证书,全都是它在钓鱼、歌咏、滚绣球等比赛中获得的。

大象一见花猫有这么多获奖证书,不禁喜出望外。他想:这真是一只难得的、多才多艺的好猫啊!

大象十分高兴地拍了拍花猫的肩膀,高兴地说:"好吧,就录取你了"。

故事读到这里,我们不禁要为这位大象先生担忧:可别被这些的形形色色的证书迷惑了,招来一位"中看不中用"的绣花枕头啊!

在招聘选拔阶段,人力资源部门运用各种面试、笔试、心理测评等手段,无非是要测试出拟聘人员现有的知识、技能水平,并根据应聘者以往的工作行为表现,来推断他将来上岗后的岗位胜任情况。证书作为一种学习或能力的证明,无疑也会为企业是否做出聘用决策提供重要的参考。但问题是这些证书所代表的能力与员工的岗位职责有多大的相关性?也就是说,首先要明确的是:企业到底需要一个做什么事的人?然后再去思考:什么样的人能够做好这样的事？即以岗定人，人岗匹配。大象先生要聘请一位"能干"的猫，"能干"具体是指干什么呢？其实就是能捉老鼠嘛！所以大象首先应关注的，是这只猫捉老鼠的本领，审查证书时，重点看它有无"捉鼠"比赛的获奖证书。如果捉鼠的本领与其他猫们不相上下，那就再看一下它的敬业精神、责任心如何，即除了硬技能，还要关注软技能，千万不能被一些与岗位职责不相关的花里胡哨的东西所吸引，而忽视了关键胜任能力项的考察。当然啦，如果这位花猫既多才多艺又是捉鼠大王，那么在不增加更多的人工成本的前提下，做出聘用决策也是可以的。

现在让我们继续关注这位花猫上岗后的工作表现。

开始的时候，花猫非常勤奋，一天到晚忙个不停，到处寻找老鼠的踪迹。但由于大象的饲养场是新开办的，没有多少老鼠，渐渐地，花猫变得懒洋洋的，整天把时间花在唱歌、钓鱼、滚绣球方面。慢慢地，老鼠多了起来。

这时候，花猫的捉鼠技能已变得生疏了，碰到老鼠竟然一只也捉不住。

大象看到到处都是老鼠，就责备花猫说："怎么搞的？饲养场的老鼠这么多！"

花猫还有些不服气："我一天到晚可没闲着呀！"

大象更生气了："你说你没闲着，可你捉的老鼠在哪儿呢？"

"捉老鼠？"花猫鼻子轻蔑地哼了一声，"那不过是普通的猫就会玩的把戏，你让我这只才华出众的猫去干，这不是大材小用吗？"

"如果不能捉老鼠，即使你的才华再超群，对我又有何用呢？我真后悔怎么会被你的一张张证书弄花了眼，而偏偏没有想到你不能胜任捉鼠这项工作。"大象回答说。

看来我们的担忧成为事实了，花猫不能胜任捉鼠这项工作，大象也开始后悔当初的错误选择。但仔细想来，其实花猫也是一名受害者。由于饲养场缺乏规范的人力资源管理，从而造成了目前的这种现状，大象也是负有不可推卸的责任的。

首先，大象未能为新员工花猫设计丰富而饱和的工作。花猫上任之初，也曾是一腔热情，非常勤奋地到处捉拿老鼠，准备做一名尽职尽责的好员工。但当时的新饲养场却没有多少老鼠好捉，这时的大象应为花猫进行工作再设计，使它的工作内容丰富化、多样化。让它除了捉鼠之外，再发挥其特长，比如兼任饲养场的公关先生，陪着客户唱唱歌、钓钓鱼；或兼任饲养场的文化宣传大使，多搞一些文化娱乐活动，既丰富了职工生活，也宣传了公司形象。这样用其所长，花猫为饲养场做出了贡献，也就不会变得"懒洋洋的"了。

另外，大象未能为花猫制定明确的工作目标，使花猫明确工作的重点。没有导向性和约束性的工作环境，使花猫错误地认为：只要保持忙碌，不闲着，就是好员工。却没有意识到，没有任何意义与目标的忙碌，不仅对饲养场毫无价值，而且使自己长期处于一种无所事事的状态，荒废了作为一只猫最重要的技能——捉老鼠的本领，并且养成了好高骛远、不再扎实于本职工作的浮躁心态，最终害了大象，也害了自己。

再次，大象没有为花猫制定考核激励政策。其实大象只要与花猫签订责任约定书，明确约定只要饲养场内的老鼠少于多少只，花猫就可获得相应的物质奖励、精神奖励和培训成长的机会；反之，如果发现饲养场内的老鼠超过多少只，花猫就要受到相应的经济处罚，甚至被淘汰出局。花猫就会积极关注场内老鼠的动态，而不会发展成为鼠满为患，花猫竟然麻木不仁的局面。

冲突已然出现，花猫的命运如何呢？

这时候，大象非常后悔，不该被花猫的一张张的奖励证书搞花了眼。它毅然辞退了花猫。而花猫呢，也趾高气扬地走出了饲养场，它还认为自己不是一个普通的猫。

从这以后,就没有一家饲养场愿意聘请它这只"不平凡"的花猫了。

当发现员工表现不佳时,辞退可能是最简单、也是最解气的办法。于是企业又开始了新一轮的重复:招聘—选拔—培训—上岗—评估。实际上,招聘一个新人的成本要远比培养一名老员工的成本更高,并且如果企业的基本人力资源管理基础不完善的话,新招聘的人才很有可能会重蹈前人覆辙。作为用人方,要反思自己在用人、留人方面的政策是否有效,是否给予了员工足够的发挥能力的平台,是否对员工适时地进行了心态提升、技能提高方面的培训,是否为员工设计了更有挑战性、更为广阔的职业前景……比如这只高傲的花猫,它的问题一是态度不端正,没有切实认识到作为一只猫来说,它的核心职责与存在价值就体现在捉老鼠上,而不是其他方面;二是由于长期疏于历练,捉鼠的技能渐渐生疏。大象应针对花猫的这两个问题,给予心态的引导、技能的训练,再给花猫一个改进提升的机会,加上约束与激励制度的完善,使花猫工作起来前有引力,后有推力,自身也具有积极求上进的动力,这样才能实现双方的共赢。

故事读完了,但故事所蕴含的寓意却值得我们的深思。

大象因为没有根据岗位的关键职责及任职人的胜任能力来选聘员工,没有对聘进的员工进行有效的培训、考核、约束与激励,没有设计丰富多样的工作以做到"事业留人",致使一位原本可能比较优秀的花猫逐渐变得目空一切,浮夸、高傲。

而花猫呢,由于不能持之以恒地严格要求自己,不能理智地审视、反省自己的工作状态,结果让闲适的工作养成了自己游手好闲的习性,生疏了自己的看家本领,成为人见人烦的、不愿聘用的猫,做了一只可悲的在温水锅里被煮死的青蛙。

资料来源:中国人力资源开发网 WWW.Chinahrd.net

案例思考:
1. 这个故事体现了现今人力资源招聘中的什么问题?
2. 材料中招聘方式与传统的人力资源招聘方式相比,各有何优缺点?

组织的竞争说到底是人才的竞争,是人力资源综合素质的竞争。组织能否顺利高效地运行,一个根本条件就是"每个岗位都有合适的人在努力工作"。在市场经济条件下,组织只有不断地发展、不断地创新,才能生存和参与竞争。没有一成不变的组织,也没有一成不变的工作和岗位。组织的活力和生机无疑来源于"人",这是组织生命力的源泉。所以,组织要不断地补充新鲜血液,不断寻找适应新形势、新市场要求的人才,以此保证生命力和竞争力。同时,人才也在不断追求在更适合自己的岗位上有更好的价值发挥。随着社会的不断进步,发展已经成为人们的基本权利之一。"终身教育"和"终生学习"等理念为越来越多的人们所认同。不断地挑战自我,不断前进已成为现代人力资源的重要特征。人力资源的这种动态性特征,导致组织永远要寻求更好的人力资源补充,员工招聘就成为人力资源开发与管理的一项重要工作。本章将重点介绍员工招聘的意义、基本程序与内容、招聘过程常用的方法与技巧。

第一节 员工招聘概述

一、员工招聘的含义及地位

▶ 1. 员工招聘的含义

员工招聘是指组织为了发展的需要,根据人力资源规划和工作分析的数量与质量要求,从组织内外部吸收人力资源的过程。它对于提升组织的人力资源水平起着极其重要的作用,因此是人力资源管理中的重要环节。这个含义说明以下几点。

(1)员工招聘的出发点是组织发展的需要。

(2)员工招聘的前提和基础有两个:人力资源规划和工作分析。它们是开展招聘工作的依据,也是确保招聘质量的重要保障。

(3)员工招聘包括内部招聘和外部招聘,从组织内部和外部吸收人力资源的过程都称为招聘活动。

▶ 2. 员工招聘在人力资源管理中的地位

(1)员工招聘是人力资源管理的第一步。无论是新组织还是老组织,如果不能满足组织最初的人员配置,不能持续补充符合组织发展目标需要的员工,组织就不能正常运转,会造成组织效率低下、竞争力减退等。因此,人员招聘是决定组织成败的关键环节,也是人力资源管理部门的一项基本任务,是组织人力资源管理工作的第一关。招聘质量将直接影响人力资源管理的有效性,增加或减少人力资源管理的成本。

(2)员工招聘是其他人力资源管理工作的基础。招聘是人力资源管理职能中的重要组成部分,是人力资源管理过程中其他工作开展的基础环节。只有招聘工作做好了,其他后续工作如员工使用与调配、员工培训与开发、绩效考核、薪酬管理等才能顺利有效地开展。具体来说,聘用了合适的员工有利于组织发展目标的达成和绩效的提高;引进认同本组织文化和价值理念的优秀员工,有利于改善员工的素质结构,增强组织的团队精神和凝聚力;成功的招聘还可减少重复性的人员招聘和安置所造成的成本损失;有利于充分发挥员工的才能、培训与开发工作的开展和促进员工实现自己的职业生涯发展目标,并促进员工和组织共同发展等。

(3)员工招聘的质量直接影响人力资本的质量。社会经济活动中的一切竞争,归根到底是人力资源特别是人才的竞争。而人员招聘是组织获得人才或根据竞争和发展补充人才的主要渠道之一,也是外部人才进入组织的直接通道。因此,招聘的质量将直接影响人力资本的质量,成功的、高质量的招聘活动是不断提升组织人力资本质量水平的重要途径。

二、员工招聘的意义

进入21世纪的今天,知识经济的来临和经济的全球化,使劳动力市场逐渐从买方市场进入卖方市场。同时,由于高素质人才的自主意识和自我发展意识的增强,劳动力的性质和结构也发生了巨大变化,人员流动性的增加和高流失率的出现,使组织越来越重视人才的筛选与录用。另外,现代人力资源管理要求招聘工作从战术管理层次向战略化发展,支持组织的战略目标。员工招聘对组织发展的意义主要表现在以下方面。

▶ 1. 确保录用人员质量,提高工作效率

组织招聘员工的目的是为了寻找适合工作的必要人选,从而实现人与工作的相互适用。它要求所招聘的员工在技术经验、心理、身体等各方面都要适合工作的需要。如果组织招聘到不合格员工,将会大大降低组织的生产效率,而且会对正常工作的员工造成各种不利影响,如士气低落等。组织招聘到适宜的人员对组织的正常运转起着非常重要的作用,能够更好地促进组织目标的实现。

▶ 2. 降低招聘成本

成本是企业的生命,成本的大小将决定企业最后在市场上的竞争力。人力资源管理活

动的任务之一,就是控制人工成本。员工招聘的成功与否将直接决定企业员工队伍结构和离职成本的大小。因为如果企业辞退不合格员工,就会使企业的招聘费用受到损失;同时,为了维持企业的正常运转,企业仍需花费费用寻找合适的人选;另外,在招聘过程中,企业还有机会成本的损失。一般来说,企业员工的离职或辞退成本等于历史成本、重置成本和机会成本三者的总和。历史成本包括招聘信息宣传费、甄选费、录用费、培训费等;重置成本指重新招聘人员所发生的费用,明细与历史成本类似;机会成本则更难以估计,如离职人员带走了企业技术、市场和顾客等资源,这种情况造成的损失往往对企业是致命的。

北京某公司,以一名月薪3000元,入职后两个月离职的销售代表为例,计算招聘该人员的成本,如表5-1所示。

表5-1 某公司招聘某销售代表的成本

项 目	成 本	金额(元)
招聘广告费	《北京青年报》,1/4彩版58 000元,招聘10个职位,平均1个职位5800元;另外参加一次招聘会,平均1个职位为2000元	7800
面试成本	面试2次,共计2小时,每次面试考官2人,加上简历筛选时间与人力,计算考官的工资成本	2000
工资和福利费用	两个月的工资6000元;福利2000元	8000
培训费	入公司后新员工培训费用;部门上岗培训和业务流程培训费用	6000
行政办公费用支出	办公费500元,出差费用5000元	5500
损失的机会	未完成项目的收入,折合现金	10 000
总计		39 300

▶3. 提供高质量的人力资源,提高企业核心竞争力

企业要获得持续发展,就必须要有相应的人才保障。但由于当今社会知识、技术、信息等的快速更新,必然会导致现有岗位上的员工素质难以达到组织要求的状况。这时,一方面,可以采取培训等措施提高现有员工的素质水平;另一方面,如果通过培训仍难以达到组织要求,就只能通过员工招聘从组织外部或组织内其他岗位员工中选拔录用更加优秀的人才,以适应组织的发展。

▶4. 为企业注入新的活力,增强企业创新能力

对高层管理者和技术人员的招聘,可以为组织注入新的管理思想,可能给组织带来技术上的重大革新,增添活力。高层管理者尤其是优秀的职业经理人,通常都有先进的管理思想、经营理念,以及丰富的管理经验。一个优秀管理者的引进,可以给组织导入崭新的管理思想和管理模式,为组织增添活力。同样,核心技术人才的引进,会给组织带来重大技术革新和技术进步,使组织在市场竞争中占据更大优势。

▶5. 扩大组织知名度,树立组织形象

招聘信息的发布,可以通过多种形式,如网络、电视、电台、报纸、杂志等。无论哪种形式,都可以在吸引应聘者的同时,使外界能更多地了解本组织,达到宣传组织、扩大组织知名度的目的。

同时,招聘过程是组织代表与应聘者直接接触的过程。在这一过程中,负责招聘人员

的工作能力、语言表达、对组织的介绍、分发的资料、面试的程序与方法以及选拔录用标准等都会成为应聘者评价组织的依据。招聘过程既可能帮助组织树立良好形象，吸引更多的应聘者，也可能损害组织形象，使应聘者失望。有研究表明：组织招聘过程的质量高低明显地影响应聘者对组织的看法，招聘人员的素质和招聘工作的质量在一定程度上被视为组织管理水平和组织效率的标志。

三、招聘的目标与原则

▶ 1. 招聘目标

以最小的代价去获得组织最需要的合适的员工并使其发挥最大作用，是每一个招聘组织追求的现实目标。虽然不同的组织经营目标、组织文化、组织规模各不相同，对人员需求有差异，在人员招聘选拔方面也有不同的目标要求，但是招聘合适的人并将其安排在合适的岗位上使其发挥作用是任何组织用人的一大目标。招聘实际上是一种双向选择和人职匹配的过程。在这个过程中，一方面，个人在寻找理想的工作和组织；另一方面，组织也在寻找合适的、理想的员工。成功的招聘必须兼顾组织和个人发展的长期利益，并且使个人和工作、个人和组织的匹配程度都比较高。

▶ 2. 招聘的原则

（1）因事择人原则。即切实根据组织的人力资源需求来招聘员工，缺什么人员就招聘什么人员，而不是因人设岗。无论多招了人还是招错了人，都会给组织带来很大的负面作用，使人力成本增加、工作效率低下等，甚至还会影响到组织的整体效率。

（2）公开原则。招聘信息、招聘标准、招聘方法和招聘时间、报考资格、考核方法等都应公布于众，并且要保证整个招聘工作公开进行。这样，既有利于社会人才公平参与竞争，又能使此项工作置于社会的公开监督之下，防止不正之风。才能吸引到大批应聘者，有利于招聘到一流人才。

（3）效率优先原则。在招聘过程中，要根据不同的招聘要求，灵活选用适当的招聘、选拔方式和方法。在保证质量的前提下，尽可能降低招聘成本，录用高素质、组织急需的人才。或者说，以尽可能低的招聘成本招聘到同样素质的员工。

（4）公平原则。对于所有应聘者应一视同仁，不可人为地制造各种不平等的限制标准。要通过考核和竞争选拔人才。以严格的标准、科学的程序和方法对应聘者进行考核和选拔，根据考核结果确定录用人选。目的是创造一个公平竞争的环境，既可以选出真正的优秀人才，又可以激励其他人员。

（5）全面考核原则。组织要对候选人的品德、知识、能力、智力、健康状况、心理、过去工作的经验和业绩等方面进行全面考核和考察。通过对其智力因素和非智力因素的全面了解，来选择合适的人选。当然在员工招聘中，应以员工的才能和品德作为选拔的首要标准。除了一些特殊岗位外，不应当过分强调应聘者的身高、性别、年龄、外貌、体重等因素。

（6）能级对应原则。招聘工作应当依据工作分析来进行，根据工作说明书的要求选拔合适的人员，并将适当的人配置到适当的位置上，避免大材小用，今后留人困难；也要避免小材大用，不能胜任工作。即实现能力和职位相匹配。

四、招聘的影响因素

由于招聘是在一定的环境中进行的，招聘是否有效，会受到各种外部因素、内部因素和应聘者个人因素的影响。只有充分利用正面的影响因素，避免和控制负面影响因素，才能获得招聘的成功。

▶ 1. 影响招聘的外部因素

影响招聘的外部因素有很多，概括起来主要有国家的政策法规和社会经济制度、宏观经济形势、技术水平等经济因素。

1）国家政策法规

国家政策法规从客观上界定了组织人力资源招聘的对象选择和限制条件。另外，国家对产业、行业的扶持或限制也对产业、行业的就业和招聘产生了至关重要的影响。如我国对纺织行业和钢铁行业的限制，使得这些行业人员的需求量减少。而国家对通信信息产业的扶持，则极大地促进了相关产业的发展，使就业人员迅速增加。

2）经济因素

经济因素包括人口和劳动力因素、劳动力市场条件因素以及产品和服务市场条件因素。人口和劳动力因素直接决定着劳动力的供给状况，而人口与劳动力的结构与分布特点，关系到一个具体地方的劳动力供给；劳动力市场条件关系到劳动力达到供求平衡的快慢，完善的劳动力市场能够迅速、便捷地为企业和求职者之间架起沟通的桥梁，能够迅速地帮助组织实现内部劳动力的供求综合平衡；产品和服务市场条件因素影响企业的支付能力，也影响组织员工的数量和质量。产品和服务市场增大时，员工的数量增加，质量可能会有所降低；当产品和服务市场缩小时，企业一般会降低员工数量，提高员工质量。

▶ 2. 影响招聘的内部因素

虽然许多外部因素影响着组织的招聘工作，但组织的内部因素却对招聘工作起着决定作用。具体包括职位的性质、发展战略、发展阶段、组织文化等。

1）职位的性质

组织招聘的目的，要么为组织储备人才，要么为填补职位空缺。空缺职位一方面决定了招聘什么样的人以及到哪个相关劳动力市场进行招聘；另一方面它可以让应聘者了解该职位的基本概况和任职资格条件，便于进行求职决策，并取得进一步发展。因此，职位性质信息的准确、全面、及时，是招聘工作最重要、最基础的要求。

2）发展战略

一个组织的发展战略会对招聘工作产生很大影响。发展战略决定了组织对人力资源的需求状况。不同方向、不同规模的发展战略会导致对人力资源素质和类型的不同需求。同时，组织的发展战略还会决定组织的招聘策略的选择。选择防御型战略、探索型战略和分析型战略的组织，应分别采用不同的招聘方法；在防御型组织中，倾向于内部招聘方法；在探索型组织中多采用外部招聘方法；而在分析型组织中则既采用内部招聘，又注意外聘优秀的员工。

3）发展阶段

一个组织处于不同的发展阶段，其招聘工作也会有不同的特点。在创立初期，组织主要考虑内部招聘，从创始人或亲朋中选择合适的人选；在发展期，随着规模不断扩大而逐步采用内部招聘与外部招聘相结合的方法；而到了成熟期，为了提高管理水平，保持核心竞争力，则主要采用外部招聘来吸引优秀人才；到了衰退期，由于经营逐步萎缩，对人力资源需求减少，所以更容易裁员减人，尽量减少对外招聘，个别岗位需要调整人选也会考虑内部招聘。

4）组织文化

良好的组织文化，有利于组织招聘到更好的人才。组织文化不同，会影响和决定组织招聘的标准和要求。组织总是倾向于选择那些个人价值观与组织文化相吻合的应聘者，会把文化特征融入招聘标准中。如松下公司非常注意考察应聘者的忠诚度，而微软公司则注重应聘者的创新思维能力。同时，组织文化不同，招聘的方式和途径也会不同。强调创新和学习的组织文化要求更多地采用外部招聘，希望为组织带来新的理念和新的思想，增强组织活力。而强调稳定的组织文化则以内部招聘为主，以便更好地激励内部员工。

五、用人部门和人力资源部门在招聘中的职责

在招聘过程中，传统的人事管理与现代人力资源管理的工作职责分工是不同的。过去，员工招聘的决策与实施完全由人事部门负责，用人部门的职责仅仅是负责接收、安排所招聘人员，完全处于被动地位。而在现代组织中，起决定性作用的是用人部门，他们直接参与整个招聘过程，并拥有决策权，完全处于主动地位。人力资源部门在招聘过程中起组织和服务的功能。

▶ 1. 用人部门的职责

招聘过程中，用人部门的主要职责如下。

（1）招聘计划的拟定。

（2）招聘岗位的工作说明书及录用标准的提出。

（3）对职位候选人的专业技术水平进行评判、初选。

（4）负责初试和复试人员的确定。

（5）参与测试内容（包括笔试考卷）的设计和测试工作。

（6）参与正式录用决策（最后一轮选拔有决定权）。

（7）参与员工培训决策并负责新员工基本技能训练辅导。

（8）负责录用员工的绩效评估并参与招聘评估。

（9）参与人力资源规划修订。

▶ 2. 人力资源部门的职责

招聘过程中，人力资源部门的主要职责如下。

（1）负责外部环境影响因素分析，帮助用人部门分析招聘的必要性和可行性。

（2）招聘计划的制订与审批。

（3）招聘人员和资料的准备。

（4）招聘信息的发布。

（5）负责简历等求职资料的登记、筛选和背景调查。

（6）通知参加初试和复试人员，主持面试和具体实施人事评价程序。

（7）负责试用人员个人资料的核查、确定薪酬。

（8）寄发通知并帮助录用人员办理体检、档案、签订试用或正式劳动协议；并为员工岗前培训服务。

（9）向未录用者表达诚意并委婉拒绝。

（10）进行招聘评估。

（11）人力资源规划修订。

第 二 节　员工招聘的主要程序

为了保证招聘工作的效果和质量，根据招聘原则和组织内外部环境条件，确定一套合理、有序的招聘程序，并且严格按照它来执行是十分重要的。一般来讲，员工招聘工作的基本程序包括制订招聘计划、实施招聘计划和招聘效果评估三个步骤，实施招聘计划又包括招募、甄选和录用三个步骤，如图5-1所示。

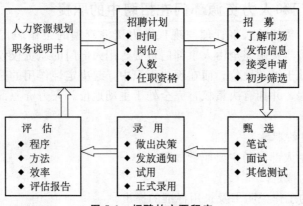

图 5-1　招聘的主要程序

一、制订招聘计划

招聘计划是招聘的主要依据。目的在于使招聘更趋合理化、科学化。员工招聘直接影响到人力资源开发与管理的其他步骤，招聘工作一旦失误，以后的工作就难以开展，组织也得不到最适合的人力资源，生存与发展会受到威胁。

招聘计划是用人部门按照部门的发展需要，根据人力资源规划的人力需求、工作说明的具体要求，对招聘的岗位、人员数量、时间限制等因素做出详细的计划。招聘计划由用人部门拟定，由人力资源部门对它进行复核，特别是对人员需求量、费用等项目进行严格复查并规范有关格式和程序，签署意见后交上级主管领导审批。主管领导批复后，就可进入下一个实施环节了。

招聘计划的具体内容包括：招聘岗位、人员需求量、每个岗位的具体要求；招聘信息发布的时间、方式、渠道与范围；招募对象的来源与范围；招募方法；招聘工作人员；招聘预算；招聘结束时间与新员工到岗时间等。

▶ 1. 招聘岗位和岗位要求

招聘岗位和岗位要求的确定要以人力资源规划和工作分析为依据，并与直接主管或经理进行沟通，了解人员短缺情况和岗位要求。通过对这些信息的综合分析，可以确定组织所需要的人力资源类型与对具体岗位的要求。当然，组织填补空缺职位的方法很多，只有选择招聘这种方法时，整个招聘工作才开始运行。如果组织决定通过其他方法如工作外包、内部调动、培训等来解决职位空缺问题时，则招聘工作就没有必要进行。还要注意，岗位要求要明确、全面、容易考核、操作性强，便于在招聘工作中对候选人进行选拔。

▶ 2. 招聘时间

招聘时间指招聘到满足组织需求的人员所花费的总时间。具体要确定信息发布时间、报名时间、初试时间、复试时间、录用时间、到岗时间等。招聘时间的确定,直接关系到组织职位空缺所带来的机会成本。在可能的条件下,应该越早越好。因为,人员越早到岗,意味着组织因职位空缺带来的损失越小。招聘日期的具体计算公式如下:

招聘日期＝新员工到岗日期－培训周期－招聘周期

式中,培训周期是指新招员工进行上岗培训的时间;招聘周期指从确定人选名单、面试直到最后录用的全部时间。

▶ 3. 招聘工作人员

确定本次招聘由哪些人员参加,并进行具体职责分工。

▶ 4. 招聘地点的选择

为了节省开支,组织应将其招聘的地理位置限制在最能产生效果的劳动力市场上。一般来说,高级管理人员倾向在全国范围内招聘;中级管理人员和专业技术人员通常在跨地区的劳动力市场上招聘;操作工人和一般行政人员常在本地区劳动力市场上招聘。

▶ 5. 招聘预算

在招聘计划中,要对招聘预算做出估计,列出招聘的各项成本费用,仔细分析各种费用来源,把它们归入相应类别中,以便进行严格成本控制,保证以最小的成本完成整个招聘过程。

▶ 6. 招聘渠道和方法的选择

招聘渠道分为外部招聘和内部招聘。外部招聘可供选择的渠道主要有员工推荐、广告、猎头公司、职业介绍机构、校园招聘、网络招聘等。内部招聘的主要渠道有熟人介绍等。在实际工作中,要注意根据组织实际情况,采用适宜的招聘渠道与方法,以最快的速度、最小的成本招聘到适宜的人员。

案例阅读

某公司人员招聘编制分析

一、分析部门人力现状

分析部门人力状况,一个比较简单的方法就是高中低三分法,即将现有的员工摆在高、中、低三个等级中,对其分布情况加以分析。例如销售部门中现有10位员工,根据他们的经验、专业能力、学习能力和工作态度等确定一个评判的标准,然后做一个分布,情况如下:

高水平:3人

中间水平:5人

低水平:2人

二、分析部门工作情况

得出这个分布情况之后,接下来要做的就是将人员分布与部门任务相匹配。通过分析,把现在可以做得到的部分列出来,没有办法做得到的也列出来,这样就可以确认部门的工作同部门人员配备两者之间的关系。

部门工作情况还可以通过列表的方式来分析,要明确哪些工作是现在人员能做的,哪些是不能做的,不能做的将采用何种方式来完成,是增加人员还是加强对现有人员的培训来完成,从而决定人员招聘计划。

三、确定人员招聘需求

例如，根据以往的数据，高水平的销售人员一年能销售200万元的产品，中间水平的销售人员一年能做120万元的销售，而低水平销售人员只能做到50万元。如果公司次年的销售指标定到2000万元，那么公司该如何做人力资源配置呢？是继续培训低端销售人员，让他们提高销售业绩，还是从市场上招聘有经验的高端销售人员呢？综观市场情况，竞争异常激烈，看看部门内部情况，一名销售人员至少要具备4年的销售经验，才能做到200万元的销售业绩，所以为了完成销售指标，公司必须要从市场上招聘有经验的销售人员。按照公司的业绩指标情况以及以往销售人员所实现的销售额，目前的销售人员只能完成1300万元的销售，还有700万元的缺口，有经验的销售人员如果每年做到200万元，也得需要6~7人。况且即使是招聘到了高水平的销售人员，也不一定很快出销售业绩。所以，可以把人力资源配备计划定在招聘6~7名高端销售人员，1~2名中端销售人员，再加上其他销售人员的挖潜工作，这样销售业绩指标完成的可能性就比较大。

资料来源：苏进，刘建华. 人员选拔与聘用管理[M]. 北京：中国人民大学出版社，2007.

二、招聘人员和资料准备

为使招聘工作科学有效进行，必须做好相应人员和工具的准备工作，主要包括招聘人员的选择与培训和招聘资料的准备。

▶ 1. 招聘人员的选择与培训

组织内部的人力资源管理部门和用人部门都要参加重大的招聘工作，任务较重的招聘活动一般应组建临时性的招聘机构。在招聘人员的选择上，要综合考虑各方面的因素。通常招聘人员要有较好的形象、气质、较宽的知识面和良好的语言表达能力、沟通理解能力、应变能力等；同时考虑招聘岗位的特点，尤其在招聘专业技术人员时要选择部分专业人员参加。对招聘人员的选择很重要，因为他们代表组织进行招聘活动，在招聘中的表现就直接反映了该组织的雇主形象，会在很大程度上影响应聘者对招聘单位的评价。而且招聘人员的一言一行都会给应聘者提供这样的信息：组织是否尊重员工，采用何种风格的管理方式，组织的企业文化特征如何等，从而直接影响到该组织能否吸引优秀人才。

选择了招聘人员后，在招聘工作开始之前，还要对其进行有关的招聘知识和技能的培训。主要是让招聘者了解本次招聘的目标、岗位要求、时间安排、招聘流程等基本内容；掌握招聘的基本原则，做到公正地对待和考核每一个应聘者；同时对招聘者进行招聘方法和技能培训，使其掌握本次招聘活动中涉及的各种方法和技巧。培训方式可采用讲授与实际操作相结合的方式。

某公司招聘工作计划表如表5-2所示。

表5-2　某公司招聘工作计划表

	职位名称	招聘人员数量	招聘时间	任职人员要求
招聘计划				

续表

	广告发布方式	人员类别			广告费用预算
		基层工作人员	中层管理人员	高层管理人员	
招聘广告发布方式与广告费用预算	报纸				
	专业杂志				
	网站				
	人才交流会				
	猎头				
	其他				

	职务	姓名	所属部门	招聘工作中主要职责
招聘小组成员				

其他费用支出	
费用合计	

资料来源：李艳．人力资源管理工具大全[M]．北京：人民邮电出版社，2009．

▶ 2. 招聘资料的准备

招聘资料主要包括以下内容。

1）设计制作组织简介。此类宣传资料无固定格式，其创意丰富多样，应具有真实性和吸引力。

2）各类招聘表格的设计。如应聘人员登记表、求职申请表、面试人员测评表、录用报到通知书等。

3）笔试、面试和心理测试题目的准备。

4）在招聘过程中可能使用的工具，如视听设备、摄影录像设备以及现场用的操作道具等。

三、招聘信息的发布

招聘信息发布的时间、方式、渠道与范围是根据招聘计划来确定的。由于招聘的岗位、数量、任职者要求的不同，招募对象的来源与范围的不同，以及新员工到岗时间和招聘预算的限制，招聘信息发布的时间、方式、渠道与范围也不同。

发布招聘信息应注意以下问题。

（1）信息发布的范围。信息发布的范围是由招募对象的范围来决定的。发布信息面越广，接受信息的人就越多，应聘者也就越多，相应地，招聘费用会增加。因此，信息发布范围应当与招募对象的范围一致。

（2）信息发布的时间。在条件允许情况下，应尽早发布招聘信息。这样有利于缩短招聘进程。而且有利于更多的人获取信息，使应聘人数增加。

（3）招募对象的层次性。对于招募对象均处在社会的某个层次上的，要根据招聘岗位的要求与特点，向特定的该社会层次人员发布招聘信息。

四、应聘者提出申请

应聘者在获取招聘信息后，可向招聘单位提出应聘申请。一般有两种方式：一是通过信函提出申请或网上应聘；二是直接填写招聘单位应聘申请表。无论采用哪种方式，应聘者应向招聘单位提交以下资料。

（1）应聘申请函（表），且必须说明应聘的职位。
（2）个人简历；着重说明学历、工作经验、技能、成果、个人品格等信息。
（3）各种学历、技能、成果（奖励）证明的复印件。
（4）身份证复印件。

个人资料和应聘申请表必须详细、真实。人力资源部门将在招聘工作的后续环节予以核实。

五、资格审查与初选

这是对求职者是否符合职位的基本要求的一种审查。人力资源部门通过审阅求职者的个人资料或应聘申请表进行资格审查。对于明显不符合岗位任职资格的应聘者，可以直接筛选出来，不再进行下一轮的甄选，从而提高甄选工作的经济性。然后将符合要求的求职者人员名单与资料移交用人部门，由用人部门进行初选。初选工作的主要任务是从合格的应聘者中选出参加后续甄选的人员。

个人简历和申请表是初始阶段的两种主要筛选工具。目的在于收集关于求职者背景和现在情况的信息以评价求职者是否能满足最起码的工作要求。个人简历由应聘者自行制作，有助于创新，申请人可自主安排简历格式、内容、风格等。申请表由用人单位提供，基本内容包括应聘者过去和现在的工作经历、受教育情况、培训情况、能力特长、职业兴趣等。目的是为了保证应聘人员提供信息的规范性，以便于甄选。在实际工作中，通常将两者结合使用，互为补充，两者的优缺点如表5-3所示。

表5-3 个人简历与申请表的优缺点分析

	个人简历	申请表
优点	开放式，有助创新 允许强调申请人认为重要的东西 允许点缀自己	直截了当 结构完整 限制了不必要的内容 易于评估 成本较低
缺点	允许略去某些东西 可以夸大事实 难以评估 成本较高	封闭式，限制创造性 设计难度较大

资料来源：张德．人力资源开发与管理[M]．4版．北京：中国人民大学出版社，2012．

六、人员甄选

人员甄选是指对初审合格的应聘者进行笔试、面试和其他各种测评，最终确定选择哪些候选人和淘汰哪些候选人的过程。在甄选过程中，组织的决策主要涉及两个方面：一是评价个人能力和个性，选择预期表现最佳的申请者；二是预测个人未来在组织中的表现和发展。这是招聘过程中最关键的一步，也是技术性最强的一步。在这一过程中，需要运用多种测试方法，包括人事测评的有关技术。大多数管理者承认，人员甄选是最困难、也是最重要的决策之一。彼得·德鲁克曾说过："没有其他决策的后果会持续作用这么久，这么难做出。但总体来说，经理所做的提升和职员配备的决策并不理想。……在大多数情况下，三分之一的决策是正确的；三分之一有一定效果；三分之一彻底失败。"

七、人员录用

对所有的应聘者经过了一系列的筛选之后，管理者就要做出实际录用决策，确定淘汰哪些候选人，选择哪些候选人。做出录用决策的原则是：匹配原则，即个人、工作、组织三者相匹配。因为组织需要投资大量时间和经济成本用于招聘、选拔和培训员工，所以，录用合乎组织要求的、并能长期留在组织工作，为组织发展发挥积极作用的员工，是至关重要的。

八、招聘评估

招聘评估是招聘过程必不可少的一项工作，通过评估，可以对本次招聘工作进行总结和评价，找出各招聘环节的不足之处，为以后开展招聘工作提供改进依据，从而不断提升组织的招聘工作质量。一般包括招聘结果与招聘方法的评估。

第三节 招聘的来源与方法

人员招聘的途径不外乎两个方面：内部招聘和外部招聘。传统上认为招聘都是对外的，而事实上，组织内部人员也是空缺岗位的后备人员，而且有越来越多的组织开始注重从内部招聘人员。两种方法各有利弊，两者基本上是互补的。

研究表明：内部与外部招聘的结合会产生最佳效果。具体的结合力度取决于组织战略、职位类别以及组织在劳动力市场上的相对位置等因素。需要强调的是对于组织的中高层管理人员，内部和外部招聘都是行之有效的途径，而高级专业技术人才则更多地需要从外部招聘。在具体的选择方面并不存在标准答案，一般来说，对于需要保持相对稳定的组织，中高层管理人员更多的需要从组织内部进行提升，但因此导致的因循守旧、降低企业创新能力和适应性的风险也更高。而在需要引入新的风格、新的管理模式时，可以从外部引入合适的高层管理人员。对于这两种情况，我们都可以找出大量的知名企业案例来加以说明。如通用电气公司数十年来一直都是从内部选拔CEO，日本企业的管理特色之一就是内部提拔，而IBM、HP等大公司的CEO则更多的是从外部"空降"。

一、内部招聘的来源与方法

内部招聘是组织利用现有的员工来补充职位空缺的招聘政策。当一个组织强调从内部招聘和提升时，其员工就有为取得更好工作机会而拼搏的动力，常常能提高员工士气。

▶ 1. 内部招聘对象的主要来源

1) 内部晋升

从组织内部提拔一些合适人员来填补职位空缺是常用的方法。它可使组织迅速从员工中提拔合适的人选到空缺的职位上。内部晋升给员工提供了纵向的职业发展通道，对稳定员工队伍、鼓舞士气是非常有利的。同时，由于被提升的人员对组织较为了解，他们对新的工作环境能很快适应。这是一种省时、省力、省费用的方法。但它也有不可忽视的缺陷：人员选择范围小、水平有限，可能选不到优秀人员，还可能造成"近亲繁殖"等。因此，在实际中，往往采用内外部同时招募的方式。要实现内部晋升方法的有效使用，需要在组织内部建立完善的职位体系，以指明哪些职位可以晋升到哪些职位。在职位体系中需要建立各个职位的任职资格，晋升员工时应该以任职资格为依据。

2）工作调换

也称"平调"，是指职务级别和待遇不发生变化，工作的职位发生变化。主要针对中层管理人员，是内部招聘的另一种来源。工作调换可提供管理者从事组织内相关工作的机会，为其今后提升到更高一层职位做准备。在实际工作中，组织对管理人员进行培训和开发时，通常会采用这种方法来提升管理人员的相关能力和工作技能，尤其是高层管理人员的开发，可通过该方法培养其从全局的角度出发思考问题和进行决策的能力。

3）工作轮换

定期对员工实行轮岗制度，一方面可使有潜力的员工在各方面积累经验，提高员工的工作技能和适应能力；另一方面又可减少员工因长期从事某项工作而带来的枯燥感。这一方式被越来越多的著名企业所采用，如 IBM 公司、海尔集团等。

4）内部人员重新聘用

有些组织由于某些原因会有一批不在岗的员工，如下岗人员、长期休假人员、停薪留职人员等。在这些人员中，有的恰好是内部空缺需要的人员，可以对他们进行重新聘用。调查表明，绝大多数员工对组织有较强的归属感，非常愿意重新回到组织工作。对组织而言，由于这些员工对组织的熟悉和了解，对工作岗位能很快适应，为组织省去了大量的培训费用。同时，组织又能以最小的投入获得有效的激励，并使组织更具有凝聚力，实现组织与个人共同发展。

▶ 2. 内部招募的主要方法

1）职位公告

职位公告是将职位空缺信息以公告的形式公布出来，使组织中的全体员工都了解信息内容，号召员工自荐。职位公告的内容应包括职位的责任、义务、工作特性、任职资格、薪资等级以及其他相关信息，如公告时期和截止申请日期、申请程序、联系电话、联系时间和地点、该职位是否同时在组织外部进行招聘等。

在组织内部进行职位公告需要注意的事项如下。

（1）员工申请的资格问题。明确说明员工的申请资格，一般在组织中的所有正式员工都拥有申请资格，有特殊要求的要注明。如果同时进行多个职位的招聘，一般一名员工一次只能申请一个职位。

（2）职位公告覆盖范围。应该保证组织内的每一个员工都知道有关内部招聘职位的信息，人力资源部门应负责让公告在有关信息栏内保留一段时间。

（3）职位公告的内容。职位公告应全面、准确提供有关职位的资料和提出对应聘者的资格要求。人力资源部门在招聘期间，应该负责回答员工提出的有关疑问。

（4）职位公告的公开公平性。必须让员工人人都知道内部招聘的系统是怎样进行工作的，筛选和录用的标准应该是公开和公平的。

（5）应尽可能减少对原工作岗位的影响。

2）推荐法

可用于内部招聘，也可用于外部招聘，是由本组织员工、客户、合作伙伴等根据组织的需要推荐其熟悉的合适人员，供用人部门和人力资源部门进行选择和考核。这一方法的优点如下。

（1）推荐者对组织的要求和候选人的条件都有一定的了解，会先在自己心目中进行一次筛选，从而提高推荐的成功率。

（2）被推荐者通过推荐者可以对组织有一个比较全面的了解，如组织文化等。

（3）推荐者通常会认为被推荐者的素质与自己有关，只有在他们认为被推荐者不会给他们带来不好的影响时，才会主动推荐他人。

（4）候选人一旦被录用，顾及介绍人的关系，工作会更加努力。

（5）招聘成本较低。

基于以上优点，组织一般都鼓励员工推荐以获得人才，有的企业还对推荐者实施物质奖励。

3）档案法

档案法即利用现有人员档案中的信息来选拔人才。员工档案包括了诸如员工的资格、技能、智力、经历、体力、教育和培训方面的信息，而且这些信息是经常更新的，能够全面及时地反映所有员工的最新的技能状况。从而帮助用人部门和人力资源部门寻找合适的人员补充所招聘职位。目前，越来越多的组织构建了人力资源信息系统，对员工的档案实施了信息化管理，提高了这种方法的应用效率。档案法的优点是可以在整个组织内发掘合适的候选人，档案包含的信息比较全面，采用这种方法比较经济和省时。

案例阅读

柯达的内部人才培训提拔法

人才由生产一线造就。

人才并非凭空而来，选拔与培训一样重要。对此柯达公司的做法是：以严格的选择评定标准找到所需要的人才，再以相关的培训和发展课程对其进行培养，以便更好地利用现有人力资源的潜力。换言之，柯达公司在生产第一线创造了一批人才。

柯达公司要求候选人要具备当机立断、协助解决问题、有创意及领导才能，能够听取他人的意见，文字和语言均能有效沟通，了解公司的各项组织功能，并能圆满达成任务。

为了寻找到合适的人选，柯达公司设置了评估中心对候选人进行评估。

评估作业一般在当地旅馆进行，每次有12位候选人参加。候选人于周日晚到达，次日早晨进行评估作业。周一下午离去，6名评审则多待一天以讨论评估的结果，并决定合适人选。柯达公司的评估作业包括现场实况操作及角色扮演等，个性剖析也包括在内。虽然这类评估作业成本很高，但公司认为价有所值。

对每个人的优缺点做出诚实的评估后，那些被认定具有领袖才能的候选人将参加"团队管理技巧发展课程"。课程分为两个阶段，第一个阶段课堂教育主要传授实务培训与经验，历时7个星期。为保证理论与实务的融合，受训者通常是一星期上课，随后的一星期又回到工作岗位，如此交替进行。第二个阶段历时6个月，受训者将有机会表现他们的领导才能，而且他们必须认定一个目标，并尽力完成。培训即将结束时，由经理人员所组成的小组，进行最后的评估，以决定受训者是否符合公司要求。

为培养团队合作精神，公司还要求候选人参加为期1周的"领导才能发展课程"，在前往集训地前，他们将被问到所担忧的事情是什么？虽然每个人所担心的都不一样，但通过团队合作，都一一克服了。当他们重返工作岗位时，每个人都非常自信。

资料来源：环球网校 www.edu24ol.com

二、外部招聘的来源与方法

内部招聘明显的缺点是人员选择的范围比较小，往往不能满足组织的需要，尤其当组织处于创业初期或快速发展的时期，或是需要特殊人才（如高级技术人员、高级管理人员）时，仅有内部招聘不够，必须借助于外部劳动力市场，采用外部招聘方式。外部招聘是指采用多种形式从组织外部吸引和吸收人力资源的过程。外部招聘的主要来源与方法有广告招聘、校园招聘、人才市场招聘、借助中介机构招聘、网络招聘等。

▶ 1. 广告招聘

广告招聘是外部招聘常用的方法，即通过新闻媒介向社会传播招募信息，通常是在当地或全国性报纸、专业杂志、广播或电视等媒体上进行，广告招聘通常能够吸引大量的申请者。这类广告一般要列举出空缺职位的责任和义务，同时说明申请者的资格要求。招聘广告还必须提供详细的参加招聘的时间、地点、方式及所需的资料、薪资待遇及其他注意事项等。其特点是信息传播范围广、速度快、应聘人员数量大、层次丰富，组织的选择余地大。

利用广告进行招聘，需要解决两个问题：一是使用什么媒体；二是如何设计广告。组织在选择媒体时，要综合考虑空缺岗位、广告价格、潜在应聘者所在的地域、工作特性等因素。在广告设计上应力求吸引更多的人，并做到内容准确、详细，聘用条件清楚。好的招聘广告通过对组织的介绍，还能起到扩大组织影响的作用，让更多的人了解组织。几种主要广告媒介招聘方式的优缺点比较如表5-4所示。

表 5-4 几种主要广告媒介招聘方式的优缺点比较

媒体类型	优 点	缺 点	使用条件
报纸	标题短小精练；广告大小可灵活选择；发行集中于某一特定的地域；各种栏目分类编排，便于积极的求职者查找	容易被未来可能的求职者所忽视；集中的招聘广告易导致竞争的出现；发行对象无特定性，组织不得不为大量无用的读者付费；广告印刷质量一般较差	当将招聘限定于某一地区时；当可能的求职者大量集中于某一地区时；当有大量的求职者在翻看报纸，并希望被聘用时
杂志	专业杂志会到达特定的职业群体手中；广告大小富有灵活性；广告的印刷质量较好；时限较长，求职者可能会将杂志保存起来再次翻看	发行地域太广，在希望将招聘限定在某一特定区域内时通常不能使用；广告的预约期较长	当招聘对象较为专业时；当时间和地区限制不是最重要时；当与正在进行的其他招聘计划有关联时
广播电视	不易被受众忽略；能够比报纸和杂志更好地将招聘信息传递给求职者；可将求职者来源限定在特定地域；灵活；有效渲染气氛；较少因广告集中引起招聘竞争	只能传递简单信息，缺乏持久性；设计制作成本高；缺乏特定的兴趣选择；广告发布费用较高	当职位空缺有多种，在某一区域内有足够求职者时；需要迅速扩大影响时；当处于竞争环境下，没有足够求职者阅读印刷广告时

续表

媒体类型	优 点	缺 点	使用条件
现场发放（招聘现场的宣传资料）	在现场引起求职者对企业和工作的兴趣，可导致求职者立即采取行动；极富灵活性	作用有限；要使这一方式见效，必须保证招聘现场感兴趣的求职者数量	在人才交流会、招聘会等布置的海报、张贴画、视听设备等；或求职者访问组织时，发放招聘宣传资料
互联网	招聘网站选择余地大，也可在本企业网站上发布信息；信息容量大，不受版面限制；费用较低；便于查询	容易导致招聘竞争；应聘者信息的真实性难以判断；网站的知名度、浏览量、吸引到的求职者结构将在很大程度上决定招聘信息发布的有效性	较少受到求职者行为和外部环境条件的限制；当地经济发展、上网比例、求职者教育水平，将决定这一方式是否适用

资料来源：朱舟. 人力资源管理教程[M]. 2版. 上海：上海财经大学出版社，2009.

▶ 2. 校园招聘

学校是人才高度集中的地方，也是组织获取人力资源的重要源泉。每年都有几百万的大学毕业生走向社会。大学生的专业知识和对工作的热情是组织所期待的，学校毕业生已成为各组织技术人才和管理人才的最主要来源。

一些组织尤其是高科技企业，为了不断地从学校获得所需专业人才，在学校设立奖学金和助学金，资助优秀或贫困学生，吸引学生毕业后去组织工作。有的还为学生提供实习机会，如联合利华在国内多家知名大学启动了面向大学三年级本科生和二年级研究生的暑期夏令营学生招聘行动，以此为来年的正式招聘做准备。希望通过暑期的夏令营之后，营员能够对公司有初步的了解，而公司也从中挑选自己需要的人。在新的学期，还邀请学生到企业实习，让他们尽可能地了解企业的基本情况，通过双向选择，最终寻找到公司需要的人才。

对学校毕业生最常用的招募方法是一年一度或两次的人才供需洽谈会，供需双方直接见面，双向选择，如 ABB、Siemens、Schneider Electric 等国际电气巨头在中国的行动，国内许继电气、华为技术、顺特电气等企业的快速发展，几乎每年都有大规模的校园巡回招聘活动。企业声势浩大地走进校园，采取演讲、座谈、POP，甚至和当地新闻媒体接触等多种形式宣传，可以达成多项目的：一方面可以招聘各路英才、壮大人才队伍；另一方面还可以传播企业文化、提升品牌价值，寻找市场商机、发掘合作机会。例如，每年宝洁公司的校园招聘都异常火爆，得到毕业生的热烈响应，其中一个重要的原因就是不论最后录用与否，毕业生们都可以通过一系列的招聘测试活动得到较好的锻炼，提升个人的职场竞争力。

▶ 3. 借助中介机构招聘

随着人才流动的日益普遍，应运而生了人事部门开办的人才交流中心、劳动部门开办的职业介绍所、劳动力就业服务中心和私营的职业介绍机构等就业中介机构。他们已成为人才交流的桥梁，承担着双重角色：既为用人单位推荐人才，也为求职者介绍工作，同时还要举办各种形式的人才招聘会。外部机构组织的人才招聘会是组织与求职者双向交流的场所，组织可以直接获取大量应聘者的相关信息，可在信息公开、竞争公平的条件下，公开考核，择优录用。但目前，各种各样的招聘会名目繁多，招聘的效果在组织和求职者中的认可度有下降的趋势。组织要慎重选择最适合的招聘会参加,并要做好相关的准备工作,精心策划,以取得预期效果。

随着市场经济的发展,合理的人才流动越来越成为经济发展的重要特征和组成部分,私营的职业中介机构就在这样的背景下应运而生并蓬勃发展,其中比较特殊的一种形式是"猎头公司"。"猎头"一词由国外引进,猎头公司是近年来为适应组织对高层次人才的需求与高级人才的求职需求而发展起来的。在招聘高级管理人才和高级专业技术人才时,一些组织已经逐渐习惯于聘请猎头公司进行操作。因为资深的"猎手",对组织及其人才需求有较详细的了解,对特定行业中的高级人才有深入了解并保持密切联系,可以为组织寻觅到急需的各类人才。猎头公司在供需匹配上较为慎重,成功率比较高,但其收费也较高,一般按员工录用后第一年年薪的30%收取佣金。由于体制和组织领导观念等原因,猎头公司的客户到目前仍然以外企为主。

▶ **4. 网络招聘**

网络招聘是目前新兴的招聘方式,互联网正以惊人的速度超过招聘会和报纸广告的作用成为人才交流的主流媒体。网上招聘员工已经成为大公司普遍使用的一种手段,美国一家咨询公司发布报告指出:《财富》全球500强中使用网上招聘的已占88%。与此同时,一个日益庞大的网上人才库正在形成,越来越多的人选择上网求职。由于这种方法具有信息传播范围广、速度快、成本低、供需双方选择余地大,且不受时间、地域的限制,因而被广泛采用。网络招聘的缺点是收到的求职资料过多,资料可靠性较差,难以鉴别,筛选非常困难。当前国内比较著名的一些专业网站如中华英才网(www.chinaHR.com)、智联招聘网(www.zhaopin.com)、前程无忧网(www.51job.com)、中国研究生人才网(www.91student.com)等人才招聘网站在人才库的数量和职位信息的发布量上都达到了相当高的水平。还有许多大型组织都在自己的网站上开辟了招聘专栏,许多猎头公司也建立了自己的人才网络,这些都对网络招聘的普及起到了促进作用。

总之,人员招募的方法很多,在实际工作中需要根据具体情况选择适当的方法。

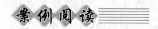

国内企业外部招聘渠道使用现状

招聘渠道	高层管理/专业人员	中层管理/专业人员	一般员工
猎头公司招聘	45.11%	14.89%	2.77%
网络招聘	54.47%	74.04%	59.79%
报纸广告招聘	29.57%	38.09%	39.15%
杂志广告招聘	3.40%	5.96%	4.89%
人才交流会	36.17%	57.23%	66.17%
校园招聘	5.32%	8.94%	37.87%
其他招聘渠道	6.17%	3.40%	6.38%

资料来源:中国人力资源开发网 www.ChinaHRD.com

前文讲到,招募的目的是吸引足够多的求职者前来应聘,那么,到底多少是足够呢?应聘者过少,会使组织很难从中选拔到合适的人才;应聘者过多,又会增加组织的甄选费用和时间。因此，组织往往需要在这一阶段确立本次招聘所需吸引的潜在求职者的适当数量目标，这一数量既应满足组织招聘的要求，又不至于耗费过高。通常，组织可以采用"招募金字塔"来确定招募人数，即根据招聘和录用过程的每个阶段，参与该阶段的求职者与通过该阶段筛选的求职者的比例，推算出需要招募的求职者数量，如图 5-2 所示。如果根据经验，接到录取通知书的人数与实际的就职人数比例为 2∶1，即被录用人员中只有一半人报到上班；而实际面试人数与被录用人数比例为 3∶2；接到面试通知书的人数与真正来面试人数比例为 4∶3；求职者人数与实际发出面试通知的比例为 6∶1。假定组织需要招聘 50 个员工，就必须向约 100 个人发出录用通知；依此类推，需要 150 个人接受面试，向 200 个人发出面试通知，招募 1200 个申请求职者。

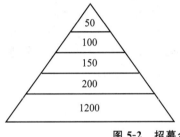

图 5-2　招募金字塔

三、内外部招聘的优缺点比较

内外部招聘都有其优点与缺点，任何招聘活动都应根据具体招聘目标、招聘对象与招聘预算等的不同，选择适宜的招聘途径与方法。表 5-5 列出了内外部招聘的优缺点比较。

表 5-5　内外部招聘优缺点比较

	内 部 招 聘	外 部 招 聘
优点	(1) 了解全面，准确性高； (2) 可鼓舞士气，激励员工进取； (3) 应聘者可更快适应工作； (4) 使组织培训投资得到回报； (5) 选择费用低	(1) 人员来源广，选择余地大，有利于招到一流人才； (2) 新员工能带来新思想、新方法； (3) 当内部有多人竞争而难以决策时，外部招聘可在一定程度上平息或缓和内部竞争者之间的矛盾； (4) 人才现成，节省培训投资
缺点	(1) 来源局限于企业内部，水平有限； (2) 容易造成近亲繁殖； (3) 可能会因操作不公或员工心理原因造成内部矛盾	(1) 不了解企业情况，进入角色慢； (2) 对应聘者了解少，可能会招错人； (3) 内部员工得不到机会，积极性可能受到影响

资料来源：张德. 人力资源开发与管理[M]. 4 版. 北京：中国人民大学出版社，2012.

第四节　人员甄选的主要方法

人员甄选过程是指组织通过一定的手段对应聘者进行区分、评估，并最终选择哪些人被允许加入组织、哪些人被淘汰的过程。在这一过程中，主要用到的甄选方法如下。

一、笔试

笔试一般被设置在初选之后，如我国的公务员招考工作等，主要用来测试应聘者的知识和能力，各用人单位根据招聘岗位特点自行确定笔试题目。目前许多知名企业（如IBM公司、宝洁公司等）在招聘人员时，都把笔试作为筛选人才的重要一关。对知识和能力的测验包括两个层次，即一般知识和能力与专业知识和能力。一般知识和能力包括一个人的社会文化知识、智商、语言理解能力、数字才能、推理能力、理解速度和记忆能力等；专业知识和能力即与应聘岗位相关的知识和能力，如财务会计知识、管理知识、人际关系能力、观察能力等。现在有些企业也通过笔试来测试应聘者的性格和兴趣等，即将心理测试的内容加入笔试题目，以考查应聘者的性格、兴趣、职业性向等是否适合岗位要求。

传统的笔试是纸笔测试，一般是将应聘者集中起来，以书面形式进行考核。但现在也有一些组织将笔试扩展到人机测试，要求应聘者通过人机对话完成笔试题目。甚至有的组织利用互联网进行笔试，应聘者登录相关网站，注册后经允许开始答题，在规定时间内提交答案。但不论采取哪种形式，应聘者必须在笔试成绩达到一定标准后，方可被允许进入下一轮测试和筛选。

案例阅读

某公司招聘业务主管试题

1.（法律知识）某小偷正在室内行窃，忽然听到屋外有脚步声，急忙跳窗而逃，未盗走任何财物，这一行为属于（　　）

    A. 犯罪预备　　　　B. 犯罪未遂　　　　C. 犯罪中止　　　　D. 犯罪既遂

2.（数学知识）2，4，8，16，请问下一个数应为（　　）

    A. 18　　　　　　　B. 28　　　　　　　C. 32　　　　　　　D. 36

3.（经济学知识）通货膨胀是指（　　）

    A. 钱越来越不值钱　　　　　　　　　B. 钱越来越值钱

    C. 钱的价值是不变的　　　　　　　　D. 钱可能值钱也可能不值钱

资料来源：中国人力资源网 www.hr.com.cn

▶ 1. 笔试的特点

笔试在员工招聘中发挥着相当大的作用，尤其是在大规模的员工招聘活动中，它可以迅速地甄别应试者的综合素质，从而判断应试者是否符合岗位基本要求。笔试具有以下特点。

（1）笔试题目是经过系统地分析人才和职位的情况，按企业的需求而设计的。

（2）笔试题目由填空题、选择题、问答题、判断题等多种题型组成。

（3）笔试过程一般限定答题时间。

（4）对笔试结果的统计和分析也具有相对的严格性和封闭性，有客观答案提供参照。

（5）笔试主要考察应聘者的综合素质，涉及的内容比较广泛，但始终与岗位要求相匹配。

通常，笔试至少包括价值观、逻辑思维能力、语文能力、专业知识和行为风格五个方面的内容。

▶ 2. 笔试的优缺点

笔试具有以下优点。

(1) 考试题目较多，可增加对知识、技能和能力考察的信度与效度。
(2) 同时对大规模应聘者进行筛选，效率较高。
(3) 应聘者心理压力较小，容易发挥正常水平。
(4) 成绩评定较客观公正。

同时，笔试也具有其不足与缺陷，主要表现在：不能全面考察应聘者的素质，过分强调记忆能力等方面。因此，进行笔试的同时，需要其他方法进行补充。

二、面试

面试是人员甄选中最传统也最常用的方法之一。面试是一种以交流和观察为主要手段了解应聘者素质及相关信息为目的的测试方式。狭义地说，面试是指通过供需双方面对面的观察、交流等双向沟通方式，了解应聘者的素质、能力与求职动机的一种选拔技术。广义地说，面试是考官通过与应聘者直接交谈或将应聘者置于某种特定情景中进行观察，以对其某些能力、素质和资格条件进行测评的方法。通过面试，组织能够客观了解应聘者的业务知识水平、外貌风度、工作经验、求职动机等信息；应聘者能够了解到更全面的组织信息。因此，面试是员工招聘过程中非常重要的一步。有关资料显示，有90%以上的组织在招聘工作中采用了这一方法和程序。

▶ 1. 面试的主要类型

1) 根据面试的实施方式分类

根据面试实施的方式，可分为个别面试、小组面试和成组面试。

(1) 个别面试是一个面试人员分别与每一个应聘者进行面对面单独交谈，也称"一对一"面试。

(2) 小组面试是由几个招聘考官组成面试小组对每个应聘者分别进行面试，也称"多对一"面试。

(3) 成组面试也称集体面试，是由几个招聘考官组成面试小组同时对若干应聘者进行面试，也称"多对多"面试。

2) 根据面试的进程分类

根据面试的进程，可将面试分为一次性面试与分阶段面试。

(1) 一次性面试是指用人单位对应聘者的面试集中于一次进行。在一次性面试中，面试考官的阵容一般都比较"强大"，通常由用人单位人力资源部门负责人、业务部门负责人及人事测评专家组成。在一次性面试中，应聘者能否通过面试，甚至能否被最终录用，就取决于这次面试中的表现。

(2) 分阶段面试即多轮面试，也就是面试不是一次完成，而需要多个阶段。例如，先由人力资源部人员面试，再由用人部门主管面试，最后由企业高层管理人员面试。最终顺利通过所有面试阶段的应聘者方为面试合格，才有资格进入下一环节的选拔。

3) 根据面试的结构化程度分类

根据面试的结构化（标准化）程度，可将面试分为结构化面试、非结构化面试和半结构化面试。

(1) 结构化面试是指依照预先确定的题目、程序和评分标准进行面试，具有三方面的含义：一是面试程序的结构化，在面试的起始阶段、核心阶段、结束阶段，考官需要做什么、注意什么、达到什么目的，都有固定程序；二是面试试题的结构化，考官一共要问多少问题、问什么、先问哪个、后问哪个问题，都提前做了设计，对所有应聘者的问题与提问次序基本一致;三是评分标准的结构化,从哪些角度来评判应聘者的面试表现,如何划分等级,如何打分等,也都在面试前做了规定,所有考官都有统一标准。

结构化面试的优点有:对所有应聘者均按同一标准进行,可以提供结构与形式相同的信息,便于分析、比较;减少了主观因素影响;对考官的要求较少;信度与效度较好。结构化面试的缺点有:过于僵化,难以随机应变;所收集信息的范围受到限制。适用于招聘一般员工、一般管理人员等。

(2) 非结构化面试是对与面试有关的因素不做任何限定的面试。事先没有固定的框架结构,面试时由考官根据具体情况随机提问,也不使用有确定答案的固定问题,鼓励应聘者多谈,再根据应聘者对问题的反应进一步提问,以考察应聘者是否具备某一职务的任职资格。考官对每一位应聘者提的问题一般都不相同,评价的标准也不同,因此面试的信度与效度会受到影响。

具体来说,非结构化面试具有的优点有:灵活自由,问题可因人而异,深入浅出,可得到较深入的信息。缺点有:缺乏统一的标准,易带来偏差,且对主考官要求较高,需要有丰富的知识和经验,掌握高度的谈话技巧,否则很容易使面试失败。在实际工作中,单纯使用非结构化面试的用人单位很少,一般只适用于招聘中高级管理人员。

(3) 半结构化面试是将结构化面试与非结构化面试结合起来运用的面试。它往往只对面试的部分因素有统一要求,如规定有统一的程序和评价标准,但面试题目可以根据面试对象而随意变化。这是在实际工作中应用最广的一类面试方法。

4) 根据面试的目的分类

根据面试的目的不同,可将面试分为压力性面试与非压力性面试。

(1) 压力性面试是指面试考官有意对应聘者施加压力,制造紧张的面试气氛,并以穷追不舍的提问,迫使应聘者接受诸如挑衅性的、非议性的、刁难性的刺激,以考察其应变能力、承压能力等。

(2) 非压力性面试是在没有压力的情境下考察应聘者有关方面的素质。主要询问应聘者过去工作方面的情况和基本问题,不会对应聘者造成压力与心理紧张。

▶ 2. 面试工作的整体进程

1) 面试前的准备

(1) 阅读应聘资料。面试前阅读应聘资料十分必要,其目的在于收集应聘资料中的有效信息,以加强对应聘者的了解,并确定面试时需要重点考察的项目和内容。应了解的信息包括应聘日期、自我推荐的求职信、个人情况、年龄和性别、籍贯、户口及人事关系状况、婚姻及家庭子女状况、出差及异地工作意愿、教育背景、最高学历/全日制学历、学位和职称/专业资格、就读学校、工作履历、工作单位基本情况、行业与产品、职位和职责、服务年限、离职原因、外语和计算机技能、薪资福利状况和期望、联系电话和地址、邮政编码等。

需要注意的是,简历中大部分信息是真实的,但人们会习惯性地夸大优点而掩饰不好的方面。例如,编造以往的薪资、职位头衔、技能水平和工作业绩,虚构教育背景等。美国新泽西州 ADP 人力资源服务公司曾经作过统计:44%的求职者在简历中撒谎;41%的求职者在教育背景中撒谎;23%的求职者伪造信用记录和有关文件。因此,面试官要意识到应聘资料有可能被包装过,应该特别注意以下信息:中断学业或职业、经常转换工作但事业无进展、成就和奖励描述、薪酬变化、撰写简历的风格和能力、文凭及其他与职业有关的有效资格证书等。

（2）面试时间安排。面试官要准确估计完成面试所需的时间，安排好自己的工作和面试的时间，确保面试时不受干扰。安排面试时间，还要考虑到人的生理周期。通常来说，人的反应能力在上午 11 点左右达到高峰，下午 3 点左右出现低谷，在下午 5 点时会达到另一个高峰。因此面试时间应尽量安排在生理高峰时间，避开低谷时间，以提高面试准确率。

（3）面试地点安排。面试地点应宽敞、明亮、安静，保持良好的通风和适宜的温度，不受外界干扰，如公司会议室、接待室等。如果公司比较偏远，有条件时应尽量选择外部交通便利的酒店或写字楼；异地面试应选择当地中心区域知名度较高的场所。

（4）面试的行政安排。面试的行政安排一般包括与候选人预约时间通知面试，确定面试时间表；通知候选人面试的详细地点和紧急联络方式；礼貌地要求候选人面试时携带照片、相关证书原件等以备查验；面试前要再次确认面试时间和地点；准备招聘宣传资料、公司及产品的介绍资料；准备招聘职位的职位说明书；准备名片、面试笔记和评估表单等。

（5）设计面试问题。面试官需要通过提问来考察候选人，主要方面包括：相应工作经验、工作动机及兴趣、表达沟通能力、分析、评估问题能力、判断与解决问题能力、计划组织和领导能力、工作主动性、诚实性、承受压力能力、发展潜质、工作期望值等。

设计问题时首先必须确定所需的能力和行为指标，以便于面试官分析相应的信息，以清晰的思路考察候选人的各项能力，定义各项能力含意，避免出现含糊。行为指标把能力的定义具体化，它详列了怎样的行为能达到能力的要求，并且进一步描述可以达到这个标准的工作表现。对于所有职位，同属一项能力的行为指标通常都相同，区别在于具体职位的不同，可以按职位调整评审要求。例如，一般会要求经理比助理有更高的计划组织和领导能力。

2）面试的导入阶段

面试的导入阶段主要是让应聘者放松心情，慢慢进入面试状态，应做好两方面的工作。

（1）创造友好氛围，让应聘者放松心情。如与候选人见面，面带微笑，自我介绍，欢迎候选人参加面试，可以讨论一些与工作无关的问题，如交通、天气等。

（2）问一些基本问题，导入面试。面试者与应聘者简单寒暄之后，应从应聘者可以预料到的，比较熟悉的问题开始发问，以缓解应聘者的紧张情绪。常问的问题主要有：请你简单介绍一下自己的基本情况，请问你为什么要应聘我公司这个职位？

3）正式面试阶段

指通过谈话与观察对应聘者能否胜任拟聘岗位的综合素质进行探询与判断的关键阶段，是整个面试最重要的阶段。在此阶段，考官需要采用提问和多样化的形式，收集应聘者的真实信息，主要是应聘者过去的工作能力、工作业绩和工作经验。通过有效地了解应聘者的过去，来预测其未来的表现。这一阶段，是考官最紧张、最需要面试艺术的阶段。考官既要按照预先设计的问题提问，又要根据应聘者的反应不断构建新的问题，还要认真观察应聘者的语气语调及肢体语言，并做好书面记录。

4）面试的结束阶段

在面试考官确定问完了所有预计问题之后，应该给应聘者留出时间提问。应聘者提出的问题，如人事晋升、薪酬福利政策等，一方面可以让应聘者更好地了解组织，以降低其新入职后的离职率，提高招聘质量；另一方面也可以进一步了解其求职动机和关注点。

最后，面试考官应在友好的气氛中结束面试，应说明通知候选人面试结果的时间和方式，感谢候选人参加面试，并承诺对候选人的情况保密。

5）面试结果的评估分析

面试结果的评估主要通过面试笔记分析。面试考官根据面试记录，将收集来的信息归纳在各项能力之下，分析信息的内容和观察到的情况，判断与申请职位的相关程度、行为的影响程度、行为发生的时间，最后做出评价或评分。

对于面试结果的评分，许多跨国企业普遍采用统一的、简洁的评分系统。例如，以5分表示极好，远超过职位的要求；4分表示很好，可以接受，超过职位的要求；3分表示可以接受，符合职位的要求；2分表示不可以接受，未达到职位的要求；1分表示完全不能考虑，远未达到职位的要求。还可以加评分备注。例如，以N表示没有机会观察或无法评分；W表示观察到了，但没有足够的信息加以评分；H表示评分过高等。

最后，所有面试考官根据各自的面试记录情况，对照招聘职位的要求，共同讨论，最终得出一致认可的评估结果，做出聘用决定。有关人员还应对本次面试进行评价总结，并将有关资料存档。

6）面试进程中的注意事项

作为专业的面试考官，在面试时应注意以下几点。

（1）准时面试，不要让候选人长时间等候。

（2）关闭电话，合理着装。

（3）正式面试阶段，一般按照结构化面试的方式展开，所提问题可根据申请表中发现的疑点，先易后难逐一提出。

（4）简单提问。在面试刚开始时，通常采用简单提问来缓解面试的紧张气氛，消除应聘者的心理压力，使应聘者能轻松进入角色，充分发挥自己的水平和潜力。这种提问常以问候性的语言开始，如"一路上辛苦吗？""你乘什么车来的？""你家住在什么地方？"等。

（5）递进提问。在提出几个简单问题后，气氛开始轻松起来，这时可采用递进提问方式将问题向深层次引申一步。目的在于引导应聘者详细描述自己的工作经历、技能、成果、工作动机、个人兴趣等。提问应采用开放式提问，如"你为什么要离职？""你为什么要选择本公司？""你如何处理这件事情？""你如何管理你的下属？"等。避免使用肯定/否定式提问，如"你认为某事情这样处理对吗？""你有管理方面的经验吗？"等。

（6）多问行为事例问题。当应聘者回答有关问题时，面试者尽量要求其举例说明，回答解决某一问题或完成某项任务所采取的具体方法和措施，以此鉴别应聘者所谈问题的真假，了解应聘者实际解决问题的能力。例如，"请举例说明作为人力资源主管，你最喜欢做什么工作？""在过去一年里，你遇到的最困难的工作是什么？"等。

（7）客观评价提问。通过有意让应聘者介绍自己的情况，客观对自己的优缺点进行评价，以此引导应聘者毫无戒备地回答有关问题，借此对应聘者进行更加深刻的了解。如"世上没有十全十美的人，比如说，我在处理突发事件时就易冲动，今后有待进一步改善。你觉得你在哪方面需要改进？"

（8）不要轻易打断应聘者的讲话，对方回答完一个问题，再问下一个问题。

（9）眼睛应正面注视对方的眼睛，候选人回答问题时，应点头示意，表示你在听他（她）的回答。

（10）注意观察候选人的仪表气质和肢体语言等非语言行为。

（11）制造和谐的气氛，保持亲切的态度，用鼓励的眼光与候选人沟通、交流。

(12) 提问时应集中在候选人最近的情况和教育背景，提问的问题应与工作有关。

(13) 所提问题直截了当，语言简练，有疑问马上提出，并及时做好记录。

(14) 对面试进程进行合理的控制。

(15) 必要时，可采用多轮面试来确保面试效果。

面试主考官除了要注意上述问题外，还需要具备如下素质：能客观公正地对待所有的应聘者，不因个人的主观因素评价应聘者，而以录用标准加以衡量；良好的语言表达能力，在提问过程中语意表达清楚准确，不引起应聘者误解，并善于引导应聘者回答问题；善于倾听，能始终集中注意力和保持极大兴趣倾听并准确理解应聘者的陈述；有敏锐的观察能力，善于观察应聘者在面试过程中的各种行为；善于控制面试进程与气氛，善于把面试引向结束。

▶ 3. 影响面试有效性的因素

1）面试结构

仅就结构而言，结构化面试、半结构化面试比非结构化面试更有效。所以，一般很少只采用非结构化面试。

2）录用压力

当上级有招聘要求或招聘任务紧迫时，面试官会急于求成，降低面试标准与要求，从而降低面试有效性。

3）第一印象

也称首因效应，即面试考官根据面试开始几分钟，甚至是面试前从资料中得到的印象对应聘者做出评价。

4）对比效应

即面试考官相对于前一位应聘者来评价当前应聘者的倾向。如果前一位应聘者十分优秀，则当前应聘者会得到比实际水平低的评价；如果前一位应聘者很差，则当前应聘者会得到比实际水平高的评价。

5）晕轮效应

"以点带面"，面试考官从应聘者某一优点或缺陷出发去评价应聘者其他方面。

6）类己效应

面试考官对与自己有相同经历或籍贯等类似特征的应聘者会给予比应聘者实际水平高的评价。

7）性别因素

面试考官对于某项工作与性别之间的关系存在偏差认识，从而影响不同性别应聘者的面试结果。

8）板块效应

面试考官对于某类特殊背景的应聘者存在特定印象，从而影响对应聘者的客观评价，如南方人聪明灵巧，北方人老实厚道，湖南人泼辣，湖北人精明等。

面试组织者应在面试开始前，对面试考官进行培训，使考官能够公正客观地对待每一位应聘者，尽量减少以上因素对面试造成的负面影响。

三、心理测试

心理测试是指根据随机抽样原则，通过测量人的少数有代表性的行为，对贯穿于人的全部行为活动中的心理特点做出推论和数量化分析的一种科学方法，主要包括智力测试、特殊能力测试、人格测试、职业兴趣测试、笔迹测试等。

▶ 1. 智力测试

智力即一般能力，是人认识理解客观事物并运用知识、经验等解决问题的能力，包括记忆能力、观察能力、注意能力、思维能力等。智力是人在学习、工作、日常生活中必须具备和广泛使用的能力。不同职业对人的智力皆有一定的要求，智力在相当大程度上决定了所要从事的职业类型。

西方心理学家一般认为智商超过140者为天才，大多从事科学、文化方面的职业；律师、工程师、大学教师等需要有较高智商，一般在130左右，比平均值高许多；一般管理人员和行政人员在110左右，比平均水平高一点；智商低于平均值以下的只能从事一些简单的工作。当然，智力不是决定从事职业的唯一因素，因为每种职业除了对智力要求外，都有对特殊能力的要求。智力只是职业决策最初的参考因素，还应当把智力与特殊能力结合考虑。

比较著名的测验工具有《韦氏智力量表》，是世界上最具影响力、应用范围最广的智力测验之一。用于成人的《韦氏智力量表》于1939年发表，20世纪80年代由龚耀先等心理学家进行修订，成为《中国修订韦氏成人智力量表》(WAIS-RC)。较著名的还有《瑞文推理测验》，是由英国心理学家瑞文(R. J. Raven)于1938年设计的，后经过多次修订。

▶ 2. 特殊能力测试

主要针对职位而设定的测试，又称技能测试，包括各种机械能力、空间能力、感知能力及运动能力测试等，如对秘书进行打字能力测试，对机修工进行机械能力测试，对会计进行珠算、记账、核算等能力测试等。

▶ 3. 人格测试

通过人格测试可以更好地了解应聘者的个性特点，如性格、气质等，帮助组织更好地选拔和配备人才。个性是一个人能否施展才华，有效完成工作的基础，某人的个性缺陷会使其所拥有的才能和能力大打折扣。对组织而言，一个干劲十足、心理健康的员工，远比一个情绪不稳定、积极性不高员工更有价值。人格测试也称个性测试，测量工具主要有自陈式测试量表与投射式测试量表。自陈式测试量表主要有卡特尔的16种人格因素测试(16PF)、爱德华个人爱好测试(EPSS)、艾森克人格问卷(EPQ)、明尼苏达多项人格测试(MMPI)等。其方式是向被试者提出一组有关个人行为、态度意向等方面的问题，被试者根据自己的实际情况做真实的回答。主试者根据被试者的回答与评分标准或模式相比较，从而判断被测者的人格特征。

投射式测试量表主要用于探知个体内在隐蔽的行为或潜意识的深层态度、冲动和动机。常见有罗夏墨迹测试、主题统觉测试、句子完成式测试等。

▶ 4. 职业性向测试

美国霍普金斯大学心理学教授霍兰德(J. L. Holland)，著名的职业指导专家，于1971年提出了具有广泛社会影响的以人格类型学说为基础的职业性向理论。他将人格类型和职业类型都分为六类：实际型，表现为遵守规则、实际、安定；研究型，分析型的、重理性思维，探究的；艺术型，想象的、独白的、情感性的和无秩序的；社会型，社交性的、爱帮助他人和善解人意的；企业型，冒险的、精力充沛的、社交性的和自信；传统型，守规则的、慎重的、自制的、顺从的。

他提出：个体趋向于选择最能满足个人需要、实现职业满意的职业环境。理想的职业选择是使人格类型与职业类型相互协调和匹配。但每个人的人格类型有可能是几种类型的混合体，所以一个人所适合的职业可能有多种。该理论提出了具体的测量方法，有操作性指标和工具，个体可通过测试找到自己适合的职业类型。该操作工具集兴趣、能力于一体，有很强的科学性和预测力。

▶ 5. 笔迹测试

笔迹测试法是以书写笔迹来分析应试者的个性特征，预测其未来工作表现的一种方法。这种方法在国外大量的企业中被广泛采用，其实我国自古便有"字如其人"的说法，不过没有形成规范的测试方法。笔迹学家一般需要根据应试者至少一整页一气呵成的字迹，最好是用钢笔或圆珠笔写在未画线的纸上。一般不允许应试者照抄一段文字，因为这样会影响书写速度与字迹。接下来要遵循一套严格的规定测定字迹的大小、斜度、页面安排、字体宽度及书写力度。这些测量的结果可转译为对书写个性的说明，如字体较小说明个性谨慎，字体强劲有力说明精力充沛等。

▶ 6. 情商测试

情商(EQ)即情绪智商，是 20 世纪 90 年代由美国心理学家提出的。心理学家通过对许多成功人士的长期调查，发现了一个奇怪的现象：IQ 高的人不一定能够获得成功，人的 EQ 对成功起到了关键性作用。人的 EQ 主要包括五个方面的内容：自我意识；认识自身的情绪；控制情绪；妥善管理情绪；自我激励；认知他人的情绪；人际交往技巧。一个高 IQ 者可能是一个专家，而高 EQ 者却具备综合与平衡的才能，可能成为杰出管理者。EQ 是组织领导人所必须具备的基本能力。但心理学家也承认，EQ 不是先天生成的，而是可以通过后天的努力与锻炼提高的。

前文提到，在笔试阶段，有些组织已经把心理测试内容加到笔试题目中进行测试，但也有一些组织是在面试结束后，才对通过面试的应聘者进行系统的心理测试。因为心理测试相对来讲比较费时，放在此阶段，可以节省时间成本。多年的研究和实践已经证明：心理测试可以在智力、创造力、认知能力、性格与气质、人际及社会适应力、意志品质、领导能力等各种心理品质的测评当中发挥重要的作用。近年来，组织逐渐认识到心理测试的重要性，尤其是一些跨国企业和国内大型企业已经建立了较完善的心理测试系统，对于提高招聘工作水平起到了重要作用。

经过多年开发应用的标准化心理测试一般具有良好的信度和效度指标，会节省大量用于验证甄选效用的开支。另外，心理测试通常可以团体施测，对主试和环境的要求相对较低。并且，心理测试的施测和计分都比较容易。因此，心理测评技术成为心理品质甄选中的首选。在本环节要注意以下几点。

(1) 选择适当的心理测试软件。要考虑到经济实力、对员工的工作要求和素质要求等，选择内容和价格都适当的软件。当前，非标准化的各种量表或问卷充斥市场，它们的信度和效度无法保证，如不谨慎地使用，会造成资源的浪费和甄选失误。所以在选择和购买心理测试软件时，要选择正规的，信度和效度较好的测评软件。

(2) 针对具体岗位选择心理测试内容和工具。任何测验的效用都是相对于某个特定群体、某种特殊需要而存在的，并不存在普遍适用的测量工具。那些不顾甄选的特殊需要，盲目地迷信心理测试，对数据进行扩大化的解释，往往会造成甄选的失败。

(3) 认识心理测评技术本身的弱点。心理测评不是面对面的交流，分数完全依赖于求职者所做的答案，有时会由于"社会称许性"和表面效度的影响，造成结果失真。对于那些只有在活动中才可能表现出来的心理特征(如语言表达能力、人际风格等)心理测试是无能为力的，必须采用其他甄选手段。

四、情景模拟技术

情景模拟技术是通过对受测者在精心设计的模拟工作情境中的反应和表现的系统观察和评价，预测其在真实工作环境下的绩效表现。由于其以情境模拟为基础，具有很高的针对性和仿真性，因此情景模拟技术是各种人才素质测评技术中准确度最高的一种测试方法，可准确测试到应聘者的领导能力、交际能力、沟通能力、合作能力、观察能力、理解能力、解决问题能力、创造能力、语言表达能力、决策能力等。

情景模拟技术操作较复杂，测试成本较高，以前一般用于高级人才测评和选拔，但近年来也逐渐应用于组织在招聘和选拔储备管理人员等基层管理岗位。情景模拟测试主要有评价中心、公文筐测试法、无领导小组讨论法、商业游戏、决策演讲、情景模拟面谈等。

▶ 1. 评价中心

这种方法最初是在第二次世界大战期间，德国的一些军事心理学家们在挑选军官时所使用的方法。"二战"后，被广泛应用于组织管理中，是一种甄选高级管理人才的综合评价技术。一直以来，很多人都把评价中心当成是一种独立的测评技术，其实，评价中心是对心理测试、面试、情景模拟等多种测评技术的综合运用和系统组织，但从操作模式上更接近于情景模拟技术。

管理职位候选人要在指定时间内（通常为2～3天）完成一系列任务，这些任务都是未来管理岗位所遇到问题的集中模拟。在整个过程中，评价专家以隐蔽的方式对候选人的一举一动进行观察，以此评价候选人的管理潜力。

▶ 2. 文件筐测试

在这个模拟任务中，候选人会得到一大堆公文材料，正是"拟任岗位公文筐"中可能出现的内容——大量的报告、备忘录、电话记录、信函以及很多等待处理的文件。要求候选人就像已经被提升到该岗位那样，对每一份材料采取适当的行动——仔细审阅、解决问题、回答提问、批示、授权、回函、组织安排、拟定计划或议程等。在结束工作后，由评价专家对各项文件的处理进行审核，并与候选人面谈后作出评价。

▶ 3. 无领导小组讨论

所有候选人组成一个角色平等、没有设定领导的小组，围绕所提供的一个议题，要求候选人经过充分讨论后形成一个小组决定。然后，由评价专家对每个成员的人际交往技能、群体接纳程度、领导能力及个人影响力等进行评定。

▶ 4. 商业游戏

候选人被分成几个小组，分别代表相互竞争的不同的利益群体，要求他们解决一些实际问题，例如，针对如何做一个广告、如何改进生产以及保持多少库存、如何进行兼并收购等问题做出决策。评价专家对候选人的团队合作及问题解决能力等进行评定。

▶ 5. 决策演讲

赋予候选人一定的管理角色，提出决策任务，要求在规定时间内现场进行决策演讲，以此来评价其决策、沟通技能和说服能力。

总之，情景模拟技术虽然准确性较高，但由于这类测试方法设计复杂，且费时费力，投入成本较高，因此可以根据招聘岗位特点和实际情况，决定是否采用这一测试方法，以及采用何种具体情景模拟技术对应聘者进行测试。

第五节 录用与评估

在人员甄选工作结束后,招聘进入最后阶段,即人员录用。本阶段主要任务是通过对甄选评价过程中产生的信息进行综合评价与分析,确定每一位应聘者的素质和能力特点,根据预先确定的人员录用标准与录用计划进行录用决策。

一、录用前的工作

▶ 1. 背景调查

一般来说,求职者的受教育程度和工作经历被看作是个人能力的主要标志。但是,越来越多的组织发现,在好的工作机会相对稀缺的情况下,有的求职者通过杜撰经历、伪造文凭来获取竞争优势。这不仅增加了组织的招聘风险,而且会给组织带来巨大隐患。根据人口普查资料,全国持假文凭者已达60万人,相当于20世纪90年代一年的普通高校毕业生总数。据美国一项资料显示,有3000万人曾经因为伪造简历被录用。在我国,这一数字到底有多少无从知晓。防患于未然,背景调查是拒假于门外的有力武器,放弃背景调查意味着公司失去了基本的免疫力。

因此,当对求职者的知识、能力和素质有了一个较全面了解之后,在决定录用其之前,有必要对其个人提供的资料进行深入了解,检验其可靠性和准确性。背景调查是组织通过第三方或有关机构和手段对应聘者的教育状况、工作经历、个人品质、工作能力、个人兴趣等情况进行了解和验证。这里的"第三方"主要是应聘者原来的雇主、同事以及其他了解应聘者的人员和机构。背景调查的方法包括打电话、访谈、要求提供推荐信、委托调查公司调查等。

组织在进行背景调查时,需要注意以下问题。

(1) 限定要调查问题的范围。主要对于求职者有关工作情况的方面进行调查,而无关的特别是涉及个人隐私的问题,要坚决避免。

(2) 在进行背景调查前,应先以书面形式征得被调查员工的同意。这项工作可以在求职者填写求职申请表时进行,在申请表中设计好这一栏。

(3) 应该优先选取求职者的前上司或同事进行调查。这些人跟求职者有最多的工作接触,对求职者的品德、能力、工作态度有更深刻的了解。

(4) 慎用调查结果。通过背景调查可得到关于求职者的各种情况,有些情况主观程度较强如求职者的性格等,在决定是否录用时,要慎用这些调查结果。

(5) 背景调查要和人员测评结合使用。背景调查并不是万能的,错误和失真在所难免。但如果将背景调查同其他甄选手段相结合,会大大提高甄选的准确度。

▶ 2. 体检

它不同于一般的身体健康检查,主要是了解应聘者的身体素质能否胜任工作岗位要求。通常,招聘单位会要求应聘者到指定医疗机构接受检查,对于身体素质不符合岗位要求的应聘者进行筛选。但目前,组织对应聘者身体素质的要求更多地表现为过高和不合理,如规定外貌、身高等限制条件,和对乙肝、艾滋病患者进行就业歧视等。这些都违反了我国的有关劳动法规,组织应注意避免。

▶ 3. 决定薪酬

初步决定录用某人之后,招聘者应与该候选人进行直接沟通,确定其薪酬福利水平,达成共识。

▶ 4. 建立招聘档案

招聘人员应把本次招聘的所有应聘者资料归档保存，可按优先次序排列，建立组织人才储备库。

二、人员录用

对所有的应聘者经过了上述一系列的筛选之后，管理者就要采取最关键的一步：做出实际录用决策。对组织而言，最终的录用决策的原则是：不一定录用总体条件最优越的人，而应当选择条件与空缺职位要求最接近的人，并兼顾其个人性格、素质、价值观与组织文化的融合等。如果一个组织投资大量时间和经济成本用于招聘、选拔和培训员工的话，那么，录用合乎组织要求的、并能长期留在组织工作，为组织发展发挥积极作用的员工，才是至关重要的。人员录用的过程包括：发放录用通知、试用合同的签订、员工的安排与试用、正式录用。

▶ 1. 发放录用通知

对于经过各方面考核，确认适合组织招聘岗位要求的应聘者，可决定录用。要注意的是，在整个招聘工作中，人力资源部门虽然参与了各环节的工作，但做出录用决策的是用人部门。用人部门确定录用人选后，由人力资源部门统一发放录用通知书，如下所示。

录用通知书

先生/小姐：

您应聘本公司职位，经考试及面试合格，恭喜您成为本公司的一员。

请您于　年　月　日　时携带下列证件及物品准时到本公司报到。

1. 身份证　　　　　　　　　　　　□
2. 毕业证书　　　　　　　　　　　□
3. 学位证书　　　　　　　　　　　□
4. 职称资格证书　　　　　　　　　□
5. 暂住证　　　　　　　　　　　　□
6. 审检证　　　　　　　　　　　　□
7. 务工证　　　　　　　　　　　　□
8. 体检表　　　　　　　　　　　　□
9. 二寸半身照片两张　　　　　　　□

祝您在本公司工作愉快！

×××公司人力资源部
年　月　日

对组织而言，如何处理与落选者的关系同样重要。在甄选过程中的任一阶段，求职者都可能被拒绝。随着选择过程的深入，落选对个人的伤害就会越大。为了建立良好的公众关系，常用的拒绝求职者的方法有：向落选者当面解释说明，或是以书面形式解释其落选理由等，从而减少被拒绝的求职者对组织产生负面情绪的可能。如果组织的决策是依据客观的、全面的信息,大多数的求职者会接受未被选中的事实。

▶ 2. 试用合同的签订

员工进入组织前,要与组织签订试用合同,它是对员工与组织双方的约束与保障。试用合同应包括以下主要内容:试用的职位、期限、员工在试用期的报酬与福利、员工在试用期绩效目标与应承担责任、应享受权利、员工转正条件、试用期组织解聘员工的条件与承担责任、员工辞职条件与义务、员工试用期被延长的条件等。

▶ 3. 员工的安排与试用

员工进入组织后,组织要为其安排合适的职位。一般来说,员工的职位是按照招聘的要求和应聘者的应聘意愿来安排的。人员安排即人员试用的开始,试用是对员工的能力与潜力、个人品质与心理素质的进一步考核。

▶ 4. 岗前培训

为了使录用的新员工尽快了解熟悉招聘单位的情况并融入组织,并尽快掌握有关制度规范和知识技能,需要进行岗前培训。主要内容包括了解组织历史、现状、未来,组织结构,管理制度,接受组织文化熏陶,培训相关技能等。

▶ 5. 正式录用

试用期满,且试用合格的员工将正式成为组织的成员。员工能否被正式录用关键在于试用部门对其的考核结果如何,组织对试用员工应坚持公平、择优的原则进行录用。正式录用过程中,用人部门和人力资源部门应完成以下主要工作:员工试用期的考核鉴定、根据考核情况进行正式录用、与员工签订正式录用合同、给员工提供相应的待遇水平、制订员工发展计划等。

案例阅读

做出录用决策的注意事项

在做出最终录用决策时,应当注意以下几个问题。

(1) 尽量使用全面衡量的方法。企业要录用的人员必然是能够满足单位需要,符合应聘岗位素质要求的人才。因此,必须根据单位和岗位的实际需要,针对不同的能力素质要求给予不同的权重,然后录用那些得分最高的应聘者。

(2) 减少做出录用决策的人员。在决定录用人选时,必须坚持少而精的原则,选择那些直接负责考察应聘者工作表现的人,以及那些会与应聘者共事的人进行决策。如果参与的人太多,会增加录用决策的困难,造成争论不休或浪费时间和精力。

(3) 不能求全责备。人没有十全十美的,在录用决策时也不要吹毛求疵,挑小毛病,总是不满意。我们必须分辨主要问题以及主要方面,分辨哪些能力对于完成这项工作是不可缺少的,这样才能录用到合适的人选。

资料来源:中国就业培训技术指导中心. 企业人力资源管理师(三级)[M]. 2版. 北京:中国劳动社会保障出版社,2007.

三、招聘评估

招聘评估主要包括两大类:一类是招聘结果的评估,如成本与效益评估,录用员工数量与质量的评估;另一类是招聘方法的评估,如信度与效度。最后,负责本次招聘的人员应撰写招聘评估报告,交有关领导审阅并存档。

▶ 1. 招聘结果的评估

1）成本效益评估

成本效益评估主要是对招聘成本、收益等进行评价，具体方法如下。

（1）招聘成本评值。招聘成本分为招聘总成本与招聘单位成本。

①招聘总成本是人力资源的获取成本，由两部分组成。一部分是直接成本，包括招募费用、选拔费用、录用员工的家庭安置费用和工作安置费用、其他费用（如招聘人员差旅费、应聘人员招待费用）等；另一部分是间接费用，包括：内部提升费用、工作流动费用等。

②招聘单位成本是总成本与录用人数的比。

（2）成本效用评估。它是对招聘成本所产生的效果进行的分析，主要包括：招聘总成本效用分析；招募成本效用分析；人员选拔成本效用分析；人员录用成本效用分析等。计算方法为

总成本效用＝录用人数/招聘总成本

招募成本效用＝应聘人数/招募期间的费用

选拔成本效用＝被选中人数/选拔期间的费用

录用成本效用＝正式录用的人数/录用期间的费用

（3）招聘收益-成本比。

招聘收益-成本比＝招聘总收益/招聘总成本

它既是一项经济评价指标，同时也是对招聘工作的有效性进行考核的一项指标。招聘收益-成本比越高，则说明招聘工作越有效。

单位招聘成本的评价模式

美国人力资源管理协会在其1997年年会时介绍了一种"标准驱动招聘模式"（Metrics-Driven Staffing Model），该模式提出一种构想，认为招聘流程应该由一套标准所驱动，而不该是随意的、不计代价的，任何职位的人力资源购置成本都应该由这套标准控制。

这套标准模式不仅可以用来评价招聘的投入产出比，还能为招聘决策提供支持。比如，企业内部招聘要比对外公开招聘节省成本，且接受率较高。如果单位招聘成本计算模式中考虑进了这两部分因素，反映在计算公式中可以表现为赋予内部成本较小的系数，如"100％的外部招聘成本＋25％的内部偿付成本"。这样，该计算模式明确地提示招聘专员优先采用内部招聘可使单位招聘成本降低。

我们都知道，招聘职位的性质决定招聘渠道的选择，而不同的招聘渠道其成本结构各异。职位性质、招聘渠道、成本结构是决定单位招聘成本的三大模块，每个模块都是若干变量元素的集合，这些变量元素的排列组合构成坐标矩阵。

标准驱动招聘模式反映出职位、成本、渠道的纵横关系，各维交叉点的数值就是单位招聘成本的多元解。企业可以通过以往记录、经验数据、人才报价，并参考上述人力资源指标（作为系数）核算出交叉点的单位招聘成本。

该模式体现了各方案组合的比较，产生了各种决策方案的最优解和最劣解，将有助于招聘专员合理分配招聘资金、控制招聘支出、优化招聘渠道组合；为招聘经理的资金预算提供参考，并使招聘绩效的评估工作有章可循。

资料来源：厦门人才网www.xgzrc.com。

2）录用人员数量评估

录用人员数量评估主要从应聘比率、录用比率、有效录用比率三个指标计算本次招聘在数量上是否满足了空缺职位的需求。

应聘比率＝应聘人员数量／人员招聘需求数量×100％

录用比率＝实际录用人员数量／应聘人员数量×100％

有效录用比率＝实际录用人员数量／人员招聘需求数量×100％

如果录用比率越小，则说明录用者的素质可能越高；当有效录用比率等于或大于100％时，则说明在数量上全面完成招聘任务；应聘比率则说明招募的效果，该比例越大，则招聘信息发布的效果越好。

3）录用人员质量评估

主要依据人与岗位的匹配率考察，或根据录用标准对录用人员进行等级排列来评估，还可以用合格的应聘者与不合格的应聘者的比率来衡量。

▶ 2. 招聘方法的评估

1）信度

信度主要指招聘方法的可靠性或一致性，指通过某项测试所得的结果的稳定性和一致性，可分为稳定系数、等值系数、内在一致性系数。

（1）稳定系数。又称重测信度，是指用同一种测试方法对一组应聘者在两个不同时间进行测试结果的一致性，可用两次结果之间的相关系数来测定。稳定系数的高低既与测试方法本身有关，也跟测试因素有关。例如，受熟练程度影响较大的测试，其稳定系数就比较低，因为被测试者在第一次测试中可能记住某些答案，从而提高第二次测试成绩。对于具有较高稳定性的测试内容，例如人格、基本能力倾向等，测试方法的稳定性是十分重要的。

（2）等值系数。它是指对同一应聘者使用两种对等的、内容相当的测试，其结果之间的一致性，可用两次结果之间的相关程度来表示。例如，对同一应聘者使用两张内容相当的个性测试量表时，两次测试结果应当大致相同。

（3）内在一致性系数。主要反映同一测试方法不同题目的测试结果是否具有一致性，可用各部分结果之间的相关系数来判别。

2）效度

效度即有效性或精确性，是指实际测到应聘者的有关特征与想要测的特征的符合程度，效度主要有三类：内容效度、效标关联效度、构想效度。

（1）内容效度。即测试方法能真正测出想测的内容的程度。例如，某测试方法可以测试应聘者的人际交往能力，那么高分就意味着此人有很强的人际交往能力。

（2）效标关联效度。是指根据测试标准得到的测试分数与根据实际工作标准得到的标准分数之间的关系。它说明测试用来预测将来行为的有效性。可以把应聘者在甄选中得到的分数与他们被录用后的绩效分数相比较，两者的相关性越大，则说明所选的测试方法越有效。标准强相关性的一个例子是认知能力测试，这种测试应使分数与人的工作表现精确相关。有效相关系数范围为－1.00～＋1.00。相关系数越接近＋1.00，测试工具越有效。

（3）构想效度。是指测试能够测量到理论上的构想或特质的程度。所谓构想是指一些抽象的、假设性的概念或特质，如智力、创造力、言语流畅性等。这些构想或特质往往无法直接观察，但是每个构想都有其心理上的理论基础和客观现实性，都可以通过各种可观察的材料加以确定。例如，言语流畅性可以通过语速、语句间的逻辑性、口误的数量等可观察的指标进行确定。构想效度的高低表示测试是否能正确反映理论构想的特性。

本章小结

招聘工作是组织进行人力资源管理的核心职能之一，对组织吸引优秀人才、提升核心竞争力具有重要作用。本章详细介绍了员工招聘的含义、地位、意义，并从操作角度重点介绍了招聘的主要程序，内外部招聘的方法与途径等。为组织切实提高员工招聘工作质量提供了理论依据与操作方法。

综合练习

一、名词解释

员工招聘　　招聘计划　　内部招聘　　外部招聘　　笔试　　面试　　招聘评估

二、单项选择题

1. 人员招聘的前提有两个：一是（　　）；二是工作描述与工作说明书，这两个前提是招聘计划的主要依据。
   A. 人力资源分析　　　B. 人力资源预测　　　C. 人力资源规划　　　D. 人力资源评估
2. 广义人力资源规划是企业所有人力资源计划的总称，是（　　）的统一。
   A. 战略计划与战术计划　　　　　　B. 战略规划与组织规划
   C. 人员计划与组织规划　　　　　　D. 费用计划与人员计划
3. 人员需求的信息往往需要通过（　　）审核。
   A. 岗位分析　　　B. 职务分析　　　C. 部门分析　　　D. 岗位和职务分析
4. 简历附件一般不包括（　　）。
   A. 一寸免冠照　　　　　　　　　　B. 设计作品
   C. 专业资格证书　　　　　　　　　D. 具有代表性的获奖证书
5. 最常用的内部招聘方法是（　　）。
   A. 竞争考试　　　B. 布告招标　　　C. 内部晋升　　　D. 推荐选拔
6. 相对于内部招聘而言，外部招聘有利于（　　）。
   A. 培养员工的忠诚度　　　　　　　B. 促进团结、消除矛盾
   C. 招聘到高质量人才　　　　　　　D. 激励员工、鼓舞士气
7. 下列不属于面试考官面试目标的是（　　）。
   A. 创造融洽的气氛　　　　　　　　B. 了解应聘者的知识、技能和非智力素质
   C. 让应聘者了解单位的现实状况　　D. 决定应聘者是否被录用
8. 相对于前一个应聘者的表现来评价接受面试的应聘者，属于（　　）。
   A. 晕轮效应　　　B. 第一印象　　　C. 对比效应　　　D. 录用压力
9. （　　）是指对招聘中的费用进行调查核实，并对照预算进行评价的过程。

A. 招聘数量质量评估 B. 招聘信度效度评估
C. 招聘成本效益评估 D. 招聘方式方法评估
10. 招聘评估的最主要目的是（　　）。
A. 了解录用员工的绩效 B. 知道支出的项目
C. 知道哪些是不应支出的项目 D. 降低今后招聘的费用

三、多项选择题

1. 招聘的程序包括（　　）。
A. 计划 B. 招募 C. 甄选
D. 录用 E. 培训
2. 制定招聘规划时组织所处的外部环境包括（　　）。
A. 政治、经济 B. 市场 C. 法律
D. 技术 E. 文化
3. 关于工作说明书的编写，表述正确的是（　　）。
A. 要尽可能详尽地描述所有职责
B. 使用语言应通俗易懂
C. 工作职责的罗列应该符合逻辑顺序
D. 对于基层员工工作的描述应更具体、详细
E. 可以用完成某项职责所用的时间比重来说明
4. 工作岗位分析的作用有（　　）。
A. 为员工的考核、晋升提供了依据
B. 为选拔、任用合格的员工奠定了基础
C. 是改进工作设计、优化劳动环境的必要条件
D. 为建立较为公平合理的工资制度准备了条件
E. 是制订有效的劳动人事计划，进行人才预测的重要前提
5. 外部招募存在的不足包括（　　）。
A. 进入角色慢 B. 筛选难度大、时间长
C. 招募成本高 D. 影响内部员工积极性
E. 决策风险小
6. 某大型企业要招聘高层管理人员若干，适宜选用的招聘渠道有（　　）。
A. 发布广告 B. 猎头公司 C. 学校招聘 D. 职业介绍所
E. 内部员工保荐
7. 以下属于面试中结构化面试的特点的是（　　）。
A. 能使所有应聘者感到公平 B. 便于对不同应聘者进行比较
C. 操作简单，便于掌握 D. 缺少充分的双向沟通，谈话不够深入
E. 进行起来可能不自然，问题可能显得有些唐突
8. 引起测评结果误差的原因有（　　）。
A. 感情效应 B. 近因效应
C. 晕轮效应 D. 测评指标体系不明确
E. 测评参照标准不明确
9. 招聘的成本效用评估是对招聘成本所产生的效果进行的分析，它主要包括（　　）。
A. 招聘总成本效用分析 B. 招募成本效用分析

C. 人员选拔成本效用分析　　　　　　D. 人员录用成本效用分析
E. 招聘总结成本效用分析

10. 关于录用决策，表述正确的是（　　）。
A. 应当强调人员之间的互补性
B. 应关注求职者与应聘职位的适合度问题
C. 要考虑组织不同发展阶段对于员工素质的不同要求
D. 首先满足当前需要，长远需要应当视具体情况而定
E. 员工的能力若能显著超出应聘岗位的要求，自然更好

四、判断题

1. 当用人部门提出招聘需求时，人力资源部门的招聘负责人首先需要对招聘需求进行分析和判断。（　　）
2. 工作分析是全面评价组织中某个特定工作职务的管理活动，是对该项职务的工作内容和职务规范的描述和评价的过程。（　　）
3. 人员选拔是企业人员招聘工作中最关键，技术性最强，难度最大的环节。（　　）
4. 一般来说，选择招聘地点的规则是，在全国范围内招聘组织的高级管理人才或专家教授；在跨地区的市场上招聘中级管理人员和专业技术人员；在招聘单位所在地区招聘一般工作人员和技术工人。（　　）
5. 有可能出现"裙带关系"的不良现象，滋生组织中的"小帮派"、"小团体"，引发组织内的"政治集团"斗争，削弱组织效能是外部招聘的不足。（　　）
6. 面试中间环节要问应聘者是否还有别的问题，如有，要给予针对性的解释或说明。（　　）
7. 评价中心各种任务的选择要遵循经济性的原则是评价中心设计应注意的问题。（　　）
8. 结构化面试又称结构化面谈或标准化面试，它指面试前就面试所涉及的内容、试题评分标准、评分方法、分数使用等一系列问题进行系统设计的面试方式。（　　）
9. 非结构化面试是对整个面试实施、提问、内容、方式、时间、评分标准等过程因素都进行严格的规定。（　　）
10. 控制招聘风险的主要方法有履历分析和背景调查。（　　）

五、简答题

1. 招聘工作的意义有哪些？
2. 人员招聘的一般程序。
3. 内部招聘与外部招聘各有什么优缺点？
4. 在各种招募方法中，你认为哪种方法更有效？
5. 申请表与个人简历各有什么特点？应如何使用？
6. 作为面试官，在面试中应注意的事项有哪些？
7. 招聘评估工作应如何进行？

六、论述题

1. 以小组为单位，以一家企业或社会组织为例，讨论其员工招聘工作的优缺点，并提出改进意见。
2. 以班级为单位组织一次现场模拟招聘会，由同学们推选出招聘小组，其他同学担任应聘者。招聘会所有活动由同学全程自主组织，教师指导并进行总结评价。

七、案例分析

N公司的招聘工作

N公司是一家民营企业，主要经营软件开发，几个月前将另外一家颇有实力的R软件公司收购过来，R公司的大部分骨干员工以及管理层都搬到新公司上班。几个月下来，N公司的总经理感觉到很多问题不像以前那么好处理，尤其是工资的问题，原来的R公司人员的总体工资比N公司高，当时为了稳定、安抚R公司员工的人心，工资方面暂时没做变动，这样一来，自己原来公司的员工未免怨声载道。尤其是年底绩效考核和资金的发放，更让他头痛，N公司原来的员工与新并入的员工简直势同水火。不仅如此，原R公司的总经理也在其中兴风作浪，拉着他带来的一帮人和老N公司的人明争暗斗。并且，N公司总经理越来越感觉公司原来的人力资源部经理在如此关键时候不仅帮不了自己，还在全公司的中高层会议上（当然有R公司的管理者）出尽洋相，真想立即换掉她。但是，公司的工资状况一直都是她在掌管，自己可真不放心交给新招聘来的外人。再说了，即便要换人，也要换自己熟悉的人，项目工程部的小李就不错，他已经来公司三年了，虽然他没有人力资源管理经验，但至少他的人品自己是了解的，至于经验，在实践中慢慢学习便有了。他的想法得到广泛的支持。甚至人力资源部的经理也表示非常赞同。自己的眼光真是不错，老同志就是老同志，觉悟高，人品好。好吧，小李就做人力资源部的经理，原人力资源部的经理就做副经理。

小李真是好样的，一上任便写报告要求给总经理招聘秘书。原来这总经理作风非常朴实，从来没有秘书，自己的事情从来都是自己做，从不假手他人。公司很多人也颇得总经理的真传，小李当然也不例外。总经理在小李上任的第三天，便看到了小李亲自起草并加班打印出来的招聘启事：

招 聘 启 事

（公司介绍略）

N公司现诚聘秘书一名，要求：正直、诚实、勤奋、肯干。

年龄：30岁以下，女，名牌大学文秘专业毕业，本地户口，有三年以上的工作经验。符合条件者，请将简历寄到某某公司某某收。合则约见，勿电勿访。资料概不退回。

1. 该公司为什么会出现这种错综复杂的斗争局面？
2. 如果你是人力资源部负责人，应采取何种措施缓解并且消除这种斗争局面？
3. 总经理对人力资源部做如此的人事安排是否有助于解决问题？为什么？
4. 分析"招聘启事"的缺陷，并重新设计一个"招聘启事"。

第六章 员工培训与开发

>>> 学习目标

员工培训与开发是组织人力资源开发的主要方式，也是人力资源管理的核心职能之一。本章主要介绍员工培训与开发的含义、作用、原则、培训与开发系统，培训需求分析的内容与方法，培训规划的主要内容，培训的实施与评估，员工的分类培训以及员工的职业生涯管理。

1. 认识和理解员工培训与开发在人力资源开发与管理中的重要作用。
2. 理解员工培训与开发的含义与作用。
3. 领会员工培训与开发系统的核心内容。
4. 掌握员工培训需要分析方法。
5. 熟悉并灵活应用培训管理的相关技能。

导入案例

名企海尔是如何做新员工培训的

海尔作为一个世界级名牌企业，每年招录上千名大学生，但是离职率一直很低，离开的大部分是被淘汰的（海尔实行10/10原则，奖励前10％的员工，淘汰后10％的员工），真正优秀的员工绝大部分会留下来。海尔的新员工培训是如何进行的？

一、稳定员工心态

毕业生新到一个与学校完全不同的陌生环境，总会有些顾虑：待遇与承诺是否相符，会不会得到重视，升迁机制对自己是否有利，等等。在海尔，公司首先会肯定待遇和条件，让新人把"心"放下，做到心里有"底"。接下来组织新、老大学生见面会，人力中心、文化中心和旅游事业部的主管领导与新人面对面地沟通，使新员工尽快了解海尔，解除他们心中的疑问，不回避海尔存在的问题，并鼓励他们发现、提出问题。另外还与员工就如何进行职业发展规划、升迁机制、生活方面等问题进行沟通，让员工真正把心态端平放稳。

二、鼓励说出心里话

让员工把话说出来是解决矛盾的最好办法。如果你连员工在想什么都不知道，解决问题就没有针对性。开辟"绿色通道"是个不错的方案，可以使他们的想法第一时间反映上来。海尔给新员工每人都发了"合理化建议卡",员工有什么想法,无论制度、管理、工作、生活等任何方面都可以提出来。对合理化的建议,海尔会立即采纳并实行,对提出人还有一定的物质和精神奖励。而对不适用的建议也会给予积极回应,因为这会让员工知道自己的想法已经被考虑过,他们会有被尊重的感觉,更敢于说出自己心里的话。在新员工提的建议与问题中,有的居然把"蚊帐的网眼太大"的问题都反映出来了,这也从侧面表现出海尔的工作相当到位。

三、培养"家"的感觉

海尔不像外界传说的那样,好像除了严格的管理,没有一点人性化的东西。"海尔人就是要创造感动",不只是一句口号,领导对新员工的关心到了无微不至的地步。新员工军训时,人力中心的领导会把他们的水杯一个个盛满酸梅汤,让他们一休息就能喝到;集团的副总专门从外地赶回来的目的就是为了和新员工共度节日;集团领导对员工的祝愿中有这么一条"希望你们早日走出单身宿舍";海尔为新员工统一过生日,每个人都得到一个温馨的小蛋糕和一份精致的礼物;首席执行官张瑞敏曾特意抽出半天时间和700多名大学生共聚一堂,沟通交流。这些,对于长期在外漂泊、对家的概念逐渐模糊的大学生(一般从高中就开始住校)来说,海尔所做的一切又帮他们找回了"家"的感觉。

四、树立职业心

当一个员工真正认同并融入企业当中后,就该引导员工树立职业心,让他们知道怎样去创造和实现自身的价值。海尔对新员工的培训除了开始的导入培训,还有拆机实习、部门实习、市场实习等一系列的培训,海尔花费近一年的时间来全面培训新员工,目的就是让员工真正成为海尔躯体上的一个健康的细胞,与海尔同呼吸、共命运。

资料来源:中国人力资源开发网WWW.Chinahrd.net

案例思考:
1. 如何对新员工开展培训?
2. 如何对培训效果进行评估?

员工的培训与开发是现代组织人力资源管理的一项重要工作内容,是人力资源开发与管理的核心之一。从员工个人来看,培训和开发可以帮助员工充分发挥和利用其人力资源潜能,更大程度地实现其自身价值,提高工作满意度,增强对组织的归属感和责任感。从组织来看,对员工的培训和开发是组织适应当前多变的生存环境、信息网络化、知识创新和组织变革的必然选择,已经成为组织获取和保持竞争优势的重要手段。当前,越来越多的组织认识到了员工培训和开发的重要性,并加大投入。

第一节 员工培训与开发概述

一、员工培训与开发的含义与意义

▶ 1. 员工培训与开发的含义

员工培训与开发是由组织有计划地提供的,为了使员工获得或改进知识、能力、态度和行为,达到提高组织工作绩效、员工和组织共同发展的目的而进行的系统化的教育训练与开发活动。

当今世界，一个国家、一个地区、一个单位的命运，归根结底取决于其人员素质的高低。人员素质的提高，一方面需要个人在工作中的钻研和探索，更重要的是需要有计划、有组织的培训。发达国家、世界知名的优秀企业无一例外地高度重视员工培训与开发，将其视为21世纪组织最主要的竞争武器。根据美国培训与开发协会所做的调查，2000年后，美国企业每年的培训和发展费用超过了2500亿美元，并且以较高比率持续增长；全美大约有20万人力资源开发专业人员，大多数在公司里供职；超过70%的高层经理、专业人员和技术工人得到了公司提供的再培训；人力资源开发专家的待遇水平和地位不断提升；美国大公司中89%在总公司配备有一名人力资源执行总裁。这些结果表明了员工培训与开发在美国企业中得到了普遍重视。同时，培训与开发工作在国内组织中也越来越受重视。

案例阅读

培训是不断的学习

雀巢的人才理念是自己培养和发展自己的人才。管理培训生项目即是从应届毕业生开始培养，帮助他们一步步走上管理层的岗位。雀巢的培训体系秉承70:20:10的理念，即70%的在岗培训，20%的辅导和同事之间的交流学习，10%的课堂培训。"在雀巢，我们所说的企业培训，不仅仅是简单的授课和狭义上的培训，更是一种学习。"雀巢大中华区人力资源资深副总裁夏荼縻(MaseleSiatu'u)如是说。Learning的概念由雀巢全球输入中国，中国员工也享有很多海外学习的机会。除了安排一些国内员工到瑞士、菲律宾等地进行国际培训，雀巢还跟IMD(瑞士国际管理发展)学院，Lausame学院等有很直接的合作，很多雀巢的中国员工会到IMD学院去学习PED，去相关院校学习MBA。此外，雀巢有一门专为培养下一代领导人的领导力课程，为期两周，其中一周是在中国，这也足以说明了雀巢对中国市场的重视。

资料来源：中国人力资源开发网 www.chinahrd.net

▶ **2. 员工培训与开发的意义**

对员工进行培训与开发具有重要意义，主要表现在以下方面。

(1) 有利于实现组织的发展目标。在现代科学技术飞速发展、市场竞争空前激烈的情况下，知识技能更新和市场情况变化已是司空见惯的事情。任何组织都必须正视这一事实，运用现代科学技术成果，把握市场机遇，谋求组织的生存和发展。组织要开发新产品、运用新工艺、扩大生产规模、开拓产品市场等，都需要优秀的人才。通过对员工进行培训与开发，提高员工素质，使他们能够更好地实现组织目标。

(2) 有利于实现员工个人的发展目标。员工个人也有自己的发展目标，如希望掌握新的知识和技能，获得更高的薪酬和福利、希望晋升、希望获得教育训练的机会等。真正有效的员工培训与开发不仅能够促使组织目标的实现，而且能够提高员工的职业能力和发展空间，提升其适应环境变化的能力，直接或间接地满足员工自身发展的需要。国内企业把人才的来源首先定位在引进上，其次才是培训。事实上，由于对人才开发、培训的不重视，使国内一些企业吃了不少苦头。就拿吸引人才来说，各方面条件俱佳的应聘者大都选择外企、合资企业，甚至私企，而国企，包括一些有名的国企，往往只能引进些二三流的人才。原因何在？应聘者们道出了心声：薪酬、福利、户口固然重要，但一套公平、良好的培训机制，更是一个自我发展和提高的平台，个人价值能得到充分的体现和尊重。以往大学毕业生找工作最看重的是薪水的高低，但是，近几年来毕业生已不再过分关心第一份工作能挣多少钱，而是更多地关心自己在公司里能否得到锻炼、学到本领，是否有机会提高自己，以便将来能够胜任更重要的岗位。随着毕业生就业观念的转变，不少企业的人力资源部门也逐渐认识到，要吸引优秀的高校毕业生，除了保证一定的薪酬福利外，"为人才提供培训和发展机会"越来越成为吸引优秀人才的重要砝码。

(3) 是获得高素质人力资源、保持组织竞争优势的重要途径。员工培训与开发可以为组织内成员创造持续学习的机会，使员工与组织拥有共同的理念，提高组织的绩效，达到组织和员工"双赢"的目的。员工培训与开发不仅能够更经济、可靠地获得人才，提高组织人力资源的质量，而且能有效地激励员工，培养员工的归属感和忠诚度，从而成为组织竞争力的来源之一。目前，国际上企业都十分重视培训与开发工作。国际大公司的培训总预算一般占上一年度总销售额的1%～3%，最高的达7%。早在20世纪80年代，美国就有90%的公司有正式的培训预算，雇员每年平均接受15小时以上的培训，大公司每年平均花费52.7万美元用于培训，小公司平均每年花费21.8万美元，全美每年花费300亿美元用于正式的培训，1800亿美元用于非正式的培训。但有关调查研究发现，我国国有企业中30%以上的人力资本投资只是象征性地拨一点教育、培训费，年人均在10元以下；20%企业的教育、培训费年人均在10～30元之间。

(4) 有利于组织文化建设和实施。培训与开发并不只是简单地提升员工技能，传播公司文化和经营理念、与员工有效沟通、提升组织学习能力、实施制度和战略等，都离不开培训与开发。通过培训开发，可以让员工了解和认同组织的价值观、组织使命、目标任务和共同愿景等。使其逐步理解、接受企业文化，理解并能够有效地贯彻组织的战略意图。如联想集团和海尔集团都把组织文化的培训作为员工尤其是新员工的一项重要培训内容，使员工能够认同和接受组织文化，自觉遵从组织的行为模式，企业也因此得以完善了组织文化的建设。

(5) 是人力资本再生产的重要方式。人力资本理论创始人、1979年诺贝尔经济学奖获得者西奥多·舒尔茨(T. W. Schultz)在20世纪60年代依据大量的实证分析得出了一个突破性结论：在现代社会，人的素质(知识、才能和健康等)的提高，对社会经济增长所起的作用，比(物质)资本和劳动(指非技术性劳动)的增加所起的作用要大得多，而人的知识才能基本上是投资(特别是教育投资)的产物。按照这种理论，不应当把人力资本的再生产仅仅视为一种消费，而应视同为一种投资，这种投资的经济效益远大于物质投资的经济效益。而且人力资本投资不再符合边际收益递减规律，而是边际收益递增的。培训与开发可以提高员工的知识和技能，是组织人力资本投资的重要形式。组织对培训与开发投资带来的收益率远远高于其他投资的收益率。

20世纪90年代，人类社会进入了知识经济时代，企业竞争的焦点不仅是资金、技术等传统资源，而是建立在人力资本基础之上的创新能力。同时，经济的全球化发展使得企业间的竞争范围更加广阔，市场变化速度日益加快，面对这种严峻的挑战，企业必须保持持续学习的能力，不断追踪日新月异的先进技术和管理思想，才能在广阔的市场中拥有一席之地。于是，不断增加对人力资源的投资，加强对员工的教育培训，提升员工素质，使人力资本持续增值，从而持续提升企业业绩的和实现战略规划，成为企业界的共识。

二、员工培训与开发的目标

各组织在进行员工培训与开发时都会制定不同的目标，但基本目标主要是以下几点。

（1）通过对员工培训与开发达成员工对组织文化、价值观、发展战略的了解和认同。

（2）使员工了解并遵守规章制度、岗位职责与工作规范，确保规章制度的贯彻执行。

（3）提高员工的知识与技能水平，增强员工工作能力，改善工作绩效。

（4）提高员工职业道德水平，端正工作态度，增强员工的工作热情和合作精神，建立良好的工作环境和工作气氛。

（5）配合员工个人和组织发展的需要，对具有潜在能力的员工，通过有计划的人力开发使员工个人的事业发展与组织的发展相结合。

三、员工培训与开发的原则

▶ 1. 战略原则

现代组织的员工培训与开发应与组织的战略目标紧密结合，通过对人员的有效培训与开发帮助组织达到目标。应具有全局观念，把培训与开发纳入人力资源管理工作的整体流程中来决定培训内容、方法、对象等。

▶ 2. 长期性原则

员工培训与开发需要组织投入大量的人力、物力，这对组织的当前工作可能会造成一定的影响。有的员工培训项目有立竿见影的效果，但更多的培训要在一段时间后才能反映到员工的工作绩效或组织的经济效益上，尤其是管理人员和员工观念的培训。因此，要正确认识人力资本投资的长期性和持续性，摒弃急功近利思想，坚持人才开发的长期性。

▶ 3. 学以致用的原则

培训与开发在内容上应当有明确的针对性，从工作和个体的需要出发，与职位特点紧密结合，与培训对象的年龄、知识结构、能力结构、思想状况紧密结合，这样才能收到实效。

▶ 4. 投入产出原则

员工培训与开发是组织的一种投资行为，和其他投资一样，我们也要从投入产出的角度来考虑问题。员工培训与开发投资属于智力投资，收益高于实物投资收益。但这种投资的投入产出衡量具有特殊性，培训投资成本不仅包括可以明确计算出来的会计成本，还应纳入机会成本。培训产出不能纯粹以传统的经济核算方法来评价，它包括潜在的或发展的因素，还有社会因素。

▶ 5. 培训方式和方法多样性原则

组织中从普通员工到最高决策者，所从事的工作不同，创造的绩效不同，能力和应达到的工作标准也不相同。因此，不同的员工通过培训所要获取的知识也就有所不同。

培训内容主要根据培训需求分析来确定，而培训内容不同，培训方式和方法也应有所不同。如一线员工操作技能培训采用模拟训练法比较合适；管理人员管理技能培训主要采用案例讨论法、情景模拟法等。

▶ 6. 个人发展与组织发展相结合的原则

员工在培训中所学习和掌握的知识、能力和技能应有利于个人职业的发展。这也是调动员工参加培训积极性和工作积极性的有效手段。员工在接受培训的同时，会感受到组织对他们的重视，有利于提高对自我价值的认识，增加职业发展机会，同时促进组织的发展。

▶ 7. 全员培训和重点提高相结合的原则

全员培训就是有计划、有步骤地对在职的各级各类人员都进行培训，这是提高全员素质的必由之路，但全员培训并不是说对所有的员工平均分摊培训资金。在全员培训的基础之上，要强调重点培训，这个重点对象就是对组织的兴衰有着更大影响力的管理人员和技术骨干，即我们通常所说的核心员工或知识型员工。

案例阅读

北美最大的房地产商凯勒威廉姆斯公司坚信：
"培训造就了我们所有的成功"

在2015年美国Training杂志Top125评选中，凯勒威廉姆斯国际房地产公司首次夺得榜首。其新任CEO克里斯·海勒（Chris Heller）介绍："我们研究了本公司最成功领导者的行为，将其建成模型，然后以此为基础来开发所有的培训和训练方案。因为我们的顶尖代理商在不断地互相学习、改进想法，所以我们的培训也在不断进步。"

作为一家重视学习的公司，凯勒威廉姆斯公司一直都在对培训进行投资。2014年，公司将各个培训部门统一化，拓展了凯勒威廉姆斯大学的教学资源，帮助公司的房地产代理商将自己培养成市场专家。为了持续扩张业务，凯勒威廉姆斯公司利用各种培训项目提升代理商们的业务扩张能力和业绩水平，增强每一位员工的竞争能力和协作能力，提高员工敬业度和公司对潜在新员工的吸引力，形成了一套体系化的"业务扩张之路"。

资料来源：中国人力资源开发网 www.chinahrd.net

四、员工培训与开发的分类

（1）按培训对象分为决策人员培训、管理人员培训、技术人员培训、业务人员培训和操作人员培训。

（2）按培训内容分为员工知识培训、员工技能培训和员工职业道德培训。对员工进行职业道德培训是一项长期工作，应当与企业文化建设联系起来。

（3）按培训性质分为适应性培训（新员工）、提高性培训（老员工）和转岗性培训（不同技能）。

（4）按培训时间分为在职培训、脱产培训和半脱产培训。

在职培训即员工在实际工作中得到的培训，比较经济，不需要另外设置场所、设备，而是利用现有的人力、物力来实施。同时，培训对象不脱离岗位，不影响工作。

脱产培训即受训者脱离工作岗位，专门接受培训。

半脱产培训介乎于上述两种形式之间，可在一定程度上克服两者的缺点，吸纳两者的优点。

（5）按培训地点分为组织内培训和组织外培训。

组织内培训除了特指培训班的地点外，还泛指工作轮换、事务处理、情景模拟等类型；组织外培训包括参观访问、学校进修、国外深造等形式。

五、员工培训与开发系统模型

员工培训与开发对组织的生存与发展非常重要，而且员工培训与开发需要投入的物质成本与时间成本又较高，因此，为了确保取得理想的培训效果，就必须遵循科学的系统流程。一般来讲，员工培训与开发系统模型主要包括五个环节：培训需求分析、确立培训目标、制定培训规划、培训实施、培训评估，如图6-1所示。

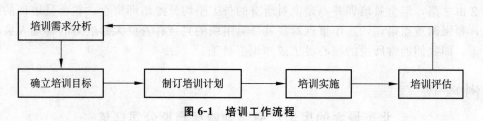

图 6-1　培训工作流程

培训需求分析主要是了解和确定组织中哪些部门、哪些岗位需要培训，培训什么，在什么时间培训的问题，并对所有需要培训的对象与内容进行重要性和急迫性排序，最终确定当期需要安排的培训对象与内容。

培训目标是组织期望通过培训与开发实现的具体目标，最好能有量化指标和具体说明。因为培训目标将为培训计划提供明确的方向和构架。有了目标，才能确定培训对象、内容、时间、教师、方法等具体内容，并可在培训之后，对照此目标进行效果评估。

培训计划也就是培训方案，是培训目标的具体化与操作化。主要包括培训目标、培训项目、培训对象、培训机构、培训讲师、培训内容、培训教材、培训方法、培训现场管理制度、培训后勤保障、培训时间地点、培训费用预算、培训效果评估方案等。

培训实施是对培训计划的具体实施，主要包括培训前的准备工作、培训的具体实施与现场管理控制，这也是培训工作能否顺利实现预期目标的重要环节，需要培训师和现场管理人员密切配合，认真执行培训计划，并根据现场学员反应与反馈及时修正培训计划，确保培训目标实现。

培训评估是对培训工作进行的总结与评价，并为以后的培训计划的制订提供依据。要根据培训目标制定科学的评估标准，采用适宜的评估方法，选择适当的评估时机与评估人员，以保证评估结果的客观性与真实性。最后，根据评估结果撰写培训评估报告，上报有关领导审阅。

以上培训与开发系统模型的主要内容将在后面的章节中详细阐述。

六、现代培训与开发的发展趋势

组织培训与开发作为组织经营策略的重要组成部分，受技术发展和管理理念的影响，近年来变化和发展十分迅速。

▶ 1. 培训组织的多样性

企业大学进一步发展，专家预测企业将会在更大程度上介入教育和职业培训。我国一些著名企业，如联想集团，也把培训纳入集团的战略规划，建立和发展联想管理学院和各级培训部门，在培训方面加大资金投入，使培训管理科学化和制度化。国外一些公司在加强员工培训时，很注意与高校的联合与协作。产学合作，不仅发挥了高校科技、人才、信息的优势，也利用了企业基础设施、资金的优势。另外，还有一些公司把培训功能部分外包，由专门的培训机构承担具体课程的培训，公司只负责培训战略和目标的制定。

▶ 2. 从培训到持续学习

从 20 世纪 80 年代开始，在企业界和管理理论界，出现了推广和研究学习型组织的热潮，并逐渐风靡全球。美国的杜邦、英特尔、苹果电脑、联邦快递等世界一流企业，纷纷建立学习型组织。在我国建立学习型组织也是当前管理界和企业界共同关注的热点。可见，组织学习已成为组织和管理理论及实践的一个中心议题，所以今后的培训将从一般意义上的员工培训发展为整个组织层面上的学习。

▶ 3. 培训手段的技术化

从基于 CD-ROM 为媒体的计算机辅助学习,到视听培训和计算机辅助学习相结合的多媒体教学,再到以内部网和互联网为基础的网络培训(俗称 E-learning),以及其他一些新技术如学习软件的广泛应用,已经对传统的课堂培训产生了很大影响。

▶ 4. 培训内容国际化和本土化的结合

越来越多的公司意识到"如果我们自己不走向全球化,全球化将会走向我们"。全球化成为一种趋势,这也对企业的经营战略、人力资源管理以及培训发展产生了深远的影响。过去,跨国公司对中国员工进行培训时,往往采用的是母国的培训体系和内容,有时会让员工感觉和中国实际相差太远,后来,一些公司进行改进,在中国的培训采用中国案例和实践。而进一步的趋势将是既吸取了国际化的优秀实践又结合了当地具体情况的培训。

▶ 5. 培训 JIT

虽然在实践中根据企业发展要求制定培训目标和计划是非常有必要的,但在当今外部环境变化非常迅速的情况下,企业培训也要有 JIT(just in time)的观念,即及时给予员工需要的培训,以使其能够迅速胜任新的工作和任务要求,这就要求培训管理部门有较强的洞察力和应变能力。

案例阅读

培训须知:减少无效学习的五个关键

无效学习是学习迁移转化失败的结果,员工如果无法学以致用,就会浪费组织相当高的成本。减少无效学习的五个关键点如下。

(1) 将学习融入工作流程。70%~80% 的学习均发生在工作中,所以应将学习无缝嵌入员工的日常工作中。企业需要通过学习管理系统提供丰富的学习资源,学习发展团队也需通过将学习资源融入工作来"解放学习",不能仅依赖学习管理系统或培训工作提供学习支持。

(2) 确保高质量的内容。该关键点包含了三个重要内容:一是质量把控,通过可信赖的途径获取学习内容,再判断教学设计、学习内容是否符合成年人的学习特征;二是学习内容必须以绩效为导向,以多样化的学习形式满足不同学习者的学习偏好;第三,良好的教学设计应用观察演示、模拟演练、互动、有反馈的评估、实际操作练习等教学策略。

(3) 强化学习。心理学家赫尔曼·艾宾浩斯发现,强化学习可提高记忆的保留时长,从学到用的时间间隔越长,被遗忘的内容就越多。因此,学习发展团队需和员工共同制订学习方案,并帮助员工找到可巩固已学内容的支持性资源。在培训学习之后,以一天或一周为周期,合理安排强化巩固措施。

(4) 使学习符合业务目标。想让学习符合业务目标,学习发展团队需首先了解企业目标。当业务目标需要特定绩效表现时,学习发展团队可提供相应的方案给予支持,与业务部门共同确定预期绩效,学习发展专家再将其分解成一系列胜任力、技能或行为表现。之后可根据绩效预期制订出学习方案并设定评估学习效果的标准。制订学习方案时还需要考虑到目标学员需培养哪些技能,同时分析学员现状,选择符合学员学习的资源表现形式和项目实施方式。

(5) 赢得经理支持。在学习项目发生前,经理需对项目做出合理的预期,了解员工需要参加的学习项目、预计可能发生的改变,并考虑如何将所学内容应用到工作上。此外,经理还需评估员工是否准备好参与学习项目,确保员工已具备学习项目要求的特定知识和技能,以便真正获益。当学习项目发生后,经理还需跟进员工的学习情况。

资料来源:中国人力资源开发网 www.chinahrd.net

第二节 培训需求分析

培训需求分析是培训与开发系统模型中的首要环节,它要回答为什么要培训以及培训要达到怎样效果的问题,它是确立培训目标、设计培训方案、实施培训计划和评估培训效果的基础。只有通过培训需求分析,才能确定期望达到的效果,也才能依此判断是否达到了培训目标,培训是否有效。因此,正确进行培训需求分析是十分重要的。

一、培训需求分析的含义

培训需求分析是指在培训活动正式运作之前,采用一系列相关的方法和技术,对组织的发展状况和员工的资质水平进行系统的调查分析,从而制定出具体的培训内容、培训对象、培训方式的过程。

在组织中,培训需求分析的参与者通常包括人力资源部工作人员、员工本人、上级、同事、下属、有关项目专家、客户和其他相关人员。随着现代科学技术的飞速发展及社会的广泛进步,作为培训活动首要环节的培训需求分析,在培训活动中的地位越来越重要。过去那种不进行系统的培训需求分析,而是拍脑袋式盲目决定培训需求的做法,只会增加费用,达不到应有的效果。

二、培训需求分析的内容

美国学者麦吉(McGehee)和塞耶(Thayer)早在1961年就提出了培训需要分析的三层次分析法,如表6-1所示。后人在此基础上进行了改进与完善。

表6-1 麦吉和塞耶的判定培训需求的三层次分析法

层次分析	目的	方法
组织分析	决定组织中哪里需要培训	根据组织长期目标、短期目标、经营计划判定知识和技术需求 将组织效率和工作质量与期望水平进行比较 制订人事接续计划,对现有雇员的知识/技术进行审查 评价培训的组织环境
任务分析	决定培训内容应该是什么	对于个人工作,分析其业绩评价标准、要求完成的任务和成功完成任务必需的知识、技术、行为和态度
员工分析	决定谁应该接受培训和他们需要什么培训	通过使用业绩评估,分析造成业绩差距的原因 收集和分析关键事件 对员工及其上级进行培训需求调查

资料来源:张德.人力资源开发与管理.4版.北京:中国人民大学出版社,2012.

当前,进行培训需求分析时一般从组织、任务(能力)和个体三个层面进行分析。通常回答组织(或岗位)需要员工具有什么水平的理想能力(职业道德、知识、专业技能)、员工的现实能力水平状况、现实能力水平和理想能力水平的差距有多大以及通过什么培训方式解决这些差距的问题。

▶ 1. 组织层面分析

培训需求的组织分析依据组织目标、组织资源、组织特征和组织环境等因素，分析和找出实现组织目标与组织现有状况的差距，确定在整个组织中哪个部门、哪些业务需要实施培训，哪些人需要加强培训，包括以下内容。

（1）组织目标

明确的组织目标既对组织发展起决定性作用，也对培训计划的制订与执行起决定性作用。主要围绕组织目标的达成、政策的贯彻是否需要培训。根据组织长期目标、短期目标、经营计划判定对员工的知识和技能需求。例如，如果一个组织的目标是提高产品的质量，那么培训活动就必须围绕这一目标进行。

（2）组织资源

组织资源分析包括对组织的资金、时间、人力等资源的分析。资金是指组织所能提供的经费，将决定培训的宽度和深度。时间是培训工作的前提和保障。如果时间紧迫或安排不当，就会影响培训效果。人力则是决定培训是否可行和有效的另一关键因素，人力状况包括：人员数量、年龄、技能和知识水平、工作态度和工作绩效等。通过分析判定现有人力资源的工作质量和效率是否符合期望水平。

（3）组织特征

组织特征分析主要是对组织的系统结构、组织文化和信息传播等进行了解。当培训计划和组织的价值观不一致时，培训的效果则很难保证。员工的工作精神、工作态度、对组织的向心力、凝聚力以及对企业文化的理解、接受程度等与组织目标的达成有重要关系，将产生特定培训需求。

（4）组织所处环境

当今市场竞争使许多企业组织不仅仅是进入新的市场，还可能要从事全新的行业或业务。与此相对应，培训也就不可或缺。当一个企业计划进入新的市场，就需要培训员工如何在新的环境中进行销售，如何生产新产品、提供新服务等。随着组织所处环境变化，培训需求也会相应发生变化，必须要认真加以分析。

▶ 2. 任务（能力）分析

任务（能力）分析是根据从组织层面分析获得所需信息，评估在工作中将要完成的任务，确定完成这些任务需要的能力水平，步骤如下。

（1）描述任务。运用有关分析方法描述在工作中需要完成的任务。

（2）工作任务分类。描述任务完成后，将每一个工作任务分类，如某管理者的工作也许包括同其他部门交往等四五项工作任务。

（3）描述能力要求。通过分析确定成功完成任务所必需的知识、技术、行为和态度等。有效的方法之一，是由监督者和资深员工组成工作组，工作组成员根据任务描述确定成功完成这些工作任务所需要的能力水平。

（4）确定各任务（能力）的重要性。相关的任务和能力要求确定后，各项任务和能力的重要性就成为必须确定的内容。因为，各项任务和能力的重要性确定后，就可以决定对员工的培训内容或各项培训工作开展的优先顺序。

无论对组织还是员工个人，任务（能力）培训需求分析在决定培训内容方面都起着关键性作用，是至关重要的。

▶ 3. 员工个人培训需求分析

培训需求分析的第三个层面是解决员工的培训需求问题。在以往的培训工作中，组织不太重视这个层面的需求，容易造成员工被动学习的局面。组织花费较多的人力、物力和财力，却没有得到培训应该有的效果，这也是当前培训工作难以尽如人意的一个极其重要的原因。

员工个人的培训需求分析，一般包括以下两个方面的内容。

（1）员工培训意向调查。通过员工问卷调查、征询管理部门意见等方法，了解员工个人发展目标和意见，自愿参加的培训项目、愿意消耗的时间和期望获得的收益等。

（2）评估分析员工的工作行为和培训意向。将员工的实际工作绩效和工作绩效标准比较，找出两者之间的差距并加以分析，结合员工个人的受训意愿，确定员工需要参加培训的种类以及相关程度。

就员工个人而言，尽可能地从其他渠道得到关于自己的反馈信息是特别关键的，如客户、朝夕相处的同事和上司都会提供有益的反馈信息和帮助。虽然客观地自我评价是很困难的，但对自己的能力和不足进行一次准确的分析和评价对自身发展非常有益。所以，冷静地审视自己、思考自己哪些方面存在不足，应获得哪些新的技能是必须的。

组织、任务、员工三个层面的培训需求分析是一个有机的系统，缺少任何一个层面都不能进行有效的分析。在现实中，组织、工作、人员三方面的需求往往并不完全一致，而是呈交叉现象。组织应在上述三个方面培训需求分析的基础上，平衡组织、任务和员工需求，尽可能选取三方的共同需求区域，形成组织的员工培训需求总体分析。

三、培训需求分析方法

▶ 1. 整体分析法

整体分析法是从组织的整体现实出发，以战略目标为依据确定组织培训需求的方法。整体分析法一般从分析反映组织经营状况的指标开始，如经营环境、利润率、投资回报率、销售利润率、员工流动率、客户满意率、权益报酬率等。通过分析这些指标，找出组织在技术、生产、经营、管理等方面的差距，从而确定各种不同的培训需求。

这种方法具有操作方便、容易得出具有普遍意义的培训需求，从而引起高层管理人员重视的优点。但是，这种方法必须以得到充分的数据为基础，并理解掌握它们，然而得到这些详细的数据是比较困难的。

▶ 2. 访谈法

访谈法是通过与被访谈人进行面对面的交谈来获取培训需求的信息。可以通过与企业管理层面谈，了解组织对人员的期望；也可以与有关工作负责人面谈，从工作角度了解需求；还可以与普通员工面谈，了解员工的个人发展目标和培训需求。访谈可以是结构式的，也可以是非结构式的，即针对不同对象提出不同的问题，一般情况下，两种方式相结合，以结构式访谈为主，非结构式访谈为辅。

访谈法需要专门的技巧，一般要提前对访谈者进行培训。访谈时要注意以下几点。

（1）确定访谈的目标，也就是明确"什么信息是最有价值的，是必须得到的"。

（2）准备全面的访谈提纲，这对于启发、引导被访谈者讲述关键的信息，防止转移访谈中心是非常关键的。

（3）营造融洽的、相互信任的访谈气氛。这对于收集到的信息的正确性与准确性是非常重要的。

▶ 3. 观察法

观察法是通过到工作现场，观察员工工作表现，发现问题，获取信息数据，从中分析出该员工需要培训的内容。运用观察技巧的第一步是明确所需信息，然后决定观察对象。观察法最大的一个缺陷是被观察者意识到自己被观察时，他们的一举一动可能会与平时不同，从而使观察结果产生很大偏差。因此观察时可增加观察者人数或组成观察小组，并应尽量隐蔽并进行多次观察，这样有助于提高观察结果的准确性。使用观察法时应注意以下几点。

（1）观察人员必须对要观察的员工所从事工作有深刻的了解，知道其行为标准。

（2）进行现场观察，应不干扰工作者的正常工作，并注意隐蔽。

（3）观察法适用范围有限，一般适用于简单和重复性高的工作，不适用于技术要求高的复杂性工作。

▶ 4. 关键事件法

关键事件是指那些对组织目标起关键性作用的事件。关键事件的记录为培训项目分析提供了方便而有意义的消息来源。关键事件法要求管理人员记录员工作行为中的关键事件，包括导致事件发生的原因和背景，员工的特别有效和失败的行为，关键行为的后果等。使用关键事件法应注意以下两个方面。

（1）制定保存重大事件记录的指导原则并建立记录媒体（如工作日志、主管笔记等）。

（2）对记录进行定期分析，明确员工的能力或知识方面的缺陷以确定培训需求。

▶ 5. 任务分析法

任务分析法也称工作分析法或工作盘点法。进行任务分析时，通常使用工作说明书和工作规范。工作说明书中一般会明确规定以下内容。

（1）每个岗位的具体工作任务或工作职责。

（2）对上岗人员的知识、技能要求或资格条件。

（3）完成工作职责的衡量标准。

除此以外，还可以使用工作任务分析记录表，记录工作中的任务和所需技能。工作任务分析记录表包括工作的主要任务和子任务，各项工作的执行频率、绩效标准、执行工作任务的环境，所需的技能和知识以及学习技能的场所。显然，依据上述几方面的信息，再与员工个人的实际状况相对比，就可以确定需要培训的内容了。

▶ 6. 绩效分析法

培训的最终目的是改进工作绩效，减少或消除实际绩效与期望绩效之间的差距。因此对个人或集体的绩效进行分析可以作为确定潜在需求的一种方法，是考察员工或部门目前的绩效与组织目标的理想绩效间存在的差距，以及通过培训缩小这些差距的方法。图6-2描述了绩效分析的一般流程。

运用绩效分析法需要集中把握以下四方面内容。

（1）将明确规定并得到一致同意的标准作为考核的基准。

（2）集中注意希望达到的关键业绩指标。

（3）确定未达到理想业绩水平的原因。

（4）确定通过培训是否能够达到理想的业绩水平。

▶ 7. 问卷调查法

问卷调查法是以标准化的问卷形式列出一组问题，要求调查对象就问题进行回答或是非选择后，调查者对问卷信息进行整理、汇总、分析，从而确定培训需求的方法，这是组

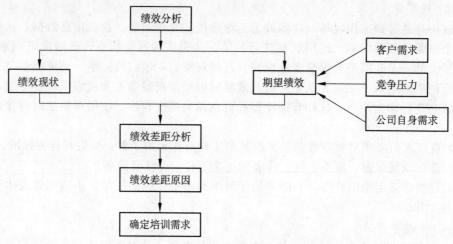

图 6-2 绩效分析的一般流程

织经常使用的一种方法。当需要进行培训需求分析的人员较多,并且时间较为紧迫时尤为适用。

在进行问卷调查时,问卷的编写非常重要。一份好的问卷通常需要遵循以下步骤。

(1) 列出希望了解事项的清单。

(2) 一份问卷可以由封闭式问题和开放式问题组成,两者视情况各占一定比例。

(3) 对问卷进行编辑,并最终成文。

(4) 请他人检查问卷,并加以评价。

(5) 在小范围内进行模拟测试,并对结果进行评估。

(6) 对问卷进行必要的修改。

(7) 实施调查。

这种方法的优点是调查面广,资料来源广泛,收集信息多,相对省时省力。缺点是调查结果是间接取得,如对结果有疑问,无法当面澄清或证实;调查对象容易受问题误导,获得的深层信息不够等。

▶ 8. 经验预测法

有些培训需求具有一定的通用性或规律性,可以凭借丰富的管理经验进行预计。对于预计到的培训需求,可以在需求发生之前采取对策,这样既避免了当需求临时出现时,给培训工作带来的压力,又防止了可能发生的某些由于缺乏培训带来的损失。根据经验预计培训需求一般可通过以下途径。

(1) 根据同行企业或相似企业中已出现的问题,作为本企业培训需求分析的参考对象,防患于未然,可据此确定本企业的培训目标。

(2) 每次招收新员工,都要进行上岗导向培训,让新员工熟悉企业的新环境。因此,可安排一个常设的培训教程来为新员工提供上岗导向培训。

(3) 新设备或新程序的引进。让培训成为采用任何新技术、新工艺的一部分,使员工能够有效地掌握新技术和新工艺。据统计,生产前期所花费的培训成本远远小于由于缺乏技能而造成的生产力或生产效率下降带来的损失。

(4) 提升和晋级。当员工获得提升和晋级的机会时,也就被赋予了新的职责。新的职责需要新的知识和技能,根据新岗位和新的工作要求进行培训就成为必要。

（5）组织重组和变革。在企业重组或兼并的过程中，观念的碰撞和磨合，管理机制和方法的改变，员工岗位的变化等，都使员工有一个适应的过程，这就需要对员工进行必要的培训。

▶ 9. 自我分析法

自我分析法是员工对自己进行分析，对今后发展严格要求，并不断寻求进步的一种培训需求分析方法。员工根据工作感受和自己的职业发展规划，对自身的知识和能力结构进行主观评估，进而确定培训需求。这种方法具有深层性、针对性强和有效调动员工参与培训的积极性等优点，但由于员工很难客观对自己进行评估分析，往往产生不切实际的培训需求。自我分析法常用的表格形式如表6-2和表6-3所示。

表6-2　自我分析表

姓名		职务	
内容	最近三年的工作成果		
	工作岗位所需条件		
	本人的不足		
	学习内容及原因		
	学习目标及标准		

表6-3　员工能力分析表

能力种类	对员工重要性			员工的水平			
	没有	一般	很重要	很差	一般	较好	很好
责任心							
计划性							
动手能力							
领导能力							
判断能力							
沟通能力							
管理能力							
条理性							
分析能力							
创造能力							
协调能力							
开拓性							
品德							
眼光							
工作态度							

▶10. 前瞻性培训需求分析法

前瞻性培训需求分析法是以组织未来发展需要为依据，确定员工培训需求的方法。随着技术的不断进步和员工在组织中个人成长的需要，即使员工目前的工作绩效是令人满意的，也可能会为工作调动或职位晋升做准备，为适应工作内容要求的变化等原因提出培训的要求，甚至员工个人的职业生涯发展计划也会对培训提出前瞻性要求。同时，在组织的发展过程中，会不断产生出对员工更高的知识和能力等方面的要求。而且，由于组织战略目标的需要，会对员工在未来的知识与能力产生更高的要求，因此，就需要根据组织未来发展要求，确定员工当前及未来一段时期的培训需求。开展前瞻性培训，是培训工作未来发展的重要趋势之一。一般按图6-3的框架进行分析。

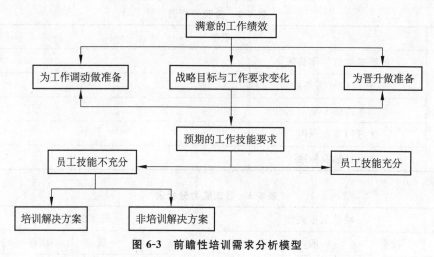

图 6-3　前瞻性培训需求分析模型

第三节　培训管理

一、培训计划

培训计划是在培训需求分析的基础上，从组织总体发展战略的全局出发，根据各种培训资源的配置情况，对计划期内的培训目标、对象和内容、培训的规模和时间、培训评估标准等一系列工作所做出的统一安排。经过培训需求分析，明确了培训需求以后，即可确定培训目标和计划。培训目标的确定为培训提供了方向和框架，培训计划的制订则可使培训目标变为现实。组织根据培训需求，结合本组织的战略目标来制订培训计划。

▶1. 培训计划的主要内容

培训计划的内容一般包括培训的目标和任务、培训对象、培训内容、培训方式、学员规模、培训工具、培训时间、培训场所和培训费用预算、培训效果的评估等方面。

1) 培训目标

培训目标指培训工作要达到的目的和效果。培训目标可以指导培训内容、培训方法和评价方法的开发。对培训目标的陈述主要有三种。

知识目标：培训后受训者将知道什么。

行为目标：他们将在工作中做什么。
结果目标：通过培训组织要获得什么最终结果。
例如，一个安全培训项目的目标可以阐述为以下内容。
知识目标：使受训者能够精确地描述把重物吊离地面的正确程序。
行为目标：观察到的违反安全程序的情况发生频率应低于1次/人·年。
结果目标：工厂中造成时间浪费的事故减少30％。

2）培训对象

培训对象是根据培训需求分析的结果，确定应对组织中的哪些员工进行培训。

3）培训内容

培训内容是根据员工实际知识技能水平和工作态度与组织要求的标准之间的差距，来确定培训对象的具体培训内容。

4）培训方式

培训方式是根据确定的培训对象、培训内容来决定所采用的培训方式与方法，如学员规模较大的知识类培训可采用讲授法；而针对管理层的管理理念与技能培训则适合采用案例分析法、头脑风暴法、角色扮演法等。

5）学员规模

学员规模主要是根据已定的培训对象、培训内容、培训方式以及组织的培训需求分析结果和组织的实际情况，确定参加培训学员的数量和批次。

6）培训时间

培训时间是指学员的具体培训时间，如上班时间、下班时间或周末，分散培训或集中培训，通常与组织员工的多少、工作时间安排的紧凑有关。

7）培训场所

培训场所是根据培训具体情况确定培训地点，如在专门的培训中心还是在工作岗位进行。

8）培训师的选择

培训师可以从组织内部选拔，也可从组织外部选择，每一种方式都各有利弊。

9）培训经费预算

开展培训活动，必须要有一定的经费保证。因此，为了使培训活动顺利开展和提高培训效益，事先进行准确的经费预算是十分必要的。

10）评估标准

评估标准是确定在培训实施过程中和结束后，如何评估本培训计划的实施效果。评估标准应根据培训目标来确定，最好有可量化的指标与标准，以便更客观公正地评估培训效果。

11）具体实施计划

具体实施计划是培训计划实施的具体日程表，包括每一天的具体工作、负责人、实施细则等。这也是培训计划最终能否落到实处，能否具体操作的重要依据。

▶ 2. 培训计划的分类

（1）按照培训层次划分，培训计划可分为公司培训计划、部门培训计划、项目培训计划。

（2）按照时间长短划分，培训计划可分为长期培训计划、年度培训计划、季度培训计划、月培训计划。其中，长期培训计划与年度培训计划具有战略性和综合性，立足于开发；月计划是长期计划和年度计划的具体实施形式，具有较强制执行性；季度培训计划介于两者之间。

（3）按照培训对象划分，培训计划可分为新员工培训计划、在职员工培训计划、管理者开发计划。

▶ 3. 制订培训计划的技巧

1）选择内部培训还是外部培训

培训管理者在制订培训计划时，应首先考虑使用组织的内部资源。无论从时间成本还是经济成本上考虑，内部培训都比外部培训占优势，而且内部培训还能增加员工对组织的认同感，培训组织的学习气氛，有利于组织的知识交流和分享。但同时，市场上也有很多专业培训机构可以为组织量身定做培训课程，成本也可以接受。到底选择内部培训还是外部培训，可通过下列因素来进行综合判断：组织是否有充足的培训经费；是否有培训时间；是否有培训资源，包括课程与培训师；受训人员是否适应外部培训或内部培训。

2）如何选择外部培训机构

外部培训机构非常多，除了专门的培训公司外，还可以选择商务学校、大学中的管理学院、管理咨询公司等，它们都可以为组织提供培训课程。在选择培训机构时可参考以下因素：培训机构在行业中的声誉；培训机构的专业经验；培训机构人员构成与员工任职资格；拥有的培训项目和客户；培训效果证明；培训机构对本行业、本企业了解程度；培训项目开发能力、时间与开发费用。

3）培训课程开发的基本原则

培训课程开发时要遵循的基本原则与要求有：符合培训需求，包括组织、任务和员工需求；以受训者为中心，符合成人学习特点；可操作性强，实用性强，避免盲目追求流行。

4）编制培训教材

培训教材的编制是培训课程设计的重要步骤，也是培训管理者必须掌握的技巧。培训教材不仅指提供给学员的书籍资料，还包括所有与培训内容相关的资料包，包括音像教材、适用案例、参考读物、专家论文、行业资料等。该资料包应是教材编制者根据课程大纲精心挑选组织的，信息量大，有吸引力。

培训教材还包括蕴涵在学员身上的资源。培训组织者要发掘学员自身的经验和知识技能，通过各种手段，鼓励学员在培训过程中分享各自的学习资源。教材的编制要充分利用现代科技手段和新研究的培训技术，如多媒体应用、各种培训游戏，以及各种拓展训练手段等。

5）培训经费预算

培训经费预算有四种常用的方法，即比例法、需求法、推算法和人均法。

（1）比例法

是预先规定培训经费占某基准值的一定比例，然后根据该基准值的总发生额，按比例提取。基准值指标一般有年产值、年销售额、年利润额和年工资总额等。国际公司的提取比例一般是年总销售额的1%～3%、平均在1.5%、最高达到7%；国内公司大多低于0.5%、很多甚至低于0.1%。比例法的特点是把培训与组织的财力相结合，保证各项培训活动有足够的资金支持。

（2）需求法

对计划当年安排的各培训项目，逐项计算所需经费，再将其汇总得出培训预算经费额。

（3）推算法

根据前一年（或前几年）培训经费实际发生数的平均值，结合当年培训项目安排，计算培训所需经费总额。

（4）人均法

预先规定员工每人每年的培训经费数额，再按计划当年实际员工数，计算出培训经费总额。

6）培训师的选择

外部聘请具有以下优点：选择范围大，可获取高质量的培训师资源；可带来全新的理念；对学员有较大吸引力；可提高培训档次，引起各方重视；易营造气氛获得良好的培训效果。但其也具有缺陷和不足：培训师和学员相互缺乏了解，加大培训风险；可能使培训适用性降低；成本较高。

内部聘请具有以下优点：了解情况，使培训更具有针对性，提高培训作用；培训师和学员由于相互熟悉，交流顺畅；培训相对易于控制；内部聘请培训师成本低。其缺点有：培训师不易树立威望，可能影响学员的参与态度；内部选择范围小，不易开发高质量的培训师队伍；培训师水平有限，难以突破新的高度。

因此，组织应根据具体培训对象与目标，选择适宜的培训师，在保证培训效果的前提下，可优先考虑选择内部培训师。

案例阅读

牛根生论培训

牛根生：我在蒙牛创业的8年间，最重要的事就是培训，最累的事也是培训。我走到哪就培训到哪。如果不能把你的员工培训到你想达到的标准，你就难以达成目标。我们每星期组织学习会，主要有两个内容，一是信息沟通；二是培训。顺便说一句，我们历来重视沟通，蒙牛企业文化中有"四个98%"：资源的98%是整合，品牌的98%的是文化，经营的98%是人性，矛盾的98%是误会。

团队建设是培训的重中之重。我告诉团队成员：如果蒙牛是某一个人的蒙牛，或者是某些人的蒙牛，那蒙牛就失败了；如果蒙牛是几十万、几百万、上千万以至上亿万人的蒙牛，这才是我们心中想的那个伟大的蒙牛。

为此，我们一创立便定下了两条基本原则：中高层领导的直系亲属一律不准进企业，中高层领导一律不准往企业塞人。接着，我们规定：婚丧嫁娶、过生日、迁新居，请客可以，一律不准收取礼品礼金。再下来，我们企业形成了"三准三不准"的规则：只准上级请下级吃饭，不准下级请上级吃饭；只准上级给下级送礼，不准下级给上级送礼；只准上级给下级拜年，不准下级给上级拜年。也就是说，"经营人心"的方向是向下的。

资料来源：中国人力资源开发网 www.chinahrd.net

二、培训的实施

培训的实施是指把培训计划付诸实践的过程，它是达到培训目标的根本途径，培训计划设计得再好，如在实践中得不到贯彻实施，也没有任何意义。在培训的实施阶段，组织通常需要做好以下工作，配合培训机构和培训师顺利完成培训任务，达到培训目标。

1. 前期准备工作

在培训实施前,组织的培训管理者要做好如下前期准备工作。

(1) 确认并通知参加培训的学员。培训计划中已有培训对象,在培训实施前必须再进行一次审核,看是否有变化。

(2) 培训后勤准备。包括车辆、食宿、场地等的确认。

(3) 确认培训时间。考虑培训时间是否能配合员工的工作状况,时间长度是否适宜,是否与教学内容和方法相匹配。

(4) 相关资料的准备。主要包括课程教材与资料、签到表、结业证书等。

(5) 确认理想的培训师。尽量在培训实施前与培训师就本次培训的目标、内容、方式、学员特征、费用等进行直接沟通与再次确认,如发现问题应尽早协调处理。

2. 具体实施阶段

1) 课前工作

到达培训地点后,在培训课程开始前,组织的培训现场管理人员要做好下列工作:准备茶水、播放音乐;学员报到,在签到表上签名;引导学员入座;课程及讲师介绍;学员心态引导、宣布课堂纪律。

2) 培训开始的介绍工作

课前工作结束后,组织的培训管理人员要配合培训师一起做好本次培训的介绍工作,可委托培训师来做,也可与培训师分工完成,主要有:培训主题介绍、培训者的自我介绍、后勤安排和管理规则介绍、培训课程的简要介绍、培训目标和日程安排介绍、学员自我介绍等。

3) 培训器材的维护、保管

组织的培训管理人员在现场应做好培训器材的维护与保管工作,爱护设施、设备,指导工作人员正确使用,对设备定期除尘。每天培训课程结束后要及时关闭有关设备。

4) 知识或技能的传授

这一环节是整个培训工作的中心,培训管理人员一定要在现场密切关注培训师和学员的表现与反应,发现问题及时与培训师及学员进行沟通反馈,确保培训顺利进行并实现预期目标;同时协助做好培训时间的管理工作,及时控制上、下课时间;培训管理人员还应做好上课记录、录音及录像等工作,以备存档。

3. 对学习进行回顾和总结

此工作原则上由培训师来做,组织培训管理人员负责维护现场秩序。任何一项培训活动,在开始前有介绍与引言,在结束时也应有回顾和总结。通过总结可以帮助学员全面回顾本次培训的所有内容,还可以在复习的基础上,与组织的工作实践相结合,引导学员把培训中学到的知识与技能应用到工作中,提升培训的效果。

4. 培训后的工作

培训后的工作主要包括向培训师致谢,作问卷调查,颁发结业证书,清理、检查设备,培训效果评估等,这些工作由组织培训管理人员来完成。

三、培训评估

当前,许多组织已经意识到培训的重要性,并在培训方面花费了大量的资金和时间。在进行培训后,就必须采用一些方法和手段来衡量培训的效果,即对培训的有效性进行评估。

1. 进行培训有效性评估的目的和作用

培训有效性指的是企业和员工个人从培训中获得的收益。对员工个人来说,收益意味着学到新的知识或技能，对于公司来说包括员工绩效的改善、销售额的增加、顾客的满意度增加等。对培训项目进行有效性评估的目的和作用表现在以下方面。

1）决定继续进行或停止某个项目培训

有些培训项目像目标管理、工作简单化等曾经在一段时间里是培训的主流，但随着时代发展，这些内容或者已被大家熟悉和接受，或者企业管理体系发生变化，新的培训项目或潮流开始出现，如团队管理、授权等培训变成新的热点。通过有效性评估，可以确定哪些项目不再适用，应该停止，哪些项目还应继续。再有，通过成本收益分析，如果投入大于收益，那么该项目就是低效的、不经济的，应该停止。

2）获得改进培训项目的信息

这是培训有效性评估最普遍的意义。通过评估，可以对培训的设置、培训内容、培训方式等有进一步的了解，并对现有的培训项目进行修改，以便在以后的培训中能够更好地满足学员的要求，达到更好的培训效果。

3）反映本次培训对于组织的贡献

通过有效性评估，特别是一些定量评估，可以反映本次培训对组织的贡献，并以此体现人力资源部门或培训部门在组织中的重要作用。

▶ 2. 柯氏评估模型

培训有效性评估模型，最广为人所知和广为应用的是美国人力资源管理专家唐纳德·柯克帕狄克提出来的四个水平的评估模型，简称柯氏评估模型，如表6-4所示。

表6-4 柯氏评估模型

评估层次	结果标准	评估重点
1	反应	学员满意度
2	学习	学到的知识、技能、态度、行为
3	行为	工作行为的改进
4	结果	工作中导致的结果

这一评估模型从四个层次对培训进行评估，在不同层次分别对应不同的方法。

1）反应评估

位于模型的最顶端，用来评估学员对培训课程、培训教师和培训安排等的喜好程度，即受训者对培训的整体印象如何。反应评估就像评估顾客满意度一样，要使培训有效，首先学员要对培训有积极的反应。否则，学员将没有积极的动机与主动的学习态度来参加培训，对企业再有用的培训内容也难以成为学员的知识或技能，更难以转化为有效的行动。

这一层次的评估一般在培训实施过程中和培训刚结束时进行，多采用培训评估问卷调查、与参训人面谈、培训时观察等方法进行。如采用培训评估问卷调查方法，在培训结束时请受训者填写一份简短的问卷，要求受训者对培训科目、教员、自己收获大小、后勤服务等方面做出评价。这个层面的评估易于进行，是最基本、最普遍的评估方式。缺点是易产生偏差。

2）学习评估

学习评估是第二级评估，着眼于对学习效果的评估，即评估学员在知识、技能、态度或行为方式方面的收获。在学习评估中，要评估的主要方面为：学习到了什么知识？学到或改进了哪些技能？哪些态度改变了？即受训者对培训内容的掌握程度。可用培训前后举行的书面考试或操作测试衡量,还可采用情境模拟测试、撰写学习心得报告等方法。这一层次的评估一般在阶段性培训结束或整个培训完成后马上进行。在评估学习效果时,设计培训评估方案非常重要。通常会通过培训前后比较或设置控制组的方式来对培训的学习效果进行评估。

3)行为评估

行为评估即受训者接受培训后在工作行为上的变化。通常在结束培训几周或几个月后,由受训者自己或由那些和受训者最接近的人,例如,由上司、同事或下属进行评定,通常需要借助于一系列的评估表。需要注意的是,受训者行为的变化可能是由多种因素引起的,如经验的丰富、考核和奖惩制度的变化等。为了克服这种干扰,可以事先选一个与受训者各方面情况都相似的对照组,对照组不参加培训。通过对两组成员的行为进行对比,就可以发现培训所导致的行为变化。表6-5是由下属对参加过领导力培训的上级进行评估时所用表格。

表6-5 行为评估例表

和半年前相比	5.非常符合 4.比较符合 3.一般 2.比较不符合 1.一点也不符合				
我的经理对我的工作有了更好的了解	5	4	3	2	1
我的经理更加意识到我工作中的成绩	5	4	3	2	1
我的经理更多地发挥我的特长	5	4	3	2	1
我的经理更加让我了解他对我的工作期望	5	4	3	2	1
我的经理更频繁地和我讨论我的工作表现	5	4	3	2	1
我的经理更多地让我表达我的想法和意见	5	4	3	2	1
我的经理更加关注我的发展	5	4	3	2	1
我的经理更能帮助我提高	5	4	3	2	1

4)结果评估

结果评估是柯氏模型中最重要也是最困难的评估,是第四级评估,通过对质量、数量、安全、销售额等组织关注的并且可度量的指标进行考查,与培训前进行对照,判断培训成果的转化情况。通常采用前后对照法、时间序列法、360度考核、业绩考核法和收益评价法来进行评估。一般在培训结束后1个月~1年内进行评估。在进行这一层次的评估时,一般采用定性评估与定量评估相结合的方法,更侧重于量化指标的对比分析。

培训的最终目的就是要有助于达到组织目标,因而培训评估最有意义的方面是结果评估。但是,与行为变化类似,绩效的变化常常是由多种因素导致的,很难把由培训造成的员工和组织绩效的变化与其他因素造成的变化分离开,这就给这一层次的评估带来较大困难。

四、撰写培训效果评估报告

培训效果评估报告通常包括以下内容。

(1)前言。说明被评估培训项目的概况,包括培训项目的性质、执行人和机构、培训时间以及培训执行的影响因素等,介绍评估目的和评估性质。

（2）培训评估概述。概述评估实施的过程，评估方案的设计、方法的选择、资料数据的悼念方法以及评价指标的确定等详细情况，使报告阅读者对评估过程有清晰的了解。

（3）评估结果。阐明评估的结果，与评估过程的阐述要符合逻辑关系。

（4）评估结果的解释和分析。对评估结果进行解释和分析，并提出参考意见。报告者可论述本次评估的充分性、培训的改善措施、赞成或反对此类培训的理由以及推荐更经济的替代培训方案等。

（5）附录。将收集和分析数据使用的各种图表、问卷和相关原始资料等收入附录，使主管或专家可以鉴定培训评估使用方法是否科学有效，结论是否合理。

评估报告撰写完成后，应向有关领导和培训工作相关人员反馈，包括高层管理者、培训管理者和培训开发者、受训者、受训者主管等。

第四节　员工培训与开发方法

案例阅读

联想集团"入模子"培训

联想集团以"入模子"培训著称，该培训由集团总部统一进行，为期1周，有以下特点。

（1）全脱产封闭式。共5天，其中1天为军训。课程有联想介绍、发展历史、奋斗目标等，以及一系列的团队活动，包括卡拉OK比赛，拔河比赛等。

（2）强调团队合作。分组制度，每组不超过20人，选3～4个骨干，每天活动按组打分。

（3）重视学员参与。

（4）严格培训制度。

联想集团管理学院不做技术培训，也不做前线销售培训，主要是九大工作形成课程体系：一是新员工入模子培训，每个月1期，为期1周；二是1年两期联想经理培训，每期3天；三是为期2天的联想高级干部研讨班；四是外地平台新员工培训；五是企业文化培训；六是通用课程技能培训；七是培训课程实施；八是企业文化的提炼；九是学历、研修班和海外培训。

资料来源：中国人力资源开发网 www.chinahrd.net

在实际工作中，培训员工的方法有很多，我们将其分为四大类：知识型培训方法、实践型培训方法、参与型培训方法和应用新技术的培训方法。

一、知识型培训方法

▶ 1. 讲授法

讲授法是由培训师通过讲解的方式将培训内容传授给众多培训对象。在这种培训方法中，培训对象是作为信息的被动接受者，培训师与培训对象之间的沟通在大多数时候也是一种单向沟通——从培训师到培训对象。

这种方法的优点主要是：成本较低、有较强的针对性，同时时间安排紧凑，能集中较新的研究成果，使培训对象能在较短的时间内接受大量的有用信息。因此应用非常广泛。尽管有批评说这种方法缺少实践和反馈机会，但有关研究却显示，它至少有中等水平的效力。

这种方法的缺点主要表现在：培训效果受培训师的水平和表达能力的影响较大；较少考虑被培训者的理解能力；缺乏有效的沟通；在某些实践性和操作性较强的领域（如人际交往），此方法收效甚微。

一般来说，讲授法的培训目标应是教授基础知识和专业知识及工作经验；培训对象可以是组织内部的任何成员；培训时间一般不宜太长；培训地点应选择在宽敞、安静、不易受外界干扰的地方。

▶ 2. 专题讲座法

专题讲座法与讲授法基本相同，但在内容上有差异，是针对某个专题知识开展讲授，一般只安排一次培训。适合管理人员或技术人员了解专业技术发展方向或当前热点问题等。

这种方法的优点是：培训不占用大量的时间，形式比较灵活；可随时满足员工某一方面的培训需求；讲授内容集中于某一专题，培训对象易于加深理解。局限性表现在：讲座中传授的知识相对集中，内容可能不具备较好的系统性。

二、实践型培训方法

实践型培训方法也称实践法，是通过让学员在实际工作岗位或真实的工作环境中，亲身操作体验，掌握工作所需的知识、技能的培训方法。这类方法在员工培训中应用最为普遍，适用于以掌握技能为目的的培训，以及从事具体岗位所应具备的能力、技能和管理实务类培训。

▶ 1. 工作指导法

工作指导法又称教练法、实习法，是指由一位有经验的工人或直接主管人员在工作岗位上对受训者进行培训的方法。指导教练的任务是教受训者如何做，提出如何做好的建议，并对受训者进行激励。指导教练不仅是知识训练或者技巧训练者，更着重于"激发人的潜能"，职责类似于体育运动中的教练一职，故而又称此培训方法为教练法。教练利用有关技术反映出培训对象的心态，使其理清自己的状态和情绪，并就其表现的有效性给予直接的回应，使培训对象及时调整心态认清目标，以最佳状态去创造成果。

工作指导法的优点是应用广泛，可用于基层生产工人培训，如让受训者通过观察教练工作和实际操作，掌握机械操作的技能。也可用于各级管理人员培训，让受训者与现作管理人员一起工作，后者负责对受训者进行指导。一旦现任人员离职，受训者可立即接任。其缺点是培训效果受指导者能力限制。

这种方法不一定要有详细、完整的教学计划，但应注意培训的要点：一是关键工作环节的要求；二是做好工作的原则和技巧；三是须避免、防止的问题和错误。

▶ 2. 工作轮换法

工作轮换法亦称轮岗，是指让受训者在预定时期内变换工作岗位，使其获得不同岗位工作经验的培训方法。这种方法首先出现于日本。一般情况下，轮岗的时间为1～2年。工作轮换法的优点是让受训者更好地了解整个组织的运作和各部门的职能，改进各部门的合作；同时改进受训者的工作技能、增加员工工作满意度和给员工提供宝贵的机会；使受训者找到适合自己的工作岗位，确定自己的职业发展路线。因此，工作轮换倾向于在受训者职业生涯的早期进行，一般用于培养新进入企业的员工或有潜力的未来的管理人员。从员工的角度看，参加工作轮换培训的员工比未参加这种培训的员工能得到较快速的提升和较高的薪水。

这种方法也有一些潜在的问题：由于不断地进行工作轮换会给受训者增加工作负担，还会引起未参加轮岗的员工的不满；因为员工在每一工作岗位上停留时间不长，所学不精，可能会影响整个工作小组的效率。工作轮换法鼓励"通才化"，适合于一般直线管理人员和普通员工的培训，不适用于职能管理人员。

为提高工作轮换的有效性，应注意以下几点。

（1）在为员工安排工作轮换时，考虑培训对象的个人能力、兴趣和人格特征，选择与其相适应的岗位。

（2）工作轮换时间长短取决于培训对象的学习能力及学习效果，不能机械规定某一固定时间。

（3）工作轮换所在部门经理应受过专门培训，具有较强的沟通、指导和督促能力。

▶ 3."师带徒"培训法

"师带徒"培训法是一种最为传统的在职培训方式。最早的师带徒培训没有一定的方法和程序，新员工只是从观察和体验中获得技能，因而成效相当迟缓。"师带徒"培训的主要形式是由一名经验丰富的员工作为师傅，带一名或几名新员工。通常在需要手工艺的领域中使用这种培训，如管道工、理发师、木匠、机械师和印刷工等。培训期限依据所需技艺的不同要求而不同。近年来，许多知名外企和国内企业普遍采用的"导师制"是对"师带徒"培训法的改进与发展。导师从新员工的工作、生活等各方面对新员工进行沟通指导，对新员工尽快适应组织和岗位要求起到重要作用。所以，"师带徒"培训法重新得到了组织的重视，得以广泛应用。

"师带徒"培训法的主要优点在于：新员工在师傅或导师指导下工作，避免盲目摸索；有利于新员工尽快融入团队；有利于组织文化与传统优良作风的传递；新员工可从指导人处获取丰富的经验。

"师带徒"培训法的主要缺点在于：指导者可能会保留一部分经验和技术，影响培训效果；指导者本身水平对新员工的学习效果有极大影响；指导者不良的工作习惯会影响新员工；不利于新员工的工作创新。

三、综合型培训方法

这类方法的特征是培训活动中既存在对知识、技能的培训，又包括态度、观念等的培训。培训对象从亲身参与中获得知识、技能，掌握正确的行为方式，开拓思维，转变观念。主要形式有自学、案例分析法、角色扮演法、敏感性训练、管理者训练、拓展训练等。

▶ 1. 自学

自学是指学员根据自身特点与喜好，利用业余时间自主进行相关知识、技能、观念、思维、心态等多方面的学习。自学的优点有：费用低，不影响工作，学习者自主性强，可体现学习的个别差异，有利于培养员工的自学能力，适用于岗前培训、在岗培训、学历教育等。

自学的缺点有：由于学员自身水平有限，学习的内容可能受到限制；学员个体差异会造成学习效果可能存在很大差异;学员在学习中遇到疑问和难题往往得不到解答;容易使自学者感到单调乏味。

2. 案例分析法

案例分析法指培训过程围绕一定的培训目的,把实际工作中的真实情景加以典型化处理,形成供学员思考分析和决策的案例,让学员以独立研究和相互讨论的方式,提高其分析解决问题能力的培训方法。案例分析法由美国哈佛大学开发完成,起初用于培养工商管理硕士。目前,案例分析法广泛应用于管理人员的培训,也常应用于其他专业人员的培训。

案例分析法针对某个特定的问题,向培训对象提供一个描绘组织运转过程中实际(或可能)存在的问题和情景的案例,其中会包含大量的背景材料。培训对象往往组成小组来完成对案例的分析、做出判断、提出解决问题的方法。随后,集中发表小组看法,同时听取别人意见。旨在给受训者提供一种体验、一个认识和分析实际管理情景并提出管理对策的模拟实战机会。

案例分析法的优点:直观,易于让学员认同;学员不仅从讨论中获得知识、经验和思维方式上的改进,还能增强人际交流;学员通过分析案例提高解决具体问题的能力。但案例分析法也有不足:案例所提供的情景毕竟不是真实情景,有时相差甚远,限制了培训效果;编写一个适用的案例不容易做到;实施此法成本很高,可能会让组织无法承受。

3. 角色扮演法

角色扮演法指在一个模拟的工作环境中,让受训人员扮演其中人物,承担其中角色的工作职责的一种培训方法。通过这种方法,受训者能较快熟悉新的工作环境,了解新的工作业务,掌握必需的工作技能,尽快适应实际工作的要求。角色扮演的关键问题是排除参加者的心理障碍,让参加者意识到角色扮演的重要意义。在角色扮演实施过程中,培训的组织者应自始至终密切关注演练过程,并进行适当评论。

角色扮演法要求学员主动、认真地参与。同时,该方法为学员提供观察人们真实言行和行为方式的机会,而不仅仅停留在理论分析上,主要运用于询问、电话应对、销售技术、业务会谈等基本技能的学习和提高,有时也用于管理人员开发。

4. 敏感性训练

敏感性训练又称 T 小组法,简称 ST(sensitivity training)法,这种方法来源于西方国家,要求学员在小组中就参加者的个人情感、态度及行为进行坦率、公正的讨论,相互交流对各自行为的看法,并说明其引起的情绪反应。目的是提高学员对自己的行为和他人行为的洞察力,了解自己在他人心目中的形象,学习与他人沟通的方式,提高在各种情况下的应变能力。

敏感性训练的优点有:有利于提高员工的人际关系敏感性;有利于团队成员之间的密切合作。其缺点有:这种方法通常在实施前很难预测培训现场状况;可能会在培训中对某些敏感人群造成心理伤害;对培训组织者要求较高,需要密切关注与控制培训进程,及时化解冲突,并保证培训效果。

由于我国传统观念的影响,这种方法在最初应用于我国组织时,遇到了较大阻力。近年来才得以发展。主要适用于组织发展训练;晋升前的人际关系训练;中青年管理人员的人格塑造训练;新员工的集体组织训练等。

5. 管理者训练

管理者训练简称 MTP(manager training plan)法,是产业界最为普及的管理人员培训方法。这种方法旨在使学员系统地学习,深刻地理解管理的基本原理和知识,从而提高他们的管理能力。管理者训练适用于培训中低层管理人员全面掌握管理的基本原理、知识、提高管理能力。一般采用专家授课、学员间研讨的培训方式。

其优点为：管理知识的系统性好，可以大规模施训。缺点为：成本较高，学员需要脱产训练。采用这种方法时，培训师是决定培训效果的关键因素，一般采用外聘专家或由组织内部接受过此训练的高级管理人员担任。

▶ 6. 拓展训练

拓展训练是近年来才在我国兴起的一种新型培训方法，但普及速度非常快，是指通过模拟探险活动进行的情景式心理训练、人格训练、管理训练。它以外化型体能训练为主，学员被置于各种艰难的情境中，在面对挑战、克服困难和解决问题的过程中，使人的心理素质得到改善。包括场地拓展训练和野外拓展训练两种形式。

▶ 7. 其他方法

除以上方法外，属于参与型培训与开发的方法还有很多，如函授、业余进修、参观访问等，还包括第五章中介绍到的有关方法，如管理游戏法、公文筐法、头脑风暴法、模拟训练法等，不但可用于人员招聘和选拔，还可用来对员工进行培训与开发。

四、应用新技术的培训方法

▶ 1. 计算机辅助培训

这类培训是随着个人计算机的兴起而发展起来的。它主要通过设计一些课程程序和软件帮助学员进行自主学习。常见的计算机辅助培训中，学员可以学到课程内容，并可以对自己掌握知识的水平进行评估，以确定自己下一步的学习内容。所以，计算机辅助的培训往往是自适应培训，即学员可以根据自己学习的步调，调整学习进度。它特别适合一些基本知识和概念的培训。这是应用新兴技术培训中最基本的形式。

▶ 2. 网络培训

网络培训即通过互联网进行培训和学习。其主要方式是在网上开设课程主页，将与课程有关的内容放置在网上，经由局域网、广域网、个人计算机等通信技术设备和方式使学员可以在世界范围内浏览某个课程，并进行课程的学习。网络培训从开设的主体来说，通常有两类：一类是公司内部开设的培训课程，主要针对公司内部员工，通过内部网络或局域网可以得到网上的课程资料。一些世界著名企业如摩托罗拉、雀巢公司、福特汽车、MCI等都看到了网上培训的独特优势，纷纷开发了自己的内部网上培训课程。另一类培训课程是由专业培训公司提供的，他们往往会在网上公布一些课程单元，企业购买服务后，就可对员工进行培训了。

网络培训最大的特点是灵活性，主要体现在：灵活选择学习进度；灵活选择学习时间和地点；灵活选择学习内容。网络学习除了利用课程网页外，还可以通过电子邮件的方式进行信息交流和讨论。当然，网络培训也有一些不足，如学员会觉得缺乏真实感、培训质量难以把握等。

▶ 3. 多媒体远程培训

多媒体远程培训是指结合采用了多种媒体手段，利用现代化的技术将声音、图像传递到各个教学地点，学员一般会在各地专门的教室中接受远在外地的教师的培训，有些已经可以达到多边互动，即学员可当场提出问题并得到实时回答。多媒体远程培训还经常和计算机辅助培训、网络培训联系起来，即在课堂上通过可视会议系统进行授课，课堂外则通过课程网、电子邮件进行沟通，有时还可以形成全球范围内的虚拟学习团队就某个问题进行讨论，并往往配有计算机辅助学习软件或课程光盘给学员进行课后的自我学习。

和以往的培训相比，多媒体远程培训具有如下特点：跨地域性；沟通的多向性；及时同步性和便捷性。

▶ 4. 虚拟培训

虚拟培训是指利用虚拟现实技术生成实时的、具有三维信息的人工虚拟环境，学员通过运用某些设备接受和响应环境的各种感官刺激而进入其中，并可根据需要通过多种交互设备来驾驭环境、操作工具和操作对象，从而达到提高培训对象各种技能或学习知识的目的。

虚拟培训的优点在于它的仿真性、超时空性、自主性及安全性。在培训中，学员能够自主地选择或组合虚拟培训场地和设施，而且学员可以在重复中不断增强自己的训练效果；更重要的是这种虚拟环境使学员脱离了现实环境培训中的风险，并能从这种培训中获得感性知识和实际经验。

虽然应用新兴技术的培训具有不少传统培训所不具有的特点，但也对培训设施、培训师提出了更高的要求，并要求学员有一定的计算机和网络技能，同时能主动、自发地进行学习。

总之，随着科学技术的发展和时代的进步，新的培训与开发方法还会不断出现，组织的培训工作管理人员应随时关注，灵活应用。

培训，是在为谁做嫁衣？

某公司一年前招聘了70个大学生，人力资源部为他们安排了近一个月的培训，从心态转换到职业技能训练；从室内培训到户外拓展，还安排了现场参观、集中军训，可谓丰富多彩。这些新员工在培训期间没有为公司做一点工作，却照样领着工资；同时公司还要投入大量的资金与人力来培训、管理他们。谁知一年之后，那70个新员工只剩下了不到15人！企业成了"先就业，后择业"的临时跳板，而企业不知是在为谁培养人才！

大多数企业早已意识到管理和培训的重要性，也并不介意在员工成长方面进行投资，可企业却实在害怕员工培训后能力提高了，一甩手走了。员工的高流失率使培训管理者面临着两难的困境：不培训要落后；培训花费了很多人力、物力、财力，培养了需要的人员，可投入的培训费用却为跳槽的员工做了嫁衣，更有甚者，为竞争对手培养了人才！企业毕竟不是高校，不必承担为社会培养人才的职责，这种得不偿失的培训，的确让企业伤透了心，管理者不得不以十分谨慎的态度来对待员工培训。

可以肯定，一个只将员工看作是制造利润的机器、没有建立培训机制的企业，不但无法获得自己需要的人才，更难留住真正想有所作为的人才。正如一句格言所说："你今天站在哪里并不重要，但是你下一步迈向哪里却很重要。"员工很大程度上并不是全都看重当前的利益，而更看重将来的机会和发展。所以，培训是必不可少的人力资源管理工作。当然，为了降低风险，避免员工"翅膀硬了就飞"，企业可根据自身情况，设计不同的解决方案，如规范培训制度、巧设培训经费、为员工规划职业发展方向、提供具有挑战性的事业平台、构建完善的人力资源管理平台等多种措施，来留住这些随着培训成长起来的"天大、地大、心更大"的员工。

资料来源：中国人力资源开发网 www.chinahrd.net

第五节 员工的分类培训

一、新员工导向培训

新员工导向培训，是指对刚进入企业的新员工指引方向，使之对新的工作环境、条件、人员关系、应尽职责、工作内容、规章制度等有所了解，尽快适应工作岗位，并与企业的基本价值观和企业文化相融合。

▶ 1. 新员工培训的目的

1) 促进企业与员工的相互了解

首先是要让新员工了解企业。虽然他们在应聘过程中对企业已经有了一些了解，但一般比较肤浅和片面。特别是对企业文化的认识，在到企业之前，几乎没有机会听总经理介绍公司历史和经营理念，对企业的规章制度更是一无所知。在正式开始工作之前真实而全面地了解企业，不论对新员工还是对企业都是十分必要的。

其次，新员工培训的过程，也是企业管理者和新员工相互了解的过程。大部分管理者和新员工在培训中都是第一次谋面，双方都将在此过程中获得对对方的了解。参与培训的管理者一方面要让新员工认识和了解自己，另一方面也要尽可能地了解新员工。

2) 打消新员工的疑虑和不安

新员工是怀着各种想法进入企业的，有对未来的美好期待，也有对新环境的不安和疑虑。自己的上司是什么样的人？同事们是否友好？公司在招聘时的承诺能否兑现？自己将承担什么工作？等等。他们希望尽快知道答案。良好的培训和接待将缩短这种不稳定的时间而使新员工更早地专心投入工作。

3) 帮助新员工了解和熟悉新的工作环境，尽快适应新的工作

新员工培训很重要的一个目的就是让新员工了解和熟悉他们即将从事工作的基本内容和程序，了解和熟悉所在的工作环境，知道自己应该如何开始，如何尽快进入角色。

4) 培养归属感，使员工较快融入企业文化之中

员工对企业的归属感，就是员工对企业从思想、感情和心理上产生的认同、依附、参与和投入，是对企业的忠诚度和责任感。新员工培训，是培养归属感的最关键而有效的阶段，也是使员工接受和认同企业文化的最佳时期。周到而充实的培训安排、管理者和老员工的热情态度、新颖而翔实的经营理念和企业文化介绍，都将把新员工的心拉向企业，并使员工较快融入企业文化中。

▶ 2. 新员工培训的主要内容

1) 企业概况介绍

包括企业的发展历史、企业宗旨、企业精神、业务性质、经营现状和规模、组织结构、企业发展目标、经营哲学等，让新员工对企业有一个全面的综合性的了解。

2) 规章制度培训

让员工了解他们最关心的与工作紧密相关的制度，如考勤制度、请假制度、奖惩制度、薪酬福利制度、财务报销制度、人员调配和晋升制度、培训制度、考核制度、职称评定制度、岗位责任制度、安全制度等。

3) 岗位培训

包括本企业产品或服务的基本知识、企业的基本生产经营特点、本部门的主要职能、

基本工作流程、岗位要求、工作条件、工作规范、技术手册等。

4) 辅助性技能和素质培训

包括一些与工作紧密相关的技能与素质,如商务礼仪、设备使用等。

5) 熟悉环境

让新员工了解与其工作、生活关系最为密切的部门和场所,如财务部门、餐厅、活动室等。

某公司新员工岗前培训日程如表6-6所示。

表6-6 新员工岗前培训日程表

日期	时 间	内 容	授课人责任人	备注
第一天	09:00—10:10	报到、入住、发临时工作牌	人力部	
	10:10—11:30	参观企业、情况简介、发放学习资料	人力部	
	11:30—12:00	人力资源部长致欢迎词,培训计划和要求,基本行为准则	人力部	
	14:00—15:50	公司秩序管理规定	人力部	
	16:00—17:00	企业文化交流	管理学院	
	17:00—18:00	礼仪规范	接待课	
	20:00—21:00	相关规章制度学习	人力部	
	21:00—22:00	常用表格、文件复习	人力部	
第二天	08:00—12:00	体检、照相、新员工自我介绍,处理报销路费等	人力部	
	14:00—15:40	《文件和资料控制程序》	统筹委	
	15:50—17:20	《文件写作规定》研讨	统筹委	
	17:30—18:00	《保密制度》	资料室	
	20:00—21:30	组织结构及薪酬体系、考核办法介绍、聘用合同说明	人力部	
	21:30—22:00	文件复习、写作	人力部	
第三天	08:00—09:30	产品常识、产业介绍	能源中心	
	09:40—10:40	《员工人身安全守则》、《医疗基金条例》、急救有关程序	医疗基金会	
	10:50—12:00	财务知识培训	财务部	
	14:00—15:30	泛美术教育、素质培训(含办公常识、生活常识)	管理学院	
	15:40—16:50	质量控制	品管课	
	17:00—18:00	分组讨论并分享在公司的感受,提建议	人力部	
	20:00—22:30	各部门主管见面会、公司领导见面 其他等待见面的观看总裁讲话《创业者素质》	人力部	

二、在职员工的培训内容

对在职员工的培训是企业培训体系的主体,应贯穿于员工的整个发展过程,这类培训通常有以下六个方面的内容。

▶ 1. 不脱产的一般文化教育

一般文化教育是员工利用业余时间，根据每个人的具体情况，在夜大、业余自修学校或电大、函授大学等形式，继续完成学历教育，提升自身文化素质的培训形式。企业通常以报销全部学费的形式给予支持。

▶ 2. 岗位培训

岗位培训不仅对新员工必要，对老员工也是必要的。企业不可能在员工上岗前教会其工作所需的全部知识、技能和经验。大量的理论知识、专业知识和实践知识还必须在工作岗位上通过自己的摸索、同事与上级的言传身教以及定期的岗位培训来获得。

▶ 3. 专题培训

当企业投资新的项目，建立新车间、新的分厂，或企业引进新设备、新工艺，进行技术改造，以及企业准备采用新的管理方法(如目标管理、全面质量管理、实行新的会计制度、加强企业文化建设、实行人事制度改革等)和外部环境发生重大变化时(如我国加入WTO)，都必须举办培训班，对有关人员进行专题培训，以保证新制度、新工作、新技术设备的正常运行，并及时应对外部环境的变化。

▶ 4. 转岗培训

员工的工作岗位合理变动是企业的一种正常现象。当对员工进行内部调动或岗位调整时，通常应进行转岗培训，要针对新岗位的要求补充必要的新知识、新技术和新的能力。

▶ 5. 个人自选培训

除内容统一的集体性培训外，企业有必要鼓励员工个人根据自身情况选择培训项目并提供支持。这种项目可以是企业提供，也可以是社会机构提供。为鼓励员工利用业余时间多参加培训，许多企业规定凡参加与工作有直接关系的培训且达到培训要求的，企业可报销全部或部分培训费用。

▶ 6. 脱产进修

这种培训方式主要用来培养紧缺人才和高层次技术人才、管理人才，或为了引进新设备、新工艺，由企业挑选员工脱产去国内外对口企业、高等院校、科研机构进修。这样培训的人才往往更切合本企业实际，回企业后能很快发挥作用。

三、管理人员开发

▶ 1. 管理人员开发的重要性

管理人员的培训与开发是现代企业培训中不可缺少的重要部分，其重要性主要表现在以下几个方面。

1) 管理人员的示范作用

管理人员是组织工作的主导力量，在组织的一切活动中处于领导地位，管理人员水平高低直接决定着组织活动的成败。

2) 管理者角色的转变

在企业晋升方面，最流行的做法是：把那些已经十分精通技术工作的人选拔到管理岗位上来。但是管理者和被管理者在素质能力结构上的要求是有差异的。例如，当出现空缺时，就将最好的销售人员提升为销售部门主管，但好的销售人员不一定能胜任销售主管岗位。这些人要获得其职位所需要的技能、知识，就必须参加相关的培训。

3) 现代经营管理模式的要求

随着全球经济一体化进程的加快，国际先进的经营管理理念和模式迅速传入我国，越来越多的企业开始学习借鉴这些先进经验和模式，相应地，企业中的管理人员必须率先掌握这些知识，才能更好地把握当前环境特点，抓住机遇，正确决策，使企业健康发展。

4) 管理人员的模范效应

企业的管理人员的行为方式对本企业的其他员工有很大影响，因此，对管理人员的培训与开发的效果在企业中会呈现扩散效应。同时，对管理者进行了合理的开发并取得良好效果后，受训者必然能深深体会到培训的作用，在以后开展培训工作时，必然会得到他们的重视和支持。

▶ 2. 管理人员开发的类型

1) 在职开发

大多数管理人员的开发是在工作中进行的，在实践中积累经验，增长才干。

这种开发方式的优点：一是不会使替补训练的人员产生不切实际的奢望；二是不会打击未被推荐晋升的人员的积极性。

这种开发方式的缺陷：一是训练和开发不系统、不全面；二是这种训练昂贵、费时、效率不高。

2) 替补训练

把一些工作较为出色的管理人员指定为替补训练者，除原有责任外，要求他们熟悉本部门的上级的职责。一旦其上级离任，替补训练者即可按预先准备接替其工作。如果其他上级职位出现空缺，替补训练者也可填补。

优点：由于是为晋升做准备，因此其训练积极主动；在替补发生后，受训者可较快地适应新的工作。

缺点：那些渴望晋升但又未被选为替补训练者的人积极性会下降；替补训练者等候时间过长也会影响其工作积极性；某些上级可能会担心被取代而不向替补训练者传授所有的知识和技能。

3) 短期强化学习

即把管理人员集中数天或数月，按照明确规定的科目训练。这种方式的突出优点是管理人员能全力以赴地进行学习，学习有针对性、有深度，效果较好。

4) 轮流任职计划

这种方式的基本做法是：安排主要的和有培养前途的管理人员轮流任职。通过轮流任职，可达到三个目的：一是管理人员将逐渐学会按照管理的原则从全局而不是从某一部门出发来思考问题；二是帮助管理人员明确他们愿意进行管理的职务范围，也便于上级确认他们适合的工作岗位；三是企业的高级职务可以由对不同部门的问题有广泛了解的人来担任。

这种方式的缺点是不够稳定。

5) 敏感性训练

这种方式是直接训练管理人员对其他人的敏感性。管理人员必须通过别人去完成任务，要想工作上取得最大成功，就必须意识到自己的上级、下级、同事的情感、态度和需要，即提高对人的敏感性。

敏感性训练常针对这些内容：管理者知道如何体察下情吗？管理者对各种人的情感注意到什么程度？公司的某一目标或计划如何影响各种人的态度和追求？争论、命令、讨论、协商等应如何进行？敏感性培训备有成套的边听边看的课程，而且常常设计一些训练活动，使学员在相互影响的实践中，亲自体验这种相互影响是怎样进行的。例如，把来自不同岗位的管理者编成小组，进行既不规定中心内容，又不规定具体日程的自由对话。在这种无拘无束的对话中，受训者通过自己与他人之间的相互影响，发现自己行为的动机和感情，并思考自己如何对待别人，如何进行改变自己行为的尝试。这种训练强调的不是训练内容，而是过程；不是思想上的训练，而是感情上的训练。

6）跨文化管理训练

伴随着经济全球化的发展，越来越多的企业组织开始跨国经营，跨文化管理成为管理人员遇到的最新挑战。"跨文化管理训练"因而成为跨国公司管理人员必不可少的培训内容。这种培训的主要目的是了解并学会尊重各国不同的文化以及由此导致的人们的不同的价值观念，并将其转化为组织的竞争优势。

这种培训方法首先要使受训者掌握有关的文化背景知识；然后设法改变他们的态度和偏见，使他们确立正确的文化观念；最后，使受训者掌握与不同文化背景的人打交道的技巧，如不可以把泰国的儿童举到头顶，在德国赴约不可迟到等。

第六节　员工的职业生涯管理

一、职业生涯规划与管理的有关概念

▶ 1. 职业

职业是指人们所从事的、有稳定收入的社会劳动。具有经济属性，体现了人的存在价值和所扮演的社会角色。

▶ 2. 职业生涯

简单地说，职业生涯就是一个人从首次参加工作开始的一生中所有的工作活动与工作经历按编年的顺序串接组成的整个过程。也有的学者把职业生涯定义为：以心理开发、生理开发、智力开发、技能开发、伦理开发等人的潜能开发为基础，以工作内容的确定和变化、工作业绩的评价、工资待遇、职称职务的变动为标志，以满足需求为目标的工作经历和内心体验的经历。

▶ 3. 职业生涯规划

职业生涯规划也称职业生涯设计，是员工在客观剖析自身条件和外部环境的前提下，确定职业生涯目标和职业生涯发展路线，并制定具体策略、途径和措施来实现职业生涯目标的过程。它是员工对自己一生职业发展的总体计划和总轮廓的勾画，具有目标性、发展性、长期性和全局性，为员工一生的职业发展指明了路径和方向。

▶ 4. 职业生涯管理

职业生涯管理是组织通过帮助员工设计职业发展规划，并从组织上给予这种规划实现的保证，从而达到满足其成员的职业发展愿望，满足组织对成员不断提升的素质要求，进而实现组织发展目标与个人发展目标的协调和相互适应，实现组织与员工的共同成长、共同受益。

职业生涯管理工作主要由员工和组织两方面构成。

1）员工方面

员工应进行的主要工作有：做好自我评估，尤其是分析自己的职业锚；在自我评估和

对组织发展目标了解的基础上,对发展机会进行分析判断;根据发展机会分析自己的职业锚,确定自我发展目标;制订发展计划并实施。

2) 组织方面

从组织方面进行职业生涯管理,主要是对员工的职业发展进行引导,以期尽量达到员工与组织共同发展,为员工提供职业发展机会,帮助员工实现职业发展计划等目的。具体有:引导员工的职业发展,开展职业发展教育活动,对员工进行个人能力和知识水平评估,为员工的职业发展指明方向,确定职业发展目标;根据已定的发展目标帮助员工制订职业发展计划;指导和支持员工的职业发展,帮助员工实现职业计划,如提供职业培训、进行工作再设计、提供职位空缺信息等。

二、职业生涯的有关理论

▶ 1. 职业锚理论

1) 职业锚的含义

这一概念是由美国麻省理工学院斯隆商学院的埃德加·施恩(Edgar Schein)教授提出来的。他认为,职业生涯规划实际上是一个持续不断的探索过程。在此过程中,每个人都在根据自己的天资、能力、动机、需要、态度和价值观等慢慢形成较为明晰的与职业有关的自我概念。随着一个人对自己越来越了解,他就会逐渐形成一个占主导地位的"职业锚"。

所谓职业锚,就是当一个人不得不做出选择的时候,他无论如何都不会放弃的职业中那种至关重要的东西。正如其中"锚"的含义一样,职业锚实际上就是人们选择和发展自己的职业时所围绕的中心。

2) 职业锚的类型

施恩通过研究提出了五种职业锚。

(1) 技术/职能型职业锚。即职业发展围绕着自己所擅长的特别的技术能力或特定的职能工作能力而进行。具有这种职业锚的人总是倾向于选择能保证自己在既定的技术或职能领域不断发展的职业。

(2) 管理型职业锚。具有这种职业锚的人,大多对管理工作感兴趣,责任感和自控能力强,情商(EQ)较高,喜欢与人打交道,有强烈的晋升欲望,一般选择管理性工作。其职业发展的路径是沿组织的权力阶梯逐步攀升,直到到达一个担负全面管理责任的职位。

(3) 创造型职业锚。具有这种职业锚的人有强烈的创造欲望,职业发展是围绕着创造性努力而进行的,他们一般选择艺术、音乐、文学、科学研究等创造性较强的职业。

(4) 自主/独立型职业锚。具有这种职业锚的人崇尚自由和自我才能的发挥,难以忍受限制和约束,对工作有强烈的感受。总是想自己决定自己的命运,往往喜欢教书、咨询、写作、经营一家店铺等职业,可以自己决定生活方式和工作方式。

(5) 安全/稳定型职业锚。这种人极为重视职业稳定和工作的保障性,他们喜欢在熟悉的环境中维持一种稳定的、有保障的职业,甚至更愿意让雇主决定他们去从事何种职业。

施恩指出,要想对职业锚提前进行预测是很困难的,这是因为一个人的职业锚是在不断变化的,它实际上是一个不断探索过程所产生的动态结果。有些人也许一直都不知道自己的职业锚是什么,直到他不得不做出重大选择时。在这一关口,他过去所有的工作经历、兴趣、资质、性向等才会集合成一个坚定不移的信念:职业锚。

2. 职业生涯发展阶段理论

对职业生涯发展理论做出贡献的有萨帕(Suble)、施恩(Sean)、格林豪斯(Green House)等。其中,美国心理学家萨帕提出了职业生涯发展的五阶段理论。

该理论主要依据发展心理学和社会学对各种职业行为的分析,以年龄阶段分析发展过程。具体地说,他将职业生涯分成五个主要阶段,每个阶段有其独特的发展任务。

1) 成长阶段

此阶段属于儿童期,从出生到14岁左右,属认知阶段。在这个阶段内的儿童通过对周围事物的观察和模仿,开始了解自我、探索自我。但是,由于处于这个年龄阶段的儿童认识发展水平较低,抽象思维能力较差,还不能全面地分析问题和解决问题,思维有片面性和局限性。可细分为三个阶段:幻想期(0~10岁)、兴趣期(11~12岁)和能力期(13~14岁)。

2) 试探阶段

此阶段包括青少年时期和成年期,年龄范围约在15~24岁,主要涉及学校和工作前期。个人通过学校、娱乐活动及各种工作经验,经过自我认识、反省,检验所形成的自我观念、职业角色的合理性,并在此基础上对选定的职业进行修正。在这个时期,个人还可以尝试性地从事一些短期的工作,如周末或假期的打工。此阶段又可细分为:试探期(15~17岁)、转变期(18~21岁)和尝试并初步承诺期(22~24岁)。

3) 立业阶段

此阶段属于选择、安置、立业阶段,年龄介于25~44岁之间。经过早期探索,个人会逐渐显现出一种安定于某类职业的趋向,从开始认同所选定的职业,经过经验的累积,逐渐建立起稳固、专业的地位,以提高晋升能力。工作职位可能有所变动,但职业不会轻易改变。可细分为:承诺稳定期(25~30岁,寻找职业及生活稳定)和立业期(31~44岁,致力于职业安定和工作满意,力求上进,突破成长)。

4) 维持阶段

此阶段年龄约在45~65岁之间。保持并持续建立阶段性工作成果,迈入中老年阶段,心态趋于保守,重点为维持家庭及工作间的和谐关系。

5) 衰退阶段

此阶段属于退休阶段,年龄在65岁以上。人的身心逐渐衰弱,达到退休年龄,原来工作停止,发展新的角色。

萨帕关于职业发展的基本主张如下。

(1) 每个人的能力、兴趣及人格特质均有差异。

(2) 每个人分别适应不同职业,且均适合多种职业,所以虽然没有经过指导,但成功者不少;每种职业有很大弹性,同样的职业可让不同的人来工作。

(3) 个人能力、职业兴趣等会因时间、环境等变化而改变,职业选择与适应是持续不断的过程。

(4) 个人职业生涯发展模式受父母社会经济地位、个人心理能力、人格特质和机遇影响极大。

3. 职业性向理论

职业性向(occupational orientation)译为职业倾向、职业取向。它是美国霍普金斯大学心理学教授,著名的职业指导专家霍兰德(J. L. Holland)提出来的。该职业性向理论以人格类型学说为基础,具有广泛社会影响。其核心思想是:个体趋向于选择最能满足个人需要、实现职业满意的职业环境。理想的职业选择是使人格类型与职业类型相互协调和匹配。

霍兰德基于自己对职业性向测试的研究,一共发现了六种基本的职业性向,不同的性向类型分别适合不同的职业类型,如表6-7所示。

表6-7 霍兰德职业性向类型

性向类型	主要特点	职业类型
现实型R （realistic）	喜欢有规则的具体劳动和需要基本操作技能的工作,但缺乏社交能力,不适应社会性质的职业	技能性职业（一般劳动、技工、维修工、农民等）和技术性职业（如摄影师、制图员、机械装配工等）
研究型I （investigative）	具有聪明、理性、好奇、精确、批评等特征,喜欢探索和从事创造性的活动,不喜欢遵循固定程序,对具体操作不感兴趣	科技研究人员、工程师、实验研究等
艺术型A （artistic）	具有想象、冲动、无秩序、情绪化、理想化、有创意、不重实际等特征,喜欢艺术性质的职业和环境	艺术方面的职业（如演员、导演、艺术设计师、雕刻家等）、音乐方面的职业（如歌唱家、作曲家、乐队指挥等）和文学方面的职业（诗人、小说家、剧作家等）
社会型S （social）	具有合作、友善、助人、负责、圆滑、善社交、善言谈、洞察力强等特征,喜欢社会交往,关心社会问题,有教导别人的能力	教育工作者（教师、教育行政人员）与社会工作者（咨询人员、公关人员）等
企业型E （enterprising）	具有冒险、野心、独断、乐观、自信、精力充沛、善于社交等特征,喜欢从事领导及企业性质的职业	政府官员、企业领导、销售人员等
传统型C （conventional）	具有顺从、谨慎、保守、实际、稳重、有效率等特征	秘书、办公室人员、行政助理、图书管理员、出纳员、打字员等

霍兰德的职业性向理论,实质在于劳动者的职业性向与职业类型的适应。他认为,同一类型的劳动者与同一类型的职业互相结合,便达到适应状态。这样,劳动者找到了适宜的职业岗位,其才能与积极性才可充分发挥。

然而,大多数人实际上都有多种性向（例如,一个人的性向中可能同时包含社会性向、实际性向和研究性向）。霍兰德认为,这些性向越相似或相容性越强,则一个人在选择职业时所面临的内在冲突和犹豫就会越少。如图6-4所示,根据霍兰德的研究,图中的某两种性向越接近,则它们的相容性就越高。如果一个人的两种性向是紧挨着的,他将很容易选定一种职业；如果其性向是相互对立的,则他在进行职业选择时就会面临较多的犹豫不决的情况。

该理论的价值体现在：它不是泛泛地谈人和职业

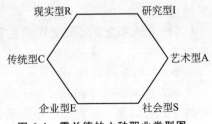

图6-4 霍兰德的六种职业类型图

的匹配，而是将职业和人分成不同的类型，从而为匹配奠定了基础；有具体的测量方法，有操作性指标和工具，使匹配理论和实际操作相结合；该操作工具集兴趣、能力于一体，有很强的科学性和预测力。

三、个人职业生涯规划的程序与方法

▶ 1. 确定志向

志向是事业成功的基本前提，没有志向，事业的成功也就无从谈起。俗话说："志不立，天下无可成之事。"立志是人生的起跑点，反映着一个人的理想、胸怀、情趣和价值观，影响着一个人的奋斗目标及成就的大小。所以，在制定生涯规划时，首先要确立志向，这是制定职业生涯规划的关键，也是设计职业生涯中最为重要的一步。

▶ 2. 自我评估

自我评估的目的是认识自己、了解自己。因为只有认识了自己，才能对自己的职业做出正确的选择，才能选定适合自己发展的职业生涯路线，才能对自己的职业生涯目标做出最佳抉择。自我评估包括自己的兴趣、特长、性格、学识、技能、智商、情商、思维方式、思维方法、道德水准、社会中的自我、职业锚以及职业性向等。自我评估可以帮助员工确定自己的兴趣、价值观、资质、行为取向以及自己对待工作和休闲的偏好等。更重要的是，它还可以帮助员工明确自己当前处于职业生涯的哪一个发展阶段，以制定未来的发展规划，进而评估个人的职业发展规划与他所可能获得的资源之间是否匹配。通过自我评估，员工就可以基本确定进一步发展的需求。

自我评估的工具和方法有：优/缺点平衡表、好恶调查表、心理测试法、橱窗分析法等。

▶ 3. 职业生涯机会的评估

职业生涯机会的评估主要是评估各种因素对自己职业生涯发展的影响，每一个人都处在一定的环境之中，离开了这个环境，便无法生存与成长。所以，在制定个人的职业生涯规划时，要分析自身条件与环境特点、环境的发展变化情况、自己与环境的关系、自己在这个环境中的地位、环境对自己提出的要求以及环境对自己有利的条件与不利的条件等。只有对这些环境因素充分了解，才能做到在复杂的环境中避害趋利，使自己的职业生涯规划具有实际意义。通常运用SWOT分析法对职业机会进行评估。

SWOT分析法是企业战略决策、市场营销分析中最常用的方法之一，即在职业选择中通过对自己的优势、劣势、机会和威胁进行分析，对各种机会进行评估，以便选择出最佳方案的一种职业评估和选择方法。SWOT分析法中所指的优势和劣势主要是基于个人特点的分析，而机会和威胁主要分析来自于外部的环境因素，包括社会、经济和组织内部环境因素，如表6-8所示。

表6-8 SWOT分析表

优势： 1. 2. 3.	劣势： 1. 2. 3.
机会： 1. 2. 3.	威胁： 1. 2. 3.

4. 职业的选择

职业选择正确与否，直接关系到人生事业的成功与失败。罗素说过：选择职业是人生大事，因为职业决定了一个人的未来……选择职业，就是选择未来的自己。据统计，在选错职业的人当中，有80％的人在事业上是失败者。正如人们所说的"女怕嫁错郎，男怕选错行"。选择理想的职业是实现职业生涯目标的重要前提和基础。如何才能选择正确的职业？至少应考虑：性格与职业的匹配、兴趣与职业的匹配、特长与职业的匹配、职业锚与职业的匹配。

5. 设定职业生涯目标

职业生涯目标的设定，是职业生涯规划的核心。一个人事业的成败，很大程度上取决于有无正确适当的目标。目标的设定，是在继职业选择后，对人生目标做出的抉择，其抉择是以自己的最佳才能、最优性格、最大兴趣、最有利的环境等信息为依据。职业生涯目标设计的要求有：目标要明确具体，符合社会与组织的需要；适合自身的特点，并建立在自身优势之上；目标既要高远，但又不能好高骛远；长期目标与短期目标相结合；职业目标与家庭目标、个人生活与健康目标相协调。

6. 职业生涯路线的选择

在职业和职业发展目标确定后，就面临着职业生涯路线的选择。即，是向行政管理路线发展，还是向专业技术路线发展；是先走技术路线，再转向行政管理路线……由于发展路线不同，对职业发展的要求也不相同。因此，在职业生涯规划中，须做出抉择，以便使自己的学习、工作以及各种行动措施沿着职业生涯路线或预定的方向前进。

通常职业生涯路线的选择须考虑以下三个问题：我想往哪一路线发展？我适合往哪一路线发展？我能往哪一路线发展？这三个问题都不容易回答，需要员工本人经常进行自我反省和思考，同时组织也要提供支持。职业生涯路线选择的重点是对职业生涯选择的要素进行系统的分析，在对上述三方面的要素综合分析的基础上确定自己的最佳职业生涯路线。

一般，可供选择的职业发展路线有四种。

（1）纵向职业路线。这是最为传统的职业发展路线，是指员工在变换工作的同时提升在组织中的层级，在纵向上从低组织层级向高组织层级发展。

（2）横向职业路线。是跨部门的工作变换，即不断地变换工作岗位，不断地适应新的工作，在职业岗位变化中丰富自己、发展自己，增加阅历和竞争力。

（3）网状职业路线。是纵向和横向的结合。一般情况下，一个人很难完全走纵向的道路，因为这样背景较简单，会制约其纵向发展的潜力。上升到一定层次后在横向上做一些积累，更可能胜任纵向的下一个目标。对于大部分人来说，这种职业道路可能是最为现实的选择。

（4）双重职业路线。基本思想是：一个人完全可以选择只做一个专家，不必纵向提升，也不必横向调动，就凭借自己能力的提高为组织做出更大贡献，也得到更好的待遇和应有的承认。

不论是哪一种路线，都还有另外一个维度，即可以逐步地向组织的中心发展，成为组织核心成员，进而影响组织决策，最终对组织发展产生影响。

7. 制订行动计划与措施

在确定了职业生涯目标后，行动便成了关键的环节。没有达成目标的行动，目标就难以实现，也就谈不上事业的成功。这里所指的行动，是指落实目标的具体计划和措施，主要包括工作、训练、教育、轮岗等方面的计划。例如，为达成目标，在工作方面，你计划采取什么措施，提高你的工作效率？在业务素质方面，你计划学习哪些知识，掌握哪些技能，提高你的业务能力？在潜能开发方面，采取什么措施开发你的潜能，等等，都要有具体的计划与明确的措施。并且这些计划应特别具体，以便于定时检查。在制定行动计划和措施时，也应遵照计划工作制定的原则，近期和短期计划要具体，有操作性；远期和长期计划可以粗放。

▶ 8. 评估与调整

俗话说："计划赶不上变化"，影响职业生涯规划的因素很多。有的变化因素是可以预测的，而有的变化因素难以预测。在此状况下，要使职业生涯规划行之有效，就必须不断地对职业生涯规划进行评估与修订。其修订的内容包括：职业的重新选择；职业生涯路线的重新选择；人生目标的修正；实施措施与计划的变更等。

每个人只有正确认识自己，客观分析环境，科学规划、选择适合自己的职业、职业发展目标和职业生涯路线，制订实施具体的行动计划和措施，并根据内外环境条件的变化适时调整相关内容，才能使自己最终有一个满意的职业生涯。

老鼠与米缸

在一个青黄不接的初夏，一只在农家仓库里觅食的老鼠意外地掉进一个盛得半满的米缸里。这意外使老鼠喜出望外，它先是警惕地环顾了一下四周，确定没有危险之后，接下来便是一通猛吃，吃完倒头便睡。

老鼠就这样在米缸里吃了睡、睡了吃。日子在衣食无忧的休闲中过去了。有时，老鼠也曾为是否要跳出米缸进行过思想斗争与痛苦抉择，但终究未能摆脱白花花大米的诱惑。直到有一天它发现米缸见了底，才认识到以米缸现在的高度，自己就是想跳出去，也无能为力了。

对于老鼠而言，这半缸米就是一块试金石。如果它想全部据为己有，其代价就是自己的生命。因此，管理学家把老鼠能跳出缸外的高度称为"生命的高度"。而这高度就掌握在老鼠自己的手里，它多留恋一天，多贪吃一粒，就离死亡近了一步。

在现实生活中，多数人都能做到在明显有危险的地方止步，但是能够清楚地认识潜在的危机，并及时跨越"生命的高度"，就没有那么容易了。

资料来源：查字典 www.chazidian.com

四、个体进行职业生涯管理的对策

▶ 1. 认真实施职业生涯规划

有了一个好的计划，还要利用该计划，督促自己严格按计划实行。在许多情况下，可能会出现紧急的工作，这时应该分轻重缓急予以解决，但不能忘记努力的方向，职业生涯规划就是努力的方向。为了保证自己的行动能与努力的目标一致，就需要最大限度地根据职业生涯规划约束自己的行为。约束自己行为有效的措施如下。

（1）保证经常回顾你的构想和行动规划，必要时做出变动。有些人有计划，但总是不将计划放在心上，只要有事做，就不知道自己努力的方向在哪里，缺乏时间观念，贻误发展机会。

（2）如果你的理想蓝图发生变化，你的构想和行动规划也要做出相应的变动，从而目标和策略也应随之改变。计划需要和现实结合起来，实行动态管理。

(3) 把构想和任务方案放在经常看见的地方。为了避免自己忘记重要的工作及时间表，最好将这些内容放在自己经常能看见的地方，如写在日历上，时刻提醒自己。

(4) 当做出一个对工作生活极其重要的决定时，请考虑你的构想和行动计划，并确保该决定与之相符。

(5) 与好朋友讨论你的构想和行动方案，并询问实现构想的途径。

(6) 抓住机遇以实现你的目标。

(7) 保证至少每三个月检查一次你的工作进度。

(8) 要有毅力。

▶ 2. 提高自身竞争力策略

1) 培养持续学习的能力

作为个体，要想在社会和组织中始终保持较强的竞争能力，不断发展和提高，顺利实现个人职业生涯目标，就必须培养持续学习的能力，持续地吸收和学习新的知识和技能，选择适宜的培训内容及形式，提高自己的职业技能与水平。

2) 通过改善与外部环境的关系，达成职业目标

一是采取自我展示策略，善于抓住机会，展示自己的能力与优势，让上司、同事充分了解你；二是注重关系策略，注重与上司、同事、客户等建立良好的关系。每个人都渴望得到下属、同事和朋友的尊重、认可与赞扬，要充分利用正当的人际技巧，为自己营造良好的人际氛围，从而争取到更多的发展机会。

3) 利用和创造条件，促进自我发展

不管在什么样的环境中，都要积极地筹划自己的未来，努力奋斗，寻找各种机会学习、提高，增强自己的竞争力，促进自我发展，按照自己的职业生涯规划发展，最终实现职业生涯目标。

4) 正确地对待发展和晋升

在许多组织中，由于种种原因，还没有形成一个科学、公正、透明的员工晋升和发展制度，这就可能使有能力的人不能及时得到发展机会和提升。另外，随着组织结构扁平化趋势的发展，管理类职位数量在逐步减少，组织能为员工提供的晋升职位的绝对数量减少。这就要求我们要正确地对待发展和晋升问题。对于因制度不合理导致自己得不到发展机会的问题，应冷静考虑对策，必要时可以选择离开该组织以谋求更好发展。而对于因结构扁平化而带来的垂直晋升机会减少的问题，则应正确看待，可以考虑水平方向的发展。扁平化是一个大的趋势，组织会为员工提供更多的水平发展通道，在行政职务不变的前提下，可以实现个人能力、地位和收入的提高。

5) 综合考虑，处理好家庭与工作的关系

当前社会竞争非常激烈，个人的生活和工作压力很大，这就更需要一个和谐幸福的家庭氛围以缓解压力，提高生活质量。家庭成员之间的相互理解、支持和统一规划是十分重要的。在家庭发展计划中，夫妻双方可根据各自的竞争力，各自的发展愿望，制定合适的发展规划。如果一方更有优势，而另一方又愿意暂时部分地放弃自己的事业追求，就可以优先发展一方的事业，等各方面条件改善，再来进行另一方的职业生涯发展。

五、组织进行职业生涯管理的对策

▶ 1. 建立和完善组织的职位体系

建立高效的组织职位体系，该体系内既包括组织和员工的所有相关信息，也包括组织

的发展战略、职位空缺、各岗位任职资格标准、晋升标准等方面的信息。组织公布了发展战略,就提供了发展舞台的信息;及时、广泛地公开职位空缺信息,就会激发员工向其流动的愿望;提供各岗位任职资格标准信息,使员工能对照自己向往的岗位,有计划、有目的地努力,逐步达到标准,参与这些岗位的竞争;提供纵向的晋升标准,员工就有了努力的方向。

▶ 2. 建立员工职业发展通道

现在,很多组织推行双轨制员工职业发展通道:一条是管理职位发展通道,通过走管理岗位,承担更多责任来实现职位晋升;另一条道路,走专业技术线,通过员工在专业技术岗位上的经验和技能的提升,走专家道路,即员工可以通过走专业技术路径获得高报酬和地位的提升。

福特、IBM、北方电讯、摩托罗拉等一大批跨国公司都已在企业内部实行双重职业成长道路,为在管理方面具有潜能的员工提供管理型的职业成长道路,为在专业技术方面具有专长的员工提供专业型的成长道路。

▶ 3. 为员工提供职业指导

组织为员工提供职业指导有三种途径。

(1) 通过管理人员进行。管理人员与下属接触较多,对下属的能力和专长有较深入的了解,可以在下属职业发展方面提供有价值的建议,还可以帮助下属分析计划的可行性。

(2) 通过外请职业规划师和职业培训师,在员工职业生涯管理中扮演重要角色。职业规划师主要参与建设、调整员工素质模型和组织职位设置,建立组织职业生涯管理制度,辅导员工进行职业生涯规划与管理。职业培训师主要负责对员工进行专项的知识和技能培训以及工作过程中业务上的辅导。职业规划师和职业培训师应该由具有优秀的专业技能和丰富的工作经验的专家担任。

(3) 向员工提供各种测评工具。有许多成熟的专业测评软件和工具,组织可以购买供员工使用。通过测评,员工可以更好地了解自身的素质,据此确定自己的发展方向。只有素质与职位相匹配,员工才能胜任工作,产生愉悦感,进而才能提高其工作绩效。

▶ 4. 创造公平竞争的环境

组织应创造公平竞争的环境,使员工能通过努力得到自己期望的机会,在工作中得到锻炼和提高。哈佛大学的研究显示,人的潜力在缺乏激励时,只能发挥20%~30%;而在良好的环境下,可发挥到80%~90%。在最初阶段就让新员工从事具有挑战性的工作,对其职业发展意义重大。初次工作的挑战性对一个人今后在事业上的不断成功有深远的影响,它能使员工在今后的职业生涯中保持自己的竞争能力和旺盛的工作热情。在以后的发展中,组织也应力求建立公正、公平的内部晋升制度、绩效考评制度、奖惩制度和薪酬制度,公布组织的发展战略规划信息,及时传播组织的职位空缺信息并开发员工电子档案系统等。只有不断满足员工成长和发展方面的愿望和要求,才能持久地激励他们,发挥他们的工作积极性、自主性和创造性,使员工的成绩能够得到肯定,充分发挥自身才能,为实现组织目标做出贡献。

▶ 5. 建立多样化、多层次的培训体系

培训与员工职业发展的关系最为直接,职业发展的基本条件是员工素质的提高。除了在工作中积累经验外,主要的提高素质的方式就有赖于持续不断的学习和培训。要教育员工树立终生学习的观念,当员工在组织里达到其职业发展的某一个台阶时,就要求员工不断学习,不断开发自己的潜能,向下一个更高一级的台阶前进。组织应建立完善的培训体系，提供不间断的适合员工各阶段需求的培训服务，包括自招聘新员工进入组织开始，直至员工流向其他组织或退休而离开组织的全过程中，针对员工个人的各类培训、咨询、讲座以及为员工的自我发展扩充技能，提高学历的学习给以便利等。使员工能及时得到相应的培训，同时鼓励员工自行参加组织内外提供的各种培训，并给予一定的政策支持，如报销培训费用等。从组织的长远利益与员工的稳定性来考虑，通过在职培训提高员工的知识和技能是耗费资源最少和最富有效率的途径。

▶ 6. 建立以职业发展为导向的评估体系

评估体系建立的目的应是保证组织目标的实现、激励员工进取以及促进人力资源的开发。评估除了对现状进行评价外，更重要的是要找出提高和改进的措施，以便在将来做得更好。以职业发展为导向的评估体系就是要着眼于帮助员工发现问题和不足，明确努力方向和改进方法，促进员工的成长与进步。一方面，对现状进行理性评估，以确定组织发展阶段和调整方向，规划职位的变动；另一方面，对员工的业绩、素质、技能等进行评价，业绩的评价，有利于整个组织的绩效管理，也有利于保持员工职业生涯设计时的组织绩效导向；对员工的素质和技能的评价，有利于明确现有人力资源的状况，并在此基础上，制订相应的培训计划、人员流动计划和管理人员开发计划等，并帮助员工分析和调整职业发展目标与职业生涯规划。

本 章 小 结

员工培训与开发不仅是组织提升人力资源素质的重要方式之一，而且是组织吸引和留住优秀人才的重要途径与方式之一。本章介绍了员工培训与开发的基本理论与操作技巧，重点介绍了培训需求分析的内容与方法，培训规划、实施与评估，新员工培训与管理人员开发的主要流程与方法，员工的职业生涯管理，为组织有效提高员工素质提供了理论依据与操作技巧。

综 合 练 习

一、名词解释

培训需求分析　　培训计划　　培训评估　　培训与开发方法　　职业生涯规划

二、单项选择题

1.（　　）是现代培训活动的首要环节。

A. 培训需求分析　　B. 培训效果评估　　C. 培训计划设计　　D. 培训方法选择

2. 人员培训活动的起点是（　　）。

A. 培训目标的确定　　B. 培训计划的确定　　C. 培训师资的选定　　D. 培训需求的确定

3.（　　）的开发要坚持"满足需求、突出重点、立足当前、讲究实用、考虑长远、提升素质"的基本原则。

A. 培训方式　　　　　B. 培训计划　　　　　C. 培训需求模型　　　D. 培训内容
4. 培训管理的首要制度是(　　)。
A. 培训服务制度　　　B. 培训考核制度　　　C. 培训激励制度　　　D. 培训奖惩制度
5. 头脑风暴法(　　)的目的是创造一种自由、宽松、祥和的氛围。
A. 准备阶段　　　　　B. 热身阶段　　　　　C. 畅谈阶段　　　　　D. 解决问题阶段
6. (　　)是一种非常正规的培训需求调查方法，它通过岗位资料分析和员工现状对比得出员工的素质差距，结论可信度高。
A. 观察法　　　　　　B. 重点团队分析法　　C. 问卷调查法　　　　D. 工作任务分析法
7. 讲义法属于与(　　)培训相适应的培训方法。
A. 技能　　　　　　　B. 知识　　　　　　　C. 创造性　　　　　　D. 解决问题能力
8. 下列有关培训制度的推行与完善说法错误的是(　　)。
A. 监督检查人员只限于企业高层领导
B. 在执行各项规章制度时要加大监督和检查的力度
C. 培训制度的推行要贯穿于培训体系的各个环节之中
D. 实际运行过程中不断发现问题，及时调整培训制度
9. 在培训方法中，(　　)主要适用于以掌握技能为目的的培训。
A. 实践法　　　　　　B. 讲授法　　　　　　C. 专题法　　　　　　D. 研讨法
10. 选择理想的培训师时，须考虑的因素不包括(　　)。
A. 符合培训目标　　　B. 培训师的专业性　　C. 培训师的学历　　　D. 培训师的配合性

三、多项选择题

1. 员工培训与开发的原则包括(　　)。
A. 战略原则　　　　　　　　　　　　　　B. 个人发展与组织发展相结合的原则
C. 全员培训和重点提高相结合的原则　　　D. 长期性原则
E. 投入产出原则
2. 收集培训需求信息的主要方法有(　　)。
A. 面谈法　　　　　　B. 工作任务分析法　　C. 观察法　　　　　　D. 重点团队分析法
E. 调查问卷法
3. 面谈法有(　　)具体操作方法。
A. 个人面谈法　　　　B. 现场面谈法　　　　C. 集体会谈法　　　　D. 团队分析法
E. 任务分析法
4. 培训效果评估的内容主要包括(　　)。
A. 受训者学习的内容　　　　　　　　　　B. 企业运营成本的变化
C. 受训者工作的改进程度　　　　　　　　D. 企业经营绩效的改进状况
E. 受训营工作态度的变化
5. 组织层次的培训需求分析的内容主要包括(　　)。
A. 组织目标　　　　　B. 组织战略　　　　　C. 组织效率　　　　　D. 工作任务
E. 组织文化
6. 敏感性训练法适用于(　　)。
A. 组织发展训练　　　　　　　　　　　　B. 晋升前的人际关系训练
C. 新进人员的集体组织训练　　　　　　　D. 外派人员的异国文化训练
E. 中青年管理人员人格塑造训练

7. 专题讲座法的优点包括(　　)。
A. 形式比较灵活
B. 员工的培训成本比较低
C. 内容有系统性
D. 培训对象易于加深理解人力资源战略模式
E. 具有一定的系统性

8. 员工培训的方法具体类型包括(　　)。
A. 知识类培训方法
B. 实践型培训方法
C. 参与型培训方法
D. 应用新技术的培训方法
E. 认知类培训方法

9. 下列属于管理人员开发方法的是(　　)。
A. 替补训练
B. 短期强化学习
C. 轮流任职计划
D. 跨文化管理训练
E. 敏感性训练

10. 企业培训管理制度包括(　　)。
A. 培训监督制度
B. 培训资金管理制度
C. 培训后勤制度
D. 培训风险管理制度
E. 培训服务制度

四、判断题

1. 企业中的在职人员是不需要进行培训和开发的。(　　)
2. 企业在培训中应注意培训方式与培训方法的多样化。(　　)
3. 培训应安排在下班后，不应占用正常的工作时间。(　　)
4. 培训进行中可采用行为评估对学员进行检测。(　　)
5. 组织、任务、员工三个层面的培训需求分析是一个有机的系统，缺少任何一个层面都不能进行有效的分析。(　　)
6. 案例分析法在培训中往往较少适用。(　　)
7. 评估报告撰写完成后，应向有关领导和培训工作相关人员反馈。(　　)
8. 职业生涯的管理可从员工与组织两方面开展。(　　)
9. SWOT分析法可用于进行职业生涯机会评估。(　　)
10. 霍兰德职业性向理论认为理想的职业选择是使人格类型与职业类型相互协调和匹配。(　　)

五、简答题

1. 培训与开发具有什么作用？
2. 培训应遵循哪些原则？
3. 新员工培训的主要内容是什么？
4. 培训需求分析的主要方法有哪些？
5. 常用的培训方法有哪些？每种方法的特点各是什么？
6. 新型的培训方法有哪些？各有什么特点？
7. 如何进行培训效果的评估？
8. 什么是职业生涯规划？
9. 什么是职业生涯管理？进行职业生涯规划与管理的重要意义是什么？
10. 职业锚理论的主要内容是什么？

11. 简述职业性向理论的主要内容。

六、论述题

1. 联系实际论述人员培训对组织的重要意义。

2. 结合实际谈谈我国组织培训与开发工作的现状及存在问题，并提出改进的措施与途径。

3. 论述组织如何有效进行职业生涯管理。

七、分析案例

R 民营企业并购行为导致的培训需求

R 公司是一家由几十名员工的小作坊式机电企业发展起来的民营企业，目前已拥有 3000 多名员工，年销售额达几千万元，其组织结构属于比较典型的直线职能形式。随着本行业的技术更新和竞争的加剧，高层领导者开始意识到，企业必须向产品多元化方向发展。其中一个重要的决策是转产与原生产工艺较为接近，市场前景较好的电信产品。恰逢某国有电子设备厂濒临倒闭，于是他们并购了该厂，在对其进行技术和设备改造的基础上，组建了电信产品事业部。

然而，企业在转型过程中的各种人力资源管理问题日益显现出来。除了需要进行组织结构调整之外，还需要加强企业人力资源管理的基础工作，调整不合理的人员结构，裁减一批员工，从根本上改变企业人力资源管理落后的局面。

此外，根据并购协议，安排在新组建的电信产品事业部工作的原厂 18 名中层、基层管理人员，与公司新委派来的 12 名管理人员之间的沟通与合作也出现了一些问题，如双方沟通交往少，彼此的信任度有待提高；沟通中存在着障碍和干扰，导致了一些不必要的误会、矛盾，甚至是冲突的发生。他们希望公司能够通过一些培训来帮助他们解决这些问题。

1. 上级要求人力资源部设计一个培训方案，帮助电信产品事业部的管理人员加强沟通与合作。

2. 你认为哪些培训方法适用于这次培训中？应选择外部培训师还是内部培训师，为什么？

第七章 绩效管理

>>> 学习目标

本章系统地介绍和讲解了绩效管理原理,并立足于本章内容的特点,结合实际问题和案例讲解本章的基本内容和核心内容。本章内容主要有绩效管理的基本原理、基本技能和基本方法。

1. 掌握绩效管理的基本概念和理论方法。
2. 熟悉绩效管理、绩效评估流程和具体操作方法,如绩效管理制度框架的设计、考核指标的分析、考核指标权重的设置等。
3. 熟悉绩效管理和绩效评估的各种工具和规范的操作流程。

导入案例

上班微信打卡考勤有必要吗?不如实行绩效管理

你们公司现在还在用哪种考勤方式呢?手写?打卡?指纹?如今,随着智能手机的普及,微信考勤、卫星GPS定位打卡等成了最新的考勤方式。近来,有网友发帖讲述朋友所在公司对外派业务员采取微信拍照方式打考勤,引来众多网友围观。有的认为,新考勤方式符合"90后"员工的特点,能得到他们的认同;有的认为,无论考勤方式怎么变化,企业规范员工行为的做法一定要人性化,不要让员工有时时刻刻被监控的感觉。

微信拍照证明自己在工作

网友李先生说:"有一天下午6点刚过,朋友让我帮她拍张照片,我看她摆了个奇怪的姿势,一问才知她是在打考勤。"李先生说,朋友就职于一家房地产公司,公司外派她们到重庆出差,为了监控员工的工作情况,领导让她们每天上下班时间必须用微信拍照传给领导,用以说明自己的工作状态。而且为了证明员工的确在工作现场,每天在打考勤前,领导都会发送不同指令,让员工即刻摆出不同姿势:比如敬礼、鞠躬,甚至细化到举右手至耳垂敬个礼,伸左手拇指指向背景然后拍照等,所以事先准备好照片作假几乎没可能。

记者了解到,企业采用微信考勤的方式主要是针对一些经常需要出去跑的员工,比如销售、对外联络等岗位,因为这些员工不用坐在办公室工作,公司很难了解他们的上班状态,于是企业通过微信的共享位置、拍照功能,要求员工发送即时微信,以了解员工到达工作地点的情况。

员工：微信考勤意义不大，主要靠业绩说话

在一家企业从事销售工作的张先生说，他们每个月的收入除了很少的基本工资外，大多数要靠销售业绩来支撑，也就是跑得多拿得多。"即使没有微信考勤，我也要在外面多跑，偷懒就自然没有业绩了。所以说，有没有微信考勤对我们来说都一个样，只不过多了一道手续而已。"

但也有员工对这种微信考勤方式表示反感，感觉自己随时处于被监控的状态。在一家互联网金融公司上班的卢先生告诉记者："以前没有微信考勤的时候，上班如果迟到了还可以偶尔请同事帮忙打打卡，可现在要用手机扫描二维码登录微信考勤页面，就很难作假了，除非把手机留给同事。登录考勤页面后手机上会显示'祝你每天好心情'，可我哪里能有好心情啊，明显是不信任我们。"

企业：只是辅助管理手段

作为一家刚成立的销售公司的负责人，肖先生在为公司初期业务量提升而倍感欣喜的同时，也为无法有效管理外出销售员工的出勤率而深感苦恼。由于是销售公司，所以销售人员外出的机会多，有时一些简单的业务，有些员工也会以拜访客户为借口而外出一天不见踪影，公司里的打卡机基本成为摆设，根本无法真正解决公司员工的考勤问题。于是，肖先生决定在员工需要外出拜访客户谈业务时，利用微信定位和GPS定位双定位方式进行考勤，员工的当前所在位置就可立即被获取，既有效地避免了位置的作弊，确保了员工考勤的真实性和可靠性，又让肖先生准确轻松地掌握了员工的精确位置，提高管理效率的同时更降低了管理的成本。不过，肖先生也坦言，这只是一种辅助管理的手段，真正评判一名好的销售人员靠的是业绩说话。"等我们公司走上正轨，制订了一套完整的业绩考核方案，也就不需要这么严格的考勤方式了。"

建议：与其抓考勤不如实行绩效管理

对员工的考核，与其用各种考勤方式折磨员工、监督员工工作，不如实行目标管理、绩效考核，考评员工在一定时期的目标完成情况、业绩上升情况。至于员工在上班期间究竟在做什么，工作做得怎么样，可以说无关紧要。按绩效论工资，按绩效发奖金，有奖有罚，这样员工工作既有了压力，也有了动力，对于管理者而言也少了许多麻烦。当然，这有一个前提，就是每个员工的工作都能够量化，能够具体考核。

对于外派员工，公司更不应该紧追不放，不在领导眼皮子底下，就要求微信拍照打考勤，明显表现出对员工的不尊重不信任。公司既然把员工外派出去，就要信任他们，相信他们一定会自觉地积极地努力地工作。何况有任务在身，外派员工想偷懒也不行呀。

管理的核心是提升绩效水平，绩效管理的根本目的是保证企业目标的实现。任何组织，缺少了绩效管理就无法在当今激烈的市场竞争中立足。

第一节 绩 效

一、什么是绩效

绩效，单纯从语言学的角度来看，绩效包含有成绩和效益的意思。用在经济管理活动方面，是指社会经济管理活动的结果和成效；用在人力资源管理方面，是指主体行为或者结果中的投入产出比；用在公共部门中来衡量政府活动的效果，则是一个包含多元目标在内的概念。

目前，人们给绩效所下的定义，尚未达成共识。主要有三种观点：一种观点认为绩效是结果；另一种观点认为绩效是行为；还有一种观点认为绩效是员工的素质和潜能。

有关的绩效理论如下。

▶ 1. 结果绩效论

"结果是绩效"的观点认为，绩效是工作所达到的结果，是工作成绩的记录。"关注结果的绩效管理"是企业中用得最多的。当评价一个部门或员工的绩效水平时，主要是评价这个部门或员工预定业绩目标的完成情况。目前备受推崇的"以结果（业绩）为导向"的各种现代绩效评价模式，如 KPI、BSC、MBO 都具备这种鲜明的特点。

▶ 2. 行为绩效论

很多企业（如服务行业）或员工（办公室的文员）的绩效无法用结果来衡量。对于这些岗位的员工，一种很好的方式是：如果他们能够按照企业制定的流程、行为标准以及倡导的行为方式去工作，那么就是满足了企业的要求，就可以带来特定的结果并最终推动量化结果的形成，这就是所谓的"行为绩效论"。

"绩效是行为"的观点认为，绩效是与一个人在其中工作的组织或组织单元的目标有关的一组行为。绩效不是行为的后果或结果，而是行为本身。绩效由个体控制下的与目标相关的行为组成，不论这些行为是认知的、生理的、心智活动的或是人际的。

▶ 3. 能力绩效论

"绩效是能力"的观点认为，绩效是员工的实际工作能力，同样按规则办事，能力强的人可以收到更好的效果。

在实际应用中，对于劳动过程可见、工作结果易于评估的员工，比如可以实行计件管理的员工，只要控制他们的行为就可以了；而对于劳动过程不可见、工作结果难以评估的员工（主要是脑力劳动者），就应当对他们的价值观、能力和技能进行管理，通过激发他们的内在主动性，使其尽力工作。

总之，绩效是一个组织或个人在一定时期内的投入产出情况，投入指的是人力、物力、时间等物质资源，产出指的是工作任务在数量、质量及效率方面的完成情况。即绩效一般指的是那些经过评价的工作行为、方式及其结果。

绩效源自管理。绩效，从管理学的角度看，是组织期望的结果，是组织为实现其目标而展现在不同层面上的有效输出，它包括个人绩效和组织绩效两个方面。组织绩效的实现应在个人绩效实现的基础上，但是个人绩效的实现并不一定保证组织是有绩效的。如果组织的绩效按一定的逻辑关系被层层分解到每一个工作岗位以及每一个人的时候，只要每一个人都达到组织的要求，组织的绩效就实现了。

二、绩效的性质

绩效有以下性质。

（1）绩效的多因性，指绩效的优劣并不取决于单一的因素，而要受制于主、客观的多种因素影响。

（2）绩效的多维性，指绩效考评需从多种维度或多个方面去分析与考评。

（3）动态性，指员工的绩效是会变化的，随着时间的推移，绩效差的可能会提高变好，绩效好的也可能退步变差，因此管理者切不可凭一时印象，以僵化的观点看待下级的绩效。

总之，管理者对下级绩效的考察，应该是全面的、发展的、多角度的和权变的，力戒主观、片面和僵化。

三、影响员工绩效的主要因素

员工个人绩效与团队绩效、组织绩效相互联系，不可分割。员工绩效的高低直接影响到公司的盈利状况及未来经营发展的方向，其重要性毋庸置疑。笔者在对理论和实践双重把握的基础上总结出影响员工绩效的七个关键因素。

▶ 1. 个人兴趣

兴趣是做工作的动力。如果员工对一份工作感兴趣，做起来就会事半功倍；相反，如果员工对一份工作缺乏兴趣，做起来就会事倍功半。举个例子来说，同样是做营销，员工A对营销非常感兴趣，那么他就会主动地去学习营销方面的知识，主动地去联系老客户和挖掘潜在客户，在遇到挫折时也不会轻易地放弃；员工B对营销工作缺乏兴趣，他在开拓市场及联系客户方面的积极性与主动性就明显会低于A，遇到挫折时可能也会轻易放弃，那么在月末或季末进行绩效考核时，谁的得分高就显而易见了。

▶ 2. 与岗位的适应性

每个人的性格都是不同的。有的人性格外向，善于言谈，人际关系能力强，喜欢在公众面前发表自己的言论；有的人则性格内向，忠厚老实，喜欢独立地去思考问题。不同性格的人所适合的岗位也就不同。例如，喜欢与人打交道的人，我们就应该把他安排在销售或公关的岗位上；对于比较保守、内向、细心的人，我们就应该把他安排在会计或审计的岗位上；而对于善于独立思考的人，安排他去搞学术则是比较适合的。其实对于不同的人来说，没有能力高低之分，仅仅只有适合与不适合之分。也许在某岗位上，A的能力低于B，但在另一岗位上，A就可能高于B。我们要做的是，在适当的时间把适当的人安排在适当的岗位上，使人尽其才。同等情况下，性格不适合某一岗位的员工和性格适合某一岗位的员工，他们所取得的绩效肯定是不一样的。

▶ 3. 是否感到公平

亚当斯的公平理论认为，员工经常会就自己的所得与其他人的所得相比较。当自己的所得与付出之比的数值小于其他员工的所得与付出之比时，他就会感到明显的不公平。要么要求公司提高自己的所得，或者是自己减少对公司的付出。同时，他也会将自己现在所得与付出之比的数值与以前自己所得与付出之比的数值相比较，当前者较小时，他也会感到明显的不公平，而自动减少对公司的付出。无论是哪一种情况的发生，员工的绩效都会或多或少的降低。因此，公司一定要采取相关的措施，以消除或防止员工产生的不公平感，如采用保密工资制、积极主动地与员工进行沟通等。

▶ 4. 公司的激励

这里的激励包括两大类，一类是物质激励，一类是精神激励。物质激励主要是指公司的薪酬和福利，精神激励主要体现在口头表扬以及培训与升迁的机会等。如果公司的薪酬低于行业的平均水平，这在一定程度上就会影响到员工的积极性的发挥，从而影响到员工的绩效，长期下去，员工流动率就会增高。人是经济人，同时也是社会人和自我实现的人，如果公司一直采用外部招聘的方式来填补空缺的职位，公司现有员工便会感到自己所做的贡献没有得到公司的认可，长期下去也会出现绩效下降的情况。此外，无论是物质激励还是精神激励，都应该体现出及时的原则，如果激励不及时，就起不到应有的效果。

笔者在给江苏某家服装行业公司进行咨询时就碰到过这样一位员工,他毕业于国内某名牌高校市场营销专业,进公司刚刚三年的时间,在公司销售部工作。奇怪的是,他第一年的销售业绩远远领先于同部门的其他员工,然而第二年和第三年他所取得的业绩却与其他员工相当,仅处于中等的水平。当我们就此事对他进行访谈时,终于弄明白了其中的原委。原来第一年他在取得非常好的销售业绩的情况下,除了得到的奖金比同部门其他员工多外,公司领导没有给他任何其他的奖励,而他所注重的不仅仅在于奖金,更多的是想要领导的表扬或一个"先进个人"的荣誉称号。就是因为公司没有及时对他精神激励,导致他在以后的工作中业绩平平。

▶ 5. 公司考核体系的影响

每个公司都有自己的考核体系,但据有关调查显示,真正拥有适合自身发展的考核体系的公司不到总数的20%。也就是说,大多数公司的绩效考核或流于形式,或有失公平,或起不到应有的效果。例如,某国有企业员工A无论是努力程度还是所取得的业绩都比同一部门员工B要好,但每次到年末考核时,他的得分都跟B一样,发给他们的工资和奖金也都是一样的。逐渐地,在A心中就形成了一种印象:干多和干少都一样。于是,他也变得不怎么努力,也不那么积极主动地去干工作,他的实际绩效自然就降低了。

▶ 6. 工作环境

工作环境对员工绩效的影响是巨大的。良好、令人舒适的工作环境,会让员工提高工作效率,从而有利于自身潜能的发挥;混杂、让人不安或不适的工作环境,会让员工效率低下,不利于潜能的发挥。这里的工作环境不仅指地理环境,同时也包括人文环境。当一个员工处于一个充满活力与创造力、勇于开拓与进取、彼此之间相互激励与促进的团队中,他个人的绩效也肯定会高;相反,当一个员工处于相互猜疑与妒忌、安于现状、彼此之间不提供任何帮助的团队中时,他个人的绩效也肯定会低。这是团队规范对个人影响的集中体现。

再举个简单的例子:当公司的一位员工工作场所离家很远,每天都得坐2个小时左右的公交车去上班,然而,公司没有考虑到他的实际情况,每次他因路上耽搁而迟到时都要给予一定的惩罚。这大大地挫伤了他的积极性,致使他工作效率下降,甚至萌生了离职的念头。

▶ 7. 是否有相应的培训及培训的效果

当公司新开拓一个市场或新开发出一种产品或新上一条生产线时,就必然要有员工来进行相关的业务联系或操作。但有一点需指出的是,员工对新的事物并不是很熟悉,所以要给他们提供培训与指导。员工在新的领域所能取得业绩的好坏除了自身因素影响外,与培训的效果是直接相关的。如果公司为了节省成本,提供的培训不到位,仅仅敷衍了事,这样做带来的后果是员工的不熟练与缺少技能,影响他们潜能的发挥。

此外,新加入公司的员工也是要提供相关业务或领域的培训的,特别是刚刚走出校门的大学生,他们理论知识可能比较扎实,但实践技能比较缺乏。培训的目的是让他们尽快地了解公司的文化与章程,尽快地融入公司中,同时给他们工作和岗位上的指导,提高其未来工作的绩效。

影响员工绩效的因素还有很多,譬如说员工的心理状况、精神状态及家庭因素等。对于员工自身的因素,我们一定要积极主动地与员工进行沟通,帮助他们解决问题;对于公司层面的影响因素,我们找出问题的关键点,及时地对问题做出处理,从而提高员工的实际工作绩效。

第二节 绩效管理

一、影响员工绩效的主要因素

▶ 1. 绩效管理的内涵

1) 广义的绩效管理

我们认为,管理学上定义的管理就是广义的绩效管理。根据管理学的一般原理,通常将管理定义为一个协调工作活动的过程,以便能有效率和有效果地与别人一起或通过别人实现组织的目标。从实践的角度看,管理者管理工作的全部职能,包括计划、组织、领导和控制,都是围绕提高员工工作绩效,进而改进组织的绩效水平展开的。从这个意义上说,管理即广义的绩效管理。

我们之所以首先界定广义的绩效管理概念,一是要树立一种绩效为本的观念。即我们从事的管理工作,包括财务管理、营销管理、生产作业管理、人力资源管理等,以及人力资源管理的各个模块都是围绕绩效开展的。二是树立一种系统论的观念。在一个知识经济日益兴起的变革时代,人力资源在管理实践中的地位和作用越来越突出,而在人力资源管理的众多模块中,对员工绩效的衡量、评价、管理又备受关注,这也是本课程研究的主要对象,我们将之定义为狭义的绩效管理。

▶ 2. 狭义的绩效管理

绩效管理是通过管理者和个人经过沟通制订绩效计划、绩效监控、绩效考核和绩效反馈与改进,以促进员工业绩持续提高并最终实现企业目标的一种管理过程。绩效管理强调组织目标和个人目标的一致性,强调组织和个人同步成长,形成"多赢"局面;绩效管理体现着"以人为本"的思想,在绩效管理的各个环节中都需要管理者和员工的共同参与。

绩效管理的概念告诉我们:它是一个管理者和员工保持双向沟通的过程,在过程之初,管理者和员工通过认真平等的沟通,对未来一段时间(通常是一年)的工作目标和任务达成一致,确立员工未来一年的工作目标,在更高层次的绩效管理里用关键绩效目标(KPI)和平衡记分卡表示。

二、绩效管理的意义

无论企业处于何种发展阶段,绩效管理对于提升企业的竞争力都具有巨大的推动作用,进行绩效管理都是非常必要的。绩效管理对于处于成熟期的企业而言尤其重要,没有有效的绩效管理,组织和个人的绩效得不到持续提升,组织和个人就不能适应残酷的市场竞争的需要,最终将被市场淘汰。很多企业投入了较多的精力进行绩效管理的尝试,许多管理者认为公平的评价员工的贡献,为员工薪酬发放提供基础依据,激励业绩优秀的员工、督促业绩低下的员工是进行绩效管理的主要目的。当然上述观点并没有错误,但是绩效考核就是绩效管理,绩效考核的作用就是为薪酬发放提供依据这种认识还是片面的,绩效管理不仅能促进组织和个人绩效提升,而且还能促进管理流程和业务流程的优化、最终保证组织战略目标的实现。

多伦多大学的一位学者风趣地把绩效管理比做汽车座位上的安全带——大家都认为很

有必要,但都不喜欢去使用它。绩效管理的意义,主要有如下几点。

(1) 绩效管理的核心目的,是通过提高员工的绩效水平来提高组织或者团队的绩效。在绩效管理的过程中,我们达到了许多目的,如员工的参与管理,员工通过参与设定自己的工作目标而具有自我实现的感觉;组织目标的统一,通过自上而下的分解目标,避免团队与员工目标偏离组织目标;一年中多次的评估与奖惩,实现组织对目标的监控实施,保证工作目标的按时完成。以上这一切都是为了提高组织或团队的效率,保证实施组织目标。

(2) 绩效管理提供了一个规范而简洁的沟通平台。绩效管理改变了以往纯粹的自上而下发布命令和检查成果的做法,要求管理者与被管理者双方定期就其工作行为与结果进行沟通、评判、反馈、辅导,管理者要对被管理者的职业能力进行培养、开发,对其职业发展进行辅导与激励,客观上为管理者与被管理者之间提供了一个十分实用的平台。

(3) 绩效管理为企业的人力资源管理与开发等提供了必要的依据。通过绩效管理,实施绩效考核,为企业员工的管理决策,如辞退、晋升、转岗、降职等提供了必要的依据,同时也解决了员工的培训、薪酬、职业规划等问题使之行之有据。这也是绩效管理为什么成为人力资源管理各个环节中最重要的环节的原因。

(4) 绩效管理促进管理流程和业务流程优化。企业管理涉及对人和对事的管理,对人的管理主要是激励约束问题,对事的管理是流程问题。所谓流程,就是一件事情或者一个业务如何运作,涉及因何而做、由谁来做、如何去做、做完了传递给谁等几个方面的问题,上述四个环节的不同安排都会对产出结果有很大的影响,极大地影响着组织的效率。在绩效管理过程中,各级管理者都应从公司整体利益以及工作效率出发,应该在上述四个方面不断地进行调整优化,尽量提高业务处理的效率,使组织运行效率逐渐提高,在提升组织运行效率的同时,逐步优化公司管理流程和业务流程。

当然,绩效管理也带来了企业里并不直接创造利润的部门,比如绩效管理委员会或者专门的分析评价部门和人员,也带来了很多看似与经营无关的工作,包括招致直线经理批评的各种表格,为绩效而进行的会议、会谈和培训。绩效管理也不是如大家所描绘的那样,总能带来积极的作用,甚至因为种种原因会带来降低绩效的现象。这些都是需要我们关注的。

三、绩效管理五原则

绩效管理是执行战略,有无数公司拥有完美的战略,但只有那些成功执行的公司才能获得成功。

▶ 1. 绩效管理就是沟通

计划需要管理者与员工共同参与,达成共识,形成承诺;评估需要就绩效进行讨论,形成评估结果,员工对评估结果有不同意见时应有可以向上层申述的通道;不论将结果用于薪酬、职位变动还是职业生涯发展,都应与员工进行明确的沟通。许多公司采用薪酬保密制度,但是,在薪酬的构成、方式等方面应向员工讲明。

▶ 2. 绩效管理就是完成任务

绩效管理不像传统绩效测评那样,告诉员工在实现目标的路上已经到了什么位置,而是告诉员工如何改进以实现目标,以及在什么方面做出改进。

▶ 3. 绩效考核指标应尽可能少

设定三个绩效指标,得到的绩效远比设定十条或者更多无所不包的绩效指标来得好。

只设定三个指标的方法非常简单，找出十个指标中最重要的三个就可以了。

▶ 4. 绩效管理提高知识员工的效率

（1）首先要了解"任务是什么"。

（2）知识员工必须自己管理自己的效率，同时要有自主性。

（3）不断地创新是知识员工的工作、任务和责任的一部分。

（4）持续不断地学习，以及持续不断地教导。

（5）不仅仅看重量的问题，质也一样重要。

（6）知识员工必须被视为资产而不是成本，必须使知识员工即便有其他机会时，仍愿意为组织工作。

▶ 5. 在绩效管理中"做"比"说"重要

在绩效管理中强调沟通，常常会导致会说的人获得更好的评估结果。某些语言能力或人际影响力超群的人常常可以把想做什么事表现得不同寻常，而根本不做。对此，绩效管理的原则是，永远根据员工所完成的任务进行评估，而不是他所说的。在许多组织中，"做"与"说"常常被混为一谈，想做某事与做某事是一样的，计划和做事是一样的，甚至决定做某事也被认为做了某事。所有的错误源于一个假设：谈论将最终驱动行动，而这荒谬至极。这也正说明绩效管理的根本：绩效管理是执行战略，有无数公司拥有完美的战略，但只有那些成功执行的公司才能获得成功。

四、绩效管理的方法

▶ 1. 传统的企业绩效评价方法主要是运用财务指标来进行评价

1）沃尔评分方法

沃尔评分方法选取流动比率、净资产/负债、资产/固定资产、销售成本/存货、销售额/应收账款、销售额/固定资产、销售额/净资产七种对企业有重要影响的财务比率，对企业绩效进行分析。只要确定这七种财务比率的比重和标准比率，再结合实际的财务数据，就能求出企业绩效的总评分。

2）雷达图评价法

按照雷达图评价法（表7-1）的思想，大部分的企业都包含五个重要的指标：企业的成长性、企业的收益性、企业的安全性、企业的流动性和企业的生产性，通过对这五种指标的分析，可以考核企业的绩效。安全性里面有一个指标，自有资金率有多大，流动比率有多大，金融利息负担率有多大等。这五个指标哪些是正的哪些是负的，当某一个地方出现负的时候企业是什么状况的企业。所有这些指标都是正的时候，这样的企业就是理想稳定性的企业，有充足的资金，发展得也很好，这种情况下就投资和研发扩大自己的市场，还有一些指标全为负的企业很可怕，这样的企业叫作均衡缩小型的企业，有面临倒闭的可能。

表 7-1 雷达图评价法得出企业类型

收益性	安全性	流动性	生产性	成长性	企业类型
（＋）	（＋）	（＋）	（＋）	（＋）	稳定理想型
（＋）	（＋）	（＋）	（－）	（－）	保守型
（＋）	（－）	（＋）	（＋）	（＋）	成长型

续表

收益性	安全性	流动性	生产性	成长性	企业类型
（＋）	（－）	（＋）	（＋）	（－）	特殊型
（－）	（＋）	（－）	（＋）	（＋）	积极扩大型
（－）	（＋）	（－）	（－）	（－）	消极安全型
（－）	（－）	（－）	（＋）	（＋）	活动型
（－）	（－）	（－）	（－）	（－）	均衡缩小型

对于雷达图评价法所分析的五个指标来说，都是可正可负的。如果全部为正，这样的企业就是理想型的企业，在这种情形下，企业可以采取扩张型的经营策略。对于保守型的企业，虽然收益性、安全性和流动性都不错，但是生产性和成长性指标却为负，说明企业缺乏对生产、研发等的投入，这样的企业必须加大投入，否则前面的指标很难继续保持。而对于指标全部为负的企业，是几乎接近倒闭企业，要么就得彻底转型，要么就只能倒闭。

3）杜邦分析评价法

杜邦分析评价法具有广泛的适用性，可以用于各种财务比率的分解，即便行业不同，企业不同，所关心的指标不同，也都可以使用。而且，计算所需的财务数据也容易获得，因此该法常常获得专业人士的青睐。静态的杜邦分析法是对历史数据的分析，而动态的杜邦分析法可以用来做预测，进行整个任务的分派。

▶ 2. 企业绩效管理的现代方法

1）目标管理法

目标管理（management by objectives，MBO）又称成果管理，是由组织的员工共同参与制定具体的、可行的且能够客观衡量效果的目标，在工作中进行自我管理和自我控制，努力实现工作目标。

2）标杆管理

标杆管理（bench marking），又称基准管理，是企业将自己的产品、服务、生产流程与管理模式等同行业内或行业外的领袖型企业做比较，借鉴与学习他人的先进经验，改善自身不足，从而提高竞争力，追赶或超越标杆企业的一种良性循环的管理方法。通过学习企业重新思考和改进经营管理实践，创造自己的最佳实践模式，这实际上是模仿、学习和创新的过程。

3）关键绩效指标

关键绩效指标（key performance indicator，KPI）是指对组织关键绩效指标的考核，对组织目标实现有明显增值作用的绩效指标，即用来衡量某一职位工作人员工作绩效表现的具体量化指标，是对工作完成效果的最直接的衡量方式。企业关键绩效指标可以使部门主管明确部门的主要责任，并以此为基础，明确部门人员的业绩衡量指标。建立明确的切实可行的KPI体系，是做好绩效管理的关键。关键绩效指标是用于衡量工作人员工作绩效表现的量化指标，是绩效计划的重要组成部分。

4）平衡记分卡

平衡记分卡（balanced score card，BSC）从四个方面综合衡量企业的绩效，这四个方面形成了四个指标：财务指标、客户满意度指标、企业内部流程指标、企业的学习和创新指标，后三个指标是从非财务的角度提出的，可以更全面地考察企业的绩效。这种方法使企业一方面能追踪财务结果，另一方面能监视自己在提高竞争力、获得企业增长所需的各种无形资产等方面的进展。平衡记分卡的四大指标也是企业绩效管理的四大指标。

5) 6σ法

6σ即6西格玛，是从顾客的角度出发，寻找决定品质的关键因素，采用科学的方法，实现100万个产品中只有3~4个次品的完美品质。它通过统计的方法来衡量流程中的不足：1σ是百分之三，2σ是千分之三，6σ是一千万分之三。所以6σ代表了接近完美的品质，次品非常少。σ是一个希腊字符，在统计学中代表"标准差"。在商业活动中，它代表流程与完美的差距。

从以上的分析中可以看出，无论是目标管理(MBO)、关键绩效指标(KPI)还是平衡记分卡(BSC)都有其本身的缺点和局限性，它们所适用的公司类型和规模也是不同的。另外，不同的文化背景下对其有效性也有所影响。在实践中，目标管理(MBO)、关键绩效指标(KPI)、平衡记分卡(BSC)实际上代表了不同的管理水平，这三者之间实际存在一个层层递进的发展关系。例如，企业要成功实施平衡计分卡，必须首先引入目标管理，将员工的工作方向统一到为达成公司总目标而展开，并且控制关键点。因为目标管理和关键绩效指标是实施平衡计分卡的两大基石。对于企业而言，没有必要刻意去追求或刻意模仿那些世界先进企业的绩效工具，关键是吃透企业自身的管理实际，选择最适合自己的绩效管理工具，适合的才是最有效的。

五、绩效管理工作的流程

绩效管理的总流程可包括五个阶段，即准备阶段、实施阶段、考评阶段、总结阶段和应用开发阶段。

▶ 1. 绩效管理的准备阶段

绩效管理的准备阶段需要明确四个基本问题。

(1) 考评的参与者是哪些？
(2) 采用什么样的考评方法？
(3) 如何衡量和评价绩效？
(4) 怎样组织实施绩效管理的全过程？

▶ 2. 绩效管理的实施阶段

绩效管理的实施阶段，是指在完成绩效管理系统设计的基础上，组织全体员工贯彻绩效管理制度的过程，此阶段应当明确两个问题。

(1) 收集信息与资料积累。在绩效管理实施过程中，需要各级部门负责人关注各种与绩效管理相关的信息与资料，并定期或不定期地采集和保存，以便为绩效考评工作提供真实完整的数据。

(2) 绩效沟通与管理。在绩效管理考核项目和目标确认后，上级主管必须和被考评者进行必要的沟通，明确工作绩效的目标和要求，使员工正确地理解和接受，并能全心投入，积极工作；应就工作目标和要求，明确实现绩效目标的具体步骤、措施和方法；应对绩效管理的开展进行必要的监督和指导，及时跟踪目标达成情况，了解绩效管理中出现的困难并提供必要的指导。

▶ 3. 绩效管理的考评阶段

绩效管理的考评阶段是绩效管理的重心，不仅关系到整个绩效管理系统运行的质量和效果，也将涉及员工的当前和长远的利益。此阶段应注意以下几个问题：

(1) 绩效考评的准确性。绩效考评的准确性源于考评数据的真实完整，这与绩效管理的实施阶段对信息和资料的数据收集工作密切相关。

(2) 绩效考评的公正性。一是对绩效考评结果进行必要的评审，监督各级考核者公平公正的开展绩效管理；二是对绩效申诉进行调查核实。

(3) 考核结果的沟通反馈。考核结果出来后，必须及时与被考核者沟通，须将绩效管理中取得的进步与存在的不足进行反馈，以促进下一阶段绩效管理的改进。

▶ 4. 绩效管理的总结阶段

绩效管理的总结阶段，是指在绩效考核结果出来后，对本期绩效管理取得的成绩与存在的不足进行总结，明确下一阶段绩效管理的方向和目标。此阶段需重点做好两项工作。

(1) 召开绩效管理总结会，与员工分析总结本期绩效管理情况，讨论下一阶段的方向和目标。

(2) 对绩效管理的诊断工作，包括对绩效管理制度的诊断、绩效管理体系的诊断、绩效考评指标的诊断、考评者全面全过程的诊断、被考核者全面全过程的诊断。

▶ 5. 绩效管理的应用开发阶段

绩效管理的应用开发阶段，是阶段性的绩效管理的终点，又是一个新绩效管理工作循环的起点。此阶段应关注三个方面的工作。

(1) 考评者绩效管理能力开发。考评者是否理解绩效管理的"真谛"，是否熟练掌握考评的技术、技巧和要领，是否认真贯彻执行绩效管理制度和运用程序的规则和要求，这是考评者绩效管理能力开发需解决的问题。

(2) 被考评者职业技能的开发。被考评者绩效不佳，原因是什么，存在哪些知识和技能的缺失，这是被考评者职业技能开发需解决的问题。

(3) 明确绩效改进的方法。绩效改进是指确认工作绩效的不足和差距，查明产生的原因，制定并实施有针对性的改进计划和策略，不断提高竞争优势的过程。

六、绩效管理系统

成功的绩效管理是一个系统，只有用系统的观点来看待绩效管理，使得绩效管理的各个组成部分互相作用，并以各自独立的方式一起工作，才能够真正推动绩效管理走向成功。这个系统包括四个重要的环节：绩效计划与目标、绩效辅导与实施、绩效考核与评估、绩效反馈与沟通。如果经理人仅仅只盯住绩效管理系统的一个环节，那么，绩效管理是不能很好地发挥作用的。残缺不全的绩效管理系统甚至还会阻碍企业的发展。

绩效管理的四大环节共同组成了一个管理循环，这四大环节如下。

▶ 1. 绩效目标与计划

绩效管理是从做绩效计划开始的。上一年的年底或每一年的年初应该做当年的绩效计划。绩效计划至关重要，它为绩效管理的顺利实施奠定了基础。

绩效计划主要内容就是经理人和员工一起讨论，就员工本年度将要做什么、为什么要做、需要做到什么程度、有哪些考核指标、何时应做完等问题进行识别、理解并达成共识的过程。

▶ 2. 绩效辅导与实施

绩效计划制订完毕，就是绩效实施的过程。绩效实施过程中，主要就是经理人和员工进行持续的绩效辅导。特别是当员工的表现不尽如人意时，经理应采取什么必要的方法对员工进行单独辅导,以帮助员工顺利实现绩效计划目标。

绩效辅导是连接绩效计划和绩效考核的中间环节,这个环节充满整个绩效管理周期。这一阶段是体现经理人管理水平和领导艺术的主要环节,这个过程的好坏直接影响着最终业绩的成败。

优秀的经理人能够及时地发现制约员工绩效提升的问题,同时能够采取适当的方法帮助员工突破绩效障碍,最终达成绩效计划目标。

▶ 3. 绩效考核与评估

绩效考核是很多企业和经理人最为重视的环节。实际上,绩效考核在绩效管理四大环节中,应该是最简单的环节。

绩效考核就是以工作目标为导向,以工作标准为依据,对员工在工作过程中的态度、行为及其业绩进行评定的过程。绩效考核就是选择合理的评价方法与衡量技术,进行员工绩效评价的过程。

▶ 4. 绩效反馈与沟通

绩效反馈是为了达成设定的目标、实现业绩成果而采取的改善不理想的行为表现、巩固加强优良行为表现的沟通过程。进行绩效评价面谈,对绩效改进进行指导,实现报酬反馈。

很多企业在绩效考核结束后,认为绩效管理就结束了,这是错误的。绩效考核之后,经理人要重视绩效反馈与沟通。绩效反馈与沟通主要解决的问题就是告诉员工绩效考核的结果,哪些做得好,哪些出现了问题,如何进行改善等问题。

同时,在绩效反馈过程中,企业还应该重视绩效结果的应用。不同的绩效考核结果要进行不同的应用,具体的绩效结果应用方法有:晋升、培训、奖金、加薪等。

绩效管理是一个完整的系统。系统论中有一个著名的木桶效应:如果把系统比喻成一个用一块块木板箍起来的木桶,则每一块板代表一个子系统,那么高板效应告诉我们:子系统最优,不一定达到总系统的最优。短板效应告诉我们:子系统薄弱,影响和制约着总系统的水平。疏板效应就是木桶中各块板的水平一样,但板块之间有缝隙,木桶的水平也不能升高甚至不能装水,这告诉我们系统论的一个道理:各个子系统配合不好,也影响着总系统的水平。

绩效管理如同一个木桶,四大环节就是各个木板。这四大环节相辅相成,紧密衔接,哪个环节做得不好都会导致绩效管理失败。很多企业尤为重视绩效考核而忽视了其他三个绩效系统,这就是很多企业绩效管理失败的重要原因。只有用系统的观点看待绩效管理,不忽视任何一个环节,那么绩效管理才能够真正走向成功!

七、绩效管理过程中管理者的角色

据说绩效考核在美国刚刚兴起的时候,美国的管理者最头疼与员工沟通绩效考核的结果。他们采取的做法是在员工离开座位不在办公室的时候,偷偷"溜"进员工的办公室将绩效考核表放在员工的桌上,然后等员工不在办公室的时候,再偷偷"溜"进去,把员工签好字的绩效考核表拿回去,交给人事部,就算完成任务。这里的"溜"字听起来让管理者有点尴尬,但据说还有更尴尬的。

有的管理者为了不与员工面对面,避免面面相觑的尴尬和极有可能发生的争吵,就趁与员工一起上洗手间的间隙,与员工隔着木板沟通绩效考核的结果,把办公室挪到洗手间。

也许这是真实的故事,也许这是有人杜撰的传奇,但它的确反映了一个问题,就是管理者面对绩效考核的时候比较怵头,不愿意与员工沟通绩效问题,比较回避这个过程。希望能够一笔带过,最好不要有这个程序,没有绩效考核最好,就什么都省了。

根据绩效管理的流程,直线管理者应该做好五方面的工作,演好五个角色,即合作伙伴、辅导员、记录员、公证员、诊断专家。

(1) 合作伙伴:在绩效的问题上,管理者与员工的目标是一致的,管理者的工作通过员工完成,管理者的绩效则通过员工的绩效体现。

(2) 辅导员:业绩辅导的过程就是管理者管理的过程。

(3) 记录员:管理者记录下有关员工绩效表现的细节,形成绩效管理的文档,以作为年终考核的依据。

(4) 公证员:管理者应该是站在第三者的角度看待员工的考核,作为公证员工的考核。

(5) 诊断专家:没有完美的绩效管理,管理者应找出绩效管理中存在的问题和不足,提出改进的办法。

八、绩效管理的职责

绩效管理是各级组织、各级直线经理(包括班组长)、员工、人力资源部的共同职责。

▶ 1. 绩效管理领导小组的职责

绩效管理领导小组负责审定各小组的绩效管理办法并发布实施。负责绩效管理工作中的重大问题和事项的最后裁定。

▶ 2. 绩效管理办公室及绩效管理小组的职责

绩效管理办公室负责各部门的绩效完成情况的数据收集与日常考核管理工作。绩效管理小组分别根据公司的总体目标及任务分解情况,制定本小组的绩效管理办法,同时审定各部门的二级管理办法,各部门负责人将绩效目标协议的指标层层、有效分解至下属员工,确保各项指标落实到人,并与员工签订绩效目标协议。各小组要按时限完成月/季/年度的绩效考核,并对相应的考核结果进行认真细致分析,对考核办法提出改进意见。

▶ 3. 人力资源部在绩效管理方面的职责

(1) 制订部门及员工绩效管理的相关制度,并负责组织实施。

(2) 提供与绩效管理相关的参考资料、表格,开展培训与咨询。

(3) 处理员工在绩效考核方面的申诉。

(4) 负责建立员工的绩效管理档案,将绩效考核的结果存入员工的绩效档案。

(5) 将绩效考核的结果运用到人力资源管理的各个环节中去。

▶ 4. 各部门在绩效管理方面的责任

(1) 与相应的绩效管理小组一起制订本部门的绩效目标和相应的考核办法。

(2) 及时、真实地提供相关业务指标和工作任务的完成情况。

(3) 根据绩效完成情况,提出改进计划。

▶ 5. 直线经理在绩效管理方面的责任

(1) 根据部门年度绩效目标、部门工作计划和部门职责,层层分解绩效目标和任务,确定员工绩效目标,并与员工签订绩效目标协议。

(2) 通过收集员工绩效信息、双向沟通以及行为纠偏、实施培训计划等途径,指导员工绩效目标的完成。

(3) 对员工月度/季度/年度绩效目标及分值权重进行审核、调整，包括临时性任务的调整落实。

(4) 按时、客观、公正地对员工绩效进行考核评价，并与员工进行沟通，提供绩效评价的反馈和指导。

(5) 根据考评结果，提出对员工的奖惩和使用建议。

▶ 6. 员工在绩效考核方面的责任

(1) 依据部门工作目标、本岗位职责与部门负责人共同制订个人绩效目标，在情况发生变化的情况下，与部门负责人共同研究调整绩效目标，并签订绩效目标协议。

(2) 积极、努力、创造性地开展工作，执行绩效目标协议与培训开发计划，保证绩效目标按期、高质、高效地完成，并努力完成直线经理临时调整或交办的任务。

(3) 根据企业的规定，按月、季或年对本人绩效目标的完成情况进行客观的评价，并提交绩效考核所需的基础资料。

(4) 主动了解企业关于员工绩效考核的有关制度和规定，积极参与员工绩效管理。

九、绩效管理的典型模式

通过对国内企业绩效管理现状的调查和研究，我国企业绩效管理可以总结为以下几种典型模式。

▶ 1. "德能勤绩"式

"德能勤绩"方面的考核具有非常悠久的历史，曾一度被国有企业和事业单位在年终考评中普遍采用，目前仍然有不少企业还在沿用这种思路。

"德能勤绩"式的本质特征是：业绩方面考核指标相对"德"、"能"、"勤"方面比较少，大多情况下考核指标的核心要素并不齐备，没有评价标准，更谈不上设定绩效目标。本内容借用"德能勤绩"的概念，就是因为这类考核实质是没有"明确定义、准确衡量、评价有效"的关键业绩考核指标。从某市烟草专卖局（公司）对执法监督员的工作绩效考核表可以看出，任何一项指标都没有评价标准，考评者打分没有评价依据。

"德能勤绩"式除了上述典型特征外，往往还具备如下特点。

(1) 很多企业是初始尝试绩效管理，绩效管理的重点往往放在绩效考核上。

(2) 没有部门考核的概念，对部门负责人的考核等同对部门的考核，没有部门考核与部门负责人考核的明确区分。

(3) 考核内容更像是对工作要求的说明，这些内容一般来源于公司倡导的价值观、规章制度、岗位职责等。

(4) 绩效考核指标比较简单粗放，大多数考核指标可以适用同一级别岗位，甚至适用所有岗位，缺少关键业绩考核指标。

(5) 绩效考核不能实现绩效管理的战略目标导向。

对于刚刚起步发展的企业，通常基础管理水平不是很高，绩效管理工作没有太多经验，在这种情况下，"德能勤绩"式绩效管理是有其积极作用的。这种方式对加强基础工作管理水平，增强员工责任意识，督促员工完成岗位工作有积极的促进作用。但"德能勤绩"式绩效管理是简单粗放的，对组织和个人绩效提升作用有限，虽然表面上看来易于操作，其实绩效考核过程随意性很大。企业发展后，随着公司基础管理水平的提高，公司绩效管理将对精细性、科学性提出更高要求，"德能勤绩"式绩效管理就不符合企业实际情况了。

2. "检查评比"式

国内目前绩效管理实践中"检查评比"式还是比较常见的，采用这种绩效管理模式的公司通常情况下基础管理水平相对较高，公司决策领导对绩效管理工作比较重视，绩效管理已经进行了初步的探索实践，已经积累了一些经验教训，但对绩效管理的认识在某些方面还存在问题，绩效管理的公平目标、激励作用不能充分发挥，绩效管理战略导向作用不能得到实现。

"检查评比"式典型特征是：按岗位职责和工作流程详细列出工作要求及标准，考核项目众多，单项指标所占权重很小；评价标准多为扣分项，很少有加分项；考核项目众多，考核信息来源是个重要问题，除非个别定量指标外，绝大多数考核指标信息来自抽查检查；大多数情况下，公司组成考察组，对下属单位逐一进行监督检查，颇有检查评比的味道，不能体现对关键业绩方面的考核。

"检查评比"式考核对提高工作效率和质量是有很大作用的，通过定期不定期的检查考核，员工会感受到压力，自然会在工作要求及标准方面尽力按照公司要求去做，对提高业务能力和管理水平有其积极意义。

这种模式的考核，有两个重大缺陷：一是绩效考核结果没有效度，也就是说考核结果好的不一定就是对组织贡献最大的，绩效水平低的不一定考核结果差，这样自然制约着公平目标和激励作用的实现；二是由于考核项目众多，缺乏重点，实现不了绩效管理的导向作用，员工会感到没有发展目标和方向，缺乏成就感。

考核没有效度以及不能实现战略导向作用大致有以下几个方面的原因。

（1）由于考核项目众多，员工感觉不到组织发展方向和期望的行为是什么，同时由于每项指标所占权重很小，因而即使很重要的指标，员工也不会过于在意。

（2）考核操作实施过程中，抽查检查是普遍采用的方式。对于抽查检查中发现的问题，被考核者往往不从自身工作本身找原因，而往往认为自己倒霉而坚持认为别人考核成绩好，是因为别人运气好，存在的问题没有被发现，被考核者从心里就不会接受这样的考核结果。

（3）考核者对被考核者工作的认识和理解往往存在偏差，这样会导致绩效考核出现"无意识误差"；另外考核者往往不是被考核者的直线上级，不必对被考核者业绩负责，会导致绩效考核的随意性，这样会导致绩效考核出现"有意识误差"，这两种情况都会使绩效考核者对考核的公平公正性感到质疑。

3. "共同参与"式

在绩效管理实践中，"共同参与"式绩效管理在国有企业和事业单位中比较常见，这些组织的显著特征是崇尚团队精神，公司变革动力不足，公司领导往往从稳定发展角度看问题，不愿冒太大风险。"共同参与"式绩效管理有三个显著特征：一是绩效考核指标比较宽泛，缺少定量硬性指标，这给考核者留出很大余地；二是崇尚360°考核，上级、下级、平级和自我都要进行评价，而且自我评价往往占有比较大的权重；三是绩效考核结果与薪酬发放联系不紧密，绩效考核工作不会得到大家的极力抵制。

"共同参与"式绩效管理对提高工作质量，对团队精神的养成是有积极作用的，可以维系组织稳定的协作关系，约束个人的不良行为，督促个人完成各自任务以便团队整体工作的完成。在以绩效提升为主要目标，团队协作为主要特征的组织中是适用的。但这种绩效管理有其适用范围，如果采用不当会带来严重负面效果，主要表现在以下方面。

(1) 大部分考核指标不需要过多的考核信息，一般被考核者根据自己的印象就能打分，考核随意性较大，人情分现象严重，容易出现"有意识的误差"和"无意识的误差"。

(2) 在自我评价占有太大比重的情况下，由人的本性决定，在涉及个人利益关系的情况下，个人对自己的评价不可能公正客观，"吃亏"的往往是"实在"人。

(3) 这种评价一般与薪酬联系不太紧密，薪酬的激励作用有限。

(4) 表面和谐氛围，实则是对创新能力的扼杀，这对创新要求高的组织中是非常致命的。往往最终结果是，最有思想、最有潜力的员工要么被迫离开组织，要么被组织同化不再富有创造力。

▶ 4."自我管理"式

"自我管理"式是世界一流企业推崇的管理方式，这种管理理念的基础是对人性的假设坚持"Y"理论：认为员工视工作如休息、娱乐一般自然；如果员工对某些工作做出承诺，他们会进行自我指导和自我控制，以完成任务；一般而言，每个人不仅能够承担责任，而且会主动承担责任；绝大多数人都具备做出正确决策的能力，而不仅仅是管理者才具备这一能力。

"自我管理"式的显著特征是：通过制定激励性的目标，让员工自己为目标的达成负责；上级赋予下属足够的权利，一般很少干预下属的工作；很少进行过程控制考核，大都注重最终结果；崇尚"能者多劳"的思想，充分重视对人的激励作用，绩效考核结果除了与薪酬挂钩外，绩效考核结果还决定着员工岗位升迁或降职。

"自我管理"式绩效管理激励效应较强，能充分调动人的主动积极性，能激发有关人员尽最大努力去完成目标，对提高公司效益是有好处的，但这种模式应注意适用条件，如果适用条件不具备，可能会产生严重的问题和后果，不能保证个人目标和组织目标的实现。"自我管理"式绩效管理有如下特点。

(1) 由于"自我管理"推崇的是"Y"理论人性假设，在中国社会目前发展水平情况下，如果缺乏有效监督检查，期望员工通过自我管理来实现个人目标有时是不现实的。因为有的员工自制能力差，不能有效约束自己，如果不实行严格管理将不能达成其个人目标。

(2) "自我管理"式绩效管理缺乏过程控制环节，对目标达成情况不能及时监控，不能及时发现隐患和危险，等发现问题时可能已经太迟，没有挽回余地了，因此可能会给组织带来较大损失。

(3) 绩效辅导实施环节工作比较薄弱，上级领导往往不能及时对被考核者进行绩效辅导，也不能及时给予下属资源上的支持，因此绩效管理提升空间有限。

(4) 被考核者通常小集体意识严重，不能站在公司全局角度看问题，被考核者绩效目标与组织目标往往不一致，不能保证公司战略发展目标的实现。

十、企业绩效管理八大误区

对绩效管理的错误认识是企业绩效管理效果不佳的最根本原因，也是最难突破的障碍，企业管理者对绩效管理往往存在如下的误解甚至是错误认识。

▶ 1. 绩效管理是人力资源部门的事情，与业务部门无关

在企业绩效管理实践中，有很多这样的事例，公司领导对绩效管理工作很重视，人力资源部门也下了很大功夫推进绩效管理工作，但各部门领导和员工对绩效管理认识不够，总认为绩效管理是人力资源部或人事部门的事情。有的业务部门经理认为填写绩效考核表

格会影响正常业务工作;作为直线领导不想参与对下属的业绩评价,认为自己评价有失公正,总想由人力资源部门或成立考核组来对员工进行考核。在这种思想观念影响下,某些部门尤其是业务部门会对绩效考核消极应付,如果公司执行力不够强的话,业务部门的绩效考核往往首先流产。

认为"绩效管理是人力资源管理部门的事"这种观点的人不在少数,甚至某些公司决策领导都这么认为。那么导致这种认识深层次的原因是什么呢,其实这和公司的发展阶段以及员工的能力素质有关。

(1) 在企业规模不是很大的情况下,业务人员在公司具有举足轻重的地位,无论在收入上还是在地位上,业务人员比职能人员受到更多的重视,业务人员总认为绩效管理是虚的东西,因此绩效管理得不到业务人员的重视。

(2) 做业务出身的业务部门经理,往往习惯了简单粗放的管理方式,对定期搜集考核数据信息,填写绩效考核表格等工作会非常厌烦,同时由于还没有看到绩效管理带来的好处,因此会极力抵制绩效考核工作。

(3) 往往业务部门领导对管理的责任认识不到位,事实上业务部门领导从本质讲,应该将更多精力放在管理上而不是具体业务运作上,应该更好的激励辅导下属运作业务,而不是自己亲力亲为,管理的基本职能是计划、组织、领导、控制,这在绩效管理循环各个环节都会得到体现。

正确的认识应该是:人力资源部门只是绩效管理的组织协调部门,各级管理人员才是绩效管理的主角,各级管理人员既是绩效管理的对象(被考核者),又是其下属绩效管理的责任人(考核者)。

如何改变员工存在的错误认识呢?第一,要进行思想灌输,使他们改变大业务员的思维定式,认识到管理的重要性;第二,要对管理者进行管理尤其是绩效管理有关工具、方法和技巧的培训,提高管理者能力素质和企业管理水平;第三,从企业文化建设入手,加强公司的执行力,只要公司决策领导大力推进,相信各级管理者和员工会逐渐接受绩效管理,随着绩效管理的深入推进,各级管理者和员工会从绩效管理中获得好处,那么绩效管理就会得到各级管理者和员工的重视。

▶ 2. 绩效管理就是绩效考核,绩效考核就是挑员工毛病

很多公司启动绩效管理项目的时候,对绩效管理并没有清楚的认识,认为绩效管理就是绩效考核,把绩效考核作为约束控制员工的手段,通过绩效考核给员工增加压力,将绩效考核不合格作为辞退员工的理由。有些企业盲目采用末位淘汰制,如果公司企业文化、业务特点和管理水平并不支持采用这种方法,绩效考核自然会得到员工的抵制。

事实上,绩效管理和绩效考核是不同的,绩效考核只是绩效管理的一个环节。绩效管理是一个完整的循环,由绩效计划制订、绩效辅导沟通、绩效考核评价以及绩效结果应用等几个环节构成。绩效管理的目的不是为了发放绩效工资和奖金,不是为了涨工资,这些都是手段,绩效管理的目的是持续提升组织和个人的绩效,保证企业发展目标的实现。绩效考核是为了正确评估组织或个人的绩效,以便有效进行激励,这是绩效管理最重要的一个环节。绩效管理要想取得成效,上述四个环节的工作都要做好,否则就不会达到绩效提升的效果。

如何改变绩效管理就是绩效考核、绩效考核就是挑毛病的错误认识呢?

(1) 首先要使员工认识到绩效管理和绩效考核会带来好处。无论绩效管理还是绩效考核,并不会损害各级管理者和员工的利益,相反会促进个人能力素质的提高,这在日益激

烈的职场竞争中是非常关键的。其实,任何组织并不会因为没有绩效考核而不淘汰员工,没有绩效考核并不意味着是铁饭碗。绩效考核是一个非常有效的主管与下属交流沟通媒介,在绩效管理过程中员工会得到主管的辅导和支持,绩效考核结果反馈使下属知道自己的缺点和不足,从而个人能力素质和业务水平都会得到提高。

(2) 还是要加强对各级管理者有关绩效管理工具、方法和技巧的培训,使绩效计划制订、绩效辅导沟通、绩效考核评价以及绩效结果应用等环节工作落到实处。

▶ 3. 重考核,忽视绩效计划制订环节的工作

绩效管理实施过程中,很多管理者对绩效考核工作比较重视,但对绩效计划制订环节重视不够,这是初次尝试绩效管理的企业经常遇到的问题。绩效计划是领导和下属就考核期内应该完成哪些工作以及达到什么样的标准进行充分讨论,形成契约的过程。绩效计划有哪些作用呢?

1) 绩效计划提供了对组织和员工进行绩效考核的依据

绩效管理是由绩效计划制订、绩效辅导实施、绩效考核评价、绩效考核面谈等环节组织的一个系统,制订切实可行的绩效计划,是绩效管理的第一步,也是最重要的一个环节。制订了绩效计划,考核期末就可以根据由员工本人参与制定并做出承诺的绩效计划进行考核。对于出色完成绩效计划的组织和个人,绩效考核会取得优异评价并会获得奖励,对于没有完成绩效计划的组织和个人,上级领导应帮助下属分析没有完成绩效计划的原因并帮助下属制订绩效改进计划。

2) 科学合理的绩效计划保证组织、部门目标的贯彻实施

个人的绩效计划、部门的绩效计划、组织的绩效计划是依赖和支持关系。一方面,个人的绩效计划支持部门的绩效计划,部门的绩效计划支持组织整体的绩效计划;另一方面,组织绩效计划的实现依赖于部门绩效计划的实现,部门绩效计划的实现依赖于个人绩效计划的实现。在制订组织、部门和个人绩效计划过程中,通过协调各方面的资源,使资源向对组织目标实现起瓶颈制约作用的地方倾斜,促使部门和个人绩效计划的实现,从而保证组织目标的实现。

3) 绩效计划为员工提供努力的方向和目标

绩效计划包含绩效考核指标及权重、绩效目标以及评价标准等方面。这对部门和个人的工作提出了具体明确的要求和期望,同时明确表达了部门和员工在哪些方面取得成就会获得组织的奖励。一般情况下,部门和员工会选择组织期望的方向去努力。

在制订绩效计划过程中,确定绩效目标是最核心的步骤,如何科学合理地制定绩效目标对绩效管理的成功实施具有重要的意义。许多公司绩效考核工作难以开展的原因就在于绩效计划制订的不合理,如果有的员工绩效目标定得太高,无论如何努力,都完不成目标,有的员工绩效目标定得比较低,很容易就完成了目标,这种事实上的内部不公平,会对员工的积极性造成很大的影响;另外,绩效目标定的过高或过低,会降低薪酬的激励效应,达不到激发员工积极性的目的。绩效目标制定合理可行是非常关键的,科学合理地制订绩效计划是绩效管理能够取得成功的关键环节。

▶ 4. 轻视和忽略绩效辅导沟通的作用

绩效管理强调管理者和员工的互动,强调管理者和员工形成利益共同体,因此管理者和员工会为绩效计划的实现而共同努力。绩效辅导是指绩效计划执行者的直接上级及其他相关人员为帮助执行者完成绩效计划,通过沟通、交流或提供机会,给执行者以指示、指导、培训、支持、监督、纠偏、鼓励等帮助的行为。绩效辅导沟通的必要性在于以下

几点。

(1) 管理者需要掌握员工工作进展状况，提高员工的工作绩效。

(2) 员工需要管理者对工作进行评价和辅导支持。

(3) 必要时对绩效计划进行调整。

▶ 5. 过于追求量化指标，轻视过程考核，否认主观因素在绩效考核中的积极作用

定量指标在绩效考核指标体系中占有重要的地位，在保证绩效考核结果公正客观方面具有重要作用。但定量考核指标并不意味着考核结果必然是公正公平，考核结果公正公平不一定需要全部是定量指标。要求考核指标全部量化的管理者，在某种程度上是不称职的，表明其没有正确评价下属工作状况的能力。

在企业绩效管理实践中，很多管理者希望所有考核指标结果都能按公式计算出来，实际上这是不现实的，某种意义上是管理者回避了问题，也是管理者的一种偷懒行为。绩效考核不是绩效统计，一定要发挥考评人的主观能动性，根据实际情况的变化，对绩效被考核者做出客观公正的评价。

为什么不能全部依靠定量指标呢？因为一个有效的定量评价指标必须要满足以下几个前提，任何一个前提不存在，定量指标考核的公平公正性就受到质疑。而在企业绩效管理实践中，并不是所有的考核指标都满足以下的条件。

(1) 定量考核指标一定要符合公司发展战略导向，如果定量考核指标不符合公司发展战略目标，那么一定会产生南辕北辙的结果。很多公司对人力资源部考核指标都有一个关键人才流失率，而且这个指标定义非常清楚科学，对于什么是"关键人才"如何鉴别"流失"都有明确规定。用这样一个指标考核人力资源部门是有问题的，关键岗位人员流失的原因是多方面的，下定决心要走的"人才"留下来对公司也不会有什么重大贡献。考核关键岗位人员"流失率"不如考核关键岗位人员"满足率"更适合。

(2) 定量考核指标的制定要科学合理，需要考虑内部条件、外部环境等多方面因素。如果目标制定不合理，没有充分考虑各种因素条件，会造成更大的不公平。在企业绩效管理实践中，很多公司绩效考核最终不能坚持下来最关键的原因就是没有实质办法将绩效目标制定的公平公正。

(3) 定量指标可以明确定义、精确衡量，数据信息准确可靠并且获取成本有限。事实上，有众多会计准则约束的财务报告数据尚有很多"处理"空间，那么很多定量数据的可靠性、有效性的确会受到质疑。

(4) 定量考核指标绩效目标的完成不会降低工作质量，否则会有非常严重的负面效果。以工作质量降低来满足工作数量要求对组织的损害是长期的和深远的。

很多公司对人力资源部门的考核指标有"培训工作完成及时率"，实践过这个指标的人力资源管理者应该知道，不会有哪个公司人力资源部门完不成这样的考核指标。事实上，这种考核指标的完成有时是以工作质量的降低作为代价的，本来培训的条件不具备，但先培训完了再说吧，在这种思想下，培训的必要性和效果都会受到影响。

既然定量指标的运用需要一定条件，那么就应该发挥过程指标在考核中的重要作用，应该充分尊重直线上级在考核中的主观评价作用。事实上，没有任何人比主管更清楚知道下属的工作状况，任何一个称职的领导都非常清楚下属工作绩效状况，因此用过于复杂的方法寻求绩效考核的公平公正是低效的。

▶ 6. 忽略绩效考核导向作用

绩效管理取得成效最重要的一点是实现绩效考核与薪酬激励的公平公正性，只有公平

公正才能使人信服,才能促进个人和组织的绩效提升。但追求绩效考核公平公正性应以实现绩效考核的战略导向为前提。本人曾向某部门经理询问:"您能不能对下属工作绩效进行有效区分,哪个绩效优秀、哪个需要改进?"对于这个问题他感到非常困惑,他说:"有的人工作很努力,但基础不是很好,工作效果一般;有的人在业务方面大胆开创,但有时细节工作做不到位;有的人工作成绩平平,但计算机使用有特长,因此如果真要选择一个优秀的员工的确非常困难。"事实上这位经理的感受具有代表性,作为经理在对待绩效考核工作态度上是非常认真的,但对绩效管理的认识还存在差距。事实上,绩效考核要体现战略导向,在一定期间符合公司发展战略导向的行为就该受到奖励。如果公司本期对业务开拓创新有更高的要求,那么开拓创新的行为就该受到鼓励;如果公司业务发展压力较大,那么业务出色的员工更该受到激励。因此绩效管理要考虑战略导向,绩效管理目的是为了提升绩效。

▶ 7. 绩效考核过于注重结果而忽略过程控制

公平公正的进行考核以便对业绩优异者进行激励是绩效考核非常重要的一个方面,但绩效考核绝不只是最终的秋后算账,通过过程考核对绩效计划执行环节进行有效监督控制,及时发现存在的问题,避免更人损失的发生是绩效考核的重要方面。

▶ 8. 对推行绩效管理效果抱有不切实际的幻想,不能持之以恒

绩效管理是一个逐步完善的过程,绩效管理取得成效与企业基础管理水平有很大关系,而企业基础管理水平不是短期就能快速提高的,因此企业推行绩效管理不可能解决所有问题,不要对绩效管理给予过高期望。很多企业推行绩效管理不了了之,就是因为企业领导急功近利,希望通过绩效管理迅速改变企业现状,这样的目的短期是不会达到的。绩效管理对企业会产生深远的影响,但这种影响是缓慢的。绩效管理影响着企业各级管理者和员工的经营理念,同时绩效管理对于促进和激励员工改进工作方法提高绩效有很大促进作用,但这些改变都是逐渐的,不是一蹴而就的。绩效管理只要坚持就会有成效,绩效管理的效果是逐步显现的。

推行绩效管理是企业发展的必然,只要正确对待绩效管理的作用,从企业实际情况出发,扎扎实实推进绩效管理工作,组织和个人的绩效就会逐步提升,企业竞争力最终会得到提高。

第三节 绩效考核

一、绩效考核的概念

绩效考核是指企业组织以既定标准为依据,对其人员在工作岗位上的工作行为表现和工作结果方面的情况,进行收集、分析、评价和反馈的过程。绩效考核是企业内部的管理活动,是企业在执行经营战略、进行人力资源管理过程中,根据职务要求,对员工的实际贡献进行评价的活动,强调每个人、每个岗位的特殊性。从执行结果来看,它包含对人的管理、监督、指导、教育、激励和帮助等功能。

总之,在实际中,我们给绩效考核下的定义是:绩效考核是对前一阶段绩效管理工作的总结,目的就是为了帮助经理和员工改善绩效,获得更大的提升。

二、绩效考核的作用

▶ 1. 绩效考核是人员任用的前提

绩效考核是"知人"的主要手段,而"知人"是"善任"的前提。经过考核,对人员的政治素质、心理素质、知识素质、业务素质等进行评价,并在此基础上对人员的能力和专长进行推断,进而分析其适合何种职位,才能做到人岗匹配、人尽其才。

▶ 2. 绩效考核是决定人员调配的基础

通过绩效考核了解人员使用的状况、人事配合的程度,发现一些人的素质和能力已超过现职的要求,则可晋升其职位;发现另一些人的素质和能力达不到现职的要求,则应降职;发现还有一些人用非所长,或其素质和能力已发生了跨职系的变化,则可进行横向调配。

▶ 3. 绩效考核是进行人员培训的依据

人员培训应有针对性,针对人员的短处进行补充学习和训练。因此,培训的前提是准确了解各类人员的素质和能力,通过考核确定员工素质优劣及存在的问题,进行培训需求分析。同时,考核也是判断培训效果的主要手段。

▶ 4. 绩效考核是确定劳动报酬的依据

企业内部的薪酬管理必须符合劳动付出与报酬相吻合的原则,而准确地衡量"劳"的数量和质量是实行按劳分配的前提。只有密切工作绩效与组织奖酬之间的关联性,才能使员工感到公平,激励员工努力工作。

▶ 5. 绩效考核是激励员工的手段

根据绩效考核结果决定奖罚的对象及等级,激励先进、鞭策后进,做到奖惩分明,有利于提高员工工作积极性,出色完成组织目标。按绩付酬并将绩效视为调职、晋升、降职或解雇的依据,彻底打破了"大锅饭",使员工在公平的环境中良性竞争,既与别人在同一客观标准下的收入或晋升作横向比较,又同自己过去的收入或晋升作纵向比较。如果比较的结果平衡,他就会感到公平。绩效考核为员工事先设立了考核目标,并辅以具体的考核细则。当目标设置科学合理时,能使员工产生满足感和成就感。绩效考核还有助于在企业内部营造"比、学、赶、帮、超"的气氛,使员工能够提高各自的绩效,从而提高企业的竞争力。

▶ 6. 绩效考核是促进员工成长的工具

工作绩效考核好比一面客观的镜子,一把公正的尺子。把考核的结果反馈给员工,让员工发现自身的缺陷和不足,可以帮助员工通过自身的努力逐步改进。

绩效考核的应用范围很广。将绩效考核的结果应用于人力资源计划、招聘、选拔、薪酬、晋升、调配、辞退等各项具体工作,有助于企业做出正确的人力资源管理决策;应用于人力资源开发,可以提供员工优劣势的信息,帮助员工在现有岗位上创造更佳的业绩,加强员工的针对性培训,为员工的职业生涯和职业道路设计提供建议。

正如在农夫山泉股份有限公司在公司中实行 KPI 考核系统,手机上线系统等这些都可以在 OA 平台上显示出来,尤其是 KPI 考核系统它不仅能够激励员工更高的完成任务而且通过 KPI 考核系统可以筛选出优秀的员工,这样就在员工之间形成了一种标尺。企业在实施 KPI 绩效考核管理会获得哪些好处呢?企业从中可以使得公司战略规划目标转化为部门目标,进而分解成为员工的绩效目标,实现员工目标和企业目标一致性。另外,KPI 绩效考核的绩效标准成为薪酬体系制定的重要信息,企业可以按照绩效大小来实现薪酬的等级划分。企业还可以通过KPI绩效考核发现员工在技能上的实际水平,方法中的应用效果,从而通过有效的职业规划和相应培训,提高员工技能和达到提高公司绩效的目的。

三、绩效考核的种类

(1) 根据绩效考核的性质不同划分为定性考核和定量考核。
(2) 根据考核的主体不同划分为上级考核、同级考核、下级考核和自我考核。
(3) 根据考核的内容不同划分为综合考核和单项考核。
(4) 根据绩效考核的形式不同划分为口头与书面考核、直接与间接考核和个别与集体考核。
(5) 根据绩效考核的时间不同划分为日常考核、定期考核、长期考核、临时考核。
(6) 根据考核标准的设计可划分为绝对标准考核和相对标准考核。
(7) 根据考核的目的和用途划分为例行、晋升、转正、转换工作和评定职称考核。

四、绩效考核的原则

▶ 1. 公平原则

公平是确立和推行人员绩效考核制度的前提。不公平,就不可能发挥绩效考核应有的作用。

▶ 2. 严格原则

绩效考核不严格,就会流于形式,形同虚设。绩效考核不严格,不仅不能全面地反映工作人员的真实情况,而且还会产生消极的后果。绩效考核的严格性包括:要有明确的考核标准、要有严肃认真的考核态度、要有严格的考核制度与科学而严格的程序及方法等。

▶ 3. 单头考评的原则

对各级职工的考评,都必须由被考评者的"直接上级"进行。直接上级相对来说最了解被考评者的实际工作表现(成绩、能力、适应性),也最有可能反映真实情况。间接上级(即上级的上级)对直接上级作出的考评评语,不应擅自修改。这并不排除间接上级对考评结果的调整修正作用。单头考评明确了考评责任所在,并且使考评系统与组织指挥系统取得一致,更有利于加强经营组织的指挥机能。

▶ 4. 结果公开原则

绩效考核的结论应对本人公开,这是保证绩效考核民主的重要手段。这样做,一方面,可以使被考核者了解自己的优点和缺点、长处和短处,从而使考核成绩好的人再接再厉,继续保持先进;也可以使考核成绩不好的人心悦诚服,奋起上进。另一方面,还有助于防止绩效考核中可能出现的偏见以及种种误差,以保证考核的公平与合理。

▶ 5. 结合奖惩原则

依据绩效考核的结果,应根据工作成绩的大小、好坏,有赏有罚,有升有降,而且这种赏罚、升降不仅与精神激励相联系。而且还必须通过工资、奖金等方式同物质利益相联系,这样,才能达到绩效考核的真正目的。

▶ 6. 客观考评的原则

人事考核应当根据明确规定的考核标准,针对客观考核资料进行评价,尽量避免渗入主观性和感情色彩。

▶ 7. 反馈的原则

考核的结果(评语)一定要反馈给被考评者本人,否则就起不到考核的教育作用。在反馈考核结果的同时,应当向被考核者就评语进行说明解释,肯定成绩和进步,说明不足之处,提供今后努力的参考意见等。

▶ 8. 差别的原则

考核的等级之间应当有鲜明的差别界限,针对不同的考评评语在工资、晋升、使用等方面应体现明显差别,使考核带有刺激性,鼓励职工的上进心。

五、绩效考核的常用方法

▶ 1. 报告法

报告法是利用书面的形式对自己的工作所作的总结。这种方法适用于较高级管理人员的自我评估,并且测评的人数不宜太多。自我评估是自己对自己一段工作的总结,让被考核者主动地对其自己的表现加以反省、评估,为自己作出评价。

自我考核可以让被考核人拟一份工作报告,对照岗位要求,回顾一年的工作及列出将来的计划,列举出一年内1~3件重大贡献事例及1~3件失败的事,并对不足之处提出有待改进的建议。一般每年年终进行,要求大家集中在一起,预先不清楚集中的目的,且要求没有助手参加,自己独立完成总结。

▶ 2. 工作标准法

所谓标准,是用于比较的一种大家均可接受的基础或尺度。工作标准是指一个训练有素的人员完成一定工组所需的时间,他完成这样的工作应该用预先设定好的方法,用其正常的努力程度和正常的技能(非超常发挥),所以也称为时间标准。

例如,一天的标准产量为1000个,日工资为30元(0.03元/个),超额部分每个的激励工资为每个0.1元。质量标准是95%为合格品。如果质量高于标准,则高于标准的产品每个另给奖金0.05元。这样,假设某工人一天做了1040个,其中1009个是合格品,那么除月工资外,可得到的额外工资是$0.1\times9=0.9$(元),质量上的奖励工资是$(1009-1040\times95\%)\times0.05=21\times0.05=1.05$(元),所以这一天的工资为30元+0.9元+1.05元=31.95元。根据这样的基本思想,还可设定出很多方法来。这里需要注意的关键问题是:跟这种报酬制度有关的产品的质量是可以明确度量的。

在绩效考核中,运用这种方法就是制定工作标准或劳动定额,然后把员工的工作与工作标准相比较以考核员工绩效。

现代组织很少单独采用工作标准法进行绩效考核,管理人员要对下属进行评价,决定升迁某人时常采用此法。

▶ 3. 360°考核法

360°考核法又称为全方位考核法,最早被英特尔公司提出并加以实施运用。该方法是指通过员工自己、上司、同事、下属、顾客等不同主体来了解其工作绩效,通过评论知晓各方面的意见,清楚自己的长处和短处,来达到提高自己的目的。

1) 360°考核法的优点

(1) 打破了由上级考核下属的传统考核制度,可以避免传统考核中考核者极容易发生的"光环效应"、"居中趋势"、"偏紧或偏松"、"个人偏见"和"考核盲点"等现象。

(2) 一个员工想要影响多个人是困难的,这种方法可以使管理层获得的信息更准确。

(3) 可以反映出不同考核者对于同一被考核者不同的看法。

(4) 在时间有限而人事变化迅速时,采用此法可以把握时效。

(5) 防止被考核者急功近利的行为(如仅仅致力于与薪金密切相关的业绩指标)。

(6) 让下属有参与感，形成企业内的民主作风。
(7) 较为全面的反馈信息有助于被考核者多方面能力的提升。
(8) 大家都是朝夕相处的伙伴，彼此了解较深，力求做到客观性。

2) 360°考核法的不足

(1) 人缘好的人往往得到好评，但人缘好未必表示他办事能力强。
(2) 此办法有时会被善于心机者利用，他可能在人际关系方面下苦功，使别人产生错觉。
(3) 此办法易造成同事间彼此的猜忌、内部失和、帮派之争等情形。
(4) 这种民主评定的方法往往不为主管所接受，一方面需要做统计，另一方面会觉得下属瓜分了他的权力。
(5) 考核成本高。当一个人要对多个同伴进行考核时，时间耗费多，由多人来共同考核所导致的成本上升可能会超过考核所带来的价值。
(6) 成为某些员工发泄私愤的途径。某些员工不正视上司及同事的批评与建议，将工作上的问题上升为个人情绪，利用考核机会"公报私仇"。
(7) 考核培训工作难度大。组织要对所有的员工进行考核制度的培训，因为所有的员工既是考核者又是被考核者。

▶ 4. 排队法

排队法就是考核者根据自己所管辖人员的工作成绩的大小进行排队而进行的考核。这种方法较为简单，在所属人员不多的情况下，省时迅速。常被用于进行月度考核，以确定奖金的分配。

▶ 5. 配对比较法

配对比较法也称相互比较法、两两比较法、成对比较法或相对比较法。它是对员工进行两两比较，任何两位员工都要进行一次比较。两名员工比较之后，工作较好的员工记"1"，工作较差的员工记"0"。所有的员工相互比较完毕后，将每个人的成绩进行相加，总数越大，绩效考核的成绩越好。由于两人绩效的对比不是十分容易，所以在评价时要格外小心。

配对比较法与序列比较法不同的是，它采用配对比较的方法，将所有参加考核的人逐一进行比较。例如，有10位教师，考评时，把每一位教师与另外9位教师逐一进行配对比较，总共进行9次配对比较。每一次配对比较之后，工作表现好的教师得"1"分，工作表现较差的教师得"0"分。配对比较完毕后，将每个人的分数进行相加。分数越高，考核成绩越好。参加配对比较法的教师人数不宜过多，范围在5~10名教师为宜。

▶ 6. 等级评估法

等级评估法是绩效考核中常用的一种方法。根据工作分析，将被考核岗位的工作内容划分为相互独立的几个模块，在每个模块中用明确的语言描述完成该模块工作需要达到的工作标准。同时，将标准分为几个等级选项，如"优、良、合格、不合格"等，考核人根据被考核人的实际工作表现，对每个模块的完成情况进行评估。总成绩便为该员工的考核成绩。

▶ 7. 目标考核法

目标考核法又称目标对照法，是根据被考核人完成工作目标的情况来进行考核的一种绩效考核方式。在开始工作之前，考核人和被考核人应该对需要完成的工作内容、时间期限、考核的标准达成一致。在时间期限结束时,考核人根据被考核人的工作状况及原先制定的考核标准来进行考核。目标考核法适用于企业中试行目标管理的项目。

▶ 8. 序列比较法

序列比较法是对相同职务员工进行考核的一种方法。在考核之前,首先要确定考核的模块,但是不确定要达到的工作标准。将相同职务的所有员工在同一考核模块中进行比较,根据他们的工作状况排列顺序,工作较好的排名在前,工作较差的排名在后。最后,将每位员工几个模块的排序数字相加,就是该员工的考核结果。总数越小,绩效考核成绩越好。

▶ 9. 小组评价法

小组评价法是指将小组所有成员的工作看成一个整体来评价,即由两名以上熟悉该员工工作的经理,组成评价小组进行绩效考核的方法。小组评价是同事评价的延伸。在一个小组内,是很难将每个人的贡献单独区分开来,而个人评价所关注的重点可能不是小组的工作重点,所以个人评价可能会造成评价系统的紊乱。小组认同的不是个人的表现,而是整个小组共同的成就。

采用小组评价的目的就是让小组成员学会合作、学会关心、学会以团队的力量去竞争。这样的评价,对于形成小组成员的集体观念,这对促进团队成员的合作是十分有效的。现在播音公司、丰田、德州仪器公司等组织已经开始采用小组评价的方法。

▶ 10. 关键事件法

关键事件法(critical incident method,CIM)是由美国学者福莱诺格 Flanagan 和伯恩斯在 1954 年共同创立的,它是由上级主管记录员工平时工作中的关键事件:一种是做得特别好的,一种是做得不好的。在预定的时间,通常是半年或一年之后,利用积累的记录,由主管者与被测评者讨论相关事件,为测评提供依据。即关键事件是指那些会对公司部门或个人的整体工作绩效产生积极或消极的影响的重大事件行为及其结果,包含了三个重点:观察、书面记录员工所做的事情,以及有关工作成败的关键性的事件。

其主要原则是认定员工与职务有关的行为,并选择其中最重要、最关键的部分来评定其结果。它首先从领导、员工或其他熟悉职务的人那里收集一系列职务行为的事件,然后,描述"特别好"或"特别坏"的职务绩效。这种方法考虑了职务的动态特点和静态特点。对每一事件的描述内容包括导致事件发生的原因和背景、员工的特别有效或多余的行为、关键行为的后果,以及员工自己能否支配或控制上述后果。

在大量收集这些关键事件以后,可以对它们做出分类,并总结出职务的关键特征和行为要求。关键事件法既能获得有关职务的静态信息,也可以了解职务的动态特点。

▶ 11. 评语法

评语法是指由考核人撰写一段评语来对被考核人进行评价的一种方法。评语的内容包括被考核人的工作业绩、工作表现、优缺点和需努力的方向。被考核人按组织要求递交一份自我鉴定,主考人以此为基础材料,对被考核人做出绩效考评。这是一种古老的方法,可以作为其他考评方法的辅助。

▶ 12. 强制比例法

强制比例法即在绩效考评开始之初,对不同等级的人数有一定的比例限制。是指根据被考核者的业绩,将被考核者按一定的比例分为几类(最好、较好、中等、较差、最差)进行考核的方法。

13. 情境模拟法

情景模拟法是美国心理学家次霍恩等首先提出的。所谓情景模拟就是指根据被试者可能担任的职务，编制一套与该职务实际情况相似的测试项目，将被试者安排在模拟的、逼真的工作环境中，要求被试者处理可能出现的各种问题，用多种方法来测评其心理素质、潜在能力的一系列方法。它是一种行为测试手段。由于这类测试中应试者往往是针对一旦受聘可能从事的工作做文章，所以也被称为"实地"测试。面试官将为他们提供一种有代表性的模拟情况，需要他们完成应聘岗位上的典型任务，然后对其工作质量进行分析。

14. 欧德伟法

欧德伟法是美国学者欧德伟等人首先提出的，它与关键事件法实际上是相同的，现行确定被考核人的基准分（如70分），在一系列加分或减分的项目指导下，考评人进行加减评定，最后得出具体考核得分的方法。

欧德伟法的一般做法是由管理者将每一位员工在工作活动中所表现出来的非同寻常的好行为或非同寻常的不良行为（或事故）记录下来，然后在某一段固定时间里（如6个月），根据所记录的特殊事件来决定他的工作绩效。

在运用欧德伟法进行奖惩决策时，确定一个进行奖惩的分数范围。例如，超过80分的人将获得奖励或晋升；低于70分的人将受到警告、处罚或辞退等。在使用这种方法时，可以将其与工作计划、目标及工作规范结合起来使用。

15. 面谈考核法

面谈考核是一项十分重要的方法，广泛用于人事管理的各个环节上。比如，企业规定上级管理人员定期与下级面谈，听取下级意见，进行指导教育。除此之外，还有不定期的面谈申诉规定，考核工作中的面谈，录用新员工时的面谈测验，晋升考评中的面谈答辩，成绩考评中的反馈面谈等。

16. 短文法

短文法主要用来对员工开发的绩效考核方法是书面短文法。考核者书写一篇短文以描述员工绩效，并特别举出长处缺点的例子。由于这种方法迫使考核讨论绩效的特别事例，它也能减少考核者的偏见和晕圈效应。由于考核者得列举员工表现的特别事例，而且不使用评级量表，因此也能减少趋中和宽厚误差。

17. 综合法

综合法，顾名思义，就是将各类绩效考核的方法进行综合运用，以提高绩效考核结果的客观性和可信度。在实际工作中，很少有企业使用单独的一种考核方法来实施绩效考核工作。

六、绩效考核的实施者

▶ 1. 绩效考核的实施者

1）直接上级

直接上级一般能够了解被考核的职务及被考核者本人的工作表现。

2）同级同事

他们对被考核者的职务最熟悉，对被考核者的情况也最了解。

3）被考核者本人

即自我鉴定。

4）直接下级

有相当一部分人觉得直接下级作为绩效考核的实施者不太客观。

5）外界考核专家或顾问

他们有经验与技术，在公司也无利害关系，容易做到公正，但成本太高，不熟悉组织情况。

▶ 2. 绩效考核的实施者的一般要求

（1）确定应考人的基本条件。

（2）制定各种职务的资格标准。

（3）注意考试的客观性、有效度与可信度。

（4）考核人员还应满足一定的数量。

（5）有事业心，勇于奋进。

（6）作风正派，办事公道。

（7）有主见，善于独立思考。

七、绩效考核的内容

一般来说，考核的内容包括德、能、勤、绩四个方面，重点考核工作实绩。

德：主要考核政治、思想表现和职业道德。

能：主要考核业务技术水平、管理能力的运用发挥，业务技术提高、知识更新的情况。

勤：主要考核工作态度、勤奋敬业精神和遵守劳动纪律情况。

绩：主要考核履行职责情况，完成工作任务的数量、质量、效率、取得成果的水平以及社会效益和经济效益。

八、绩效考核流程的九个环节

▶ 1. 绩效考核流程中的四个角色

通过在实际工作中摸索，专家设计了一套行之有效的绩效考核流程。

在介绍这个绩效考核流程前必须先介绍在流程中的四个角色：考核人、被考核人、审核人、评审委员会。

（1）考核人：指在绩效考核流程中被考核人的直接主管，需要对被考核人在考核期内完成计划任务的情况进行评估。

（2）被考核人：指在绩效考核流程中的被考核对象，需要在规定时间内按照预先制定的标准完成计划任务。

（3）审核人：指在绩效考核流程中考核人的直接主管，需要对被考核人的绩效评估成绩进行审核，有权要求考核人重新对被考核人进行评估，但无权直接更改考核成绩。

（4）评审委员会：指由企业高层经理组成的绩效评估的专门组织，目的在于修订企业内部各部门之间评估尺度不同而产生的偏差，解决在绩效评估中考核人与被考核人就考核成绩不能达成一致而产生的投诉。

绩效考核通常每月或每季为一个考核周期，在一个考核期开始前由考核人创建考核表，考核期结束后开始对上该月度的工作情况进行考核，评审委员会确定修正系数，最后计算出每张绩效考核表的最终得分。

企业内部每个人至少会扮演流程中的一个角色，中高层经理会扮演两个以上的角色。不同的角色在考核流程中需要在规定的时间完成规定的工作内容，所以扮演两个以上角色的中高层经理在考核流程中的责任就更加重大,他们是绩效考核有效性的关键人物。请看表 7-2 中四个角色在绩效考核流程中应该完成的工作及相对应的时间要求。

表 7-2 绩效考核流程中的四种角色及相对应的工作

角色	操作	操作时间
考核人	创建考核表	上一考核期末,为被考核人创建《绩效考核表》
	计划面谈	与被考核人就考核期工作计划进行面谈,并确认
	汇报反馈	对被考核人提交的《工作进度汇报表》及时进行反馈
	对被考核人评分	在被考核人自评后对其进行评价
	绩效面谈	在评分后与被考核人进行面谈
被考核人	计划面谈	上一考核期末,被考核人确认考核人所创建的"绩效考核表",并制订本期详细工作计划
	工作进度汇报	考核期内定期向考核人提交《工作进度汇报表》
	自评	考核期结束后,依据工作计划对工作结果进行自评
	绩效面谈	在考核结束后与考核人进行绩效面谈
	确认考核成绩	对考核人的考核成绩签字确认
审批人	审核	在被考核人确认考核评分后进行
评审委员会	确认各部门修正系数	在所有绩效考核表汇总后进行

▶ 2. 绩效考核流程的九个环节

专家设计的绩效考核流程是由九个环节组成的,参与考核的人员只要控制这些关键环节,掌握其中的工作技巧,就可以有成效地完成考核工作。

1) 制定绩效考核表

在上一个考核期末,由考核人为被考核人制定《绩效考核表》是绩效考核流程中的第一个环节,此环节是其他环节的基础。如果在这一环节出现问题,那么后边的环节做得再好也会失去意义。

"绩效考核表"主要包括工作任务、考核标准、权重、自评分数、考核人评分数、考核人意见、考核人签字、被考核人签字、审核人签字等要项,如表 7-3 所示。

表 7-3 绩效考核表

被考核人		岗位类别		浮动比例		考核人	
工作任务		考核标准(时间、成本、质量)		权重(100%)		自评分数	考核人评分
1.							
2.							
3.							
4.							

续表

被考核人		岗位类别		浮动比例		考核人	
考核人意见					总分		
考核人签字			被考核人签字			审核人签字	

注：①工作任务：工作任务可以分为常规型任务和创新型任务两种，常规型任务是指那些周期性的，不再需要被考核人改进的工作。创新型任务是那些需要加以改进工作现状、提高工作效率为目的的工作。考核表中的工作任务应该以创新型任务为主，以常规型任务为辅。

工作任务应该符合 C-SMART 原则，C：顾客导向，即围绕内外部顾客的需求制定工作任务；S：任务是具体的；M：任务是可以衡量的；A：任务是经过努力可以达到的；R：任务是与职责相关的；T：任务是有完成时限的。

②考核标准：考核人可以从完成时间、完成质量、成本三个方面设计考核标准，这些考核标准可以是数字的、比例的或者描述性的，同时注意考核标准应该方便收集。

③权重：是指各项任务考核期内重要性的比例，各项任务权重之和为100%。分配权重的原则应该是对创新型任务多分配权重，对常规型任务少分配权重，而不是以完成任务所需的时间来分配任务的权重。

制定"绩效考核表"时需要注意以下两点。

(1)"能力"、"态度"等非任务项目不应该进行考核，因为绩效考核的目的是进行目标管理，是对工作完成结果的评估；虽然被考核人的能力和态度是影响达成目标的重要因素，但是对能力和态度进行考核是一种对工作过程的考核。当然，如果把改变能力和态度作为一个工作任务来完成是可以进行考核的。"能力"、"态度"一般是作为表现评价的主要项目。

(2)如果"绩效考核表"中没有创新型任务，这就说明考核人需要重新对被考核人的工作内容进行认识和规划，常规的工作对于被考核人不产生激励作用，工作乏味没有新意，工作效率逐渐降低，长期如此，被考核人将会产生跳槽的念头。应该说任何工作都是可以改进的，所以没有创新型任务的"绩效考核表"是不合格的。

2) 计划面谈

接下来，考核人要依据"绩效考核表"向被考核人详细说明下一个考核期内被考核人的主要工作任务及考核标准，被考核人也可以根据实际工作情况提出自己的修改意见或建议供考核人参考，这个过程就是第二个环节——计划面谈。

计划面谈是考核人及被考核人就下一考核期计划工作的充分沟通交流过程，考核者把工作任务、目标以及工作价值观传递给被考核者，双方达成共识与承诺。双方经过讨论达成一致后在"绩效考核表"上签字，一式三份，双方各一份，报绩效考核评审委员会一份。如果双方不能达成一致，可以请被考核人的上一级领导即审核人最终确定。

被考核人对"绩效考核表"确认后，还需要制订一份详细的工作计划表给考核人。

需要注意的是，在绩效考核流程中，由于各种原因，计划面谈环节经常容易被忽视或省略，如果缺少了这一环节，"绩效考核表"的作用就不能完全发挥。第一，被考核人可能不完全了解考核表中各项任务的重要程度，也可能不完全了解各项考核标准的实际意义，这就会造成重要工作没有按照考核人预先计划完成，从测量学角度考察，考核表的信度低；第二，考核人在制定各项工作任务时，不可能全面了解被考核人的所有工作，制定的考核标准也就可能不符合实际情况,从测量学角度考察,考核表的效度低,所以计划面谈这个环节是不可缺少的。

另外,通过计划面谈还可以起到激励被考核人努力实现计划目标的作用,因为各项工作任务及考核标准是由被考核人参与制定的,即使遇到困难他也会积极的想方设法去完成,完成之后更会有一种个人的成就感。

3)工作进度汇报及反馈

进入考核期后,考核人要保持与被考核人的有效沟通,这个环节是贯穿整个考核期的。沟通形式主要有口头和书面两种。口头沟通比较灵活,可以随时进行。书面沟通可采用"工作进度汇报表",一般每周一次或在任务的控制点进行,"工作进度汇报表"如表 7-4 所示。

表 7-4 工作进度汇报表

被考核人		部门	
已完成的主要工作			
未完成的主要工作			
问题和建议			
上级建议			签字:

工作进度汇报是目标管理的重要工具,考核人可以从进度汇报中了解被考核人工作进展情况,并及时做出具体的指导;被考核人可以通过进度汇报进行工作总结,提出适当的建议,并获得考核人的指导。另外,工作进度汇报表还可以作为考核期结束后进行考核的重要依据。

4)被考核人自评

考核期结束后,进入绩效考核的第四个环节——被考核人自评。首先被考核人依据"绩效考核表"、"工作计划表"、"工作进度汇报表"对自己的各项任务逐项进行考核打分。评分时应综合考虑以下三方面因素。

(1)完成时间:是否在规定时间完成。

(2)完成质量:完成质量如何,是否符合质量标准。

(3)成本:完成这项工作所耗费的成本是否在合理的范围之内。

各项工作目标的考核分数,按百分制的分数填写。

$$总分 = \sum 每项任务分数 \times 权数$$

考核等级分值参考标准如表 7-5 所示。

表 7-5 考核等级分值参考标准

等 级	描 述	考核分
超额完成	该目标超额完成,一般应完成目标的 100%以上	111~120 分
完成	该目标的完成情况比较理想,一般应完成目标的 90%以上	101~110 分
基本完成	该目标基本完成,即完成目标的 80%以上,90%以下	86~100 分
部分完成任务	完成目标的 70%以上,80%以下	71~85 分
完成任务不好	只完成目标的 70%以下	0~70 分

5)由考核人为被考核人进行评分

在被考核人自评结束后,由考核人为被考核人进行评分,这是考核流程的第五个环节。评分方法与环节4相同。考核人必须依据客观、公正的原则。

(1)客观,对被考核人的工作完成情况的评价是客观的,反映了被考核人的实际工作情况。

(2)公正,考核人对多个下属的评价要公正对待,一视同仁。

绩效考核不要成为考核人手中挥舞的"大棒",也不应成为无原则"和稀泥"式的每个人都好。一旦考核违反了客观、公正的原则,不仅不能达到激励员工的作用,反而会打击大多数员工的积极性。

6)绩效面谈

考核流程的第六个重要环节是考核人与被考核人进行绩效面谈。考核人评价之后应安排时间与被考核人进行绩效面谈,考核人要表扬被考核人在工作中取得的成绩,对于被考核人的不足方面不是批评而是诚恳地提出改进的建议,引导被考核人提出改进的方法。考核不是为了制造员工间的差距,而是要实事求是地发现员工工作的长处、短处,以扬长避短并改进提高。所以切勿把绩效面谈搞成挑毛病找缺点的机会,更不要将被考核人与其他人进行比较。在绩效面谈中,被考核人可以对考核人的评分提出自己的不同意见,考核人应该认真听取,了解被考核人的确切意思。对于正确的意见,考核人应该接受,并更改原先的评分;对于不正确的意见,考核人要耐心解释。如果对于考核人的评分达成一致,双方在"绩效考核表"上签字确认,如果不能达成一致,可以提交审核人决定。如果被考核人对审核人的意见也不能接受可以提交评审委员会作最终决定。

7)上一级审核

在考核人评分之后,为了保证部门内部评分的客观与公正,流程中还有第七个环节——上一级审核。经考核人与被考核人签字确认的"绩效考核表"要交由考核人的上一级主管进行审核,对有疑义的考核表审核人可以退回考核人,考核人调整考核分数,与被考核人面谈并确认后再递交审核人。经过审核人审核签字的"绩效考核表"将提交评审委员会,绩效考核流程进入第八个环节——确定修正系数。

8)确定修正系数

各部门"绩效考核表"汇总至绩效考核委员会,由专人对各部门考核成绩进行统计汇总,形成"各部门考核成绩汇总表",内容包括部门、最高分、最低分、平均分、修正系数区间、修正系数等项目,报评审委员会,如表7-6所示。

表7-6 各部门考核成绩汇总表

部 门	最高分	最低分	平均分	修正系数区间	修正系数
人力资源部	119	101	105	0.5~1.3	
策划部	108	89	101		
商务部	110	94	105		
……					

从"各部门考核成绩汇总表"可以观察出,与考核期的实际工作情况相比,有的部门考核尺度松,考核成绩相对会偏高,有的部门考核尺度严格,考核成绩相对会偏低,这是一种系统误差,是由于考核人和审核人的不同造成的,可以通过用一个系数进行修正。修正

系数就是为了修正各部门在评分过程中由于不同考核人员考核标准不统一而造成的分数差异的数值。

修正系数由评审委员会共同讨论确定。对于考核尺度严格、考核成绩偏低的部门，可以给出一个大于1的系数；也可以对于考核尺度松、考核成绩偏高的部门，给出一个小于1的系数。

应该注意的是，修正系数不能与部门考核成绩混淆。部门考核成绩是客观的，是对部门考核期内任务完成情况的评估；修正系数是主观的，是对各部门考核标准不统一而进行的修正。

9）最终考核成绩

考核流程的最后一个环节是计算每个人的最终考核成绩，由绩效考核专门人员负责。个人最终考核成绩由自评成绩、考核人评定成绩、修正系数确定。一般自评成绩占30%~40%，考核人评定成绩占60%~70%。公式1以自评成绩占30%为例。

个人最终考核成绩＝修正系数×（自评成绩×30%＋考核人评定成绩×70%）

（公式1）

如果在公司内部还另外进行部门考核，那么个人最终考核成绩还应该受到部门考核成绩的影响。根据企业文化不同，部门考核成绩在个人考核成绩中有两种体现形式，一种是鼓励团队精神的设计，如公式2；另一种是鼓励个人发挥兼顾团队精神的设计，如公式3。

个人最终考核成绩＝修正系数×部门成绩/100（自评成绩×30%＋考核人评定成绩×70%）

（公式2）

个人最终考核成绩＝修正系数×（自评成绩×20%＋考核人评定成绩×40%＋部门成绩×40%）

（公式3）

当然，任何一套好的绩效考核流程也不是放之四海皆准的灵丹妙药，本书介绍的这套绩效考核流程也不是适合所有企业，根据经验，引入这套考核流程的企业应该符合以下的条件。

(1) 高层管理者要参与到绩效考核流程中；
(2) 企业有健全而相对稳定的组织结构，部门职能划分清晰明确；
(3) 各岗位有清晰的岗位说明书和岗位工作流程；
(4) 企业人员有较高的个人素质；
(5) 企业正在实行目标管理。

九、绩效考核结果的应用

绩效考核的应用范围很广，它的结果可以供管理人员为人力资源管理的决策提供信息，还可以用于员工个人在绩效改进、职业生涯发展方面提供借鉴。我们可以把它们分成"管理应用"和"开发应用"。管理应用，指的就是将绩效考核的结果应用于人力资源管理中计划、招聘、甄选、薪酬、晋升、调配、辞退等各项具体的人力资源决策中；开发应用，考虑的是绩效考核可以全面评估员工优劣势的信息，据此帮助员工识别如何在现有的岗位上提高其工作业绩，如何加强员工的学习和开发，以及为员工的职业生涯设计提供建议等。

▶ 1. 业绩提高

一个设计合理的系统，能够有助于实现企业的目标和员工业绩。例如，企业开发了一套各岗位的行为评分的指标体系，也就是给每位员工都提出了工作改进的明确目标。

▶ 2. 人力资源计划

一个设计完善的评价系统能够提供出一种对企业中人力资源优劣势的剖析来支持这项

工作。

▶ 3. 招聘和选择

绩效考核等级可能会有助于对求职者业绩的预测。

▶ 4. 人力资源开发

通过识别那些对业绩有不利影响的方面，人力资源和直线管理人员有能力制订出人力资源发展方案以允许个人发挥他们的优点并使其缺点最小化。

▶ 5. 职业计划和发展

绩效考核数据在评价一个员工的优缺点及确定其潜能时，是十分重要的。经理可以利用这些信息来评议下级，并帮助他们发展和执行他们的职业计划。

▶ 6. 内部员工关系

绩效考核数据也可以用于内部员工关系等几个领域中的决策，如动力、提升、降级、撤职、解雇和调动等方面的决策。

▶ 7. 员工潜能的评价

评价工作业绩时，可能会评价一名员工的潜能，而未来行为的最好预测是根据过去发生过的行为。

十、绩效考核在管理过程中存在的问题

▶ 1. 考核指标理解误差

由于考核人对考评指标理解的差异而造成的误差。同样是"优、良、合格、不合格"等标准，但不同的考核人对这些标准的理解会有偏差，同样一个员工，对于某项相同的工作，甲考核人可能会选"良"，乙考核人可能会选"合格"。避免这种误差，可以通过以下三种措施来进行。

（1）修改考核内容，让考核内容更加明晰，使能够量化的尽可能量化。这样可以让考核人能够更加准确的进行考核；

（2）避免让不同的考核人对相同职务员工的进行考核，尽可能让同一名考核人进行考核，员工之间的考核结果就具有了可比性；

（3）避免对不同职务的员工考核结果进行比较，因为不同职务的考核人不同，所以不同职务之间的比较可靠性较差。

▶ 2. 光环效应误差

当一个人有一个显著的优点的时候，人们会误以为他在其他方面也有同样的优点，这就是光环效应。在考核中也是如此，比如，被考核人工作非常积极主动，考核人可能会误以为他的工作业绩也非常优秀，从而给被考核人较高的评价。在进行考核时，被考核人应该将考核人的所有考核内容同时进行考核，而不要以人为单位进行考核，这样可以有效地防止光环效应。

▶ 3. 趋中误差

考核人倾向于将被考核人的考核结果放置在中间的位置，就会产生趋中误差。这主要是由于考核人害怕承担责任或对被考核人不熟悉所造成的。在考核前，对考核人员进行必要的绩效考核培训，消除考核人的后顾之忧，同时避免让被考核人不熟悉的考核人进行考核，可以有效地防止趋中误差。也可使用"强迫分布法"，即将所有被考核人从优到劣依次排列，然后按各分数段的理论次数分布分别给予相应的评分。

4. 近期误差

由于人们对最近发生的事情记忆深刻，而对以前发生的事情印象浅显，所以容易产生近期误差。考核人往往会用被考核人近一个月的表现来评判一个季度的表现，从而产生误差。消除近期误差的最好方法是考核人每月进行一次当月考核记录，在每季度进行正式的考核时，参考月度考核记录来得出正确考核结果。

5. 个人偏见误差

考核人喜欢或不喜欢（熟悉或不熟悉）被考核人，都会对被考核人的考核结果产生影响。考核人往往会给自己喜欢（或熟悉）的人较高的评价，而对自己不喜欢（或不熟悉）的人给予较低的评价，这就是个人偏见误差。采取小组评价或员工互评的方法可以有效地防止个人偏见误差。

6. 压力误差

当考核人了解到本次考核的结果会与被考核人的薪酬或职务变更有直接的关系，或者惧怕在考核沟通时受到被考核人的责难，鉴于上述压力，考核人可能会做出偏高的考核。解决压力误差，一方面要注意对考核结果的用途进行保密，另一方面在考核培训时让考核人掌握考核沟通的技巧。如果考核人不适合进行考核沟通，可以让人力资源部门代为进行。

7. 完美主义误差

考核人可能是一位完美主义者，他往往放大被考核人的缺点，从而对被考核人进行了较低的评价，造成了完美主义误差。解决该误差，首先要向考核人讲明考核的原则和方法，另外可以增加员工自评，与考核人考核进行比较。如果差异过大，应该对该项考核进行认真分析，看是否出现了完美主义错误。

8. 自我比较误差

考核人不自觉的将被考核人与自己进行比较，以自己作为衡量被考核人的标准，这样就会产生自我比较误差。解决办法是将考核内容和考核标准细化和明确，并要求考核人严格按照考核要求进行考核。

9. 盲点误差

考核人由于自己有某种缺点，而无法看出被考核人也有同样的缺点，这就造成了盲点误差。盲点误差的解决方法和自我比较误差的解决方法相同。

10. 后继效应

后继效应亦称记录效应，即被考核人在上一个考核期内考核结果的记录，对考核人在本期内考核所产生的作用和影响。其原因是：考核人不能认真地按照考核标准、不受上期考核记录的影响，对每个被考核人独立地进行每一次的考核。解决方法是训练考核人一次只评价全体被考核人绩效的某一方面，然后再评价另一方面，最后再将每个被考核人的所有评价结果汇总起来。

十一、绩效考核体系的缺陷

绩效考核体系的缺陷如下。
（1）内部环节脱节，绩效考核流于形式。
（2）没有绩效考核就等于没有管理。
（3）绩效考核针对的是员工的绩效。
（4）暗箱操作，考核的过程形式化。

(5) 没有区分部门和部门负责人的考核。
(6) 绩效考核人选择不当。
(7) 绩效考核指标选择不恰当,绩效考核没有体现战略导向。
(8) 过程控制没有实质考核指标,结果考核指标数据获取成本过高。
(9) 考核指标定义不准确,存在诸多缺陷。
(10) 评价标准和绩效目标制定不合适,不能体现激励作用和公平性。

十二、如何才能更好地搞好企业员工的绩效考核

(1) 进行工作分析。
(2) 建立绩效考核体系。
(3) 设计考核指标体系。
(4) 选择绩效评价工具。
(5) 完善工作绩效标准。
(6) 使用明确的绩效要素。
(7) 减少考核者的主观性。
(8) 注重绩效考核反馈。

本 章 小 结

　　本章是人力资源管理专业中的应用性很强的必修内容,涉及经济学、管理学等多个学科的理论。本章重点介绍了绩效管理的四个环节:绩效目标与绩效计划、绩效辅导与监控、绩效考核与评价和绩效沟通与反馈。另外,绩效管理分两个层次,组织的绩效管理和员工个人的绩效管理。组织的绩效管理主要研究如何对企业的绩效进行管理。员工绩效管理主要研究如何通过对员工的绩效进行管理来最大可能地提高员工的绩效,从而提高整个组织的绩效,进而有效地完成组织的整体目标。通过对绩效管理的学习,要求学生对绩效管理有一个全面、系统的掌握,并应对国内外发展与现状有所认识,为学生以后在相应领域工作或研究奠定一个较为扎实的知识基础。

综 合 练 习

一、名词解释

绩效管理　　绩效考评　　绩效管理工具

二、单项选择题

1. 小王负责公司北方区销售渠道管理,上级主管在他的绩效管理目标设计过程中,错误的做法是(　　)。

　　A. 由主管直接为他制定绩效目标和要求
　　B. 主管帮助他确定实现绩效目标的计划

C. 对他的绩效目标制定过程进行及时的指导
D. 主管了解他所在岗位的行为特点，以便对其辅导

2. 对一名工人的绩效考核，除了产量指标的完成情况外，质量、原材料消耗率、出勤和服从纪律等方面也都是要进行考核的内容，这体现了绩效的（　　）特征和要求。
 A. 多因性　　　B. 多维性　　　C. 动态性　　　D. 不确定性

3. 符合绩效考核指标设置要求的陈述是（　　）。
 A. 让顾客完全满意　　　　　　B. 熟悉设备的使用和维护
 C. 尽量节约时间　　　　　　　D. 每月合格品率不低于98%

4. 在一项对操作工人的考评中，为了了解员工绩效提高的程度应以（　　）作为信息的主要来源。
 A. 该员工的同事　　　　　　　B. 该员工本人
 C. 该员工的直接主管　　　　　D. 该员工的最高主管

5. 六西格玛是（　　）。
 A. 以老板为中心，关注企业的需要　　B. 以员工为中心，关注员工的需要
 C. 以顾客为中心，关注顾客的需要　　D. 以供应商为中心，关注企业的需要

6. 平衡计分卡从（　　）四个维度衡量企业业绩。
 A. 财务、客户、内部流程、学习与成长　　B. 财务、美誉度、内部流程、适应能力
 C. 战略、客户、内部流程、学习与成长　　D. 战略、美誉度、内部流程、适应能力

7. 绩效管理的最终目标是为了（　　）。
 A. 确定被考核者未来的薪金水平　　　B. 帮助员工找出提高绩效的方法
 C. 制订有针对性的培训计划和培训实施方案　　D. 促进企业与员工的共同提高与发展

8. 在本期绩效管理活动之后，将考核结果以及有关信息反馈给员工本人，并为下一期绩效管理活动创造条件的面谈，称为（　　）。
 A. 绩效计划面谈　　B. 绩效考核面谈　　C. 绩效总结面谈　　D. 绩效指导面谈

9. （　　）就是根据企业组织的战略要求而精心设计的指标体系。
 A. 平衡记分卡　　B. 目标分解法　　C. 关键分析法　　D. 岗位分析法

10. 绩效管理的对象是组织中的（　　）。
 A. 管理者　　　B. 一般员工　　　C. 特定部门的员工　　D. 全体员工

三、多项选择题

1. 公司员工申诉系统的主要功能是（　　）。
 A. 允许员工对绩效考评系统提出异议，就自己关心的事件发表看法
 B. 监督各个部门的领导者有效组织员工的绩效考评工作
 C. 给考核者一定约束和压力，使他们慎重从事
 D. 减少矛盾和冲突，防患于未然
 E. 作为升降职、任免的直接依据

2. 绩效考核的方法包括（　　）。
 A. 评语法　　B. 人员接替模型　　C. 配对比较法　　D. 关键事件法
 E. 小组评价法

3. 宽大化误差产生的原因可能有（　　）。
 A. 评价者为了保护下属
 B. 评价者希望本部门员工的成绩优于其他部门员工的成绩

C. 评价标准过高
D. 评价者对评价工作缺乏信心
E. 评价者想要鼓励工作表现有所提高的员工

4. 为保证绩效面谈的质量，有效的信息反馈应具有（　　）。
   A. 真实性　　　　B. 针对性　　　　C. 及时性　　　　D. 主动性
   E. 适应性

5. 目标管理法的优点包括（　　）。
   A. 形成激励　　　B. 有效管理　　　C. 明确任务　　　D. 自我管理
   E. 控制有效

6. 绩效管理的参与主体包括（　　）。
   A. 高层管理者　　B. 顾客　　　　　C. 管理对象　　　D. 直属上级
   E. 人力资源部

7. 麦克利兰提出了人的多种需要，他认为个体在工作情境中有三种重要的动机或需要是（　　）。
   A. 成就需要　　　B. 安全需要　　　C. 权力需要　　　D. 情谊需要
   E. 自我价值实现需要

8. 绩效考核过程中，考核形式可以为（　　）。
   A. 上级考核　　　B. 自我考核　　　C. 同级考核　　　D. 下级考核
   E. 客户考核

9. 绩效管理过程中管理者的角色包括（　　）。
   A. 合作伙伴　　　B. 辅导员　　　　C. 记录员　　　　D. 公证员
   E. 诊断专家

10. 关键绩效指标的设定一般遵循（　　）法则。
    A. Specific　　　B. Measurable　　C. Attainable　　D. Realistic
    E. Time-bound

四、判断题

1. 考核方法的准确性是选择考核方法时应该考虑的唯一指标。（　　）
2. 员工的工作业绩完全由其个人的能力水平决定。（　　）
3. 经济学与管理学最本质的区别就在于：经济学的视角是以市场为核心，管理学的研究视角是以企业为核心。（　　）
4. 绩效考核和绩效管理的含义完全相同。（　　）
5. 绩效管理的唯一作用是为员工报酬的发放做依据。（　　）
6. "工作经验"这个考核目标难以操作，因此参考工作年限这个指标。（　　）
7. 本着"公平、公正、公开"的原则，360°反馈评价不应采用匿名的方式。（　　）
8. 绩效面谈过程即主管评价下属业绩好坏的单向沟通过程。（　　）
9. "结果是绩效"的观点认为，绩效是工作所达到的结果，是工作成绩的记录。（　　）
10. 绩效管理中的"绩效"不包含潜在劳动。（　　）

五、简答题

1. 说明企业绩效管理包含哪五个具体阶段，每个阶段的工作内容和实施要点。
2. 绩效考核的方法有哪些？在应用各种考核方法时，可以采用哪些有效措施和方法，防止和控制可能出现的各种偏差问题。

六、论述题

1. 试述绩效考核中可能存在的问题及解决的方法。
2. 你是如何看待"以人为本"管理理论下的绩效管理？

七、方案设计题

H公司是一家民营服装企业，在创业初期，该公司只有员工30余人。由于业务繁忙，公司一味追求降低成本、提高销售额，没有及时建立科学的绩效考评体系，尤其是没有建立针对管理人员的绩效考评体系。这几年，公司发展非常迅速，业务量持续上升，员工数量由过去的30余人猛增到800余人。随着公司规模的扩大，管理过程中存在的问题日益凸显，许多管理人员明显不能胜任工作，管理方法简单粗暴，由此引发的人员流失现象严重。经过认真细致的调研，该公司发现管理人员的管理能力不足主要集中体现在人际关系技巧、团队合作精神、领导能力、语言表达能力等方面。经过分析与讨论，公司领导决定采用当前被广泛应用的评价中心技术来有针对性地评估本企业管理人员的管理能力，并责成人力资源部进行相关筹备工作。

假设你是该公司人力资源部经理，请针对该项工作写出具体评价方法及实施方案。

八、案例分析

西柚公司是一家电器产品制造商，过去两年来，营销经理西格实施了弹性工作模式，白天员工可以早上6点至下午6点之间，自行决定到达或离开办公室的时间，只要他们完成必须的工作，虽然有一些问题发生，但他觉得结果还是相当令人满意的。200多位直属于他的职员的工作效率有着明显的改进，人员流动率直线下降。唯一不赞成这种制度的是他手下的资深经理，他们发现管理这些弹性工作的人员并不容易。最近的一次会议中，生产部经理向总经理抱怨营销部草率的工作方式使工厂的工作变得乱七八糟。生产部人员看到他们上午11点才到办公室，感觉不公平，希望生产部也实施弹性工作制度。总经理最后找营销经理西格谈话，认为应该停止营销部的弹性工作时间制度。营销经理西格非常愤怒，他指出实现弹性工作制对于公司的形象有很大的帮助，虽然生产力可能没有提高，但也没有下降。如果取消这些弹性工作制度，他的人员会感到不满，而且会导致生产力下降。总经理感到束手无策，营销部享受特权不对，但对公司也并没有不良影响。取消弹性工作制会使营销部人员极端不满，尤其现在正需要他们努力做好重要产品的销售。

1. 面对这种情况，总经理应该怎么处理呢？
2. 从该案例中，可以得到什么经验教训？

第八章 薪酬管理

>>> 学习目标

本章属于人力资源管理中的一项专业技术水平较高的管理领域,从企业经营与战略的高度以及整体人力资源管理体系的角度,来阐释薪酬管理在现代企业中的地位及作用。本章尽可能以实例的形式讲解以职位评价、薪酬结构与薪酬等级设计、绩效奖励与认可计划、不同类型人员的薪酬设计方案等为核心的薪酬管理技术相关理论与实务。

1. 了解薪酬管理的基本理论。
2. 熟悉现代企业薪酬的主要结构和作用。
3. 了解高层管理人员长期激励的原理与方法和薪酬改革实施的具体方法。
4. 掌握薪酬管理的基本内容及薪酬设计的策略技巧,并能根据企业的实际环境和条件恰当地运用这些基本知识和策略技巧为企业设计出良好的薪酬体系以推动企业的发展,提高企业的经济效益。

导入案例

北京餐饮行业签订2015年工资专项集体合同

中工网讯 昨天,记者从本市推进餐饮行业集体协商暨餐饮行业工资集体合同签字仪式上了解到,经北京市服务工会与市餐饮行业协会协商确定,2015年度餐饮行业最低工资标准及企业部分岗位最低工资标准分为2100元、2000元、1800元三个档次。截至9月25日,餐饮行业工资协商确认签约企业247家,覆盖企业858家,覆盖职工41 751人。

双方签订的2015年餐饮行业工资专项集体合同规定,最低工资标准包括三个档次:第一档为生产经营正常,经济效益增长且盈利能力良好的企业,职工月最低工资标准不低于2100元。同时规定凡经营正常,2014年已确认市餐饮行业工资协商的企业、特色美食街区,2015年工资集体协商原则上应确认此档为最低工资标准;第二档为生产经营正常,经济效益增长的企业,职工月最低工资标准不低于2000元。同时规定2014年已确认市餐饮行业工资协商的企业、特色美食街区,有特殊原因,原则上也不得低于此档最低工资标准;第三档为生产经营正常,经济效益不稳定,销售收入与职工劳动报酬比较接近的企业,各区县覆盖的餐饮街区、区域覆盖的小微餐饮企业,最低工资标准不低于1800元。

关于工资支付时间及形式，合同规定每月按固定日期足额支付职工工资，发薪日如遇休假日、休息日应提前至最近的工作日支付。此外，2015年合同还增加了职工高温津贴和防暑降温费条款。同时，合同对适用范围和企业二次协商进行了明确的规定。企业可根据实际需要进行二次协商，形成不低于确认本合同的档次标准的《企业工资专项集体合同》（草案），并经职工大会（或职工代表大会）审议通过，报所在地人力社保部门备案，并向职工公示。

据了解，与2014年相比，2015年餐饮行业工资协商由中心城区扩展到全市16个区县和经济技术开发区，由餐饮连锁企业和特色美食街区覆盖到街道、乡镇。签约企业数增加201家，覆盖企业增加237家，覆盖职工增加16 432人。

第一节 薪酬概述

薪酬是公司员工最为关注、敏感的人力资源管理活动，它对充分调动员工的积极性起着关键的作用，合理的薪酬管理可以起到吸引、留住、充分激励员工的作用，否则就会产生消极影响。社会环境的变迁和外部文化的进入，使人才的价值取向呈现多元化的趋势。但是，薪酬的重要性仍然毋庸置疑，如何让薪酬管理帮助公司提高整体效率，成为促进公司成长的管理工具，已成为众多企业家渴望的目标。

可是，在传统薪酬管理理论的指导下，人们对公司薪酬的研究更多的是关注于直接经济报酬，特别是对货币工资感兴趣。由于外界环境的不断变化，现代薪酬管理制度的提出，虽然克服了传统薪酬管理的某些弊端，但又派生出了一些新问题，要克服这些问题就必须建立全面的薪酬管理制度。

一、薪酬的定义

薪酬就是劳动报酬，是指组织对自己的员工为组织所付出的劳动的一种直接的回报（包括物质和精神两个方面）。薪酬是组织必须付出的人力成本，也是吸引和留住优秀人才的手段。薪酬制度对一个企业组织来说是最重要的问题，是人力资源管理中矛盾最多、难度最大的一项工作。

二、薪酬的构成

薪酬可以分为内在的和外显的两种。

内在的薪酬是心理和社会性因素，如安全感、成就感、满足感、公平感、自我实现感、尊重感等，都是由工作和职位的薪酬所带来的心理感受。内在的薪酬是看不见、摸不着的，但是所起的作用也许比金钱更重要。

外显的薪酬是确实给人带来实惠的物质因素，如金钱和福利待遇等。

实际薪酬的表现形式是多种多样的，主要包括工资、资金、津贴与补贴、股权、福利等具体形式。

▶ 1. 工资

工资有狭义和广义之分，狭义的工资是指付给从事体力劳动的员工以货币形式的报酬，它包含两方面的含义：一是接受报酬的主体是体力劳动者；二是报酬的客观表现形式是货币。如果接受报酬的主体是脑力劳动者，人们习惯称之为薪水；如果报酬的客观表现形式是实物而不是货币，人们则称之为福利。广义的工资从内涵上讲，包括货币形式和非货币形式的报酬；从外延上讲，包括支付给体力劳动者和脑力劳动者的报酬。总体上讲，工资可做如下分类。

（1）基本工资：基本工资常常以小时工资、月薪、年薪等计时工资的形式出现，基本工资又分为基础工资、年功工资、职位工资等。

（2）激励工资：工资中随着员工工作努力程度和劳动成果的变化而变化的部分，激励工资有类似奖金的性质。

（3）成就工资：当员工工作卓有成效，为企业做出突出贡献后，企业以提高员工基本工资的形式付给员工的报酬。

▶ 2. 奖金

奖金是企业对员工超额劳动部分或劳动绩效突出部分所支付奖励性报酬，是企业为了鼓励员工提高劳动效率和工作质量付给员工的货币奖励，具有以下几个特征。

（1）超常性：奖金的支付客体是超额劳动而非正常劳动，或者是突出劳动绩效而非正常劳动绩效。

（2）货币性：奖金是货币奖励而非实物奖励。

（3）动态性：奖金的数额随超额劳动或劳动绩效变动而变动。

（4）多样性：奖金的表现形式包括红利、利润分享及通常所说的奖金等。

▶ 3. 津贴或补贴

津贴是指对工资或薪水等难以全面、准确反映的劳动条件、劳动环境，劳动评价等对员工身心造成某种不利影响或者为了保证员工工资水平不受物价影响而支付给员工的一种补偿。人们常把与员工生活相联系的补偿称为补贴，如交通补贴、住房补贴、生育补贴等，津贴与补贴常以货币形式支付给员工。

▶ 4. 福利

福利，是指企业为了保留和激励员工，采用的非现金形式的报酬，因此，本系统中列出的福利，与津贴的最大差别就是，福利是非现金形式的报酬，而津贴是以现金形式固定发放的。福利的形式包括保险、实物、股票期权、培训、带薪假等，其中列出的金额是从公司成本角度考虑的，折合成金额后进行展示的。

从支付对象上看，福利常常表现为三种形式：全员福利、特种福利和特困福利。

员工福利同工资或薪金一样是员工的劳动所得，属于劳动报酬的范畴，但这不同于工资，其不同表现在以下方面。

（1）工资是按劳付酬，员工之间工资存在差别，而员工福利是根据用人单位工作和员工的需要支付，员工之间福利差别不大。

（2）工资是直接的劳动力再生产费用，而员工福利是间接的劳动力再生产费用。

（3）工资金额与岗位需求和劳动素质相关，很大程度上反映一个市场率，而员工福利则与之无关。

（4）工资作为人工成本随工作时间的变化而发生变化，而员工福利作为人工成本则随人数的变化而变化，有些福利项目从利润中支付，不列入成本。

（5）工资具有个别性、稳定性，而员工福利则具有集体性和随机性。

▶ 5. 股权

股权是将企业的一部分股份作为薪酬授予员工，使员工成为企业的股东。股权薪酬与以上四种薪酬的区别主要表现在支付形式上，既不是货币，也不是一种简单的实物或服务，而是一种权利的授予。

三、薪酬的作用

薪酬的作用表现在报酬对员工的激励作用：是调动员工工作积极性的重要手段，使每个员工安于职守、努力工作、增强责任心，是员工地位和荣誉的象征。

▶ 1. 经济保障作用

从经济学的角度来说，薪酬实际上就是劳动力这种生产要素的价格，其作用就在于通过市场将劳动力尤其是具有一定的知识、技能和经验的稀缺人力资源配置到各种不同的用途上去。因此，薪酬最终表现为企业和员工之间达成的一种供求契约，企业通过员工的工作来创造市场价值，同时企业对员工的贡献提供经济上的回报。在市场经济条件下，薪酬收入是绝大多数劳动者的主要收入来源，它对于劳动者及其家庭的生活所起到的保障作用是其他任何收入保障手段都无法替代的。当然，薪酬对于员工的保障并不仅仅体现在它要满足员工在吃、穿、用、住、行等方面的基本生存需要，同时还体现在它要满足员工在娱乐、教育、自我开发等方面的发展需要。总之，员工薪酬水平的高低对于员工及其家庭的生存状态和生活方式所产生的影响是非常大的。

▶ 2. 薪酬具有激励作用

从心理学的角度来说，薪酬是个人和组织之间的一种心理契约，这种契约通过员工对于薪酬状况的感知而影响员工的工作行为、工作态度以及工作绩效，即产生激励作用。根据马斯洛的需要层次理论，我们可以发现，员工对于薪酬的需求在五个层次上都有所表现。

（1）员工期望所获得的薪酬能够满足自己的基本生活需要。

（2）员工期望自己的薪酬收入更加稳定或者是稳定的薪酬收入部分有所增加。

（3）员工期望自己所获得薪酬与同事之间具有一种可比性，得到公平对待。

（4）员工期望自己能够获得比他人更高的薪酬，以作为对个人的能力和所从事工作的价值的肯定。

（5）员工期望自己能够获得过上更为富裕、质量更高的生活所需要的薪酬，从而进入一种更为自由的生存状态，充分实现个人的价值。

一般情况下，当员工的低层次薪酬需求得到满足以后，通常会产生更高层次的薪酬需求，并且员工的薪酬需求往往是多层次并存的。因此，企业必须注意同时满足员工的不同层次薪酬需求。

从激励的角度来说，员工的较高层次薪酬需求得到满足的程度越高，则薪酬对于员工的激励作用就越大。反之，如果员工的薪酬需要得不到满足，则很可能会产生消极怠工、工作效率低下、人际关系紧张、缺勤率和离职率上升、组织凝聚力和员工对组织的忠诚度下降等多种不良后果。

事实上，很多企业所做的员工满意度和组织承诺度调查的统计结果来看，在现阶段，员工对于企业薪酬制度以及薪酬水平的满意度总体上来说都不是很高，这种情况不仅在薪酬水平不高的企业中存在，在一些薪酬水平已经很高的企业中也同样存在。它涉及员工对于薪酬的心理期望和企业实际薪酬状况之间的差距问题。在其他条件相同的情况下，不能满足员工合理薪酬期望的企业很容易出现员工满意度低和流动率高的现象，这一点国内外企业都是如此。

▶ 3. 薪酬具有优化劳动力资源配置的功能

薪酬对于社会具有劳动力资源的配置功能，不同区域、不同行业、不同职业的薪酬不一样,劳动力供给和需求的矛盾在劳动力价格形成过程中起着非常重要的作用。当某一地区劳动力供不应求时,会导致这一地区薪酬水平增加,薪酬的增加会吸引其他地区劳动力向紧缺的区域流动,这样会增加这一地区劳动力的供给,将薪酬维持在适当的水平;当某一行业劳动力供过于求时,会导致这一行业薪酬水平降低,薪酬的降低会导致劳动力向其他劳动力紧缺的行业流动,这样会减少这一行业劳动力的供给,将薪酬维持在适当的水平。

当然,上述流动过程并不是自然而然实现的,会受到诸多因素的制约。劳动力跨区域流动会受到地域限制、生活习惯、生存成本等因素制约;跨行业流动受到行业政策、行业经验的制约;跨职业人才流动受到知识技能、职业经验等的制约。

四、影响薪酬的因素

薪酬方案的确定是受到许多因素影响的。这些因素包括组织、劳动力市场、工作和员工。

▶ 1. 组织

给予员工的经济报酬,从反映劳动力的成本意义上来讲是费用。然而当它作为促使员工尽自己最大努力并使之得以保持的一种动力时,它就成为一种资产。薪酬方案对于员工的工作态度和行为有很大的潜在影响,它能够鼓励员工提高生产率。提高工作业绩、提高生产率以及降低缺勤率是所有管理者所追求的,这就是高层管理者对薪酬给予密切关注的原因。

企业文化对个人经济报酬有着重要的影响,组织通常制定一些正式或非正式的薪酬政策,以确定在劳动力市场中它会是一个工资水平领先者,还是一个工资水平居后者,或者是力争在平均水平上,这种决策通常是在较高管理层中做出的,但是这种决策若脱离基层管理者会引发错误。

在决定薪酬水平时,组织的支付能力也是一个重要的因素。经济上较为成功的组织趋向于提供高于平均水平的薪资,然而经济实力仅能够确定它所支付报酬的最高限,为了达到一个合理的水平,管理者还必须考虑一些其他的因素。

▶ 2. 劳动力市场

某一区域内有能力想应聘的员工构成了劳动力市场。对于一些工作,劳动力市场的范围远远超出组织所在地,事实上,对于某些技能职位的空缺,在全国范围内进行招聘也是比较常见的。此外,不同市场中工作薪酬会有很大的不同,如一个大城市的公司秘书每年平均可以拿到3万元的工资,而一个小城市的秘书每年只能拿到1.8万元或更少。薪酬管理人员必须注意这些差别,以便在招聘员工中竞争成功。因此,许多组织要定期进行薪酬调查,以确定整个劳动力市场的现行薪资水平,这些调查提供了给定职位的最低、最高和平均水平,使组织能够很好地了解其他公司对从事各种工作的员工支付什么样的薪酬。

另外,通货膨胀率、工会、政府的政策法规以及社会的经济发展等都对薪酬方案的设计具有影响。

▶ 3. 工作

人们所从事的工作是他们将要得到多少经济报酬的一个重要因素。组织根据他们所从事工作的价值、责任以及其他与工作相关的因素予以支付薪酬。用于确定工作相对价值的可采用的管理技术包括工作分析、工作说明书以及工作评价。

在一个组织确定其工作相应难度和价值之前,必须首先确定工作的内容,通常是通过工作分析来确定。工作分析是确定从事各项工作需要何种技术与知识的一个系统过程，工作说明书是工作分析的一个成果性文件，由它组成了描述工作任务和职责的书面文件。工作说明书可用于多种不同用途，包括工作评价。工作说明书对于工作评价非常重要，工作评价的成功与否很大程度上取决于工作说明书的准确性和明晰性。

工作评价是薪酬系统的一部分，组织据此决定工作的相对价值。工作评价的目的在于消除由于不合理的薪资支付结构造成的内部不公平的支付状况。工作评价的潜在作用有：确认组织的工作结构、使工作间的联系公平有序，开发一个工作价值的等级制度，据此建立薪资支付结构、使经理和员工之间在内部的工作和薪资方面取得一致。

工作评价一般由专门的委员会进行。委员会的构成通常取决于被评价工作的类型和水平。中型和小型的组织通常缺乏评价的专业知识，这时可聘用外部顾问，当聘请了一名合格的顾问时，管理者应要求顾问开发一个内部工作评价方案，并且训练组织的有关人员掌握它。

工作评价的方法有多种，其中主要有四种：排列法、分类法、评分法和因素比较法。这些方法有许多的变化，一般一个组织经常选择其中一种方法并且改进它，使之更适合组织的特殊需要。排列法和分类法是非定量法，而评分法和因素比较法是定量的方法。

▶ 4. 员工

一般来说，对于员工所期望的行为，组织应予以奖励，奖励过的行为会被强化而趋于重复。因此根据员工的业绩支付薪酬将使组织吸引和激励优秀的员工。此外，员工的资历、技能、经验、潜力甚至运气都会对薪酬水平产生影响。

第二节　薪酬管理

一、薪酬管理的定义

所谓薪酬管理，是指一个组织针对所有员工所提供的服务来确定他们应当得到的报酬总额以及报酬结构和报酬形式的一个过程。在这个过程中，企业就薪酬水平、薪酬体系、薪酬结构、薪酬构成以及特殊员工群体的薪酬做出决策。同时，作为一种持续的组织过程，企业还要持续不断地制定薪酬计划，拟定薪酬预算，就薪酬管理问题与员工进行沟通，同时对薪酬系统的有效性做出评价而后不断予以完善。

薪酬管理对几乎任何一个组织来说都是一个比较棘手的问题，主要是因为企业的薪酬管理系统一般要同时达到公平性、有效性和合法性三大目标，企业经营对薪酬管理的要求越来越高，但就薪酬管理来讲，受到的限制因素却也越来越多，除了基本的企业经济承受能力、政府法律法规外，还涉及企业不同时期的战略、内部人才定位、外部人才市场，以及行业竞争者的薪酬策略等因素。

二、薪酬管理的特殊性

薪酬管理比起人力资源管理中的其他工作而言，有一定的特殊性，具体表现在三个方面。

▶ 1. 敏感性

薪酬管理是人力资源管理中最敏感的部分，因为它牵扯到公司每一位员工的切身利益。特别是在人们的生活质量还不是很高的情况下，薪酬直接影响他们的生活水平；另外，薪酬是员工在公司工作能力和水平的直接体现，员工往往通过薪酬水平来衡量自己在公司中的地位。所以每一位员工对薪酬问题都很敏感。

▶ 2. 特权性

薪酬管理是员工参与最少的人力资源管理项目，它几乎是公司老板的一个特权。老板，包括企业管理者认为员工参与薪酬管理会使公司管理增加矛盾，并影响投资者的利益。所以，员工对于公司薪酬管理的过程几乎一无所知。

▶ 3. 特殊性

由于敏感性和特权性的存在，所以每个公司的薪酬管理差别很大。另外，由于薪酬管理本身就有很多不同的管理类型，如岗位工资型、技能工资型、资历工资型、绩效工资型等，所以，不同公司之间的薪酬管理几乎没有参考性。

三、薪酬管理的原则

▶ 1. 补偿性原则

该原则要求补偿员工恢复工作精力所必要的衣、食、住、行费用，和补偿员工为获得工作能力以及身体发育所先行付出的费用。

▶ 2. 公平性原则

该原则要求薪酬分配全面考虑员工的绩效、能力及劳动强度、责任等因素，考虑外部竞争性、内部一致性要求，达到薪酬的内部公平、外部公平和个人公平。

▶ 3. 透明性原则

该原则要求薪酬方案公开、透明。

▶ 4. 激励性原则

该原则要求薪酬与员工的贡献挂钩。

▶ 5. 竞争性原则

该原则要求薪酬有利于吸引和留住人才。

▶ 6. 经济性原则

该原则要求比较投入与产出效益。

▶ 7. 合法性原则

该原则要求薪酬制度不违反国家法律法规。

▶ 8. 方便性原则

该原则要求内容结构简明、计算方法简单和管理手续简便。

四、薪酬管理的内容

▶ 1. 薪酬的目标管理

即薪酬应该怎样支持企业的战略，又该如何满足员工的需要。

▶ 2. 薪酬的水平管理

即薪酬要满足内部一致性和外部竞争性的要求，并根据员工绩效、能力特征和行为态度进行动态调整，包括确定管理团队、技术团队和营销团队薪酬水平，确定跨国公司各子公司和外派员工的薪酬水平，确定稀缺人才的薪酬水平以及确定与竞争对手相比的薪酬水平。

▶ 3. 薪酬的体系管理

这不仅包括基础工资、绩效工资、期权期股的管理，还包括如何给员工提供个人成长、工作成就感、良好的职业预期和就业能力的管理。

▶ 4. 薪酬的结构管理

即正确划分合理的薪级和薪酬等，正确确定合理的级差和等差，还包括如何适应组织结构扁平化和员工岗位大规模轮换的需要，合理地确定工资宽带。

▶ 5. 薪酬的制度管理

即薪酬决策应在多大程度上向所有员工公开和透明化，谁负责设计和管理薪酬制度，薪酬管理的预算、审计和控制体系又该如何设计和建立。

五、薪酬管理的目标

▶ 1. 宏观目标

薪酬要发挥应有的作用，薪酬管理应达到三个目标：效率、公平和合法。达到效率和公平目标，能促使薪酬激励作用的实现，而合法性是薪酬管理的基本要求，因为合法是公司存在和发展的基础。

1）效率目标

效率目标包括两个层面，第一个层面是站在产出角度来看，薪酬能给组织绩效带来最大价值；第二个层面是站在投入角度来看，实现薪酬成本控制。薪酬效率目标的本质是用适当的薪酬成本给组织带来最大的价值。

2）公平目标

公平目标包括三个层次：分配公平、过程公平和机会公平。

分配公平是指组织在进行人事决策、决定各种奖励措施时，应符合公平的要求。如果员工认为受到不公平对待，将会产生不满。

员工对于分配公平认知，来自于其对于工作的投入与所得进行主观比较而定，在这个过程中还会与过去的工作经验、同事、同行、朋友等进行对比。分配公平分为自我公平、内部公平、外部公平三个方面。自我公平，即员工获得的薪酬应与其付出成正比；内部公平，即同一企业中，不同职务的员工获得的薪酬应正比于其各自对企业做出的贡献；外部公平，即同一行业、同一地区或同等规模的不同企业中类似职务的薪酬应基本相同。

过程公平是指在决定任何奖惩决策时，组织所依据的决策标准或方法符合公正性原则，程序公平一致、标准明确，过程公开等。

机会公平指组织赋予所有员工同样的发展机会，包括组织在决策前与员工互相沟通，组织决策考虑员工的意见，主管考虑员工的立场，建立员工申诉机制等。

3）合法目标

合法目标是企业薪酬管理的最基本前提，要求企业实施的薪酬制度符合国家、省区的法律法规、政策条例要求，如不能违反最低工资制度、法定保险福利、薪酬指导线制度等的要求规定。

▶ 2. 薪酬管理的具体目标

（1）吸引和留住组织需要的优秀人才。
（2）鼓励员工积极提高工作所需要的技能和能力。
（3）鼓励员工高效率地工作。
（4）创造组织所希望的文化氛围。

(5) 控制运营成本。

六、薪酬管理的作用

▶ 1. 薪酬管理是以人为本管理思想的重要体现

薪酬是劳动者提供劳动的回报,是对劳动者各种劳动消耗的补偿,因此薪酬水平既是对劳动者劳动力价值的肯定,也直接影响着劳动者的生活水平。所谓以人为本的管理思想就是要尊重人力资本所有者的需要,解除其后顾之忧,很难想象一个组织提倡以人为本,其薪酬制度却不能保证员工基本生活水平。在我国物质生活水平日益提高的今天,管理者不仅要保证其员工基本生活,更要适应社会和个人的全方位发展,提供更全面的生活保障,建立起适应国民经济发展水平的薪酬制度。

▶ 2. 薪酬战略是组织的基本战略之一

一个组织有许多子战略,如市场战略、技术战略、人才战略等,其中的薪酬战略是人才战略的最重要组成部分,因而也是一个组织的基本战略之一。一个优秀的薪酬战略应对组织起到四个作用。

(1) 吸引优秀的人才加盟。
(2) 保留核心骨干员工。
(3) 突出组织的重点业务与重点岗位。
(4) 保证组织总体战略的实现。

▶ 3. 薪酬管理影响着组织的赢利能力

薪酬对于劳动者来说是报酬,对于组织来讲却意味着成本。虽然现代的人力资源管理理念不能简单地以成本角度来看待薪酬,但保持先进的劳动生产率,有效地控制人工成本,发挥既定薪酬的最大作用,无疑对于增加组织利润,增强组织赢利能力进而提高竞争力有直接作用。

▶ 4. 人工成本合理配置

通过对员工薪酬结构化的管理,实现薪酬的高效使用,有效控制人工成本。

▶ 5. 杠杆激励作用

采用浮动薪酬和绩效薪酬,对绩效结果优良的员工进行有效激励。

▶ 6. 留住企业核心员工

在外部公平、内部公平、个人公平的原则下,实现对薪酬的合理规划,为留住企业核心员工提供坚实基础。

▶ 7. 吸引外部优秀人才

为在薪酬领域吸引外部优秀人才提供良好的平台。

▶ 8. 改善经营绩效作用

员工和员工的状态是任何企业经营战略成功的基石,也是企业达成优良经营绩效的基本保障。不谈薪酬,我们就无法谈及员工和员工的工作状态。如前文所述,薪酬对于员工的工作行为、工作态度以及工作业绩具有直接的影响,薪酬不仅决定了企业可以招募到的员工的数量和质量,决定了企业中的人力资源存量,同时,它还决定了现有员工受到激励的状况,影响到他们的工作效率、出勤率、对组织的归属感以及组织承诺度,从而直接影响到企业的生产能力和生产效率。

薪酬实际上是企业向员工传递的一种特别强烈有效的信号,通过这种信息,企业可以让员工了解,什么样的行为、态度以及业绩是受到鼓励的,是对企业有贡献的,从而引导员工的工作行为和工作态度以及最终的绩效朝着企业期望的方向发展。相反，不合理和不公正的薪酬则会引导员工作出不符合企业利益的行为，从而导致企业经营目标难以达成。因此，如何通过充分利用薪酬这一利器来改善企业经营绩效，是企业薪酬管理的一个重大课题。

▶ 9. 塑造企业文化作用

如上所述，薪酬会对员工的工作行为和态度产生很强的引导作用，因此，合理的和富有激励性的薪酬制度会有助于企业塑造良好的企业文化，或者对已经存在的企业文化起到积极的强化作用。但是，如果企业的薪酬政策与企业文化或价值观之间存在冲突，那么它则对企业文化和企业的价值观产生严重的消极影响，甚至会导致原有的企业文化土崩瓦解。

举例来说，如果组织推行的是以个人为单位的可变薪酬方案（如计件工资制），则会在组织内部起到强化个人主义的作用，使员工崇尚独立、注重彼此之间的相互竞争，结果是导致一种个人主义的文化；反之，如果薪酬的计算和发放主要以小组或团队为单位，则会强化员工们的合作精神和团队意识，使得整个组织更具有凝聚力，从而支持一种团队文化。事实上，许多公司的文化变革往往都伴随着薪酬制度和薪酬政策的变革，甚至是以薪酬制度和薪酬政策的变革为先导。这从侧面反映了薪酬对于企业文化的重要影响。

▶ 10. 支持企业变革作用

随着经济全球化的趋势愈演愈烈，正所谓当今世界"唯一不变的是变化"。为了适应这种状况，企业一方面要重新设计战略、再造流程、重建组织结构；另一方面，还需要变革文化、建设团队、更好地满足客户的需求，总之是使企业变得更加灵活，对市场和客户的反应更为迅速。然而，这一切都离不开薪酬，因为薪酬可以通过作用于员工个人、工作团队和企业整体来创造出与变革相适应的内部和外部氛围，从而有效地推动企业变革。

七、薪酬管理与其他人力资源管理环节的关系

由于现代人力资源管理的整体性特征，薪酬管理与其他人力资源管理环节同样具有密切的联系，董克用和叶向峰认为主要关系如下。

▶ 1. 薪酬管理与工作分析的关系

工作分析是薪酬设计的基础，尤其对于岗位工资制来说，更是建立内部公平薪酬体系的必备前提。工作分析所形成的岗位说明书是进行工作评价确定薪酬等级的依据，工作评价信息大都来自岗位说明书的内容。即使在新的技能工资体系中，工作分析仍然具有重要的意义，因为评价员工所具备的技能，仍然要以他们从事的工作为基础来进行。

▶ 2. 薪酬管理与人力资源规划的关系

薪酬管理与人力资源规划的关系主要体现在人力资源供需平衡方面，薪酬政策的变动是改变内部人力资源供给的重要手段，如提高加班工资的额度，可以促使员工增加加班时间，从而增加人力资源供给量，当然这需要对正常工作时间的工作严格加以控制。

▶ 3. 薪酬管理与招聘录用的关系

薪酬管理对招聘录用工作有着重要的影响，薪酬是员工选择工作时考虑的重要因素之一，较高的薪酬水平有利于吸引应聘者，从而提高招聘的效果。此外，招聘录用也会对薪酬管理产生影响，录用人员的数量和结构是决定组织薪酬总额增加的主要因素。

▶ 4. 薪酬管理与绩效管理的关系

薪酬管理和绩效管理之间是一种相互影响的关系。一方面，绩效管理是薪酬管理的基

础之一,激励薪酬的实施需要对员工的绩效做出准确的评价;另一方面,针对员工的绩效表现及时地给予不同的激励薪酬,也有助于增强激励的效果,确保绩效管理的约束性。

▶ 5. 薪酬管理与员工关系管理的关系

在组织的劳动关系中,薪酬是最主要的问题之一,劳动争议也往往是由薪酬问题引起的,因此,有效的薪酬管理能够减少劳动纠纷,建立和谐的劳动关系。此外,薪酬管理也有助于塑造良好的组织文化,维护稳定的劳动关系。

企业薪酬管理可以吸引和留住组织需要的优秀员工,鼓励员工积极提高工作所需要的技能和能力,鼓励员工高效率地工作。

七、薪酬管理的误区

▶ 1. 高估作为一种独立系统存在的薪酬的作用

从总体管理流程来看,薪酬管理属于企业人力资源管理的一个末端环节,它位于一系列人力资源管理职能之后,尤其是在职位分析与评价以及绩效管理等完成之后才能得到的一个结果。但是,薪酬管理的作用绝不仅仅是"分蛋糕"或者是论功行赏,薪酬分配本身既是一种结果,同时也是一种过程。进而言之,薪酬系统本身所规定的分配方式、分配基准、分配规则,以及最终的分配结果,会反过来对进入价值创造过程的人的来源以及价值创造过程本身产生影响。也就是说,薪酬分配的过程及其结果所传递的信息有可能会导致员工有更高的工作热情、更强烈的学习与创新的愿望,也有可能导致员工工作懒散、缺乏学习与进取的动力。

目前,我国相当一部分企业将薪酬当作对员工进行激励的唯一手段或者最重要的手段,相信重赏之下,必有勇夫,只要工资高,一切都好办;只要支付了足够的薪水,企业在人力资源管理方面就可以减少很多的麻烦,比如更容易招聘到一流的员工,员工更不容易离职,以及更便于向员工施加努力工作的压力等。在这些企业中,薪酬往往成为企业激励员工的一个撒手锏,加薪成为解决人的问题的一种最得心应手的手段。

根据赫兹伯格的双因素理论,薪酬主要属于一种保健因素而非激励因素。即高的薪酬水平可能保证员工不产生不满意感,但是并不能保证员工产生满意感。事实上,这种情况在我国许多企业员工尤其是知识型员工身上体现得非常充分。劳动力市场上很多人为了个人的能力发挥,以及寻求适应自己的企业文化和领导风格而辞去高薪酬的工作,宁愿接受薪酬水平稍微低一些的工作。事实上,很多时候,当员工抱怨对于企业的薪酬水平不满时,真正的原因并不一定是薪酬本身有问题,很可能是员工对于企业人力资源管理系统的其他方面有意见,只不过是借薪酬说事罢了。这时,加薪仅仅是对员工在其他方面不满所导致的心理损失提供一种补偿,却丝毫不会产生企业所期望的激励效果。

▶ 2. 薪酬结构零散,基本薪酬的决定基础混乱

从我国很多企业的工资表上,你都能看到多达五六项、七八项甚至十几项的工资构成,看上去甚是复杂。究其原因,就在于许多企业的薪酬体系设计是一种机械式的设计思路,认为薪酬中应当体现的某种因素比如岗位的重要性、技能水平的要求高低、最低生活费用等,都必须在薪酬结构中单独设立这么一个板块。事实上,很多时候,企业的薪酬构成被划分得越是支离破碎,员工的薪酬水平差异就越是不容易得到合理的体现,因为既然你单独设立一个薪酬项目,那么大家必然要多多少少都拿一点。不仅如此,薪酬构成板块过多还会造成另外一个不利的后果,这就是,员工的薪酬水平高低到底取决于什么变得模糊了。员工既不清楚决定自己的工资与他人的差异主要是什么原因造成的,也不清楚自己

怎样能够通过个人的努力来增加薪酬收入，更看不到企业的薪酬系统鼓励什么，与企业的战略之间是一个什么样的关系。

从我国企业的实际状况来看，对于管理类、事务类以及生产类的员工来说，以职位为基础的基本薪酬决定方式起码在现阶段是比较适用的。但是，需要指出的一点是，即使是在我国一些明确实行了岗位工资的组织中，在岗位的界定和考核方面仍然存在很多误区。在我国的众多企业中，作为基本薪酬决定依据的与其说是岗位，不如说是行政级别或者是人员类别，而不是真正意义上的经过分析和考核之后确定的岗位。例如，很多公司的部门经理都拿基本相同的薪酬，理由是他们属于同一类岗位，但事实上，不同部门经理所承受的压力以及对企业战略目标的贡献差异非常大，你可以说他们是在同一个行政级别上，却不能说他们属于同一个等级的岗位。对一些规模较大的通信企业以及保险公司中进行实际量化职位考核的结果表明，不同的部门经理职位通常可以被划分为三到四个不同的岗位等级。

对公司来说，对技术类人员实行以技能为基础的基本薪酬决定方式，可能是比较合理也比较有利的。只不过在实行技能工资制的情况下，公司必须制定出明确的技能等级评价以及再评价的方案，而不能搞成变相的论资排辈。目前我国企业单纯依赖国家的职称评定系统来界定技术类人员技能等级的做法，已经远远适应不了人力资源管理的需要，企业必须自行研究制定适用于本企业技能资格的等级标准，并定期进行评价和重新评价，这样才能保证技能工资制真正落到实处。

▶ 3. 薪酬系统的激励手段单一，激励效果较差

在基本薪酬差距一定的情况下，薪酬对于员工的激励主要取决于两大主要工具，一个工具是绩效加薪，另外一个工具是奖金的发放。所谓绩效加薪，就是在员工现有基本薪酬的基础上，参考市场薪酬水平，同时主要根据员工的绩效评价结果（有时还要考虑员工所在部门的业绩以及整个公司的业绩）来增加员工的基本薪酬的一种做法。奖金也是一个主要与员工个人的绩效相关的现金奖励。但是两者之间存在一个具有较大差异的特征：绩效加薪会导致员工的基本薪酬不断提高，而奖金则大多属于一次性支付的性质，奖金的发放并不改变员工的基本薪酬水平。绩效加薪具有一种刚性特点，尽管每次加薪的幅度往往不大，但是久而久之就可能导致企业在不知不觉中，将员工的基本薪酬提高到对成本构成较大压力的地步。而与此同时，这种日积月累式的加薪也渐渐被员工们看成一种理所当然的既得权利，而不是一种激励性的力量。因此，企业可以在绩效优异时支付较高水平的奖金，而在绩效不佳时适当控制奖金的发放，从而适当控制成本。

当前，在我国许多企业中，生产工人的薪酬制度相对来说变得越来越合理，越来越接近市场的要求，但是对于管理类、事务类、技术类以及一些营销类员工的薪酬体系设计却仍然有着浓厚的传统的计划经济体制的色彩。许多企业喊了很久要拉开企业内部的收入分配差距，但实际上往往是雷声大，雨点小。我们知道，员工的收入差距，一方面应当取决于员工所从事的工作本身在企业中的重要程度以及外部市场的状况；另一方面还取决于员工在当前工作岗位上的实际工作业绩。

八、企业薪酬管理的六大病症

目前一些企业薪酬存在典型"病症"，对企业有一些不利影响。

▶ 1. 市场定位偏低

公司的工资水平合理，相比整个市场和同行业的薪酬状况具有吸引力，公司才具备竞

争力，才能吸引优秀的人才。但如果公司薪酬较市场水平明显偏低，一方面会造成人员严重流失，不利于公司内部的稳定。那些教育水平较高，素质相对较好的员工如果得不到期望的薪酬，则很容易在积累了一定的经验后跳槽到其他公司；另一方面也不利于高素质人才的加入。其结果是公司不断招聘新雇员以满足运作需求的同时，老雇员又不断离职的恶性循环，这对人力资源是一种很大的浪费。

▶ 2. 对内不公平

研究发现，人们关心工资差别的程度有时甚于关心工资水平，然而个人能力及其工作职务的区别必然带来个人薪酬的差别，如何使这种差别做到既鼓励先进又能被大部分人接受呢？这就要求薪酬必须遵循"公平和公正"的基本原则。不同部门之间或者同一部门不同员工之间，个人的薪酬水平必须反映岗位职责的区别和个人能力的大小，也就是工资差别合理。对比现实中企业内部薪酬，常出现以下问题。

（1）一些部门内部相邻职位之间薪酬差距太大，某些部门其上级工资可能是其直接下属的3倍以上。据有关资料表明：2013年央企高管薪酬和职工薪酬差距最大的行业是房地产业，央企高管年均薪酬是员工年均薪酬的13.17倍，差别最小的行业是信息传输、计算机服务和软件业，相差2.51倍。

（2）与第一种情况相反，有时在同一部门内，上下级之间同属于管理性职位，下级的工资却比上级高许多。

（3）相同的岗位不同人之间的薪酬差距太大。从事相同或类似的工作，承担的责任相仿，但两人薪酬却有近一倍的差距。

（4）公司内部薪酬的不公平，造成不同部门之间以及相同部门个人之间权利与责任不对等，使部分绩优职员进行内部比较时心理失衡，严重影响士气，也打击了员工工作的积极性。

▶ 3. 通过加班增加工资收入

毋庸置疑，加班工资在个人总收入中占有较大比重。然而，通过付给加班工资来解决职工工资收入的差异，则会使工程技术部门和辅助部门存在较多弊端，原因如下。

（1）由于加班工资在工资总额中占的比例较大，有时甚至以倍数计算，许多部门主管并非根据实际工作需要对雇员的加班进行调整，而是将加班工资误用作调整雇员工资收入的手段。

（2）统一固定加班制度，不能弹性地处理加班的需要，造成平均主义，无法体现按劳分配的原则。总体加班费用支出大，致使雇员整体收入拉低。表现出内部分配的不公平以及与市场较大的收入差异。

（3）大多数雇员对比收入水平时都会将固定的工作时间作为主要的参数。从固定工作时间的角度来看，公司工作时间偏长；而实行责任制的公司，平时工作每天8小时，任务紧急的情况下无偿加班。因此，实行责任制的公司固定工作时间要少，但完成的工作任务并不少。雇员在非规定工作时间的工作贡献应以个人表现的形式在年度薪酬调整中给予考虑。

▶ 4. 组织结构滞后，岗位不明晰，导致升职加薪不科学

由于缺少科学、客观的评价标准，职位界定不清晰，岗位说明流于形式。升职与加薪基本上靠各管理者主观掌握，导致以下几种现象出现。

（1）同一个人可能连升三级，但从事同样工作。

（2）部门中从事相同工作的职员可以有好几个不同的级别，薪酬相差较大。

(3) 生产性部门一个主管可以只负责管理十来个工人，而一个主管助理却有好几个助理是其下级，负责管理上百人。

(4) 一个两百人的车间可以有四十多个管理人员。

岗位不明确导致每个人责权利的不对等，从而也使内部的薪酬严重失去平衡，使薪酬矛盾加剧。

▶ 5. 年资成为主要付酬依据

年资成为主要付酬依据导致清洁工可以拿比业务骨干还高的工资，也形成了同一工作岗位上的两人收入相差数倍的咄咄怪事。年资浅的雇员收入水平与市场水平差距较大，普遍偏低；年资长的雇员中部分高于市场水平，并且是连续增长，缺少控制。这种情况使个别高薪与低薪同时存在，造成工资分布两极分化。

(1) 年资长的雇员与职位要求的教育水平相比普遍偏低，但这部分雇员经验较好而且相对较稳定，流失少。

(2) 年资浅的雇员尽管大部分教育水平符合职位要求，但流动性大，积累的工作经验不多，使得公司中年资长而又具有较高教育水平的雇员不足。

(3) 年资长有经验的雇员教育水平不足，教育水平符合要求的雇员年资浅经验不足，从而造成公司人员素质水平严重失衡，后继乏人，对公司长远的发展存在着负面的影响，难以提高公司的整体管理水平。

因此，一个追求高效率的公司会鼓励员工的持续贡献，但绝不应让年资左右一个人的工资水平。

▶ 6. 薪酬体系不合理

薪酬体系是指薪酬的构成，即一个员工的工作报酬由哪几部分构成。一般而言，员工的薪酬包括五大部分：基本薪酬（即本薪）、奖金、津贴、福利和保险。

(1) 基本薪酬。在公司内部，员工之间的基本薪酬差异是明显的，一般能升不能降，表现出较强的刚性。企业中常出现的问题包括以下两方面：部分职位基本薪酬低于市场水平，解决个人收入差异主要靠加班；某些年资长者基本薪酬过高，对这部分人薪酬失去了弹性。

(2) 奖金。薪酬反映员工工作业绩的部分为绩效奖金，薪酬反映公司经济效益的部分为效益奖金。绩效奖金及效益奖金的缺少导致薪酬与工作业绩、经济效益脱节。

(3) 津贴。津贴设置不合理，对一些特殊的工作岗位缺少补偿，同时也使薪酬失去了其灵活性。

(4) 福利。福利应是人人都能享受的利益，它能给员工以归属感。福利特别强调其长期性、整体性和计划性。福利制度的不完善及缺少整体规划，经常是浪费了资金却没效果。

(5) 保险。保险其实也属于福利的一种，它是一种对长远利益的保证或者对突发事件的一种预防，社会保险还有强制性的意义。有的公司把社会保险作为一种额外负担，使员工感觉缺少安全感，长期利益没有保障。

薪酬体系是企业人力资源管理的重要组成部分，灵活有效的薪酬制度对激励员工和保持员工的稳定性具有重要作用。

薪酬病症是在日积月累中形成的，已经成为许多企业人力资源发展的瓶颈，严重制约了公司的进一步发展。目前，越来越多的企业已经意识到这个问题，并试图改革。

九、如何提高薪酬管理的满意度

员工对薪酬管理的满意程度是衡量薪酬管理水平高低的最主要标准。让员工对薪酬满意，使其能更好地为公司工作，是进行薪酬管理的根本目的。员工对薪酬管理的满意程度越高，薪酬的激励效果越明显，员工就会更好的工作，于是就会得到更高的薪酬，这是一种正向循环；如果员工对薪酬的满意度较低，则会陷入负向循环，长此以往，会造成员工的流失。员工对薪酬管理的满意度，取决于薪酬的社会平均比较和公正度。

社会平均比较是指员工会将自己的薪酬水平与同等行业同等岗位的薪酬进行比较，如果发现自己的薪酬高于平均水平，则满意度会提高，如果发现自己的薪酬低于平均水平，则满意度会降低。薪酬管理的主要工作之一就是对岗位的价值进行市场评估，确定能吸引员工的薪酬标准。

公平度是指员工把自己薪酬与其他员工薪酬进行比较之后感觉到的平等程度。提高公平程度是薪酬管理中的难点。实际上，人力资源部门不可能在这点上做到让全体员工满意。许多公司之所以实行薪酬保密制度，就是为了防止员工得知其他员工的薪酬水平后，降低对薪酬管理公平度的认同。另外，如果没有对公平度的认同，员工也会很难认同薪酬与绩效间的联系，从而降低绩效考评的效果。

提高薪酬管理的满意度可以从与社会平均水平比较和提高公平度两个方面进行。可以建议将公司员工的薪酬水平定在稍高于同行业同岗位的薪酬水平之上，这样有利于吸引和留住员工。

公平度是员工的主观感受，人力资源部门不要试图通过修订薪酬制度来解决这个问题。当然，薪酬制度在不适应公司发展的需要时，可以进行修订，但它不是提高公平度的最有效办法。在解决这个问题上，人力资源部门应该将注意力集中在薪酬管理的过程中，而不是薪酬管理的结果上。

例如，在制定薪酬制度时，我们可以让员工参与进来。实践证明，员工参与决策能使决策更易于推行。一些老板和管理者担心，员工参与薪酬制度的制定会极大地促使政策倾向于员工自身的利益，而不顾及公司的利益。这个问题在现实中是存在的，解决办法是让老板、管理者和员工一起来讨论分歧点，求得各自利益的平衡。实际上，员工不会因为自身的利益而作出不负责任的决策。

员工参与或不参与的区别仅在于：如果员工参与，在政策制定之前就会发现并解决问题；如果员工不参与，当政策执行时，同样会暴露出问题，但这时往往已丧失了解决问题的最好时机。

另外，人力资源部门还要促使老板、管理者和员工建立起经常性的关于薪酬管理的沟通，促进他们之间的相互信任。总之，沟通、参与与信任会显著影响员工对薪酬管理的看法，从而提高对薪酬管理的满意度。

第三节　如何设计企业的薪酬体系

一、设计薪酬体系的基本程序

薪酬体系的建立是一项复杂而庞大的工程，不能只靠文字的堆砌和闭门造车的思考来完成薪酬体系的设计。设计企业的薪酬体系应该遵循以下几个基本程序。

▶ 1. 合理而详尽的岗位分析

岗位分析是企业薪酬管理的基础。岗位分析也可称为工作分析或岗位描述，即根据企业发展战略的要求，通过采用问卷法、观察法、访谈法、日志法等手段，对企业所设的各类岗位的工作内容、工作方法、工作环境以及工作执行者应该具备的知识、能力、技能、经验等进行详细的描述，最后形成岗位说明书和工作规范。岗位分析是一项基础工作，分析活动需要企业人力资源部、员工及其主管上级通过共同努力合作来完成。员工的工资都是与自己的工作岗位所要求的工作内容、工作责任、任职要求等紧密相连的。因此，科学而合理地分配薪酬必须同员工所从事工作岗位的内容、责任、权利、任职要求所确立的该岗位在企业中的价值相适应。这个价值是通过科学的方法和工具分析得来的，它能够从根本上保证薪酬的公平性和科学性，也是破除平均主义的必要手段。

▶ 2. 公平合理的岗位评价

岗位评价是在对企业中存在的所有岗位的相对价值进行科学分析的基础上，通过分类法、排序法、要素比较法和要素点值法等方法对岗位进行排序的过程。

岗位评价是新型薪酬管理体系关键环节，要充分发挥薪酬机制的激励和约束作用，最大限度地调动员工的工作主动性、积极性和创造性，在设计企业的薪酬体系时必须进行岗位评价。

▶ 3. 薪酬市场调查

薪酬调查指企业采用科学的方法，通过各种途径，采集有关企业各类人员的工资福利待遇以及支付状况的信息，并进行必要处理分析的过程。按照市场竞争的基本法则，确定员工的薪酬水平，支付劳动者的报酬，才是比较公平公正的举措。因此，为企业提供薪酬调查报告，成为人力资源管理咨询的重要服务项目之一。

薪酬调查的作用有：①为企业调整员工的薪酬水平提供依据。②为企业调整员工的薪酬制度奠定基础。③有助于掌握薪酬管理的新变化与新趋势。④有利于控制劳动力成本，增强企业竞争力。

薪酬市场调查的过程如下。

1）确定调查目的

一般，薪酬市场调查的目的如下。

（1）整体薪酬水平的调整。

（2）薪酬制度结构的调整。

（3）薪酬晋升政策的调整。

（4）岗位薪酬水平的调整。

2）确定调查范围

（1）确定调查的企业：①同行业中同类型的其他企业。②其他行业中有相似相近工作岗位的企业。③与本企业雇用同一类劳动力。④在本地区同一劳动力市场上招聘员工的企业。⑤经营策略、信誉、报酬水平和工作环境合乎一般标准的企业。

劳动力市场分为地方性、地区性、全国性和国际性市场。

（2）确定调查的岗位：调查者只能针对典型性、代表性的岗位进行调查，然后再将调查数据推广运用到其他的非典型岗位上；确定被调查的岗位时，应当遵循可比性原则，应注重岗位之间在时间和空间多个维度上的可比性；由于差异性的存在，调查者必须掌握最新的工作岗位说明书，且必须采用比较常见的或者是普遍使用的岗位名称。

（3）确定需要调查的薪酬信息：①与员工基本工资相关的信息。②与年度和其他奖金相关的信息。③股票期权或股票计划等长期激励计划。④与企业各种福利计划相关的信息。

（4）与薪酬政策诸方面有关的信息。要全面了解薪酬信息，既要调查货币性薪酬，也要调查非货币性薪酬，同时关注调查数据资料的动态性和掌握企业同类岗位过去三年以上的数据资料。

（5）确定调查的时间段：明确收集的薪酬数据的开始和截止时间。

3）选择调查方式

一般情况下，调查方式有企业之间相互调查、委托中介机构进行调查、采集社会公开的信息和调查问卷。

4）薪酬调查数据的统计分析

薪酬调查数据的统计分析方法有数据排列法、频率分析法、趋中趋势分析（简单平均法、加权平均法、中位数法）、离散分析法、回归分析法、图表分析法，以及提交薪酬调查分析报告。

▶ 4. 薪酬方案的草拟

在完成了上述三个阶段的工作，掌握了详尽的资料之后，才能进行薪酬方案的草拟工作。薪酬体系方案的草拟就是要在对各项资料及情况进行深入分析的基础上，运用人力资源管理的知识开始薪酬体系的书面设计工作。

▶ 5. 薪酬方案的测评

薪酬方案草拟结束后，不能立刻实施，必须对草案进行认真的测评。测评的主要目的是通过模拟运行的方式来检验草案的可行性、可操作性，预测薪酬草案的双刃剑作用是否能够很好地发挥。

▶ 6. 薪酬方案的宣传和执行

经过认真测评以后，应对测评中发现的问题和不足进行调整，然后对薪酬方案进行必要的宣传或培训。薪酬方案不仅要得到企业上中层领导的支持，更应该得到广大员工的认同。通过充分的宣传、沟通和培训，薪酬方案即可进入执行阶段。

▶ 7. 薪酬方案的反馈及修正

薪酬方案执行过程中的反馈和修正是必需的，这样才能保证薪酬制度长期、有效实施。

另外，对薪酬体系和薪酬水平进行定期的调整也是十分必要的。

二、薪酬体系设计过程中应该注意的问题

▶ 1. 公平性是薪酬制度的基本要求

合理的薪酬制度首先必须是公平的，只有公平的薪酬才是有激励作用的薪酬。但公平不是平均，真正公平的薪酬应该体现在个人公平、内部公平和外部公平三个方面。

所谓个人公平就是员工对自己的贡献和得到的薪酬感到满意。在某种程度上讲，薪酬即是企业对员工工作和贡献的一种承认，员工对薪酬的满意度也是员工对企业忠诚度的一种决定因素。

所谓内部公平就是员工的薪酬在企业内部贡献度及工作绩效与薪酬之间关系的公平性。内部公平主要表现在两个方面，一是同等贡献度及同等工作绩效的员工无论他们的身份如何（即无论是正式工还是聘用工），他们的薪酬应该对等，不能有歧视性的差别。二是

不同贡献度岗位的薪酬差异应与其贡献度的差异相对应，不能刻意地制造岗位等级差异。

外部公平是指企业的薪酬水平相对于本地区、同行业内在劳动力市场的公平性。科学管理之父泰勒对此有深刻的认识，他认为，企业必须在能够招到适合岗位要求的员工的薪酬水平上增加一份激励薪酬，以保证这份工作是该员工所能找到的最高工资。这样，一旦员工失去这份工作，将很难在社会上找到相似收入的工作。因此，一旦员工失去工作，就承担很大的机会成本。只有这样，员工才会珍惜这份工作，努力完成工作要求。外部公平要求公司的整体工资水平保持在一个合理的程度上，同时对于市场紧缺人才实行特殊的激励政策，并关注岗位技能在人才市场上的通用性。

▶ 2. 应充分认识到薪酬在人力资源管理中的重要性

薪酬在人力资源管理中有着非常重要的作用，作为企业经营者和人力资源管理人员必须对薪酬的重要性及其双刃剑作用有清醒的认识。正如"得到的取决于付出的"一样，"付出依赖于得到的"也是人力资源管理中的一条重要定理。现在，薪酬不再被看作是一种不可避免的成本支出，而是应该被看作一种完成组织目标的强有力的工具，看成企业用人留人的有效的晴雨表。

要充分认识到薪酬在企业人力资源管埋中的重要性，就必须对薪酬进行正确的定位。薪酬能为企业做什么，不能做什么？任何一家企业的薪酬设计以及管理过程都是建立在对此问题回答基础上，而许多企业在薪酬管理方面出现失误往往都是由于未能认真思考及对待这一问题。从薪酬管理的实践来看，唯薪酬论和薪酬无用论都是片面、不正确的。

因此，一方面要承认，较高的薪酬对于某些特定人群尤其低收入者和文化素质不高的人还是有较明显的激励作用。但在另一方面又必须清醒地认识到，对于企业中的高素质人才而言，"金钱不是万能的"，加薪产生的积极作用也同样遵循边际收益递增然后递减的规律。而减薪之前更要考虑稳定性的因素。

▶ 3. 薪酬制度的设计必须处理好短期激励和长期激励的关系

薪酬的激励作用是大家都承认的，但如何处理好薪酬体系的短期激励和长期激励的关系是一个更重要的问题。要处理好薪酬的短期激励和长期激励的关系，应该处理好以下几个问题。

（1）必须全面地认识薪酬的范畴，薪酬不仅仅是工资，它应该是包括各类工资（基本工资、岗位工资、绩效工资等）、奖金、职务消费、各类补贴、各类福利的一个整体系统。

（2）在设计薪酬方案的时候，首要考虑的因素应该是公平性，公平性是好的薪酬方案激励性和竞争性的基础。

（3）在处理薪酬各部分的时候，要区别对待。对各类工资、奖金、职务消费就应该按岗位和贡献的不同拉开差距，而对于各类福利就应该平等，不能在企业内部人为地制造森严的等级。

▶ 4. 薪酬的设计要处理好老员工与新员工的关系

企业的发展是一个长期积累的过程，在这个过程中，老员工是做出了很大的贡献的。同时，不断地引进企业所需要的各类人才也是人力资源管理的重要工作。因此，在设计企业薪酬体系时，既要体现对老员工历史贡献的认同，又要注意避免新老员工薪酬的过分差异造成新员工的心理不平衡和人才的流失。

▶ 5. 薪酬的设计要注意克服激励手段单一，激励效果较差的问题

设计企业的薪酬体系尤其要注意发挥薪酬的激励作用，然而"金钱不是万能的"，如何克服薪酬在激励方面表现出来的手段单一和效果较差的问题是薪酬设计中的一个重要

问题。

员工的收入差距一方面应取决于员工所从事的工作本身在企业中的重要程度以及外部市场的状况,另一方面还取决于员工在当前工作岗位上的实际工作业绩。然而,许多企业既没有认真细致的职位分析和职位评价,也没有客观、公平的绩效评价,所以拉开薪酬差距的想法也就成了一种空想,薪酬的激励作用仍然没有发挥出来。

▶ 6. 企业的薪酬制度调整要在维护稳定的前提下进行

薪酬分配的过程及其结果所传递的信息有可能会导致员工有更高的工作热情、更强烈的学习与创新愿望,也有可能导致员工工作懒散、缺乏学习与进取的动力。因此,在对企业的薪酬制度进行调整时必须以维护稳定为前提,要注意维护大多数员工的利益和积极性。损害大多数员工的利益,挫伤大多数员工的积极性的薪酬改革是不可取的。

总之,企业薪酬体系是一项复杂而庞大的工程,只有对薪酬体系进行多方面、全方位的设计,才能保证薪酬的公平性和科学性,充分发挥薪酬机制的激励和约束作用。

第四节 工资制度

一、什么是工资制度

工资制度也叫酬薪制度,是指与工资决定和工资分配相关的一系列原则、标准和方法,包括工资原则、工资水平、工资形式、工资等级、工资标准、工资发放等内容。

总的来说,工资制度是为了贯彻按劳分配原则,计量劳动者劳动消耗和计算劳动报酬而建立的准则和方法,是生产经营制度的重要组成部分。

二、工资制度的类型

工资制度可以从不同的角度进行分类。

(1) 根据其特征不同可分为工资等级制度、工资升级制度和工资定级制度。

(2) 根据其地位不同可分为基本工资制度、辅助工资制度。

(3) 根据其对象不同可分为机关单位工资制度、事业单位工资制度、企业单位工资制度等。

(4) 根据其特点不同分为绩效工资制度、能力工资制度、资历工资制度、岗位工资制度和结构工资制度。

(5) 世界各国的工资制度可分为两类:能力工资制度和资历工资制度。能力工资制度是主要以能力高低来确定工资的制度,如 20 世纪 50 年代的等级工资制;资历工资制度是根据劳动者个人的年龄、工龄、学历等资历确定工资的制度,如只长工资不长能力、大锅饭式。

三、工资制度设计的基本原则

在现实中,不同组织可有不同的工资制度,但不论组织选择哪一种类型的工资制度,都必须遵循以下四项基本原则。

(1) 按劳取酬原则。

(2) 同工同酬原则。

(3) 外部平衡原则。

(4) 合法保障原则。

四、工资制度设计的程序

工资制度设计的一般制度如下。
(1) 组织付酬原则与政策的制定。
(2) 工作分析。
(3) 工作评价。
(4) 工资结构设计。
(5) 工资状况调查及数据收集。
(6) 工资分级与定薪。
(7) 工资制度的执行控制与调整。

五、工资制度设计的方法

▶ 1. 工作评价的方法

工作评价是工资制度设计的关键步骤。工作评价的结果，将产生表明各项工作的劳动价值或重要性的顺序、等级、分数或象征性的货币值。常见的工作评价方法有五种，即经验排序法、因素综合分类法、因素比较法、因素评分法和市场定位法。

▶ 2. 工资结构线的确定方法

经过工作评价后，我们为组织内部各项工作确定了一个表示其劳动价值或重要性大小的工作评价值。这个工作评价值可以是顺序、等级，也可以是分数或象征性的货币值。接下来的工作是，要为这些工作评价值确定一个对应的工资值，也就是说，要把这些工作评价值转换为实际的工资值。在理论上表现为决定工资结构线的形状，包括斜率、截距等。

▶ 3. 工资分级方法

工资分级的典型办法是，把那些通过工作评价而获得的相近劳动价值或重要性的工作，归并到同一等级，形成一个工资等级系列。尽管这些工作的劳动价值或重要性并不绝对相等，但因差别不大，因此对它们加以归并组合，可以大大简化操作，便于管理。等级划分的区间宽窄及等级数多少的确定，取决于工资结构线的斜率、工作总数的多少，以及企业的薪酬政策和晋升政策等因素。总的原则是，等级的数目不能少到相对价值相差甚大的工作都处于同一等级而无区别，也不能多到价值稍有不同便处于不同等级而需作区别的程度。这是因为级数太少，难以晋升，不利士气，而级数太多则晋升过多，刺激不强，不利于管理。现实中，企业的工资等级系列一般在 10~15 级之间。

六、我国工资制度的内容

我国现行的工资制度一般包括下列内容。

▶ 1. 工资等级制度

工资等级制度指根据工作的复杂程度、繁重程度、风险程度、精确程度等因素将各类工作进行等级划分并规定相应工资标准的一种工资制度，是其他工资制度的基础，也称基本工资制度，其主要特点是从劳动质量方面来反映劳动差别。

▶ 2. 工资调整制度

工资调整制度是工资等级制度的补充，其主要内容有考核升级、自动增加工资、考核定级、提高工资标准等，使工资制度在变动中趋向平衡和合理。

3. 工资支付制度

工资支付制度指计算支付职工工资的有关原则、标准和具体立法的一种制度，主要包括支付原则、各类人员的工资待遇和特殊情况下的工资处理等内容。

4. 工资基金管理制度

工资基金指用人单位从其经营或者利润中提取的用于职工工资的那部分基金。通常所说的工资基金管理指国家规定一系列的工资基金审批程序和监督措施及各单位工资基金的使用进行监督、审计等行政管理活动。我国现阶段企业执行的基本工资制度主要有等级工资制、岗位工资制、结构工资制、岗位技能工资制等。

我国工资制度是国家依据按劳分配原则所制定的劳动报酬制度，体现个人消费品的分配关系和分配原则。

我国以等级工资制为基础，采取计件工资、计时工资和工资加奖励、津贴等工资形式。工资制度要随着生产设备、工艺过程、劳动组织、劳动条件的变化适时进行调整和改革。

七、我国的工资制度

1. 工资等级制度的三种形式

（1）能力工资：以劳动者自身条件为主反映劳动质量差别（技术等级、能力资格、职能工资制三种形式）。

（2）工作工资：以工作为主来反映劳动质量的差别（职务等级工资制）。

（3）组合工资：兼有能力工资和工作工资两种类型的特点（结构工资制）。

2. 技术等级工资制的概念、特点、适用范围及构成

技术等级工资制是根据劳动的复杂程度、繁重程度、精确程度以及工作责任大小等因素划分技术等级，按等级规定工资标准的一种制度。

技术等级工资的特点是以劳动质量来区分劳动差别，进而以此规定工资差别。适用于技术比较复杂的工种，如机械行业。由工资等级表、技术等级标准和工资标准三方面组成。

3. 职务等级工资制的概念、特点、构成

职务等级工资制是政府机关、企事业单位的行政人员和专业技术人员过去实行的工资制度，是按照职务高低规定统一的工资标准，由职务名称表、职务工资标准表、业务标准、职责条件构成。

4. 结构工资制的概念及构成

结构工资制也被称为分解工资、组合工资或多元化工资。它根据决定工资的不同因素和工资的不同作用，而将工资分为几大部分，通过对各部分工资数额的合理确定，构成劳动者的全部报酬。一般来说，结构工资由四部分组成：基础工资、职务（岗位）工资、工龄工资和浮动工资（奖励工资）。

结构工资制的优点如下。

（1）较好地体现了工资的几种不同功能。

（2）有利于合理安排各单位员工构成中各类员工的工资关系，调动各方面员工的劳动积极性，发挥工资的职能作用。

（3）有利于实行工资的分级管理。

▶ 5. 岗位技能工资制的概念、适用对象和构成

岗位技能工资就是按照工人的实际操作岗位及技术水平来规定工资标准。适用于专业化程度较高、分工较细、工种技术比较单一、工作对象和工作物等级比较固定的产业或企业。

岗位技能工资由岗位工资和技能工资两大单元组成。实行岗位技能工资制时，要科学地确定岗位工资单元与技能工资单元的比例。

第五节　工资形式

工资形式是对员工实际劳动付出量和相对劳动报酬所得量进行具体计算和支付的方法。

一、我国现行的两种主要工资形式

我国现行的两种主要工资形式有计时工资和计件工资，还有一种作为补充形式的奖金和津贴(及福利)。

▶ 1. 计时工资

1) 计时工资的特点

(1) 直接以劳动时间计量报酬，适应性强。

(2) 考核和计量容易实行，具有适应性和及时性。

(3) 具有明显的不足，即不能直接反映劳动强度和劳动效果。

2) 计时工资的构成

计量劳动与支付报酬的时间单位、计量劳动量与相应报酬量的技术标准、劳动者所付出的实际有效劳动时间。

3) 计时工资的形式

计时工资包括小时工资制、日工资制、月工资制、年薪制四种形式。

4) 计时工资的优点

(1) 计时工资主要取决于与劳动者本人技术业务水准或本人所在岗位(职务)相应的工资标准，在相同的技术、业务级别和工资标准下，员工的计时工资收入取决于个人实际有效劳动时间的长短，因此对提高出勤率有显著作用。

(2) 计时工资强调员工本人技术业务水准的高低，因此，有利于鼓励员工努力学习科技文化和业务知识，提高劳动工作质量。

(3) 内容和形式简便明确，有较大的稳定性，因此便于计算和管理。

(4) 计时工资不致使员工工作情绪过度紧张，有较大稳定性，因此对员工收入、生活水平及身心健康有较大的保障性。

(5) 计时工资取决于预先确定的工资标准和相对变化不大的实际有效劳动时间，因此有利于对产品的总人工成本进行预算，有利于企业的经营管理。

▶ 2. 计件工资概述

计件工资是指依据工人生产合格产品的数量或完成工作的量，以劳动定额为标准，预先规定计件单价来计算劳动报酬的一种形式。

1) 计件工资的五个因素

员工从事某项工作的单位时间工资标准、员工从事该项工作时的单位时间劳动定额或工作量要求、计件单位、计件单价、计件工资额的具体计算和支付规定。

2) 计件工资的常用形式

（1）无限计件工资：员工工资收入完全取决于其单位时间内生产合格产品数量的多少和事先规定的不变的计件单价。

（2）有限计件工资：对工人个人在单位时间所得计件工资收入总额给以一定限制（规定最高限额、超额累退计件单价、可变计件单价）。

（3）全额计件工资：将企业全部工资总额一并列入计件工资的分配形式。

（4）超额计件工资：又称计时计件混合工资。即将工人完成的工作量划分定额内和定额外两部分，分别计发工资。

（5）差额单价计件工资：按照工人生产合格产品数量的不同阶段，按一定的差额比例规定不同的计件单价，分别计算计件工资额，然后按月一并计发总收入（两段单价计件、累进计件、累退计件）。

（6）间接计件工资：对企业中某些辅助工人实行的一种工资分配形式。

（7）经济责任承包计件工资：又称百分考核计件工资。

（8）联质计件工资：以产品质量好坏为主要的计算依据的工资形式。（按质分等计件、质量否决计件）。

（9）包工工资：是一种集体计件工资方式。

（10）提成工资：员工个体或个人的工资收入按照一定比例从其营业收入、销售收入或纯收入中提取。

（11）产值单价计件工资：即按照社会平均劳动消耗量并借助价值指标确定计件单价，然后再按合格产品量计发计件工资。

（12）最终产品计件工资：最终产品计件工资制是以整个企业或车间为单位，以最终产品或最终产品计数的计件工资形式。

4) 计件工资的优点

（1）计件工资的显著特点是将劳动报酬与劳动成果最直接、最紧密地联系在一起，能够直接、准确地反映出劳动者实际付出的劳动量，使不同劳动者之间以及同一劳动者在不同时间上的劳动差别在劳动报酬上得到合理反映。因此，计件工资能够更好地体现按劳分配原则。

（2）计件工资的实行，有助于促进企业经营管理水平的提高。

（3）计件工资的计算与分配事先都有详细、明确的规定，具有很强的物质激励作用。

（4）计件工资收入直接取决于劳动者在单位时间内生产合格产品的数量多少，因此，可以刺激劳动者从物质利益上关心自己的劳动成果，有利于提高企业员工素质和劳动生产率。

二、奖金

▶ 1. 奖金的性质、特点与作用

奖金的性质主要地表现在它是有效超额劳动的报酬和补充性工资分配形式。

奖金的主要特点如下。

（1）奖金具有很强的针对性和灵活性。

(2) 奖金可以及时地弥补计时、计件工资的不足。
(3) 奖金具有更大的激励作用。
(4) 奖金分配形成的收入具有明显的差别性和不稳定性。

奖金制度的建立，是作为计时和计件工资两种主要工资形式的一种补充手段，为弥补两者在分配上的不足应运而生的。奖金制度作为基本工资的一种辅助形式是必不可少的，它的存在可以更好地调动员工的积极性，鼓励员工提高技术业务水平和工作效率，促使工作和生产获得更大的发展。

▶ 2. 奖金制度的构成和种类

奖金制度的主要构成要素有：奖励指标、奖励条件、受奖范围、奖励周期以及奖励基金的提取与分配等。

资金制度的种类分为综合奖和单项奖。

奖金制度的实施要点如下。

(1) 必须建立在完整、科学、公平合理的工作评价的基础上。
(2) 在强调物质奖励的同时，不能忽视员工之间团结互助合作关系的建立与加强。
(3) 在制定过程中，要听取各方面意见，并在制定之后试行一段时期，并根据实际情况不断补充完善。
(4) 奖金分配应尽快全部兑现。
(5) 在奖金制度正式实施之后，一方面整体上应保持稳定，另一方面在具体细节，应及时总结完善，做到精益求精。

三、津贴

▶ 1. 津贴制度的性质

津贴的性质主要表现在对特殊劳动条件下超常的劳动消耗给予补偿。

▶ 2. 津贴制度的特点

(1) 津贴分配的唯一依据是劳动所处的环境和条件的优劣。
(2) 津贴是一种补充性的工资分配形式。
(3) 津贴具有很强的针对性和相对均等分配的特点。

▶ 3. 津贴制度的构成

津贴制度包括津贴项目、实施条件、实施范围和津贴标准。

▶ 4. 津贴的主要形式

津贴的主要形式有地区津贴、野外作业津贴、井下津贴、夜班津贴、流动施工津贴、冬季取暖津贴、粮、煤、副食品补贴、高温津贴、职务津贴、放射性或有毒气体津贴等。

▶ 5. 津贴制度的实施要点

(1) 津贴作为特殊的工资分配形式，与劳动者的实际劳动贡献及劳动能力均无直接关系，所以，在员工工资总额中的比例不可过高。
(2) 在劳动工资体制改革进程中，应正确处理津贴分配权限上国家和集体之间的关系。
(3) 要加强对津贴制度的管理。
(4) 严格执行津贴的享受条件，不能任意扩大。

四、福利

员工福利是指组织为员工提供的除工资和奖金之外的一切物质待遇。

员工福利对企业发展有重要意义,包括吸引优秀员工、提高员工的士气、降低员工流动率、激励员工、凝聚员工、提高企业经济效益等。

影响员工福利的因素有高层管理者的经营理念、政府的政策法规、工资的控制、医疗费的激剧增加、竞争性,以及工会的压力等。

企业常选用的4种福利类型及形式如下。

(1)公共福利:医疗保险、失业保险、养老保险、伤残保险。

(2)个人福利:养老金、储蓄、辞退金、住房津贴、交通费、工作午餐、海外津贴、人寿保险。

(3)有偿假期:脱产培训、病假、事假、公休、节日假、工作间休息、旅游。

(4)生活福利:法律顾问、心理咨询、贷款担保、托儿所、托老所、内部优惠商品、搬迁津贴、子女教育费。

企业员工福利管理涉及四个方面:福利的目标、福利的成本核算、福利的沟通、福利的调查和实施。

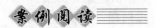

工资分配制度

一、总则

1. 为体现公平、效率以及按劳分配的原则,根据《劳动法》和国家有关政策规定,结合酒店实际情况,经总经理室研究批准,制定本办法。

2. 酒店工资标准的制定,主要依据外部均衡调查。

(1)人力资源部定期通过各种渠道了解同行业、同职位工资水平相关信息,形成酒店薪资调查表,以此作为酒店制定工资标准的主要依据。

(2)薪资的外部均衡调查每年进行一次,根据外部均衡调查结果,结合酒店经营状况及员工绩效的考评情况,酒店工资实行动态管理。

3. 本办法适用于酒店所有聘用人员;

二、工资结构

酒店采用以岗位等级工资为主的结构工资制度,体系如下:

1. 岗位工资。
2. 绩效奖金。
3. 津贴。
4. 年终奖金。

三、岗位工资

1. 根据酒店对各岗位在工作能力、技能、责任、强度及对酒店的贡献度等方面的不同要求,确定不同等级的岗位工资标准,如表所示。

岗位工资标准表

等级	职别	相应岗位及工种	岗位工资	绩效工资	合计
1	总经理	总经理	1800元	1200元	3000元
2	副总级	副总经理	1680元	1120元	2800元
3	总监级	总经理助理、总监	1500元	1000元	2500元

续表

等级	职别	相应岗位及工种	岗位工资	绩效工资	合计
4	部门经理级	总办、人力、财务、营销、餐饮、工程、房务、娱乐	1380元	920元	2300元
5		前厅经理、客房经理、KTV经理、桑拿经理、保安经理	1200元	800元	2000元
7	部门副经理级	部门副经理	1080元	720元	1800元
8		部门经理助理	1020元	680元	1700元
10	主管级	行政主管、部门主管、行政秘书、大堂副理、财务主管、主办会计、采购主管、电脑主管	960元	640元	1600元
11			840元	560元	1400元
12			780元	520元	1300元
13	领班级	人事文员、销售代表、部门领班、会计、采购、员工食堂司务长、司机、出纳	720元	480元	1200元
14			600元	400元	1000元
15			570元	380元	950元
16	员工级	迎宾员、行李员、工程技术员、总台(接待、收银)、餐饮预定、仓管、收货、调酒师、商务中心、总机、收银员、点菜、美工			
17		员工食堂厨师、酒水员、房务中心、布草员、餐饮服务员、保安员、海鲜工客房服务员、桑拿服务员、KTV服务员	540元	360元	900元
			510元	340元	850元
			480元	320元	800元
18		PA、员工食堂勤杂工、洗碗工			600元
19	培训生	培训生、实习生			300元

2. 工资总额以岗位工资与绩效工资为主体,其中岗位工资为固定部分,占主体工资的60%,与绩效考核结果不直接挂钩;绩效工资为相对灵活的部分,占40%,与绩效考核结果直接挂钩。

3. 酒店实行聘用制,聘期均为一年,各岗位根据考核结果,能上能下。因此,各类人员具体岗位工资等级的确定同样坚持能高能低、能上能下的原则,主要根据本人业绩表现、工作能力、工作态度等因素而定。

4. 具体的人员工资确定应根据起薪标准,由人力资源部门提出建议,由总经理最后签字确定。高级管理人员的薪金直接由总经理确定;对于特殊人才的薪金标准,由总经理提议,报董事会特批。

5. 新进人员试用期工资的确定主要根据其所从事的工作岗位评定,原则上员工级按每月600元计发,领班以上管理人员享受岗位工资,(试用期内员工不享受绩效工资),特殊人才由酒店总经理特批。

6. 管理人员身兼两职,按较高级别标准计发工资。

四、绩效工资

1. 绩效工资以个人岗位工资为基数,占岗位工资与绩效工资之和的40%,是工资构成中相对灵活的部分,并与绩效考核结果挂钩。

2. 个人绩效工资具体计算公式如下:

$$实发绩效工资 = 应计绩效工资 \times 计发系数（绩效考评分数）$$

其中：应计绩效工资占岗位工资与绩效工资之和的40%，绩效工资计发系数根据考核评分结果而定。

3. 绩效考核按照酒店相关规定执行。
4. 试用期内员工不享受绩效工资。
5. 绩效工资实行"上不封顶、下不保底"的原则。

五、津贴

根据具体工作岗位工作量的差别而给员工不同程度的补偿，体现多劳多得的原则，同时兼顾职工收入的稳定增长，特在工资结构中设立津贴一项。

1. 特殊岗位津贴：此类津贴并非普遍享受，仅仅针对工作表现优秀的人才。具体标准主要按照个人能力与对酒店贡献大小、岗位责任大小、辛苦程度及额外工作量多少而定。
2. 其他补贴如下。
（1）店龄补贴：员工在酒店连续工作满一年后，可享受店龄补贴50元/月，以四年为最高年限。（一年内员工请病事假累计超过一个月或旷工1次，取消年限增资资格）
（2）住房补贴：非温州市区员工可享受住房补贴50元/人。（酒店如安排住宿，则住房补贴自动取消）

六、年终奖金

1. 酒店实行年底双薪的年终奖励制度，即十二月份发放两个月的薪水作为鼓励。具体发放额度根据个人在酒店工作时间长短确定，不足一年者，按实际工作月数折算。按以下公式计算：

$$月年终奖金 = 月工资/12$$

2. 按照酒店激励机制对于平时为酒店做出突出贡献的人员，除以上年终奖之外，还可从总经理基金中提取一定比例金额作为特殊奖励。

七、薪资调整

工资调整分为定期调薪、晋升加薪和奖励加薪。

1. 定期调薪。
（1）每年年初，酒店根据上年经营情况（包括全年营业额、营业利润及人均营业额、营业利润增长等）、同行业其他酒店薪资调整情况，结合酒店发展需要，确定是否需要调整工资标准以及上浮或下浮的幅度。
（2）如经研究同意调整工资标准，则调薪日期一般定为每年的3月1日。
（3）调薪的审定期间为一年，即从上年3月1日至当年2月28日。
（4）具有调薪资格者为调薪当日酒店在册职工，但符合以下情况之一的人员除外：
① 录用不满1年者。
② 当年累计缺勤15天以上者。
③ 审定期间受过处分者。
④ 其他不宜调薪者。
2. 晋升加薪。
员工晋升职务时，其岗位工资自晋升之下月起，就近就高调升至新任岗位相应的工资档次，特殊情况需要高定工资者，需总经理室研究决定。
3. 奖励加薪。
对于有突出贡献的员工，经总经理室讨论通过，可随时给予一定幅度的奖励加薪。

八、工资计算与发放

1. 工资计算以月为计算期。月平均工作日为 25 天,若需计算日工资,可按以下公式计算:

$$日工资额 = 当月工资/25$$

2. 酒店新进员工工资均自报到上班之日起开始计算。
3. 员工试用期满后的转正工资,均于正式转正之日起计算。
4. 酒店员工工资及补贴由酒店财务部统一发放。员工个人所得税由酒店代扣代缴。
5. 酒店采用下发薪的形式,即每月 12 日发放上月工资。
6. 辞职(辞退、停职、免职)人员,每月两次发放工资,即每月 12 日、25 日。

本章小结

薪酬是雇员因为雇用关系的存在而从雇主那里获得的所有形式的经济收入以及有形服务和福利的总和,由于其对员工工作绩效的直接影响而受到人力资源管理工作者的关注。薪酬管理是组织针对所有员工的工作来确定他们应当得到的薪酬总额以及公司薪酬结构和薪酬形式的过程。本章从薪酬的基础理论入手,介绍了薪酬与薪酬管理的基本概念及内涵、薪酬的特性和作用、工资理论以及制定工资制度的基本原则。接着,从薪酬设计这一核心内容出发,讲述了薪酬调查方法及其应用职务分析的方法及其应用、固定工资的制定方法、企业的奖励制度、企业福利的概念及意义。最后针对不同类型人员的薪酬设计特点对薪酬知识的应用进行了阐述,并介绍了企业薪酬战略的有关知识。

综合练习

一、名词解释
薪酬管理　　福利　　薪酬体系设计　　工资制度

二、单项选择题

1. 薪酬对员工的作用不包括(　　)。
A. 个人价值体现　　B. 支持企业变革　　C. 心理激励功能　　D. 基本生活保障

2. 对于追求成长战略的企业来说,其薪酬管理的指导思想是(　　)。
A. 追求效率最大化、成本最小化　　B. 要稳定现有的掌握相关工作技能的员工
C. 将企业的经营业绩与员工收入挂钩　　D. 企业与员工共担风险,共享收益

3. 战略性薪酬管理中,薪酬的确定基础主要是员工从事的职位本身,在薪酬结构上基本薪酬和福利所占的比重较大,这种战略称为(　　)。
A. 稳定战略　　B. 收缩战略　　C. 成长战略　　D. 创新战略

4. 薪酬体系设计的第一步是(　　)。
A. 明确企业基本现状及战略目标　　B. 薪酬调查

C. 工作分析　　　　　　　　D. 工作评价

5. 某企业在执行新的薪酬制度时，发现有些职位的薪酬有所下降，针对这种情况的正确做法是（　　）。
   A. 将原有薪酬超出的部分，以津贴的形式长期保留
   B. 尽可能将该职位员工调整到与其个人当前薪酬相适应的职位等级上去
   C. 依照新的薪酬体系降低其原有薪酬
   D. 辞退该员工

6. 为了解决薪酬的内部公平性问题，应进行（　　）。
   A. 薪酬调查　　B. 工作分析　　C. 职位评价　　D. 薪酬预算

7. （　　）是指企业根据员工的工作绩效或工作目标的完成情况而支付的报酬。
   A. 福利　　　　B. 津贴　　　　C. 奖金　　　　D. 补助

8. 关于佣金制的说法，错误的是（　　）。
   A. 佣金制是在销售人员奖励中最常用的方式
   B. 佣金制是指根据员工的绩效，按照销售额的一定比例给员工提成
   C. 佣金制能使员工既关注短期业绩，又注意公司的长期效益
   D. 佣金制可能使收入差距过大，导致一部分员工产生不公平感

9. 以下不属于社会保险福利的是（　　）。
   A. 失业保险　　B. 工伤保险　　C. 生育保险　　D. 住房公积金

10. 企业为员工提供一些福利项目的组合，员工可以自由选择不同的组合，但不能自行构建福利组合，这种弹性福利计划属于（　　）。
    A. 标准福利计划　　　　　　　B. 核心福利计划
    C. 附加福利计划　　　　　　　D. 混合匹配福利计划

三、多项选择题

1. 关于薪酬管理的陈述，正确的是（　　）。
   A. 薪酬是企业和员工之间的一种心理契约
   B. 战略性薪酬管理的核心是企业应根据不同战略作出薪酬决策
   C. 全面薪酬管理以成本控制为中心
   D. 薪酬调查是构建薪酬体系的第一步
   E. 薪酬管理要服务于企业人力资源管理的总体战略

2. 一个实行成本领先战略的企业，在制定薪酬方案时，应（　　）。
   A. 采用奖金所占比例相对较大的薪酬结构
   B. 实施高于市场水平的基本薪酬
   C. 在薪酬水平方面比竞争对手的薪酬相对较低
   D. 追求效率最大化、成本最小化
   E. 对于创新给予足够的报酬和奖励

3. 薪酬结构设计的步骤包括（　　）。
   A. 确定薪酬等级数量及级差　　　　B. 确定薪酬水平变化范围
   C. 确定薪酬变动范围与薪酬变动比率　　D. 确定薪酬区间中值与薪酬区间的渗透度
   E. 确定相邻薪酬等级之间的交叉与重叠

4. 法定福利主要包括（　　）。
   A. 收入保障计划　　B. 员工服务计划　　C. 社会保险　　D. 法定假期

E. 住房公积金

5. 在员工持股计划成本中，对于股本的设计应考虑（　　）。

　　A. 企业发展的需要　　　　　　　B. 员工持股计划实施后的投资回报率
　　C. 企业净资产的价值　　　　　　D. 员工所享有的其他福利项目的多少
　　E. 员工的持股比例和认购能力

6. 年薪制模型的组成要素主要有（　　）。

　　A. 优越的工作环境　　　　　　　B. 奖金
　　C. 长期奖励　　　　　　　　　　D. 福利津贴
　　E. 基本薪酬

7. 人工成本是企业在生产经营活动中，因使用劳动力而支付的费用，它包括从业人员的（　　）。

　　A. 社会保险费　　B. 劳动保护费　　C. 员工薪酬总额　　D. 公关费用
　　E. 社会保险费用

8. 一般来说，企业希望通过薪酬调查实现（　　）方面的目的。

　　A. 调整薪酬水平　　　　　　　　B. 调整薪酬总额
　　C. 调整薪酬关系　　　　　　　　D. 估计竞争对手的劳动成本

9. 以下项目中属于员工福利的是（　　）。

　　A. 全勤奖　　　　B. 公休假日　　　C. 住房补贴　　　D. 出差补助
　　E. 教育培训补贴

10. 员工薪酬受到（　　）因素的影响。

　　A. 工作年限　　　　　　　　　　B. 岗位或职位的特征
　　C. 技术和训练水平　　　　　　　D. 工作的绩效
　　E. 特定人力资本的稀缺程度

四、填空题

1. 薪酬的_____原则，是指特定企业员工的薪酬，应与其他企业从事同样工作的员工的薪酬相当，它强调劳动力市场价格对薪酬决定的影响。

2. 职位薪酬体系是一种典型的以_____为基础的薪酬体系，是根据员工在企业中所从事的工作或所处的_____来确定其基本薪酬的薪酬体系。

3. 收益分享计划是企业提供的一种与员工分享_____提高、成本节约和质量提高而带来的收益的_____模式。与利润分享计划一样，收益分享计划也是群体绩效而不是个人绩效，且这种群体绩效通常是_____的。

4. 补充保险计划是由企业自主建立，对雇主而言，这是纯粹的员工福利，主要包括_____、_____、补充医疗保险等。

5. 高弹性模式下，薪酬主要根据员工_____的绩效决定。其主要特点：这种模式下，奖金所占的比重较大，而福利、保险所占的比重较小，基本薪酬所占比重也相对较小，而且基本薪酬常常采取附有激励性的计量形式。这种模式对员工具有较强的_____，但员工缺乏安全感。

6. 影响企业薪酬水平的主要因素有生活费用与物价水平、地区、行业的薪酬水平、劳动力市场的供求状况、企业的负担能力、_____、_____等。

7. 按照计算的时间单位不同，计时工资制的具体形式有_____、_____周工资制、月工资制、年薪制等。

8. 产量在定额以内部分,按照一种计件单价计算工资,超额部分,则按照一种或几种递增的计件单价计算工资,是_____形式计件工资制。

五、简答题
1. 薪酬对员工的意义是什么?
2. 岗位工资制的操作要点是什么?
3. 计时工资的优点是什么?
4. 绩效奖励计划的实施要点是什么?
5. 销售人员薪酬构成的类型有哪四种?

六、论述题
1. 薪酬管理与企业战略之间的匹配关系是怎样的?
2. 什么是经营者年薪制?其常用的构成模式和构成项目有哪些?

七、案例分析

央企高管晒薪水:以前最高80万,现在一年50万

"每月7800元工资。"2015年3月6日在政协经济界别小组讨论时,全国政协委员、中国电力投资集团党组书记、总经理陆启洲的一句话引起热议。

2014年8月29日,中共中央政治局召开会议,审议通过了《中央管理企业负责人薪酬制度改革方案》。会议强调,坚持分类分级管理,建立与中央企业负责人选任方式相匹配、与企业功能性质相适应的差异化薪酬分配办法,严格规范中央管理企业负责人薪酬分配。

央企高管薪酬改革后,薪水真的只有"每月7800元"这么少?昨日,陆启洲以及多位央企负责人详述央企负责人薪酬改革的细节。

央企领导的薪酬构成?

陆启洲表示,由中央任命的干部,薪酬分三部分。一个是基础薪酬,就是每个月可以拿到的月薪。第二个是年薪,如果中央下达的各项指标都完成了,第二年会一次性发放前一年的年薪,也叫绩效工资。第三个是中长期激励,中央企业负责人一般三年一个任期,任期结束后,会对这三年进行考核,然后再一次性发放这部分薪酬。

陆启洲称,央企负责人的薪酬是这三部分累加所得,跟其他职工的工资构成是不一样的,职工的工资就是按月发放的。陆启洲进一步解释道,之前提到的7800元的说法,是每个月的基薪。

全国政协委员、国家电网公司董事长刘振亚认为,央企高管的薪水到底是高还是不高,需要从不同角度理解。"没有限薪的时候,我的工资超过100万元,具体讲,年收入含税在一百二三十万。但是我们在国际上开会,有些经营水平还不如我的人,他拿的是我的几十倍。这么讲,我就低了。但是跟中国的老百姓比,有的温饱还没有解决,农民工一年几万块钱,我的工作条件这么好,从这个角度讲,给我这些也不少了。"

改革后薪酬降了多少?

去年年中,有传闻说,央企负责人年薪一律不准超过60万元。当然,这一说法并没有得到官方回应。那么央企限薪,到底限多少?

陆启洲说,就个人而言,薪酬改革对他的影响其实并不大。他告诉记者,原来他的基薪也不高,每个月12 000元至13 000元,这是按照本企业职工平均工资的两倍来定的。改革后,则按照全社会平均工资的两倍来定薪,所以比原来低了一点。但与此同时,中长期激励的比例加大了,所以总体算下来,影响不大。

据他透露,如果绩效、中长期激励都完成,他现在一年可以拿到50万元多一点(税

前，以下同）。同时，各个企业的规模系数、难度系数都不一样，需要乘以这个系数，所以每一个企业都是不一样的。总的来说，与改革之前相比还是要低一点。他说，此前他最高年度曾经拿过80多万元，最低年度也只拿到50多万元。

全国政协委员、中国通用技术集团董事长贺同新称，按照2014年的税前数字，他的薪水大约下降了45%～50%。如果干得好，会再好一点。

央企员工是否也降薪？

新华社此前曾报道称，今年初开始实施的央企负责人薪酬改革主要涉及中央企业中由中央管理的负责人，包括企业董事长、党委书记、总经理、监事长以及其他副职负责人。改革后薪酬由基本年薪、绩效年薪、任期激励收入三部分构成，薪酬水平将不超过央企在岗职工平均工资的7～8倍。

高管限薪了，是不是其他员工也要跟着降？

陆启洲介绍，企业薪酬改革分两个部分，除了由中央任命的高管，还有一部分是企业职工，但这部分的改革还没有启动，目前仍沿用原来的模式，就是月工资制度和年终奖。而这种模式可能会出现倒挂的现象。他所在集团二级企业的领导，在目前的考核机制下面，有可能比集团高管更高。"我们有一个二级企业的负责人，去年拿到200多万元，还有一个老总，因为没有完成绩效，就被裁掉了，这都是市场化的。"

全国政协委员、国家电网公司董事长刘振亚说："我是我们公司降得最多的。但整体工资总额是给定的，所以基层员工的收入会提高。"新京报记者 赵嘉妮

资料来源：新京报 2015-03-08 作者：谷岳飞.

1. 请分析案例中央企薪酬改革中出现了什么现象？为什么？
2. 你能为央企薪酬改革还有更好的方案吗？请提出你的思路。

第九章 劳动关系管理

>>> 学习目标

劳动关系是人力资源管理的中心问题。通过教学,可以让学者充分了解在当代以人为本的管理下,企业劳动关系对企业发展举足轻重的作用。通过本章内容的学习,能够使学生比较系统地了解和掌握劳动关系的基本概念、处理原则及处理策略等,能够初步胜任劳动合同管理、劳动争议与处理、劳动保护与社会保障等劳动关系管理工作。

1. 明确劳动关系、劳动合同、劳动保护及社会保障等相关概念。
2. 掌握劳动合同的管理有劳动争议的处理。
3. 了解劳动保护的任务及社会保障制度的相关内容。

导入案例

李强打开公司发给他的《劳动合同续订意向书》,见上面写道:"公司与你之间的劳动合同将于下月底期限届满。公司希望与你再续订为期3年的劳动合同,不知你意下如何?请慎重考虑后,告知人事部。"

李强作为某中外合资企业的华东区销售经理,年轻有为,工作能力极强,其个人的销售额占华东区销售收入的50%,因此,公司领导对他十分赏识,很希望与李强续订劳动合同。可是,由于另一公司已经向他发出正式邀请,因此李强不想继续续约。于是李强拨通了公司人事经理的电话:"非常感谢公司对我的好意,但我已决定不与公司再续劳动合同了,请在我合同到期之前,为我办理离职手续。"人事经理一听,李强的口气很坚决,也就没说挽留的话,立即安排有关人员,开始为李强办理工作交接。

总经理要求李强在走之前的最后一个月,将他的销售客户中对公司尚有欠款的厂家列出清单,并尽可能再去催要,争取收回这些欠款。根据总经理这一要求,李强经过30多天的努力,收回了大部分欠款,只有一笔2.5万元的欠款没有收回,原因是:这笔欠款是来自山东省济宁市的一个企业,该企业的营业场所已经搬迁,李强在济宁反复寻找,也没找到这个企业的新地址。无奈之下李强只好回来,将该企业的欠款情况及相关证据交给了公司总经理,同时建议,以后可以派人再去寻找并催要欠款。总经理听完李强的汇报,说道:"因为是你向这家企业销售了产品,但最终却没把货款收回来,公司准备扣发你最后一个月的工资。"李强解释说:"可我是因为劳动合同到期终止,不在公司继续工作了,才无法继续做这个收款工作，而且，我已经将详细的资料提供给公司，公司完全可以让其他人接替我的工作。""但是从现在的情况看，将来找到这家企业并收回2.5万元欠款是将来的事情。收不回这笔欠款，就是公司的损失，而这个损失，就应该由你来赔偿。所以公司决定扣发你这月的工资。你不要觉得委屈，其实，只扣你一个月工资，没让你赔款，已经是便宜你了。"李强离开公司那天，公司果然扣发了他的当月工资。

案例思考： 你认为该公司扣发李强工资的做法妥当吗？为什么？

第一节 劳动关系

一、劳动关系概述

▶ 1. 劳动关系的含义

劳动关系是指用人单位的产权所有者、经营管理者、职工及其职工组织之间在企业生产经营活动中形成的各种责、权、利关系，主要包括所有者与全体职工（包括经营管理者）之间的关系；所有者与职工组织之间的关系；经营管理者与职工之间的关系；经营管理者与职工组织之间的关系；职工与职工组织之间的关系等。劳动关系既是一个人力资源管理领域的概念，也是一个法律概念，具有明确的法律内涵。

▶ 2. 关系的构成要素

劳动关系主要由主体、内容、客体三个要素构成。劳动关系的主体是指劳动关系中享有权利和承担义务的劳动关系参与者，主要包括劳动者和用人单位。

劳动关系的内容是指主体双方依法享有的权利和承担的义务。我国《劳动法》中对劳动关系主体的权利和义务进行了明确规定。

1) 劳动者的权利与义务

劳动者依法享有的权利包括：平等就业和选择职业权；民主管理权；休息休假权；劳动保护权；劳动报酬权；职业培训权；社会保险权；劳动争议提请处理权等。

劳动者承担的主要义务包括：按质、按量完成生产任务和工作任务；学习政治、文化、科学、技术和业务知识；遵守劳动纪律和规章制度；保守国家和企业的机密等。

2) 用人单位的权利与义务

用人单位的权利主要包括：依法录用、调动和辞退职工；决定企业的机构设置；任免企业的行政干部；制定工资、薪酬和福利方案；依法奖惩员工等。

用人单位的义务主要有：依法录用、分配、安排职工的工作；保障工会和职代会行使其职权；按职工的劳动质量、数量支付劳动报酬；加强职工思想、文化和业务的教育、培训；改善劳动条件，搞好劳动保护和环境保护。

劳动关系的客体是指劳动主体的权利与义务共同指向的对象，如劳动时间、劳动报酬、安全卫生、劳动纪律、福利保险、教育培训和劳动环境等。在我国社会主义制度下，劳动者的人格和人身不能作为劳动法律关系的客体。

▶ 3. 劳动关系的表现形式

1) 冲突

在企业中，员工的冲突形式主要包括罢工、怠工、旷工等，用人单位的冲突形式主要包括惩罚或解雇员工、关闭企业等。

2）合作

合作是指在企业中，劳动关系主体间共同生产产品和服务，并在很大程度上遵守一套既定制度和规则的行为。双方在制度和规则规定的范围内，履行自己的权利和义务，确保共同目标的实现。

▶ 4. 劳动关系的性质

1）劳动关系的平等性

劳动关系主体双方在权利和义务上是平等的。在市场经济背景下，这种平等性主要体现在两个方面：一方面，在劳动力市场上，劳动者与用人单位都是平等主体，双方遵循自愿的原则平等地签订或解除劳动契约，形成或终止劳动关系；另一方面，在劳动关系的存续期间，双方的付出和所得方式是平等的，劳动者向雇主提供符合要求的劳动，用人单位就要按照合同的约定以工资、福利等形式支付给劳动者劳动报酬。

2）劳动关系的隶属性

劳动关系的平等性是表面上的，其内部是劳动者对用人单位的隶属性。因为劳动关系具有人身让渡的特殊性，劳动者的劳动力与劳动者的人身是不可分离的，用人单位要成为劳动力的调度者和支配者，自然地就成为了劳动者人身的调度者和支配者。劳动关系双方签订劳动合同，建立劳动关系之后，劳动者人身接受用人单位的管理，要按照用人单位制定的规章制度付出劳动，接受其监督和控制，这种关系就以支配和服从为特征。

3）劳动关系的经济性

劳动关系的核心是经济利益关系。一方面，劳动者提供劳动、生产产品或服务，从雇主和全社会的角度来看，都实现了财富的增值；另一方面，雇主向劳动者支付劳动报酬或福利，形成劳动者的主要收入来源。提供劳动与给付工资是劳动关系存续过程中最根本的表现，经济利益也是用人单位与劳动者合作和冲突的最主要原因。

4）劳动关系的社会性

员工是社会人，劳动关系由于有人的参与，就具有了社会性。劳动关系是社会人面临的重要的社会关系，因为人每天大约1/3的时间是花费在工作场所的。在劳动关系双方的互动过程中，劳动者不仅追求经济利益，也追求其他多方面的利益，如归属感、荣誉、成就感等。

二、劳动关系的处理原则

▶ 1. 兼顾各方利益的原则

劳动关系主体应按合同的约定履行自己的义务，要使企业内劳动关系主体保持和谐合作的关系，就必须兼顾各方的利益，不能只强调一方，损害另一方。

▶ 2. 以协商为主解决争议的原则

员工与企业发生争执，应以协商的办法来解决，双方都不宜采取过激的行为，如怠工、罢工或开除等，避免形成对立，造成较大损失。另外，能够通过协商调解的方法解决争议时，就不应上法庭解决，避免诉讼费用和伤害感情。

▶ 3. 以法律为准绳的原则

正确处理企业内部劳动关系，一定不能随心所欲，要以国家相关法律和法规为依据，减少因不合理要求造成的争端，同时对于纠纷的处理及矛盾的解决具有积极的意义。

▶ 4. 预防为主的原则

不要等矛盾激化了才去处理，应当随时掌握企业劳动关系状况，了解员工的思想动态与情绪，预见可能发生的问题，采取措施，积极疏通，使矛盾及时得到解决。

▶ 5. 明确管理责任的原则

劳动关系的管理工作中一个重要的方面，应当明确主管这方面工作的责任部门和责任人员，如有必要，可设立专门的机构负责。

三、劳动关系的处理策略

和谐的劳动关系是企业正常运营的保证。尽管各个用人单位对劳动关系和谐的重视程度不一，但达到劳动关系的和谐是各个企业的共同目标之一。为实现这一目标，企业可采取完善相关法律法规、充分发挥工会作用、培训管理人员等措施。总体而言，对于劳动关系的处理可采取以下几种策略。

▶ 1. 立法

相关法律法规不健全会导致劳动争议的产生，因此当企业因各方利益冲突而产生矛盾时，常常无法可依，无所适从。因此需要通过完善法律法规，将各方的责、权、利明确下来。立法更多地是通过外部的力量强制性地规范企业内部的劳动关系，为企业内部劳动关系的改善奠定了良好的法律基础，进而达到改善企业内部劳动关系的目的。

▶ 2. 发挥工会及基层党组织的作用

工会与企业党组织代表职工与企业协调劳动关系，由于兼顾了职工与企业的利益，可以有效避免矛盾激化。在企业内部充分发挥工会及企业党组织的作用，对于改善劳动关系，增强员工的凝聚力，进而提高企业的经济效益非常重要。

▶ 3. 培训主管人员

企业主管人员的工作作风、业务知识、法律意识等对劳动关系影响显著。通过对企业主管人员的培训，能够增强他们的劳动关系意识，使他们熟悉与劳动关系相关的法律法规，掌握处理劳动关系问题的原则及技巧，从而可以避免或减少劳资纠纷，维持良好的劳动关系。

▶ 4. 提高职工的工作与生活质量

提高职工的工作生活质量是改善劳动关系的根本途径。通过工作设计、参与管理等提高职工的工作与生活质量，满足个人的特殊需要，使职工在工作中感受到工作的真正意义；通过运用人类工程学（人机工程）原理进行工作设计，以改进职工的工作条件和工作环境，提高职工工资效率；同时，通过为员工创造良好的生活环境，解决他们的后顾之忧，也同样可以收到改善劳动关系的良好效果。

▶ 5. 职工参与民主管理

职工参与民主管理可以使职工参与企业的重大决策，尤其是涉及广大职工切身利益的决定，可以更好地使企业经营管理者在做出重大决策时充分考虑职工的利益。企业民主管理的目的在于通过使大部分员工不同程度的参与管理，唤起每个员工的群体意识和为这个群体努力工作的愿望，以达到企业的目的。民主管理最主要的方法就是员工参与管理。企业层面上的民主管理方法主要有劳资协商制和员工董事制。近年来，改革中出现的员工持股计划等形式也有利于促进职工参与企业的民主管理。

案例阅读

福州开发区推进外资企业和谐劳动关系建设

（1）建立健全企业各项规章制度维护中国员工权益。企业工会与企业通过平等协商，制定企业员工工资福利、社会保障、劳动保护等方面的规章制度,召开职代会形成决议,上升为具有法律效应的文件。截至目前,全区85%的外资企业签订了集体合同,95%的农民工签订了劳动合同,92%的企业建立了职代会制度。

(2) 以开展"双爱双评"活动为载体构建和谐劳动关系。定期开展"企业关爱员工,员工热爱企业"和"评选关爱员工的优秀经营者和热爱企业的优秀员工"活动,通过"双爱双评"活动一大批农民工、企业经营者被评为各级"双爱双评"和其他项目先进集体或个人,其中倩鹿公司、冲铝瑞闽公司被评为"全国'双爱双评'先进企业",农民工林志银被评为"全国劳动模范",倩鹿公司老总瑞安德、NEG公司老总莲野等40多名外籍老总被评为省市区"关爱员工的优秀经营者"。

(3) 搭建工会组织与企业经营者之间、企业经营者与员工之间沟通的平台。不定期开展职工文体活动,邀请外籍老总参加;定期召开与外籍老总联谊会、座谈会,征求外籍老总建议和意见,同时还通过推动建立企业"工会信箱"、"工会宣传栏"、"总经理信箱"、"交心会"和"通气会"等形式,听取员工诉求,及时化解劳资纠纷,既维护了中国员工的合法权益,又促进了企业的稳定和发展。

资料来源:于桂兰,苗宏慧.人力资源管理[M].北京:清华大学出版社,2009.

四、改善劳动关系的意义

改革的目的是解放生产力,改革的实质是根据生产的要求调节生产关系,而劳动关系生产关系的重要组成部分。当前,我国劳动关系的整合可以概括为四个方面的任务:整合所有者与经营者之间的关系;整合经营者与职工之间的关系;整合职工与职工之间的关系;整合企业与职工之间的关系。在深化改革中整合劳动关系,一方面有赖于现代企业制度的建立;另一方面有赖于以人为中心的现代企业文化的培育,两者缺一不可。

从上述劳动关系整合的任务可以看出,劳动关系的重要性是同其在企业管理中的关键作用所决定的。正确处理与不断改善劳动关系,是企业管理的重要任务之一。管理者深刻地理解劳动关系并能够正确地处理这方面的问题的意义主要体现在以下方面。

▶ 1. 是实现企业目标的重要部分

企业只有处理好劳动关系,才能实现其基本使命、目标,完成其社会责任。现代社会中人与人、人与组织、组织与组织之间形成了非常密切的相互依赖的关系。企业存在的重要理由之一,就是要给所在社区提供就业机会,为其所雇用的员工提供一个实现自我价值的机会。如果企业员工的安全、健康都满足不了,恣意损伤员工的自尊和人格,企业的存在本身就失去了相当的合法性。

▶ 2. 保障企业与职工的互择权,实现生产要素优化配置

要发展社会生产力,就必须使各种生产要素在适当的流动中获得最佳结合,如果员工不能选择企业,企业不能选择员工,势必造成人力资源的浪费,阻碍生产力的发展。

▶ 3. 保障企业内各方面的正当权益,调动各方面的积极性

合理的投资回报可以吸引更多的资金流入企业,合理的工资、福利可以吸收和稳定企业所需人才,合理的企业利润留成可以有利于企业的长远发展。

▶ 4. 避免纠纷,改善企业内部劳动关系

建立并保持良好的劳动关系,可以使员工在一个心情愉快的环境中工作,即使出现一些问题也能较好地解决,避免事态扩大。如果劳动关系处理得好,出现问题时,企业可以与员工协商,以对双方都有利的方式来解决。企业各方的相互信任、相互尊重、互助合

作，就能创造出一个令人心情舒畅的工作环境，有利于安定团结，确保企业改革和转换经营机制的顺利进行。只有调整好各方利益，才能保证企业改革的深入进行。

▶ 5. 有利于管理者的职业生涯发展

如果管理者所管辖的范围内经常出现劳动关系纠纷，或某一纠纷引起了极为严重的后果，这个管理者的绩效就受到了不良影响，这也从一个侧面证明这个管理者缺乏人力资源管理方面的技巧。在人力资源管理越来越受重视的今天，学习如何解决好劳动关系问题对于一个管理者的职业发展是必不可少的。

▶ 6. 提高管理水平

管理者必须认识到，劳动者权利受到保护、发展健康的劳动关系，是劳动者生存、发展、提高劳动水平的必备条件，对用人单位与劳动者个人都是从根本上有利的。特别是在知识型员工越来越占据主导地位的今天，赢得员工的认同与合作，是所有企业获得成功的必由之路，也是科学管理的必由之路。

第二节　劳动合同管理

一、劳动合同概述

▶ 1. 劳动合同的含义

劳动合同是劳动者与用人单位之间确立劳动关系、明确双方权利和义务的协议。建立劳动关系应当订立劳动合同，自 2008 年 1 月 1 日起施行的《劳动合同法》是我国第一部较完整的调整劳动合同关系的法律。该法的颁布和施行，对我国的用人单位和劳动者依法保护自己的合法权益提供了更完整的法律依据。

▶ 2. 劳动合同的特点

劳动合同除具有合同的一般特点外，还具有自身的法律特征。

1）劳动合同的主体是劳动者与用人单位

劳动者必须是依法具有劳动权利能力和行为能力的公民。作为劳动合同另一方当事人的用人单位，必须是依法设立的企业、事业组织、国家机关、社会团体或个体经济组织。

2）劳动合同的内容是劳动者与用人单位双方的权利和义务

劳动者要承担一定的工种、岗位或职务的工作，完成劳动任务，遵守用人单位的内部规则和其他规章制度；用人单位为劳动者提供法律规定或双方约定的劳动条件，给付劳动报酬，保障劳动者享有法定或约定的各项政治经济权利和其他福利待遇。

3）劳动合同的标的是劳动者的劳动行为

劳动者实现就业权利后，相应地有完成其劳动行为的义务；用人单位实现用人权利后，组织管理劳动者完成约定的劳动行为，并有义务支付劳动者的报酬，为员工缴纳社会保险和提供福利。

4）劳动合同的目的在于确立劳动关系，使劳动过程得以实现。

劳动合同是确立劳动关系的法律形式，劳动合同一经订立，就成为规范双方当事人劳动权利和义务的法律依据。

劳动合同与心理契约

劳动合同规定了劳动者及用人单位的权利和义务,用来约束双方的劳资关系。而心理契约是员工对雇用关系中彼此对对方付出与获得的一种主观心理约定,其核心成分是雇用双方内隐的不成文的相互责任。两者主要有以下区别:①劳动合同是外显的,心理契约是内隐的。劳动合同明确规定了员工的工作内容,而心理契约是一种双方所诉求的期望或心理允诺,只可意会,不可言传。②劳动合同是客观的,心理契约是主观的。劳动合同是合同双方都能看明白的白纸黑字的约定,是一种客观依据;而心理契约是一种主观感觉,是契约主体对双方之间交换关系的理解,其内容因人、因时、因地而异。③劳动合同简单枯燥,心理契约复杂丰富。劳动合同一旦签订立即生效,并不因合同主体一方主观意愿的改变而改变;而心理契约没有固定的内容和形式,弹性余地大,并会随着企业内外环境的变化而变化。④劳动合同带有交易性质,心理契约具有纯洁性。例如,就心理契约而言,员工到企业工作除了获取报酬之外,还有获得工作经验、提升个人能力、获得终生职业生涯发展以及实现自己人生价值的愿望;而企业同样以服务社会为己任,以追求社会效益与经济效益为价值取向。

资料来源:孙健敏. 人力资源管理[M]. 北京:科学出版社,2009.

二、劳动合同管理

▶ 1. 劳动合同的订立

1)劳动合同的订立原则

(1)平等自愿原则。平等自愿是订立劳动合同的核心原则。平等是指劳动合同当事人在签订劳动合同时法律地位平等,不存在任何依附关系,任何一方不得歧视、欺压对方。只有在法律地位平等的基础上订立、变更合同条款,才具有协商的前提条件。自愿是指劳动合同当事人应完全出于自己的意愿签订劳动合同。凡是采取强迫、欺诈、威胁或乘人之危等手段,将自己的意志强加于对方,或者所订条款与双方当事人的真实意愿不一致,都不符合自愿原则。

(2)协商一致原则。协商一致是指合同双方当事人对所发生的一切分歧要充分地协商,在双方意思表示一致的基础上签订劳动合同。我国正在推行集体合同制度,从业者在利益一致、对于劳动合同内容要求一致的情况下,由工会负责人或其他人作为其代表,与用人单位方面进行集体协商。

(3)依法订立原则。依法订立是指劳动合同不得违反法律、法规的规定,这是劳动合同有效并受法律保护的前提条件。依法订立包括主体合法、目的和内容合法、程序合法、形式合法。主体合法即订立劳动合同的双方当事人必须具备法律、法规规定的主体资格,劳动者一方必须达到法定劳动年龄,具有劳动权利能力和劳动行为能力,用人方必须具备承担合同义务的能力。目的和内容合法是指劳动合同所设定的权利义务要符合法律规定的要求,合同条款必须符合法律、法规,不得以合法形式掩盖非法意图和违法行为。程序合法要求订立合同遵循法定的程序和步骤,要约和承诺要符合法律规定的要求。形式合法是指按照我国的法律规定,劳动合同应采用书面形式,一式两份,劳动者和用人单位各执一份。

2)劳动合同订立的程序

劳动者和用人单位在签订劳动合同时,应遵循一定的手续和步骤,根据《劳动法》的有关规定及订立劳动合同的具体实践，签订劳动合同的程序如下。

（1）提议、承诺。在签订劳动合同前，劳动者或用人单位提出签订劳动合同的建议，称为要约，如用人方通过相关的招聘渠道提出招聘要求，另一方接受建议并表示完全同意，称为承诺。一般由用人单位提出和起草合同草案，提供协商的文本。

（2）协商。双方对签订劳动合同的内容进行认真磋商，包括工作任务、劳动报酬、劳动条件、内部规章、合同期限、保险福利待遇等。协商的内容必须做到明确、清楚、具体、可行，充分表达双方的意愿和要求，经过讨论、研究，相互让步，最后达成一致意见。要约经过双方反复提出不同意见，最后在新要约的基础上表示新的承诺。在双方协商一致后，协商即告结束。

（3）签约。在认真审阅合同文书，确认没有分歧后，用人单位的法定代表人或者其书面委托的代理人代表用人单位与劳动者签订劳动合同。劳动合同由双方分别签字或盖章，并加盖用人单位印章。订立劳动合同可以约定生效时间。没有约定的，以当事人签字或盖章的时间为生效时间。当事人签字或盖章时间不一致的，以最后一方签字或盖章的时间为准。

▶ 2. 劳动合同的内容

劳动合同的内容是指在合同中需要明确规定的当事人双方权利义务及合同必须明确的其他问题。劳动合同的内容是劳动关系的实质，也是劳动合同成立和发生法律效力的核心问题。劳动合同的内容主要包括法定条款和协定条款。

1）法定条款

法定条款是由法律、法规直接规定的劳动合同必须具备的内容，主要包括以下方面。

（1）劳动合同期限。劳动合同期限即劳动合同的有效时间，是由从业者和用人单位双方协商而确定的，劳动合同得到顺利履行后，合同期满即行终止。劳动合同分为固定期限、无固定期限和以完成一定的工作为期限三种形式。有固定期限的劳动合同是指明确规定了起始日期和终止日期的劳动合同，合同期限届满即行终止。无固定期限劳动合同没有明确的终止日期，但必须在劳动合同中规定终止或变更合同的条件。无固定期限劳动合同只要不出现法律、法规规定或双方当事人约定的可以解除劳动合同的条件，以及当事人双方协商一致自愿解除，则劳动合同不能解除。以完成一定的工作为期限的劳动合同，是指当事人双方把完成一定工作的时间确定为劳动合同的有效时间，工作任务完毕，合同即告终止，即以工作结束的时间为合同终止期限的劳动合同。

案例阅读

透视华为"集体辞职门"

闹得沸沸扬扬的华为"万人辞职事件"，目的是与员工重新建立劳动关系，重新计算工作年限。其要害在于《劳动合同法》即将实施之际，尽早避免与员工签订无固定期限劳动合同。

来自华为员工的消息显示，华为公司组织安排了这次大规模的辞职。工作满8年的员工，由个人向公司提交一份辞职申请，在达成自愿辞职共识之后，辞职员工随后即可以竞聘上岗，与公司签订新的劳动合同，职位的待遇基本不变，唯一变化的就是再次签署的劳动合同和工龄。员工辞职之后，华为最老员工的工号也将消失，某种程度上体现等级的工号制度取消，所有工号重新安排，排序不分先后，也不在体现员工工作年限长短。这些老员工均可以获得华为公司支付的赔偿,据了解总计高达10亿元。消息显示,华为为鼓励员工辞职的方案2007年9月已获得通过,10月前华为公司先后分批次与老员工私下沟通取得共识,10月开始至11月底实施,必须在2008年1月1日《劳动合同法》实施之前完成。共计将有超过7000名工作超过8年的老员工,需要逐步完成"先辞职再竞岗"工作。

《劳动合同法》中所设定的无固定期限劳动合同制度,用意在于鼓励企业和劳动者之间建立长期、稳定的劳动关系,表明立法者试图通过法律的规范和引导来达到更多无固定期限劳动合同的目的,从而实现劳动关系的长期稳定。这一方面从一定程度上减少劳动合同短期化给劳动者二次就业带来的焦虑和风险;另一方面也符合我国构建和谐社会的发展目标。

华为导演的辞职门事件,或许对它自身来讲是一次艰难的选择,但在利益和道义之间,出于资本的本性,最终还是选择了利益,从而也自我否定了一直奉行的企业伦理。

资料来源:赵曙明,张正堂,程德俊. 人力资源管理与开发[M]. 北京:高等教育出版社,2009.

(2) 工作内容。工作内容主要指用人单位安排劳动者从事什么工作,包括劳动者从事劳动的工种、岗位、部门、职务,以及劳动生产任务所要达到的效果、质量指标等。

(3) 用人单位的劳动保护和劳动条件。劳动保护和劳动条件是近年来我国劳动关系管理中备受关注的内容。劳动保护和劳动条件是指用人单位对劳动者所从事的劳动必须提供的生产、工作条件和劳动安全卫生保护措施,包括劳动安全卫生制度、设施、防护措施及劳动者的工作时间、休息休假等。2008年以后,劳动者的年工作日调整为250天,法定假日11天,且法定假日也包括在计薪日中。《安全生产法》等职业安全管理相关法规的实施都标志着我国劳动者的劳动条件正在逐步改善;《劳动法》等相关法规,要求用人单位必须依法为劳动者缴纳社会保险(如养老保险金、医疗保险金、失业保险金、住房公积金等)。

(4) 劳动报酬。劳动报酬是指用人单位根据劳动者劳动岗位、技能及工作数量、质量,以货币形式支付给劳动者的工资。主要包括劳动报酬的构成、工资标准、工资发放日期和发放方式等。劳动合同中不得约定用实物或有价证券支付工资,当劳动者提供正常劳动后,用人单位不得低于当地政府规定的最低工资标准支付工资。低于最低标准的要支付经济补偿金。

(5) 劳动纪律。劳动纪律是指劳动者在劳动过程中必须遵守的劳动规则,包括国家法律、法规,用人单位内部制定的厂规、厂纪,如工作制度、岗位纪律、奖惩条件等。

(6) 合同终止条件。劳动合同终止条件即劳动合同终止的事实理由。约定为劳动合同终止条件的事实应当符合以下两个要求:一是应该在劳动合同生产时尚未出现的,即应为将来出现的不确定情况;二是应该由双方当事人选定的,而不是法律直接规定的。

(7) 违反劳动合同的责任。违反劳动合同的责任是指在劳动合同履行过程中,当事人一方故意或过失违反劳动合同,致使劳动合同不能正常履行,给对方造成经济损失时应承担的法律后果。

2) 协定条款

协定条款是合同的有些内容不需由法律、法规直接规定,而是由当事人自愿协商确定的条款,协定条款只要不违反法律和行政法规,与法定条款具有同样的约束力。劳动合同的协定条款主要包括以下内容。

(1) 双方同意的其他条款,包括员工与用人单位协商签订的其他方面的内容。

(2) 保守商业秘密条款。用人单位一方,可以在劳动合同中规定"保守用人单位商业秘密的有关事项"。这一规定的目的是为了防止劳动者一方在解除劳动合同后给用人单位的经济利益带来损失，以保护该单位的合法权益。

（3）用人单位规章制度。规章制度可以作为附件，视同为协定条款，列在劳动合同书的正文之后，但应当在劳动合同书中写明。

▶ 3. 劳动合同的变更

劳动合同的变更是指劳动合同在履行过程中，经双方当事人协商一致，对原订部分劳动合同的条款进行修改、补充或废止的行为，具体包括工作内容、工作地点、工资福利的变更等。劳动合同的变更，其实质是双方的权利、义务发生改变。合同变更的前提是双方原已存在着合法的合同关系，变更的原因主要是客观情况发生变化，变更的目的是为了继续履行合同。劳动合同的变更一般限于内容的变更，不包括主体的变更。劳动合同的变更主要依据以下三个条件。

（1）订立劳动合同时所依据的法律、法规、规章制度发生变化的，应当依法变更劳动合同的相关内容。

（2）订立劳动合同时所依据的客观情况发生重大变化，致使劳动合同无法履行，当事人一方要求变更其相关内容的；劳动者部分丧失劳动能力或身体健康状况发生变化而引起的合同变更等。

（3）用人单位发生合并或分立等情况，原劳动合同继续有效，劳动合同由继承权利义务的用人单位继续履行，用人单位变更名称的，应当变更劳动合同的用人单位名称。

▶ 4. 劳动合同的解除

劳动合同解除是指劳动合同在未履行完毕之前，由于某种因素导致当事人提前终止合同效力的法律行为。劳动合同解除分为法定解除和协商解除。法定解除是指法律、法规或劳动合同规定可以提前终止劳动合同的情况；协商解除是指合同双方经协商一致而提前终止劳动合同的法律效力。劳动合同的解除主要包括以下情形。

1）双方合意解除

即经劳动合同双方当事人协商一致，劳动合同可以解除。

2）劳动者提前通知解除

劳动者解除劳动合同，应当提前30日以书面形式通知用人单位。提前通知这一要求既是劳动者单方解除劳动合同的条件，也是解除劳动合同的程序。

3）劳动者随时通知解除

有下列情形之一的，劳动者可随时通知用人单位解除劳动合同：一是在试用期内的；二是用人单位以暴力、威胁或非法限制人身自由的手段强迫劳动的；三是用人单位未按照劳动合同约定支付劳动报酬或者提供劳动条件的。

4）用人单位无过失性解除

有下列情形之一的，用人单位可解除劳动合同，但应当提前30日以书面形式通知劳动者本人：一是劳动者患病或非因工负伤，医疗期满后，不能从事原工作也不能从事由用人单位另行安排的其他工作的；二是劳动者不能胜任工作，经过培训或调整工作岗位仍不能胜任工作的；三是劳动合同订立时所依据的客观情况发生重大变化，致使原劳动合同无法履行，经当事人协商不能就变更劳动合同达成协议的。用人单位解除劳动合同未按规定提前30日通知劳动者的，自通知之日起30日内，用人单位应当对劳动者承担劳动合同约定的义务。

5）用人单位过失性解除

劳动者有下列情形之一的，用人单位可以随时解除劳动合同：一是在试用期间被证明不符合录用条件的；二是严重违反劳动纪律或用人单位规章制度的；三是严重失职，营私舞弊，对用人单位利益造成重大损害的；四是被依法追究刑事责任的；五是法律、法规规定的其他情形。

6) 用人单位不得解除的情形

为了保护劳动者的合法权益，防止不公正解雇，《劳动合同法》除了规定用人单位可以解除劳动合同的情形外，还规定了用人单位不得解除劳动合同的情形。劳动者有下列情形之一的，用人单位不得解除劳动合同：患职业病或因工负伤并被确认丧失或部分丧失劳动能力的；患病或者负伤，在规定的医疗期内的；女职工在孕期、产期、哺乳期内的；法律、法规规定的其他情形的。

7) 经济性裁员

用人单位在濒临破产法定整顿期间或因生产经营状况发生严重困难，确需依法裁减人员的，应当向工会或全体职工说明情况，听取意见。裁员方案应当在与工会或者职工代表协商采取补救措施的基础上确定，并向劳动保障行政部门报告。用人单位实施裁员方案，应当提前30日通知工会和劳动者本人，用人单位依据本条规定裁减人员的，在六个月内录用人员的，应当优先录用被裁判的人员。同时，对于解除劳动合同的经济性补偿也做了明确规定：用人单位依照劳动法的有关条款解除劳动合同的，应当给予从业者经济补偿；用人单位解除劳动合同，工会认为不适当的，有权提出意见；如果用人单位违反法律、法规或有关合同，工会有权要求重新处理，如果从业者或被辞退者申请劳动仲裁或提起法律诉讼，工会应当依法对员工给予支持。

▶ 5. 劳动合同的终止与续订

1) 劳动合同的终止

劳动合同的终止是指合同期限届满或双方当事人约定的终止条件出现，劳动合同规定的权利、义务即行消灭的制度。劳动合同的终止，并非双方的积极行为所致，一般是由于合同本身的因素或法律规定、不可抗力所致。符合下列条件之一的，劳动合同即行终止。

（1）劳动合同期满的。

（2）当事人约定的劳动合同终止条件出现的。

（3）用人单位破产、解散或者被撤销的。

（4）劳动者退休、退职或者死亡的。

2) 劳动合同的续订

劳动合同经双方当事人协商一致，可以续订。续订劳动合同不得约定试用期，具体内容如下。

（1）双方协商续订劳动合同。

（2）劳动者在同一用人单位连续工作满10年以上，当事人双方同意续延劳动合同的，如果劳动者提出订立无固定期限劳动合同，用人单位应当与劳动者订立无固定期限劳动合同。

（3）劳动者患职业病或因工负伤并被确认达到伤残等级，要求续订劳动合同的，用人单位应当续订劳动合同。

（4）劳动者在规定的医疗期内或女员工在孕期、产期、哺乳期内，劳动合同期限届满时，用人单位应当将劳动合同的期限顺延至医疗期、孕期、产期、哺乳期期满为止。

三、集体合同

▶ 1. 集体合同的含义

集体劳动合同是指用人单位与本单位职工根据法律、法规、规章的规定，就劳动报酬、工作时间、休息休假、劳动安全卫生、职业培训、保险福利等事项在平等协商一致的基础上，签订的书面协议。根据《劳动合同法》的规定，集体合同由工会代表员工与企业签订，没有成立工会组织的企业，由员工代表与企业签订。

▶ 2. 集体合同的特征

集体合同除具有一般协议的主体平等、意思表示一致性、合法性和法律约束性外，还具有自身的特点。

（1）集体合同是规定劳动关系的协议。集体合同反映的是以劳动条件为实质内容的关系，整体性地规定劳动者与企业之间的劳动权利与义务，现实劳动关系的存在是集体合同存在的基础。

（2）工会或职工代表与企业签订。集体合同的当事人一方是企业，另一方当事人不能是劳动者个人或劳动者中的其他团体或组织，而只能是工会组织代表劳动者，没有建立工会组织的，则由上级工会指导劳动者推举的代表为其代表。

（3）集体合同是定期的书面合同，其生效需经特定程序。根据劳动法的有关规定，集体合同文本须提交政府劳动行政部门审核，经审核通过的集体合同才具有法律效力。

▶ 3. 集体合同的形式与内容

集体合同在内容上基本同于一般的劳动合同，包括劳动报酬、工作时间、休息休假、保险福利、劳动安全卫生、保险福利、合同期限等方面，并突出了以下条款。

（1）变更、解除、终止集体合同的协商程序。

（2）双方履行集体合同的权利和义务。

（3）履行集体合同发生争议时协商处理的约定。

（4）违反集体合同的责任。

（5）双方认为应当协商约定的其他内容。

集体合同签订后，要报国家县以上人民政府劳动和社会保障行政部门审查。

▶ 4. 订立集体合同的原则

1）遵守法律、法规、规章及国家有关规定

集体合同的内容不得违反国家法律法规的规定；集体合同所确定的劳动合同标准不得低于国家规定的标准。

2）相互尊重，平等协商

集体合同签约人法律地位一律平等，具有平等的意思表示和主张各自权益的权利。因订立集体合同是劳动关系者团体和企业的两个平等主体的自主行为，只能坚持相互尊重、平等协商的原则，国家不能采用强制命令或司法制的手段。

3）诚实守信，公平合作

任何详尽具体的规定也不可能覆盖劳动关系的所有方面，因此协商订立集体合同必须坚持诚实不欺，维护团体劳动关系当事人双方的利益平衡，当事人的利益与社会利益的平衡，当事人就以诚实善意的态度行使权利，集体协商应坚持程序公平。

4）兼顾双方合法权益

集体协商、订立集体合同应当兼顾所有者、经营者和劳动者各方利益，不能为追求自

5）不得采取过激行为

集体协商、订立集体合同必须维护正常的生产工作秩序，协商双方应遵循和平原则。为订立集体合同产生争议，任何一方都不应采取激化事态的行为。双方应顾全大局，维持正常的生产工作秩序。

▶ 5. 集体合同的作用

集体合同在协调劳动关系中处于重要地位，其意义表现在以下几个方面。

1）有利于协调劳动关系

通过集体合同的协商、签订，可以将经营者与劳动者在劳动关系中的不同利益追求以集体合同的形式统一起来，在劳动主体与用工主体之间建立相互依存、相互合作的关系，为建立利益协调型的劳动关系提供法律保障。

2）加强企业的民主管理

集体合同约定的各项条款是经过民主协商制定的，签订和履行集体合同，体现了劳动者参加民主管理的原则，因此集体合同是企业管理民主化的重要形式。

3）维护职工合法权益

由工会代表劳动者与企业订立集体合同，可以改善单个劳动者在劳动关系中的地位，有效地防止企业侵犯劳动者的合法劳动权益。此外，劳动关系各方面的内容都由劳动合同具体规定，必然增加协商、确定劳动合同的成本。集体合同对劳动关系的主要方面和一般条件做出规定后，劳动合同只需就单个劳动者的特殊情况做出约定即可，从而可以提高建立劳动关系的效率。

4）弥补劳动法律法规的不足

劳动法律规范对劳动关系调整的规定与实际运行的劳动关系总是存在一定的距离，无论劳动立法规定的劳动标准多么具体，都难以覆盖现实生活中的劳动关系的各个方面，集体合同可以具体规范劳动关系，对劳动立法起补充作用，并且可以强化劳动法的操作性。同时，劳动立法关于劳动条件标准的规定属于最低标准，对劳动者权益的保障只是法律所要求的最低水平，而这并不是经济社会发展和劳动立法所要达到的根本目的。通过集体合同约定，密切结合企业经营的实际状况，可以提高劳动者利益的保障水平。

第三节　劳动争议与处理

一、劳动争议概述

▶ 1. 劳动争议的概念

劳动争议是指劳动关系当事之间因劳动权利和义务产生分歧而引起的纠纷。随着社会的不断发展和劳动法制的逐步健全，劳动争议处理已经成为一项法律制度，在劳动法律制度中占有重要地位，并且在调整劳动关系中发挥着至关重要的作用。

▶ 2. 劳动争议的范围

对于劳动争议的范围，在不同的国家有不同的规定。根据我国《企业劳动争议处理条例》，劳动争议的范围包括：因企业开除、除名、辞退职工和职工辞职、自动离职发生的争议；因执行国家有关工资保险福利培训劳动保护的规定发生的争议；因履行劳动合同发生的争议；法律、法规规定应当依照本条例处理的其他劳动争议。

判定是否属于劳动争议，有两个衡量标准，一是看是否是劳动法意义上的主体；二是看是否是关于劳动权利和义务的争议。

▶ 3. 劳动争议的种类

根据发生劳动争议的人数和组织形式，可将劳动争议分为个别劳动争议和集体劳动争议两类。

（1）个别劳动争议。个别劳动争议是指劳动者一方不足法定集体争议人数，争议标的不同的劳动争议。

（2）集体劳动争议。集体劳动争议是指劳动者一方达到法定的集体争议人数，争议标的相同，并通过工会或集体选出的代表提起申诉的劳动争议。

▶ 4. 劳动争议的原因

1）劳动者运用法律武器保护自己合法权益的意识逐步增强

随着社会媒体对《劳动法》的宣传和劳动执法部门维护劳动者合法权益力度的加大，劳动者可以在一定程度上按照自己的意志选择职业和岗位。从劳动合同的订立，到劳动时间、报酬以及合同的变更、解除等，劳动者都与用人单位处于平等地位，一旦合同签订，劳动者更注重劳动权益的自我保护，对不合理的现象敢于拿起法律武器来维护。

2）没有签订劳动合同，但形成了事实的劳动关系

劳动合同没以书面订立的原因是多方面的，有的是用人单位为逃避依《劳动法》应履行的各种强制义务，有的是劳动者认为有了书面劳动合同会约束自己的跳槽行为，还有的是双方法律意识淡薄，根本没有意识到建立劳动关系。由于没有签订书面的劳动合同，对双方的权利义务关系的规定就不明确具体，导致在劳动关系的存续期间会出现各种争议。

3）合同内容不完善

有许多单位及员工认为劳动合同只是个形式，因而只注重合同的形式，而不注重完善合同的内容。有的合同文字极不严密，用了模棱两可、含混不清的字眼，让人怎么理解都可以。有的单位利用一些人不懂法，急于找工作的心理，同劳动者签订一边倒的不合法合同，致使有一些劳动者在争议发生之前都不知道自己签订的合同是不合法的。

▶ 5. 用人单位预防劳动争议的方法

《劳动法》颁布实施以来，劳动合同作为劳动者与用人单位建立劳动关系、明确双方权利和义务的协议，越来越受到用人单位和劳动者的重视。但近年来，由于劳动合同签订的不规范，劳动合同争议案件在整个劳动争议案件中所占比重呈不断上升趋势。因此，用人单位和劳动者都应注意通过规范签订劳动合同，预防和减少劳动争议。用人单位预防劳动争议的方法如下。

1）加强合同管理

当前，劳动纠纷案件不断上升，侵害职工合法权益的违法用工行为大量存在，其原因是劳动关系未能理顺，只有规范了劳动关系才能从源头上解决这一问题。加强和完善劳动合同管理是从源头上做好侵权防范工作的治本之策。通过加强劳动合同管理工作，明确劳资双方的权利和义务，从源头上促进劳动关系的和谐稳定，才能从根本上解决问题，做好职工维权工作。因此，在签订合同前，双方一定要认真审视每一项条款，就有关内容达成一致意见，并且严格按照法律、法规的规定，签订有效合法的劳动合同。

2）加强对管理者的培训

自《劳动法》实施以来，我国用工制度发生了质的变化，随着各种相应政策的出台，进一步规范了市场经济体制，但有相当一部分企业的管理者对劳动法律、法规和政策缺乏认真的研究和学习，在日常工作中对相关政策及法律、法规把握不好，处理不当因而引发劳动纠纷。因此，加强企业管理人员的劳动法律、法规及政策培训，是减少劳动争议的重要环节，也是减少劳动争议的基础性工作，应引起各级领导的高度重视。

3）加大宣传力度

充分发挥工会的作用，加大宣传教育力度，增强企业和职工守法意识和维权意识。劳动保障部门要有针对性地加强宣传力度，通过各种形式广泛深入地宣传劳动法律法规，使企业和广大职工知法、懂法、守法，在全社会营造遵纪守法的良好氛围。

4）强化劳动保障监察职能

强化劳动监察是做好职工维权工作的一项重要措施，通过进一步加大劳动监察执法力度，对一切违反劳动法律法规、侵害职工合法权益的行为及时纠正和制止，并追究有关责任人的法律责任。

二、劳动争议的处理原则

劳动争议的处理原则是指劳动争议处理机构在解决劳动争议过程中应当遵循的行为原则。《劳动法》和《企业劳动争议处理条例》对这一问题做了规定。根据《劳动法》第七十八条规定：解决劳动争议，应根据合法、公正、及时处理的原则，依法维护劳动争议当事人的合法权益。因此，处理劳动争议要在查清事实的基础上，遵循法律规定的原则进行。

▶ 1. 合法原则

劳动争议的合法原则即在处理劳动争议的过程中，承担处理职责的机构必须以事实为依据，以法律为准绳，对争议案件进行审查和处理。合法原则要求劳动争议处理机构要查清案件事实，并在此基础上正确使用法律。

▶ 2. 公正原则

公正原则是指劳动争议处理机构在处理劳动争议时，要秉公执法，不徇私情，客观、公平、合理地处理劳动争议，不偏袒任何一方，保证双方当事人处于平等的法律地位，具有平等的权利和义务。公正原则还体现在任何一方当事人都不存在超越另一方当事人的特权，任何一方在申请和参加调解、仲裁或提起诉讼时，都享有同等权利，承担同样的义务。

▶ 3. 及时处理原则

劳动争议发生后，当事人应及时进行协商，协商不成的应当及时向劳动争议处理机构申请处理。劳动争议处理机构应依据法律、法规所规定的时限及时受理，按时结案，否则要承担相应的责任。

▶ 4. 调解原则

调解是指在第三方的主持下，依法劝说争议双方当事人进行协商，在互谅互让的基础上达成协议，从而解决争议的一种方法。调解既是一道专门程序，也是仲裁与审判程序中的重要方法，有利于增加当事人之间的相互理解，在降低成本的基础上及时处理争议。

▶ 5. 基层解决原则

劳动争议案件应主要由企业设立的调解委员会和当地县、市、市辖区仲裁委员会解决。向法院起诉，也是按法定管辖权由当地基层法院受理。基层解决原则，方便当事人参加调解、仲裁和诉讼活动,有利于争议的及时处理和法律文书的送达与执行,有利于就地调查,查明事实真相。

美国的劳动争议处理机制

美国负责劳动争议处理工作的联邦机构有两个:国家劳动关系委员会和联邦仲裁调解局。但是在实践中,大部分劳动者与雇主之间所产生的各种争议,并不需要由正式的机构处理,其最具特色之处在于劳动争议仲裁的民间化趋势。具体来说,美国在劳动争议处理模式上主要具有以下特点。

首先,充分发挥劳资关系双方的自主性,注意将争议解决在基层。1978年美国国会通过了专门法案,提供资金,由联邦调解调停署负责指导地方,帮助企业建立劳资关系协调委员会,做好预防劳资争议的工作。

其次,针对不同类型的劳资争议,分别采取不同的处理方法。美国没有专门的劳资争议处理法,对劳资争议的处理方法很不统一,往往从讲求实效的目的出发,由各种劳资争议处理机构自行制定处理程序。

最后,劳动仲裁不是解决劳动争议的必经程序。仲裁权是解决劳动争议的方式之一,而不是必经程序。当事人一般在协商不成,或双方已约定选择仲裁的情况下,才会到仲裁部门申诉。美国的劳动仲裁体制、人员构成等都与我国有许多不同之处。由于其不是必经程序,且收费较高,因此仲裁部门的压力并不大。

资料来源:孙健敏. 人力资源管理[M]. 北京:科学出版社,2009.

三、劳动争议处理程序

我国现行的劳动争议处理程序为:协商、调解、仲裁和诉讼。

▶ 1. 劳动争议协商

劳动争议协商是指由劳动关系双方采取自治的方法解决纠纷,是由工会代表和雇主代表出面,根据双方集体协议,组成一个争议处理委员会,就工资、工时、劳动条件等工人提出的争议内容,双方相互协商,达成协议,以和平手段解决争议。

▶ 2. 劳动争议调解

劳动争议调解是指调解委员会在查明事实、分清责任的基础上,依照国家劳动法律、法规及相关企业规章和劳动合同,通过民主协商的方式使双方当事人达成共识,消除劳动纠纷。

劳动争议发生后,当事人可以到企业劳动争议调解委员会申请调解。劳动争议调解委员会主要由职工代表、企业代表和企业工会代表等人员组成。

劳动争议调解委员会调解劳动争议并无严格的程序规定,一般包括调解准备、调解开始、实施调解、调解终止等几个阶段。调解委员会调解劳动争议,应当自当事人申请调解之日起15日内结束;到期未结束的,视为调解不成,当事人可以在规定期限内向劳动争议仲裁委员会申请仲裁。

调解委员会调解劳动争议应当遵循当事人双方自愿原则,经调解达成协议的,应当制作调解协议书。调解协议书由双方当事人签名或盖章,经调解员签名并加盖调解组织印章后生效,对双方当事人具有约束力,当事人应当履行。因支付拖欠劳动报酬、工伤医疗费、经济补偿或赔偿金事项达成调解协议,用人单位在协议约定期限内不履行的,劳动者可以持调解协议书向人民法院申请支付令。

▶ 3. 劳动争议仲裁

劳动争议仲裁是指劳动争议仲裁委员会对用人单位与劳动者之间发生的争议,在查明事实、明确是非、分清责任的基础上,依法做出裁决的活动。仲裁是处理劳动争议法定的必经程序,仲裁结果具有法律效力。劳动争议当事人只有在仲裁委员会裁决后,对裁决不服时,才能向人民法院起诉。仲裁委员会主要由劳动行政主管部门的代表、工会的代表、政府指定的经济综合管理部门的代表构成。

向仲裁委员会申请仲裁的案件,必须经过仲裁委员会的调解,调解无效再仲裁。若调解成功,则应当根据协议内容制作调解书,调解未达成的,进行裁决,制作裁决书。劳动仲裁采取一次裁决终结制——当事人对裁决不服的,自收到裁决之日起15日内,可向人民法院起诉;期满不起诉的,裁决书即发生法律效力。

仲裁劳动争议案件,应当自劳动争议仲裁委员会受理仲裁申请之日起45日内结束。案情复杂需要延期的,经劳动争议仲裁委员会主任批准,可以延期并书面通知当事人,但延长期限不能超过15日。逾期未做出裁决的,当事人可以就该劳动争议事项向人民法院提起诉讼。

▶ 4. 劳动争议诉讼

劳动争议诉讼是指劳动争议当事人不服劳动仲裁委员会的裁决,在规定的期限内向人民法院起诉,人民法院依照民事诉讼程序,依法对劳动争议案件进行审理的活动。诉讼程序是处理劳动争议的最后一道程序,它通过司法程序保证劳动争议的最终解决。

根据《劳动法》的规定,劳动争议当事人可以依法向人民法院起诉,而当事人提起劳动争议诉讼必须符合法定的条件,否则法院不予受理。依照我国诉讼法的有关规定,起诉条件包括以下方面。

(1) 起诉人必须是劳动争议的当事人,当事人因故不能亲自起诉的,可委托代理人起诉。

(2) 必须是不服劳动争议仲裁委员会裁决而向法院起诉,不能未经仲裁程序直接向人民法院起诉。

(3) 必须有明确的被告、具体的起诉请求和事实依据。

(4) 起诉不得超过起诉时效,即自收到仲裁裁决书15日内起诉,否则法院可以不予受理。

(5) 起诉应依法向有管辖权的法院起诉,一般应向仲裁委员会所在地的人民法院起诉。

劳动争议诉讼的程序是:由诉讼方以书面形式提出诉讼请求,人民法院依据相关法律决定是否对争议案件予以受理。依法受理的,人民法院开始立案调查,此时要求法院要及进调查取证,并先行进行调解,如调解不成再开庭审理。经过双方在法庭上申述和辩论后,法庭将按照法官多数通过的原则依法对争议问题做出判决。判决做出后,如当事方在规定的时间内不向上级法院提出起诉,法院的判决即行生效,双方必须执行。当事人若不服地方人民法院第一审判决的,有权在判决书送达之日起15日内向上一级人民法院提起上诉。

第四节 劳动保护与社会保障

一、劳动保护的任务

▶ 1. 劳动保护的含义

劳动保护是指为了保护劳动者在劳动过程中的安全和健康所采取的各种技术措施和组织措施的总称。经济的发展需要人力的投入,广大劳动者在劳动过程中不可避免地要承受一定的劳累,这是创造社会财富、个人收入和个人社会价值的重要途径。然而,经济和社会发展的根本目标是人民物质文化生活水平的提高,以牺牲劳动者健康甚至生命为代价的经济发展,不仅无法为社会进步提供动力,反而构成了社会混乱和退化的重要部分。

按照马斯洛的需要层次理论,人的需要由生存需要、安全需要、归属需要、尊重需要和自我实现需要构成,其中生存与安全需要是最基本的需要。劳动保护就是为满足劳动者这些最基本的需要而采取的措施,所以它是提高劳动者工作生活质量的基础,是提高劳动者劳动积极性的先决条件。在经济发展和社会整体进步的大环境下,世界各国在劳动者保护方面都取得了很大的进展。劳动保护,作为人力资源管理中必要和有效的措施,正在得到越来越多的重视。

▶ 2. 劳动保护的任务

劳动保护的任务主要包括以下几个方面。

(1) 保证安全生产。采取各种有效措施,减少和消除劳动中的不安全、不卫生因素,发送职工的劳动条件,满足其安全需要。

(2) 实现劳逸结合。采取各种必要措施,使职工有劳有逸,有张有弛,既紧张地生产、工作和学习,又保证劳动者的休息和娱乐。这是劳动力维持再生产的需要,也是提高工作生活质量的需要。

(3) 实行女工保护。女职工的由于其生理特点,比男职工受毒敏感性高,患病率也高,特别是在经、孕、产、哺乳期,受毒敏感性和患病率比平时更高。

(4) 组织工伤救护。用人单位要保证劳动者一旦发生工伤事故,立即得到良好的治疗。

(5) 做好职业中毒和职业病的预防工作和救治工作。

二、职业安全与健康的影响因素

生产劳动是为了造福人类,但在生产劳动过程中又常常存在危害人的安全和健康的危险因素。人们在生产实践中付出的惨重代价迫使人们日益重视安全和健康问题。为此,很多国家制定了相应的法律来预防和减少职业伤害事故的发生,规定了职业安全与健康的最低标准。

目前,危害职业安全与健康的因素一般分为三类:工伤、职业病和心理疾病。

▶ 1. 工伤

工伤是指在企业生产活动所涉及的区域内,由于生产过程中危险因素的影响,从而使职工身体组织受到损伤或使人体的某些器官失去正常功能,致使受伤人员立即中断工作的伤亡事故。工作不仅给受害者和家属带来痛苦,也给国家和企业带来经济损失和社会压力。

1) 工伤的划分

在我国,非死亡的工伤划分为十级。工伤事故分为轻伤事故、重伤事故、死亡事故(死亡 1~2 人)、重大死亡事故(死亡 3 人及以上)、特别重大事故,以及急性中毒事故。

2) 工伤的测定

工伤事故的测定一般用工伤事故的发生率和工伤事故的严重率或工伤事故的死亡率来测定。

工伤事故的发生率表明工伤事故发生的频繁程度的一种指标,是以每千人时的工作中工伤事故发生的次数来表示,公式为:

$$工作事故性率 = \frac{工作事故发生次数}{全部职工人时数(每千人时)} \times 100\%$$

工伤事故的严重率是指每千人时的工作中由于工伤事故所造成的工作日损失数,表明工伤事故的严重程度和发展趋势的指标,用公式表示为:

$$工作事故严重率 = \frac{工作事故损失工作日数}{全部职工人时数(每千人时)} \times 100\%$$

工伤事故的死亡率是指因工死亡的人数在所有的工伤人数中所占的比例,有时来作为工伤事故严重程度的补充指标,用公式表示为:

$$工作事故死亡率 = \frac{工作事故死亡人数}{工伤事故人次数} \times 100\%$$

3) 工伤事故发生的原因

工伤事故的发生率和严重率是经常变化的,这是因为受到一些相关因素的影响。影响工伤事故的原因主要有职工的工作经验和受培训的程度、劳动条件的状况及累进性疲劳等。

(1) 职工的工作经验和受培训的程度。研究表明,在危险的岗位上使用没有经验或未经严格培训的临时工就易于发生事故;相反,熟练工人或经过培训的工人事故发生率就低。

(2) 累进性疲劳。当工作时间过长时,工人的疲劳程度逐渐增设,反应迟钝,对事故的敏感性降低,事故的发生率就会上升。许多研究认为,防止累进性疲劳是预防事故发生的重要措施。

(3) 劳动条件的状况。劳动条件是影响工伤事故发生的一个重要因素,如安全措施不完善、设计不良等,都会影响工人的判断力,从而导致事故的发生。

(4) 缺乏安全意识。缺乏安全意识主要体现在两个方面,一方面,管理者对劳动保护不重视,缺少安全防护品,没有制定相关的安全操作规程,对现场工作缺乏监督和指导;另一方面,劳动者自身缺乏安全意识和安全操作知识,违反操作规程或劳动纪律,以上原因都可能导致安全事故的发生。

▶ 2. 职业病

职业病是指企业、事业单位和个体经济组织等用人单位的劳动者在职业活动中,因接触粉尘、放射性物质和其他有毒、有害因素而引起的疾病。职业病对人体的伤害十分严重,有些职业病还不易治愈,造成终身伤害。

1) 职业病的分类

我国卫生部、劳动保障部 2002 年联合颁布了《职业病目录》,将我国法定的职业病划分为十大类 115 种。这十大类是:尘肺、职业性放射性疾病、职业中毒、物理因素所致职业病、生物因素所致职业病、职业性皮肤病、职业性眼病、职业性耳鼻喉口腔疾病、职业性肿瘤、其他职业病。

2）职业病的测定

职业病的测定可能通过职业病患病率、职业发病率、职业病受检率、职业病治愈率及职业病发病工龄等指标来测定。

职业病的患病率是指每百名（或千名）从事某种作业的职工中患有某种职业病的总病例数，它表明了某种职业病的患病程度。用公式表示为：

$$职业病患病率 = \frac{一定时期内某种职业病总病例数}{同一时期内从事某种职业的人数} \times 100\%$$

职业病发病率是指每百名（或千名）从事某种作业的职工中新发现的某种职业病的病例数，它表明了某种作业新发生职业病的情况。用公式表示为：

$$职业病发病率 = \frac{一定时期内某种职业病新发现病例数}{同一时期内从事某种职业的人数} \times 100\%$$

职业病受检率是指在职业病普查中实际接受检查的职工占应接受检查的职工总数和比重，它反映了职业病资料的可靠程度。用公式表示为：

$$职业病受检率 = \frac{实际接受检查的人数}{应接受检查的人数} \times 100\%$$

职业病的治愈率是指一定时期内每百名（或千名）某种职业病患者中，经治疗后的痊愈者人数，它表明职业病病情的严重程度和危害程度。用公式表示为：

$$职业病治愈率 = \frac{一定时期内某种职业病治愈人数}{职业病患病人数} \times 100\%$$

职业病的发病工龄是指开始从事某种职业，到被确认为某种职业病时的工作年限，可分为平均发病工龄、最高和最低发病工龄。这有助于研究职业病的发病规律，分析职业病的发病因素等。用公式表示为：

$$职业病平均发病工龄 = \frac{某种职业病患者到确诊时的工龄总和}{同种职业病例数} \times 100\%$$

对职业病进行测定可以掌握职业病发病、患病的一般情况和规律，对研究致病原因、制定预防措施以及在不同企业中进行比较分析等都是很基础性的工作。

3）职业病的预防

为了预防、控制和消除职业病危害，防治职业病，保护劳动者健康及其相关权益，促进经济社会发展，国家根据宪法制定了《中华人民共和国职业病防治法》。在这部法律中，对职业病的预防做了明确规定，主要包括以下几个方面。

（1）前期预防

用人单位应当依照法律、法规要求，严格遵守国家职业卫生标准，落实职业病预防措施，从源头上控制和消除职业病危害。产生职业病危害的用人单位的设立除应当符合法律、行政法规规定的设立条件外，其工作场所还应当符合职业卫生要求。

（2）劳动过程中的防护与管理

设置或者指定职业卫生管理机构或者组织，配备专职或者兼职的职业卫生管理人员，负责本单位的职业病防治工作；制定职业病防治计划和实施方案，建立、健全各项操作规程与制度方案；优先采用有利于防治职业病和保护劳动者健康的新技术、新工艺、新设备、新材料；采用有效的职业病防护设施，并为劳动者提供个人使用的职业病防护用品；对产生严重职业病危害的作业岗位，应当在其醒目位置，设置警示标识和中文警示说明；

对可能发生急性职业损伤的有毒、有害工作场所,用人单位应当设置报警装置,配置现场急救用品、冲洗设备、应急撤离通道和必要的泄险区;用人单位应当实施由专人负责的职业病危害因素日常监测,并确保监测系统处于正常运行状态;用人单位的主要负责人和职业卫生管理人员应当接受职业卫生培训,遵守职业病防治法律、法规,依法组织本单位的职业病防治工作。用人单位不得安排未经上岗前职业健康检查的劳动者从事接触职业病危害的作业;不得安排有职业禁忌的劳动者从事其所禁忌的作业;对在职业健康检查中发现有与所从事的职业相关的健康损害的劳动者,应当调离原工作岗位,并妥善安置;对未进行离岗前职业健康检查的劳动者不得解除或者终止与其订立的劳动合同。

案例阅读

小李在一家知名的电子制造企业打工,他负责喷涂一种金属材料,每天在车间工作十几个小时。2014年7月,小李出现持续发烧症状,并伴有严重的气喘和咳嗽。医院CT检查发现,小李的肺部全是白色的粉尘颗粒,医生通过提取小李肺部组织活检寻找病因,发现在患者的肺泡里有像牛奶一样的乳白色液体。医生将从患者肺部找到的白色粉尘颗粒送到医院实验室进行分析检测,检测报告显示,乳白色液体的主要成分除了氧化硅和氧化铝外,还有一种重金属元素引起了专家们的注意,那就是"铟"。"铟"是一种稀有金属,是制作液晶显示器和发光二极管的原料,毒性比铅还强。

专家表示,这是一种新型的职业病,在医学界也不为人所知,所以才导致患者迟迟没有检测出来病因。而目前国外一些知名品牌的LED液晶显示器都到国内来生产,企业应该引以为鉴,加强对员工的保护。

▶ 3. 心理疾病

心理疾病是心理因素在其发生、发展、治疗和预防方面起着重要作用的一类躯体性疾病的总称。现代管理思想认为,心理的健康和身体的健康对职工来说同等重要,心理健康对职工的身体健康、生活质量、人际关系及工作效率的提高等方面都有很大的影响作用,工作的紧张程度、压力及婚姻、家庭生活等都有可能影响人的心理健康。而且,随着工业化程度的不断提高,人们的工作和生活节奏不断加快,压力也在增加,因而心理疾病有不断增加的趋势。据有关研究表明,很多心理上的不适都是由于压力引起的,如工作的压力、管理者施加的压力,以及生活本身带来的压力。如果一个人不能适应压力,长期处在压力和紧张状态下,就会出现心理疾病,甚至出现内分泌系统紊乱的现象。

1)心理疾病的表现

一般说来,心理疾病主要有忧郁、紧张、厌烦、压抑等多种情况。厌烦和压抑通常是由简单劳动或重复工作引起的,工作内容和方式日复一日,没有新意,就容易使人产生厌烦感,而长时间的厌烦状态中得不到解脱就会出现压抑感。这种类型的不适可以通过工作丰富化、改变工作结构、重新设计工作或工作轮换制度来增加工作的新鲜感,刺激职员对工作的兴趣,从而消除厌烦,促使工作业绩提高。忧郁和紧张一般是由工作压力过大而引起的,进而可以引起职工的自卑感,感到自己无用,严重的还可能引起恶性后果。因此,如果觉察到职工有忧郁或紧张的表现时,应及时了解产生问题的原因,立即予以排解。

2)心理疾病的调适

在工作中,压力是不可避免的,不管什么样的工作,总会存在一些压力。有些学者认为,从管理角度来看,在工作中给予适当压力可以刺激职工的工作积极性和上进心,提高工作的效率。但是，由于每个人承受压力的情况不同，还应加以区别对待。对有的人来说属于正常的压力，对另一个人来说可能觉得过大而引起心理不适。而且，有的人喜欢在压力下工作，而有的人则不喜欢在压力下工作。因此，管理者应能够区分每个人的不同情况，尽可能使管理压力、工作压力和人的实际承受力相适应，并在职工出现心理不适时，能及时加以调节和解决。

3) 心理健康的标准

决断心理健康有不同的标准，但一般认为心理健康者具有以下特征。

(1) 行为反应适度。行为反应适度是指一个人的行为的内容符合社会规范，与社会角色相一致；反应强度与刺激强度相一致，不过敏，不迟钝，言谈举止、喜怒哀乐均在情理之中。

(2) 心理和行为符合年龄特征。心理健康的人的心理和行为应与同年龄多数人相一致。如果一个人的心理和行为与他的同一年龄层次的人差异相当大，一般被视为心理不健康。

(3) 自我概念正确。具有自知之明，能正确认识和评价自我，不仅能了解自己的长处、优势和优点，也能了解自己的短处、弱点与缺点，并能努力改正和克服自身缺点与不足，以适应社会发展的要求。

(4) 具有自我价值感。能体验到自己存在的价值，所定目标和理想切合实际，对自己感到满意。如果总是要求自己十全十美，却又无法做到完美无缺，就会同自己过不去，使自己的心理状态永远无法平衡。

(5) 情绪健康。健康的情绪在生理上表现为人的中枢神经系统活动处于良好的和谐状态。在心理上则表现为：生活乐观、情绪安定、心怀坦荡，心胸开朗，没有不必要的紧张感和不安感，有充分的自信心，对事业有执着的追求。

(6) 善于与人相处。社会交往能力及其状况，标志着一个人的心理健康水平。健康的人应该乐意与人交往，善于与人交往，与他人保持良好的和谐的人际关系；能够理解和接受他人的思想和感情，也善于表达自己的思想和感情。

(7) 正视现实。心理健康者能和现实保持良好的接触，对自己生活、学习和工作中碰到的困难能用适当的方法妥善解决，对于环境所发生的变化或遭遇较大挫折时，也能正确对待，能随遇而安地很快适应，不逃避现实。

(8) 自我控制。善于控制自己的心理与行为，有明确的行为标准，完成任务的自觉性高，能较好地控制自己的情绪和行为，不为环境所干扰与诱惑。

总之，切实保护劳动者的合法权益，特别是生命和健康，不仅是一个社会问题，更是一个企业管理问题。作为企业的所有者和经营者，如果目标是为了企业的长远发展，那么切实保护好员工的健康，就是必须要完成的第一堂功课。除此之外，没有任何的捷径可以解决安全问题。当然，随着社会经济的发展，国家在法律法规上将逐步完善，法律的执行将更加科学严格，劳动者的自我保护意识也逐渐增强，这些力量也会推动劳动保护的改善。

三、社会保障制度

社会保障制度是一项公共福利计划，它的目的在于保护劳动者及其家庭因失业、疾病、年老等原因而造成的收入减少，并通过福利性的服务来保障劳动者一定的生活水准。从各国社会保障实施的状况看，不同国家的社会保障有不同类型，但一般都包括养老保险、医疗和疾病保障、工伤和职业病保险、失业保险、生育保险等。本节将主要就医疗、失业和养老三大保险制度的情况进行简要分析。

▶ 1. 医疗保险制度

医疗保险制度是为了保证劳动者在死亡、医疗、疾病和康复方面得到帮助和照顾的保障制度，也是最早制定的三大保险制度之一，现已成为各国社会保障制度的基本组成部分。

单位员工按规定办理有关参保手续，履行缴费义务后，一般由当地社保中心为其建立个人医疗账户，发放医疗保险证、医疗保障病历和社会保险卡，员工自缴费次月起享受医疗保险待遇。

由于基本医疗保险费用实行统账结合，所以根据参保人员所患疾病情况不同，基本医疗保险待遇分别从个人医疗账户和统筹基金两条线享受。

个人医疗账户资金主要用于支付以下范围的费用：门诊、急诊的基本医疗费用；住院及门诊特定项目基本医疗费用中，应由个人支付的费用；持医院外配处方到医保定点零售药店购买基本医疗保险用药范围内的药，或者购买基本医疗保险用药范围内的非处方药的费用。

基本医疗保险统筹基金主要用于门诊特定项目和住院治疗项目，其中住院医疗费用包括起付标准、共付段和最高支付限额三种情况。起付标准是指在统筹基金支付前按规定必须由个人支付的基本医疗费用额度；起付标准是以上一年度本市员工平均工资位基数，每次住院根据医院等级按一定比例支付。统筹基金最高支付限额是指在一个社保年度内统筹基金累计支付的最高限额，为上年度本市员工年平均工资的4倍。

▶ 2. 养老保险制度

劳动者在达到法定退休年龄，且缴费年限满15年及其以上，可以办理退休手续并按月领取养老金。我国新的养老保险制度打破了企业所有制和员工身份的界限，规定凡是按照规定缴纳了养老保险费的人员，都可以按照同等条件享受养老保险待遇。按照参保人员参加工作时间的不同，基本养老金计发办法具体如下。

在国务院实施《关于建立统一的企业员工基本养老保险制度的决定》后参加工作且缴费年限累计满15年的人员，退休后按月发给基本养老金。基本养老金由基础养老金何个人账户组成。退休时的基础养老金标准以当地上年度在岗员工月平均工资和本人指数化平均缴费工资的平均值为基数。个人账户养老金月标准为个人账户储存额除以计发月数，计发月数根据员工退休时城镇人口平均预期寿命、本人退休年龄、利息等因素确定。

在国务院文件实施前参加工作，实施后退休且缴费年限累计满15年的人员，在发给基础养老金和个人账户养老金的基础上，再发给过渡性养老金。各省、自治区、直辖市人民政府要按照待遇水平合理衔接、新老政策平稳过渡的原则，在认真测算的基础上，制定具体的过渡办法，并报人力资源和劳动与社会保障部、财政部备案。

决定实施后达到退休年龄但缴费年限累计不满15年的人员，不发给基础养老金；个人账户储存额一次性支付给本人，终止基本养老保险关系。决定实施前已经离退休的人员，仍按国家原来的规定发给基本养老金，同时执行基本养老金调整办法。

▶ 3. 失业保险制度

失业保险制度是指对于非自愿性失业人员在失业期间无法获得必要的维持其基本生活的经济保障时，由国家和社会提供帮助的制度。劳动者领取失业保险必须具备的条件是：按照规定参加失业保险，所在单位和本人已按照规定履行缴费义务满一年的；非本人意愿中断就业的；已办理失业登记，并有求职要求的。其中，非本人意愿中断就业的是指下列人员：终止劳动合同的；被用人单位解除劳动合同的；被用人单位开除、除名辞退的；根据《劳动法》第三十二条第二、三项与用人单位解除劳动合同的；法律、行政法规另有规定的。

劳动者达到领取失业保险金的条件，发生失业后即可按照规定享受失业保险待遇。

▶ 4．工伤保险

参加了工伤保险后的企业员工，发生工伤后，按照规定享受工伤保险待遇，由工伤保险基金支付费用。根据《工伤保险条例》，工伤员工可以根据评定的伤残等级，按照相应标准享受一次性伤残补助金、伤残津贴，可以按照规定享受医疗费、康复治疗费、一次性工伤医疗补助金何伤残就业补助金等待遇。

员工发生工伤，企业应根据具体情况，按有关法律、法规支付给员工费用，以使员工依法享受到这一保险待遇。但企业不可违反有关规定另立标准，同时也不可将补充工伤保险玉社会工伤保险混为一谈，否则会引起纠纷。

本章小结

本章介绍了劳动关系、劳动合同管理、劳动争议与处理及劳动保护与社会保障，本章首先对劳动关系的含义、构成要素、表现形式及性质进行了阐述，然后提出了处理劳动关系时应该遵守的原则和应该采取的策略，介绍了正确处理和改善劳动关系的重要意义。本章在劳动合同管理中对劳动合同的订立、变更、解除、终止与续订进行了详细的分析，接着又对集体合同的含义、特征、形式与内容及订立原则进行了阐述，认为集体合同在协调劳动关系中处于重要的地位。同时，对劳动争议进行了讲解，介绍了劳动争议处理的原则和处理程序，最后，介绍了劳动保护与社会保障制度。

综合练习

一、名词解释

劳动关系　　劳动合同　　劳动争议　　劳动处理　　劳动保护　　社会保障

二、单项选择题

1. 在市场经济条件下，人力资源的配置是通过（　　）实现的。
   A. 计划调节　　　B. 资本市场　　　C. 国家分配　　　D. 劳动力市场
2. （　　）是指用人单位与劳动者之间在运用劳动者的劳动能力，实现劳动过程中所发生的关系。
   A. 劳动关系　　　B. 劳动合同关系　　　C. 经济关系　　　D. 劳动法律关系
3. 雇员是基于（　　），为了获取工资而有义务处于从属地位，为他人即雇主提供劳动的劳动者。

A. 经济关系　　　　B. 劳动合同　　　　C. 社会关系　　　　D. 法律规范

4. 劳动关系反映的是一种特殊的经济关系，即（　　）。

A. 人和物的关系　　　　　　　　B. 劳动给付和工资的交换关系

C. 物与物的关系　　　　　　　　D. 劳动过程与产品的投入与产出关系

5. （　　）是由法律直接规定或由劳动合同约定的。

A. 标准工作时间　　B. 工作时间　　C. 计件工作时间　　D. 综合计算工作时间

6. 延长工作时间是指超过（　　）的工作时间。

A. 定额工时　　　　B. 平均工时　　　　C. 实耗工时　　　　D. 标准工时

7. 以下关于工作时间的说法错误的是（　　）。

A. 每月制度工作时间为 20.83 天

B. 用人单位延长工作时间每日可超过 3 个小时

C. 劳动者在法定节假日、公休日工作的称为加班

D. 劳动者超过日制度工作时间以外延长工作时间的称为加点

8. 我国劳动立法规定集体合同的期限为（　　）。

A. 1～3 年　　　　B. 2～4 年　　　　C. 3～5 年　　　　D. 3～6 年

9. 职工代表大会讨论集体合同草案应当有（　　）职工出席。

A. 2/3 以上　　　　B. 全部　　　　C. 3/4　　　　D. 半数以上

10. 个别劳动者不履行集体合同规定的义务，则（　　）。

A. 承担道义上的责任　　　　　　B. 无须承担责任

C. 按照劳动合同的规定承担责任　　D. 承担法律责任

三、多项选择题

1. 工资资支付保障主要包括（　　）。

A. 货币支付规则　　　　　　　　B. 工资支付的一般规则

C. 全额支付规则　　　　　　　　D. 特殊情况下的工资支付

E. 按时支付规则

2. "无故拖欠"不包括（　　）情形。

A. 用人单位遇到不可抗力的影响，如非人力所能抗拒的自然灾害、战争等原因，无法按时支付工资

B. 用人单位确因生产经营困难、资金周转受到影响，在征得本单位工会同意后，可暂时延期支付劳动者工资

C. 员工违反用人单位依法制定并经职工代表大会批准的厂规、厂纪中有明显规定的

D. 因劳动者请事假等原因相应减发工资的

3. 以下属于劳动保护费用的有（　　）。

A. 工伤认定费用　　B. 工伤医疗费用　　C. 工伤评残费用　　D. 工伤保险费用

E. 工伤人工费用

4. 集体合同的内容一般包括（　　）。

A. 劳动条件标准部分　　　　　　B. 一般性规定

C. 劳动保障部分　　　　　　　　D. 过渡性规定

E. 其他规定

5. 劳动关系双方要进行生产，就要共同合作，遵守一套既定的制度规则，同时由于双方的利益、目标和期望常常会出现分歧，产生冲突，甚至彼此背道而驰，因而冲突也在

所难免。冲突的形式有（   ）。
   A. 罢工　　　　　B. 解雇　　　　　C. 怠工　　　　　D. 关闭工厂
   E. 辞职
6. 根据我国工伤保险的有关规定，工伤医疗期待遇不包括（   ）等。
   A. 医疗待遇　　　　　　　　　　B. 领取伤残抚恤金
   C. 领取伤残补助金　　　　　　　D. 工伤津贴
   E. 福利待遇
7. 劳动者在（   ）时，依法享受社会保险待遇。
   A. 退休　　　　　B. 患病　　　　　C. 因工伤残　　　D. 失业
   E. 辞职
8. 构成劳动法律关系的要素分别为劳动法律关系的（   ）。
   A. 主体　　　　　B. 劳动合同　　　C. 客体　　　　　D. 内容
   E. 各类管理规则
9. 劳动争议的处理原则是（   ）。
   A. 着重调解，及时处理　　　　　B. 在查清事实的基础上依法处理
   C. 当事人在适用法律上一律平等　D. 强制性
   E. 维护当事人的利益
10. 属于劳动合同因故终止的情形不包括（   ）。
    A. 定期劳动合同到期　　　　　　B. 劳动者退休
    C. 劳动关系主体一方消灭　　　　D. 劳动合同约定的终止条件出现
    E. 劳动者辞职

四、判断题

1. 劳动关系因生产要素属于不同的所有者而产生，它是产权关系的另一种表现形式，而与劳动分工并无直接的联系。（   ）
2. 劳动合同是确立劳动关系的凭证，是建立劳动关系的法律形式，但并不能够为劳资双方提供特定的法律保障。（   ）
3. 劳动法律关系是指劳动法律规范在调整劳动关系过程中所形成的雇员与雇主之间的权利义务关系。（   ）
4. 订立劳动合同要遵循平等自愿、协商一致的原则，劳动者自由择业，用人单位择优录用。（   ）
5. 劳动合同的变更，其实质是双方的权利义务发生改变。但这种变更并不是以双方业已存在合同为前提。（   ）
6. 劳动合同的续订，是指经劳动关系双方当事人协商一致，签订新劳动合同的法律行为。（   ）
7. 集体谈判的目的是签订集体协议，规范双方的权利义务关系，解决工作场所共同关注的问题。（   ）
8. 集体谈判具有三方面互相排斥的功能：市场或经济功能；政府作用；决策功能。（   ）
9. 劳动争议与其他社会关系纠纷相比，它的当事人是特定的。（   ）
10. 调解是处理劳动争议的基本手段，贯穿于劳动争议处理全过程。（   ）

五、简答题

1. 什么是劳动关系？劳动关系的主体有哪些？
2. 用人单位解除劳动合同的条件有哪些？
3. 用人单位终止劳动合同的条件有哪些？
4. 劳动争议产生的原因是什么？应该如何处理？
5. 职业安全与健康的影响因素有哪些？

六、论述题

1. 请对医疗、失业和养老三大保险制度的情况进行简要分析。
2. 请举例说明集体合同在协调劳动关系中的作用。

七、案例分析

华为"辞职门"事件始末

华为公司最近出台重大举措，工作满8年的员工，都要主动辞职，然后再与企业重新签订劳动合同。这一明显针对将于2008年1月1日起实施的《劳动合同法》的举动引起各方关注……

华为补偿10亿元鼓励七千名老员工"辞职"

"连任正非都要改工号了，我们老员工的卡号、ID都被注销，需要等待重新竞聘上岗。"昨天下午，华为员工黄明对记者说。2007年9月底开始，华为共计7000多名工作满8年的老员工相继向公司提交辞呈自愿离职。

这次大规模的辞职时是由华为公司组织安排的，辞职员工随后即可以竞聘上岗，职位和待遇基本不变，唯一的变化就是再次签署的劳动合同和工龄。全部辞职老员工可以获得华为公司支付的赔偿，据了解总计高达10亿元。

华为说法：华为否认规避《劳动合同法》坚称没有强迫职工辞职

华为实行的"辞职竞聘上岗"事件引起了广泛关注。3日，记者辗转联系到华为深圳总部一位负责人力资源的人士，她终于就此事做出了回应。她说："华为这种做法不是逃避国家《劳动合同法》，而是为了解决华为公司内部一些人力资源的问题，如聘用主体关系混乱需要重新梳理等问题。"她还告诉记者，华为员工都能接受主动辞职的做法，辞职完全属于员工自愿，没有公司强迫行为，"绝大部分员工会通过竞岗回到原来岗位"，而华为也是依据《劳动合同法》对人力资源管理进行调整，没有侵犯职工权益。同时，她也证实深圳市劳动部门目前已经介入调查。

法律界人士解读：律师解读华为"辞职门"事件，称其不被法律承认

"华为用钱鼓励近万员工辞职竞岗，不但不能达到规避无固定期限劳动合同的目的，还可能赔了夫又折兵。"昨天(2日)，广东省广州市两级律师协会劳动法专业委员会主任肖胜方律师，就闹得沸沸扬扬的"华为辞职门"事件如是评价。

"华为的目的是想把员工前面的工龄一笔勾销，重新计算工龄，避免出现员工连续工作十年可以签订无固定期限劳动合同情况。华为会赔了夫人又折兵。"肖胜方律师解释，在华为目前离职竞岗的做法下，所谓的"离职"员工并未真正离开华为，而是继续工作，"在法律上，离职的标志是：办理工作交接、收回工卡、停止工资发放、停止社保、档案转移、办理失业登记，而不是员工递交一个辞职报告就算数的。显然，华为不太可能做到，近万人同时离职，并离开一个合理的时间后再回来，这会对其企业运作产生巨大影响。所以，尽管华为自己规定工龄重新计算，即使员工本身同意，但法定大于约定，这些'离职'员工已经工作的年限并不能重新计算，而要连续计算。"按照《劳动合同法》第十四条的约

定,在同一单位工作十年或以上的员工应当签订无固定期限劳动合同。

劳动部门:事件如何定性?遭遇法律难题

深圳市劳动局政策法规处工作人员告诉记者,华为7000人辞职更像是华为单方面的表演,他们专门开会强调"严禁对外发布消息"。据她介绍,劳动部门禁口的主要原因是劳动局对该事件的认定遭遇法律难题。在《劳动合同法》实施前,现在针对7000华为员工辞职事件无对应的条款,且华为的N+1赔偿方案,高于将于2008年1月1日开始执行的《劳动合同法》的补偿标准。劳动法的实际意义在与维护劳动者的基本权益,在华为员工的基本利益得到充分保障的前提下,劳动局本身不能违法行政。她举例,到目前,无直接当事人投诉华为技术方面侵犯劳动者的基本权益。记者现场查询深圳市劳动局投诉接待记录时发现,在华为7000员工辞职事件爆发20多天后,全市劳动部门没有接到一个当事华为员工的投诉。

长时间的禁口之后,7日,华为方面表示,7000名具有8年以上工龄员工自愿辞职竞岗事件结束。辞职员工中约99.9%的员工在获得高额补偿之后,重新获得相应的岗位。"辞职"员工皆大欢喜,而此前曾表示将高度关注并介入调查的广东省劳动与社会保障部门,取消了情况说明会,继续保持沉默。

自此,被媒体广泛解读的华为"辞职门"事件,虽盖棺,却并无官方结论。

资料来源:中国台湾网 www.chinataiwan.org

1. 结合案例和《劳动合同法》的具体内容分析,华为"辞职门"事件产生的巨大波澜主要与《劳动合同法》的那些新规定有关。

2. 结合案例思考《劳动合同法》的颁布和实施将对企业与劳动者分别产生哪些影响。

3. 请从企业员工关系管理的角度谈一谈如何应对《劳动合同法》带来的机遇和挑战。

第十章 企业国际化运营中的人力资源管理
Chapter 10

>>> **学习目标**

本章探讨的是全球化趋势下人力资源管理发展的历史与历史趋势,通过归纳国际人力资源的各种模式和跨文化管理的相关内容,研究企业国际化运营中的人力资源管理系统以及管理职能活动,较全面系统地介绍企业国际化运营中的人力资源管理的相关理论与实务。

1. 理解公司在跨国运营过程中人力资源管理的广泛性、复杂性。
2. 了解企业国际化运营对管理人员的素质和能力的要求。
3. 重点掌握国际人力资源管理的基本理论,以及人力资源选择与培训、多元化员工的管理与调动以及薪酬政策等方面的知识。
4. 学会运用人力资源管理理论分析和解决企业国际化运营中的人力资源管理实际问题的方法。

导入案例

TCL——应对 HR 国际化的挑战

目前,企业所处的竞争环境正快速地向全球化的方向发展。世界500强中约有80％的跨国公司涌入我国,凭借品牌优势、资金实力和雄厚技术,在我国市场大展拳脚。越来越多的国内公司在通过向海外出售产品、在其他国家建立生产厂以及与外国公司缔结联盟等手段进入国际市场。中国加入WTO以后,企业面临着国内市场竞争国际化、国际市场竞争国内化的情况。

作为国内家电行业的知名企业,TCL率先扛起了振兴民族工业的大旗。2003年底,TCL集团与汤姆逊合并重组,并制定了《TCL集团战略发展规划和2010年远景规划》,明确了创建世界级的中国电子企业的发展愿景,提出了企业今后的发展方向是——迈向国际化,参与世界经济大循环,在全球化竞争的大气候中打造世界级的中国品牌!

人才国际化与国际化人才

"人才国际化",专家定义如下:一是人才构成国际化;二是人才素质国际化;三是人才活动空间国际化。

随着经济全球化和区域一体化的加速，企业间的竞争更多地表现为企业核心竞争力的比拼，而人力资源已成为构筑企业核心竞争力的重要因素。对于大举开拓海外市场的TCL集团来说，企业所需要的员工的综合素质、对海外市场的适应能力都将有所提升。并且，随着集团海外业务的增长，各分支机构对本地化人才的需求必将随之增加。目前，TCL集团外籍员工占集团总人数比例为17%，未来3~5年，这一比例将进一步提高。这为TCL集团人才的选拔、培训提出了不同于以往的挑战。

人才国际化战略离不开国际化人才。TCL集团的发展愿景决定了其对员工素质的高要求：不仅应具备出色的专业技能和管理能力，还要具备良好的自我激励、自我学习能力、适应能力、沟通能力和团队合作精神。

据TCL集团人力资源总监虞跃明先生介绍，为提高集团管理人员的素质，适应人才国际化战略的要求，TCL采用内部提升和外部引进并重的人才战略。一方面，对现有的各级管理人员进行国际化企业经营运作能力的系统提升，有计划地选派部分人员到海外企业交流任职或到国际一流的商学院学习等；另一方面，以全球化视野，搜寻、吸纳具有国际化经营背景的高级管理人才和研发人才，迅速补充到关键岗位；并在国内引入具有潜质和一定经验，尤其是有外资企业工作经历的各类专才，作为国际化人才的后备队伍，加以培养锻炼。

6月2日，TCL集团于广州召开了题为"成就梦想——创建具国际竞争力的世界级企业"的新闻发布会，宣布集团2004年"国际化"人才引入计划，计划招聘2200人，专业涉及电子、信息、通讯、机械、营销、财会和人力资源等，招聘对象为有海内外知名企业工作背景和丰富经验的中高级人才，其中不乏事业部研发中心总经理、海外区域销售总经理等高级职位。目前，招聘已陆续在美国纽约、硅谷和中国珠江三角洲、环渤海湾、长江三角洲等地举行。据悉，中高级职位占本次招聘的近40%，研发型人才近70%，TCL汤姆逊项目和TCL移动通信的人才需求占到了60%。

应对人力资源国际化带来的管理挑战

企业进入国际市场随之带来了大量的人力资源管理问题，而且只要企业想赢得竞争优势，它们就必须重视这些问题。一旦企业做出了到全球舞台上去进行竞争的选择，它就必须想办法去管理那些被派往国外的雇员，以及建立一种行之有效的体系，使得具有不同文化背景的员工认同企业文化，并在这一文化框架下有效地开展工作。

雇员管理

面向国际化的企业集团所要面临的雇员问题较之国内企业，要远远复杂得多。一方面，作为多元化企业集团，如何才能在既不丧失各个事业群的灵活性，又能掌控整体发展方向的情况下整合集团雇员管理体系？另一方面，进入海外市场的企业中必须有一些熟悉该国政治、文化、法律等方面的专家，而这通常要求企业必须雇用一名或多名东道国的本土雇员；企业还必须雇用许多"内派雇员"——在公司总部中工作的来自不同国家的管理者，以促使集团决策的国际化；此外，企业很可能还要从非母国的其他国家选派管理人员到另外的国家从事工作。如何有效地选拔到优秀的东道国本土雇员，集团总部与分支机构人力资源部门职能如何界定？

据虞跃明先生介绍，目前TCL的人力资源管理体系分为集团总部、各事业本部、各下属企业三个层次，其中多个事业本部的人力资源管理模式各不相同，有的采取"矩阵式"的管理，即一个事业本部设一个人力资源中心，横向联系各个事业部，纵向联系下属企业，实行人力资源派出制，被派出的专员接受直线经理和人力中心的双重领导，目前看来这种运作相对来说有一定难度。TCL更多的还是采用直线职能制，即本部有一个人力资源部，各下属企业设有相应部门,目前仅这一级的人力资源经理就将近百人,大家各有一套工作方法,这样一来虽然人员比较庞大,但是运作起来却相对比较简单。他强调,"人力资源体系的搭建一定要因人、因时、因地,当三者都能协调一致的时候,这个体系就是有效的。"

目前,TCL集团海外市场已覆盖东南亚、南美、中东、非洲、大洋洲、俄罗斯等多个国家。在海外员工的选用上,为增加各地分支机构的主动性和灵活性,应付市场环境变化,TCL采用了"因地制宜"的管理方法。集团总部首先做出一套人力资源管理方案框架,由分支机构细化并实施。在人才的选用上,由当地负责人,视东道国人力资源素质决定,并根据具体情况对东道国本土雇员进行相应培训,以使其尽快融入公司的工作。同时,依据东道国法律、风俗习惯与生活方式等要求,确定符合当地情况的薪资福利结构与工作时间;依该国的工作习惯,制定评估标准,依据实际业绩加以考核。集团总部人力资源部门经常派出工作人员到各分支机构工作、指导,以确保各分支机构与集团总部人力资源部门的协调统一,保持较高的运作效率。

克服文化差异

面向全球化市场的企业还必须认识到,它们所面临的这些市场并不是它们母国市场的一种简单对应。企业必须对当地的文化保持高度的敏感性,并且努力去在这种文化框架之间开展工作而不是与之相对抗。比如:麦当劳公司就非常重视通过雇用已经接受公司价值观的人来强化文化之间的相似性。因此,一方面,企业需要带着它们自己的总体哲学进来,然后再把它们融入当地的文化或市场之中去;另一方面,企业需要通过有计划的招募、培训等手段让来自不同文化的雇员认同自己的企业文化及价值观,尽快地融入企业的日常工作中。

多元化移民文化的价值观一直是TCL的骄傲,TCL倡导"尊重学识、注重才能;鼓励创新、允许失败;敬业诚信、团队协作;包容文化、兼收并蓄"的人才成长环境,在进入全球市场时,这一文化将有利于来自不同文化背景的员工尽快地融合为一体,有效地开展工作,进而转化为强大的企业竞争力。

TTE是TCL与汤姆逊合并整合后的跨国公司,目前全球拥有研发人员1200名,无论是哪个国籍的员工,都是TTE的一分子,将在各自的岗位上发挥才能并承担相应的责任。在制定TTE的薪酬标准时,企业综合了多方面因素,包括国际市场、国内市场,以及TCL集团和汤姆逊的自身情况,以使来自不同国家、在全球不同地点工作的员工产生薪酬公正感。同时,对于那些在海外市场工作的中国员工,企业还须提供一定的奖金及激励,从而鼓励他们努力克服到一个陌生的环境中去工作和生活所必然面对的各种困难。

资料来源:中国人力资源开发网 www.chinahrd.net

案例思考:
1. 如何应对实行人力资源国际化战略所带来的一系列问题与挑战?
2. 如何发挥人力资源在当今的国际化竞争中的作用与价值?

第一节 企业国际化运营中的人力资源管理概述

国际化运营意味企业必将追求全球战略一体化与市场活动当地化的统一,这就要求企业必须同时实行全球战略人力资源管理。为了能够实现全球效率与当地市场反应力的双重目标,企业国际化运营中有两个基本因素必须得到重视和解决:文化多元化和地理扩散化。经济全球化促进了越来越多的企业具备全球化的视野,并在全球范围内进行人力资源配置,因此企业必须建立具有全球包容性的组织文化和人才运作机制,从而获得巨大的创新精神和创造力。

企业国际化运营中不仅要形成与多变的外部环境相匹配的灵活的组织结构和战略目标,更要开发出能有效实施战略的管理人员和包容的企业文化。企业国际化运营过程中,企业必须接受全球人力资源的观念,这种观念要求企业国际化地思考、全球性地决策、系统性地整合所有分布在不同区域、具有不同思想意识和文化观念的人力资源,通过全球一体化的开发利用,奠定全球运营的人力资源基础。

一、经济全球化对人力资源管理影响的因素

在经济全球化的过程中,企业国际化运营中的人力资源管理受许多因素影响,可总结为以下因素:文化、经济制度、法律制度、目标国的人力状况、公司的经营价值观、跨国企业的战略等。

▶ 1. 文化因素

文化对于人力资源管理之所以重要在于:文化常常决定其他因素。文化对于一个国家的法律的制定产生重要的影响,因为法律条文的制定必须考虑该国的文化习俗。文化也影响人力资本,因为如果一种文化非常重视教育,那么其社会成员将努力增加他们的人力资本。文化和经济制度往往紧密地交织在一起。

(1) 公司的经营价值观会影响人力资源管理模式的选择。例如,雀巢公司在中国投资已经 20 年,仍然采取民族中心的人力资源管理模式,这与欧洲公司本身的保守投资理念有关。

(2) 跨国企业的发展战略,以及中国子公司在其战略中所扮演的角色,也会影响人力资源管理模式的选择。例如,利洁时公司目前采取的是本土化模式,管理人员以中国大陆员工为主,中国子公司是该跨国企业主要的生产基地,专注于生产。由于生产型企业的管理比较容易规范化,所以公司授权给中国大陆的管理人员进行管理。

(3) 跨国企业的人才战略也会影响其人力资源管理模式的选择。国内和海外的竞争会迫使跨国企业将自己在世界各地的业务看作一个整体,有些跨国企业就采取了全球视野的人才战略。如可口可乐公司、微软公司、IBM 公司、戴尔公司等。

(4) 当地是否具有跨国企业所需要的人才,也是跨国企业在人力资源管理模式选择需要考虑的问题。

▶ 2. 经济体制

经济体制的不同也会演化成不同的人力资源管理实践。有些国家比另外一些国家更信守自由企业的理想。例如,法国(尽管它是一个资本主义国家)最近就对雇主解雇工人的权利施加了严格的限制,并且对员工每周法定的工作小时数也做了严格规定。

劳动力成本的差异也非常大。例如,以美元为单位来计算生产工人每小时的劳动成本,墨西哥是 2.38 美元,中国台湾是 5.41 美元,英国是 17.47 美元,美国是 21.33 美元,而德国为 25.08 美元。还要考虑其他劳动力成本。例如,工作时间差别巨大,葡萄牙工人平均每年工作 1980 小时,而德国工人平均工作 1648 小时。欧洲的几个国家,包括英国和德国在内,要求雇主在解雇工人的时候支付高额遣散费,在英国,通常要支付至少 2 年的服务费,而德国是 1 年。美国工人通常只有 2~3 周的假期,法国工人在一年中每干满一个月,就享有 2 天半的带薪休假时间,意大利工人每年通常有 4~6 周的假期,而德国人则是在服务期满 6 个月之后,就可以得到每年 18 天的假期。

▶ 3. 法律和产业关系因素

法律和产业关系（工人、工会和雇主之间的关系）因素在不同的国家也不相同。例如，美国实行的是自愿雇用制，这在欧洲是不存在的。欧洲的企业要想解雇一个工人，既耗时间又费钱。在许多欧洲国家，工作委员会取代了美国公司中那种典型的非正式的或者以工会为基础的劳资关系调节机制。工作委员会很正式，是一个由员工选举的工人代表所组成的团体，每个月都要与经理们会面，讨论从禁止吸烟的政策到裁员的各种问题。在德国和其他一些国家实行的是共同决策制度。共同决策意味着员工在公司政策的制定过程中有发言权。工人选出自己的代表参加雇主的监事会，在高层管理人员中要有一位副总裁代表劳方。而在美国，像薪酬和福利等这些方面的人力资源管理政策，大都是由雇主单方面决定或者是雇主与工会进行谈判后决定的。在很多德国企业，共同决策的法律，包括《工人宪章法案》在很大程度上决定了人力资源管理政策的特征。

影响人力资源管理的因素如图10-1所示。

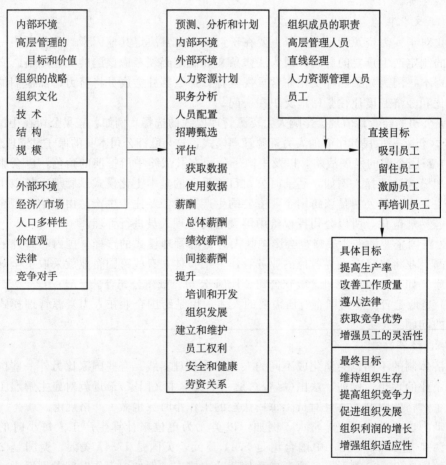

图 10-1　影响人力资源管理的因素

二、企业国际化运营中人力资源管理的特征

经济全球化与人力资源的发展变化是分不开的。没有人才流动的全球化以及人力资源管理与开发的国际化，实质上是没有真正意义的全球化。国际人力资源管理对 21 世纪经济全球化发展的作用是不可低估的。

企业国际化运营中人力资源管理活动与其国内管理的情况可能不同，具体表现为国际人力资源管理面对更为动荡的、多样化的管理环境，需要执行更多的管理职能，同一管理职能的多样性与复杂性大大提高，管理受到更大的外部制约，管理过程中需更多地介入员工个人生活，因此，许多企业国际化运营中，其人事管理已发展成全方位的人力资源管理。企业的人事部门已转变为人力资源管理与开发的战略性角色。

▶ 1. 企业国际化运营中的人力资源管理更复杂

国际人力资源管理是指随着企业经营的国际化而导致的企业人力资源管理的国际化。虽然，国际人力资源管理与常规的人力资源管理在基本功能、常规程序上相同。但是，由于企业经营的国际化，国际人力资源管理的所有活动都会变得更加复杂。因为组织界限越来越模糊，管理制度越来越有弹性，需要有更强的管理灵活性。比如，招聘员工时需要从全球的视角来考虑其来源，培训过程中还要注意培训的文化的适应与融合性，如何在更大的地理范围内更有效地配置培训资源。企业员工来自不同的国家、不同的文化环境下，在工作过程中不可避免的会产生文化冲突，如何解决这种文化冲突问题，促进不同文化之间的融合就显得非常的重要。

▶ 2. 企业国际化运营中的人力资源管理更注重与企业的发展战略相结合

企业在国际化运营中根据公司战略发展，创新人力资源管理理念和方式，转变和完善与公司建设相适应的人力资源管理运行机制，加快构建适应公司发展战略和实施国际化运营要求的人力资源管控模式，从而发挥企业国际化运营过程中的人力资源协同优势。上海贝尔阿尔卡特有一个叫作 OPR(organization people review)的系统，这个系统是保证公司长期人才的培养和储备的后备干部资源整合系统，也是跟国际化相关的。公司每年都会通过这个系统，对公司战略、组织结构和员工的现状做一次回顾和整理，在全球范围内制定人才发展和接班人计划。需要的人才定义出来后至少会有两个作用：首先，会发现组织在哪些地方是相对薄弱的，然后相应地调整和配置资源；其次，会发现组织未来需要什么样的资源，现在就可以提前进行培养。这是一个全球化的系统，该系统每年定义出的那些人员都可以为全球人力资源系统所用，他们在成长过程中会在全球流动。

▶ 3. 企业国际化运营中的人力资源管理更重视人力资源的开发与员工素质的培养

我们必须清楚仅有留学经历或海外工作经历，还不能称为国际化人才，国际化人才不仅需要有多方面跨文化的工作经验，还需要有跨文化的管理经验。他能够综合协调不同领域的优秀人才，根本的地方是对跨文化的理解。往往在国际化运营过程中成功的企业通过有计划、针对性强的实施系列培训项目，优化整合培训资源，促进优质培训资源共享，其目的是培养熟悉国际化业务的专业人才，特别是国际金融、保险、外语、高级财务等急需和紧缺的国际性人才的培养力度，满足企业国际化运营业务快速发展的需要。同时，激励雇员工作的积极性、主动性、创造性、挑战性，满足其成就感，营造雇员和企业共同的企业价值观、经营理念和企业文化。旨在使雇员更有效地进行工作，帮助企业成功地实现战略目标。

▶ 4. 企业国际化运营中的人力资源管理更注重与员工的沟通与协调

与员工的沟通与协调是企业有效管理的必要条件。管理层内部、管理层与员工之间、员工与员工之间常常会出现由于文化和语言不同而产生的沟通障碍甚至是误会，从而阻碍了企业的正常运行。例如，在合资企业中，不同投资者任命的管理人员在共同进行管理和决策时，管理层内部难以沟通和协调；而独资企业的沟通问题主要产生在母公司所任命的管理者与其下属员工之间。

▶ 5. 企业国际化运营中人力资源管理更注重构建企业发展所需的企业文化

企业文化的核心内容，主要是指企业内部具有明确统一的思想、意识、精神、信仰和价值观。企业文化所蕴含的管理哲学和企业核心价值形成的企业人格，对于企业的经营行为起着至关重要的作用。在信息技术的推动下，全球经济一体化正在加速，市场已分不出国内和国际，国企的国际化已势不可挡。国际化企业的文化要有包容性，它的整个核心价值体系首先是国际化的核心价值体系。企业创造的核心价值体系、确立的核心价值标准，是国际化的根本。因为对于来自不同国度，带着不同信仰和政治背景的人，只有靠企业的核心价值观而不是民族责任感，才能把他们凝聚在一起。企业国际化运营中将遵循国际准则和游戏规则，在国际分工中谋求生存发展，直接与国际同行竞争，整合国际市场的资源。人力资源管理的负责人不断营造和推进企业文化的形成和发展，满足员工实现自我发展的成就感，使公司积聚了许多优秀人才和忠实于企业的员工。从多个角度来看，企业在国际化运营中都必须越来越具备人性化的特征。

▶ 6. 企业国际化运营中更注重员工个人生活

为了对母国员工和第三国员工进行有效的管理，国际人力资源管理需要对员工的个人生活给予更大程度的关注。人力资源部门需要确保驻外人员的国外住房安排、医疗保险及各种薪酬福利等。许多跨国企业还设有"国际人力资源服务"部门负责协调上述工作。各国劳动关系的历史背景、政治背景和法律背景等都不同，如果不了解东道国的劳动关系现状，则较容易出现冲突与摩擦，因此劳动关系的问题成为国际人力资源管理的一个重要而敏感的问题。

▶ 7. 企业国际化运营中更注重完善薪酬激励机制

人才流动就和资本的流动一样，哪有机会，他们就往哪走，任何国家的人才都有表现价值的需求，当企业在国际化运营过程中放开眼界，能够在全球范围内寻找需要的人才时，就能更好地降低成本，提升竞争力。由于存在经济体制、发展水平、政治制度情境以及传统、文化方面的差异，企业国际化运营中的薪酬管理的具体手段并无一定之规，这加大了薪酬问题研究的难度。在薪酬制度设计中，跨国企业不仅应考虑各国在购买力、劳动力市场竞争状况、财务制度和对派出人员的额外补偿，更重要的是提高员工对公司总体目标和文化的认同和支持水平，从而降低其协调目标、推行企业价值的管理成本。这意味着，企业的报酬系统不仅须考虑那些直接物质报酬，还应重视非物质报酬的管理作用，如管理人员的职业前景、国际信息交流及参与企业战略计划的可能性等。

三、企业国际化运营中人力资源管理的研究视角

案例阅读

国内知名企业的国际化步伐

海尔、华为、中兴这样的中国本土的企业，它们国际化的第一步是海外品牌产品的销售，在销售能够获得稳步增长的同时，海外并购成为企业寻求国际化突围的必由之路。

而在2005年的参与并购中，不管是海尔的主动退出也好，还是华为、中兴并未对收购事宜做出明确表态，都显示出中国企业海外并购案中的理智。基于对收购之后风险的评估，海尔主动退出竞购英泰克，业界对此的评论是海尔做出了一个正确的选择；华为也是如此，尽管业界都认为华为收购马可尼可以很好地整合市场、渠道、人力等多方面的资源，但是马可尼沉重的包袱还是让华为没有参与到最后。

如何在收购之后打造一个完全符合国际标准的跨国企业仍然是中国企业"走出去"战略

中面对的集体难题。

在海外扩张的第一阶段，企业可以靠产品、靠技术、靠公司盈利说话，但是到了海外扩张的阶段，也就是实质性的海外并购之后，企业需要提升的还有企业的责任理念、道德水准等软竞争力，如何在全球范围内做负责任的公司是新课题。只有解决了这些问题，企业在海外并购之后才能真正消化被并购的昔日巨头，在巨人的肩膀上攀登新的高度。

不管如何，具有一定技术门槛，具有一定研发和创新能力的新型企业，诸如海尔、中兴、华为等，它们已经通过跨国投资合作经营的方式，实施了品牌、市场、人才和产品的国际化，从某种程度上说，它们在海外扩张的步伐上，不管通过哪些方式，最有可能成为中国未来的跨国公司。

资料来源：中国人力资源网 www.hr.com.cn

▶ 1. 企业国际化运营中人力资源管理研究的不同视角

1）制度比较视角

所谓制度比较视角，指的是比较管理学对人力资源管理的研究。该研究主要着眼于国家间管理体系的异同及由此带来的制度特征，所以又叫国际比较管理。这一角度主要是从体系、制度特征方面对人力资源管理加以阐述。

比较管理学是一门新兴的管理学科，1950年代末到1960年代初起源于美国。现在比较管理学已引起各国企业界和管理学者的普遍关注与重视。一般认为，比较管理学是建立在比较分析基础上对管理现象进行研究的一门管理学分支学科，它采用系统比较分析的方法，对各国的企业管理理论和实践进行综合研究，探索企业管理的规律和最佳的管理模式，为学习和借鉴外国企业的先进管理经验提供理论指导。

由于在比较管理学的发展过程中，许多来自不同领域的学者，如人类学家、社会学家、心理学家、政治学家、生态学家、经济学家、管理学家等，都参与了比较管理学的理论研究，他们用各自的方法、模式研究不同的问题，得出不同的结论，形成了不同的比较管理学的理论学派。主要有经济发展与环境学派、行为学派、折中经验主义学派和应变管理学派。

纵观各国的比较管理学著作体系，现在大致可分为以下三类：一是"国别体系"，就是将比较管理学需要比较研究的所有对象国按一定顺序排列，分别加以论述，阐明各国企业管理的异同、影响与联系。二是"分论体系"，就是把比较管理学所要研究的主要问题按某种逻辑顺序排列，再分别阐述。三是"混合体系"，即首先分若干章节论述比较管理学的理论问题，然后再分若干章节论述不同国家管理过程的各种要素和环节。

要想有效地运用以上模型开展管理可行性比较研究，还应注意如下几个方面的问题。

（1）被比较对象的可通约性，即不同对象之间的可比性。

（2）管理活动的差异性。

（3）文化的对等性。

（4）要素对比的整体全面性。

（5）比较研究的深入性。

2）跨文化管理视角

跨文化管理的视角，是从文化、价值观的角度来关注人力资源管理的各项活动，它主要着眼于文化观念的异同及由此引起的行为价值特征，所以又叫跨文化人力资源管理。世界上研究跨文化管理最著名的学者是荷兰人霍夫斯蒂德，他提出的国家文化模型即跨文化比较五维度为各国管理学者所熟悉。而他对IBM公司分布于全球员工所进行的行为、价值观等的比较研究，至今仍是跨文化管理研究的范例。

文化的全球化首先意味着一种世界的秩序，有共同的价值观、财富和组织结构，即国家与文化都更为开放，彼此之间的影响更大了；不同群体、不同种族、不同宗教信仰的人们的个性和共性都得到足够的承认；不同意识形态、不同价值观的民族相互合作与竞争，但没有一种意识形态凌驾于其他意识形态之上；从历史的角度看，文化的全球化是独一无二的，但它的组成仍是多元化的；就像现在我们认为的开放、人权、自由和民主是有价值的一样，尽管具体的解释会有所不同，但一些价值观会逐步成为共同的价值观。

在跨文化环境中，积极创造跨国组织文化变得比消极地同化于占主导地位的伙伴民族文化更重要。要想建立一个把全球雇员整合成为一个全球性的、紧密结合在一起的组织文化，同时提高地方敏感意识，跨国管理人员必须懂得跨文化的相互作用。事实证明，对存在民族差异的单一文化和比较文化研究在处理跨国管理的问题时为人提供的知识不如针对相互作用研究所提供的知识多。

迄今为止，人们对跨文化管理进行了很多研究，也形成了不少的理论观点。根据学者们的研究，如下一些主要结论是可以达成一致的：首先，在世界上不同经济制度的地方，文化的价值是不同的，观察得到的结论也是这样；其次，不同文化群体由于价值观和态度的不同，他们的行为也不同；最后，文化在形成组织和企业运营的组织环境中的作用是很重要的，所以我们应该在组织行为的跨文化差异，特别是企业如何管理方面更加注意。

3）跨国公司视角

该视角主要研究跨国公司人力资源管理职能活动，着眼于跨国公司层面的人力资源管理及由此产生的职能活动特征，所以又叫跨国公司人力资源管理。

在中国，对于跨国公司人力资源管理的研究是与中国的改革开放同步的，或者说，是与跨国公司进入中国的时间表相一致的。早在20世纪80年代，中山大学的凛文荃教授就通过问卷调查对日资企业的人力资源管理进行了比较规范的研究。90年代以来，南京大学的赵曙明教授等对合资企业进行了大量调查研究，其中又以美、日、英、德较为突出，并对跨国公司人力资源管理进行了开拓性的理论与实际研究。其他许多学者也对这一领域给予极大的关注，进行了许多研究。

在研究跨国企业人力资源管理的问题时，其中又主要分两个问题进行讨论：一是探讨国际企业的发展给现代组织的人力资源管理带来的挑战，尤其是跨国企业的跨文化管理问题；二是研究国际企业中人力资源管理的具体问题，它包括人员的配备、培训教育、工资报酬等待遇以及我国企业跨国经营的人才问题。

总之，对"跨国公司"应进行质和量两方面的规定，必须符合以下性质和特征。

（1）它必须是在一国以上拥有或控制资产，并从事价值增值活动的企业，即母公司控制下的多国经营实体。

（2）组成这种企业集团的各个企业之间，在人和资金方面拥有统一的核算体制。

（3）企业应具有全球性的经营战略。

（4）企业的海外资产和海外收益已达到相当的规模。

▶ 2. 企业国际化运营中人力资源管理的模式

跨国企业人力资源管理一般分为以下4种模式。

1）国家中心主义

有些跨国企业出于成本考虑采取了本土化的高管人员设置模式，这些跨国企业的本土化程度比较高。子公司根据当地环境采取合适的人力资源政策，其重要管理岗位可以由东道国员工承担，这实质上是本土化的一种做法。例如，张瑞敏认为，雇用当地人管理海外企业，实行管理人力当地化政策，总体上对母公司来说是十分划算的，虽然付给外国管理人才的薪金，要远远高于国内，但通过综合比较与权衡，也只有符合东道国的薪金，才能雇用到合适的当地人才，而当地人利用其自身的优势为企业创造的价值，则是中方管理人员难以达到的。海尔在美国的生产中心虽然是海尔的独资企业，但目前除了几个中国派去的人员外，其主要管理人员也都是美国人。海尔公司在高管人员设置上遵循中国子公司本地的人力资源管理习惯，公司主要雇用或选拔中国人作为高级管理人员，公司60%的高管人员是由中国人来担任的。

2）本国中心主义

总部人事部门统一安排国内外重要职位，分公司管理人员直接从本国派遣。管理人员多为母国公司人员，东道国人员一般升到中层管理人员之后，就很难继续有上升空间。由于补贴、生活水平的差异，外派人员的薪水普遍高于东道国人员，也高于其母国的同事。在其所担任的工作未必多于同事的情况下，外派人员的生活水平明显高于同事，这很有可能引起不满情绪。同时，这也预示着一笔很大的开支，一笔未必会带来等效收益的巨大开支。此类型的管理方式多见于海外子公司初建阶段，目前，不少在中国的外资企业，它们的高级管理人员一般多为本国派遣，很少委任中国人以高级管理人员的职位。

3）地域中心主义

人员可以自由流动但仅局限于特定区域，比如亚洲地区的管理人员可以互相交流，但极少会与欧洲地区的人员产生交流。地区主管不能提升至总部高层，但是享有该地区决策自治权。在一定程度上是前两种战略的中和，地理界限开始趋于模糊，但仍存在，某种程度上是一种以全球中心主义为最终目的的过渡期政策。缺陷就是即使是一个优秀的区域管理人员，仍然未必具备全球性战略眼光，毕竟一个区域和一个地球依然有很大差别。

4）全球中心主义

全球中心主义即在全球范围内配置母国人员、东道国人员和第三国人员。

出于战略考虑，可口可乐公司在中国采取了全球中心的策略，目前的中国区总裁是英国人。各部门的高级管理人员基本上来自世界各地。可口可乐公司的全球中心模式是在世界范围内招聘和选拔雇员，满足当地对高管人员的需求，同时在全球范围内培养和配备人才。可口可乐公司将人力资源管理的重点放在协调全球目标与当地反应能力上，将文化差异转化为企业经营的机会，使用不同国家的高管人员来提高企业的创造力和灵活性，并为有潜质的管理人员提供成长的机会。微软公司也是采取全球化的人才设置策略。

几种管理模式的优缺点如表10-1所示。

表10-1 人力资源管理模式的优缺点对比

管理模式 优缺点	国家中心主义	本国中心主义	地域中心主义	全球中心主义
优点	(1)本土化程度很高； (2)费用较低； (3)管理有连续性； (4)容易得到东道国政府的优惠政策	(1)意外风险小； (2)统一管理风格，内部冲突小； (3)母国人员忠诚度更高	(1)理界限开始趋于模糊； (2)费用降低； (3)具有区域性战略眼光	(1)资源共享，全球性战略眼光； (2)公平、公正； (3)有利于人才的开发、流动
缺点	(1)东道国子公司的可控性以及与总公司的一致性减弱； (2)不适于跨国公司全球一体化的促进	(1)限制东道国员工的发展； (2)母国人员适应期较长； (3)收入分配问题可能引起不满情绪	(1)属于过渡期政策； (2)跨文化管理难度大； (3)仍然缺乏全球性战略眼光	(1)人员管理的相关费用较高； (2)员工适应期较长； (3)跨文化管理难度大

四、企业国际化运营中人力资源管理的发展趋势

▶ 1. 人力资源配置理念由以民族为中心转向以全球为中心

跨国公司成为经济全球化的主要载体和表现形式,其竞争力不仅体现于拥有雄厚资本、先进技术、驰名品牌、完善的销售网络以及科学的管理等诸多方面,更重要的是先进的人才理念和人力资源全球配置的能力。与传统跨国公司的殖民化掠夺型人力资源配置方式相比,现代跨国公司的人力资源配制理念和战略都发生了本质的变化。国际人力资源管理文献中描绘了跨国公司管理子公司和为子公司配备人员的方法,即民族中心法、多中心法、地区中心法和全球中心法。民族中心法是国外的子公司很少有自治权,公司总部进行战略性的决策,国内与国外公司的主要职位由总公司的管理人员来担任。多中心法是将各子公司看成是独立的实体,具有一定的决策权,子公司由当地人进行管理,但这些管理人员是不可能被提拔到总公司任职的。地区中心法体现了跨国公司地区人才战略管理的特点,人员可以到外国任职,但只能在一个特定的区域内,地区经理不可能被提拔到总公司任职。而全球中心法则是从世界范围看待它的经营管理,无论是总公司还是子公司,它们的每一个部分都在运用本身的竞争优势做出贡献。它们在全球范围内有着综合性的业务,它们只强调能力而不介意所聘人员的国籍。目前的跨国公司已经越来越多地以全球为中心配置人力资源。目前,摩根士丹利在全球的 5 万多名员工中,拥有超过 120 种不同国籍,使用 90 种语言,分驻全球 28 个国家的 600 多个办事处,形成了全球覆盖的金融网络。

▶ 2. 技术人才和高层管理人才成为全球化人才战略的中心

全球化人才战略即跨国公司在全球范围内挑选合适岗位的人才,主要是技术人才和高层管理人才。充足的高质量技术研发人才是跨国公司得以持续获取垄断利润的发动机,而高层管理人才则是支撑其庞大的国际化体系运营的舵手。随着国际市场竞争的加剧和跨国公司自身的全球化发展,仅仅依靠母国的人才难以满足其日益发展的国际性研发和管理的需求,也难以应对更高层面的国际市场挑战,因此,跨国公司必须广泛招募全球一流的科技人才和高层管理人才,以保证它的技术开发和国际化管理处于世界领先水平,保持竞争的制高点。

近年来,随着跨国公司研发的国际化对国际化科技人才的竞争越来越激烈。美国一直处于吸引人才的领先地位,全世界科技移民总人数的 40% 到了美国。

近年来,在一个跨国公司的董事会或经理层中往往聚集了来自许多不同国籍的高层管理人才。瑞典跨国公司伊莱克斯的首席执行官声称,在聘用高级管理人员时并不局限于其所在国家,只要他具有适合该职务的能力就行。雀巢公司董事会由 6 个国籍的经营、法律等方面的专家搭建而成,执行董事会(相当于经理层)的成员由来自 10 个不同国家的经营专家组成,位于瑞士韦威的雀巢总部则由 80 多个国家的员工构成。这种大面积高管阶层国际化的现象在传统跨国公司中是不可能见到的,也是现代跨国公司人才国际化最显著的标志。它不仅使跨国公司的管理效率得到了新的提高,同时也进一步增加了它的开放性和与世界的融合性,成为真正意义上的全球公司。从另一方面也可以看出,人才竞争已经成为跨国公司竞争的核心。

▶ 3. 本土化人才战略成为实施全球化人才战略的主要支撑

近年来,跨国公司在东道国大力实施本土化战略,这种本土化已经从单纯生产发展到包括生产、研发、采购等各个环节,其目的是推动其全球化战略。本土化的核心是人力资

源的本土化配置。主要表现在：海外子公司人力资源配置已经由局部本土化发展到全面本土化；由传统的单纯低端人才（普通员工、一般技能）本土化发展到高端人才（高管人员、研发人才）本土化。跨国公司海外子公司的全部或大部分重要职位都逐渐由东道国的本地人才担任，在其海外设立的研发中心也大量雇用本地的科技人才。

雀巢公司是跨国化程度最高的公司，其在瑞士以外各地的资产占87％，销售额占98％，员工数占97％。西门子公司（中国）21 000名员工中，仅有1％左右的外籍员工。诺基亚在中国员工总数超过5500人，本地化程度达95％以上，许多中高层管理职务都由本地员工担任。诺基亚公司（中国）在招聘程序中，一个职位首先向中国人才库开放，如果60天内招不到合适的人，再向港台地区和东南亚国家区域的人才开放，最后再向全球人才招募。

对于跨国公司的人力资源战略来说，没有为了本土化的本土化，本土化的目的在于支持其全球化战略。普华永道2004年就发布人才本土化研究报告声称：成本将不再是企业在选择本地人和外籍人时主要考虑的问题，取舍标准将完全回归到能力。目前，跨国公司在华设立的研发中心达600家左右，吸引他们的主要是中国物美价廉的技术人力资源。微软是在中国设立研发机构的最多的公司之一，目前在华设立了五个研发机构，其中在华的微软亚洲研究院有研究员170人左右，是微软在美国本土以外成立的第二个全球性研发机构，其中许多是行业的国际著名专家和海外华人学者。

第二节 企业国际化运营中的人力资源配置

企业在全面推进国际化过程中应善用人力资源策略，并从国际惯例的原则出发，总结和吸取世界一流企业的成功经验为企业所用，展开科学的探讨和积极的应对，建立健全一套符合国际化要求，具有竞争激励、公正规范和科学高效的人力资源管理平台，为企业迈向国际化，创建世界级的一流企业提供了一个可之借鉴的模式。从而确保公司在参与全球经济价值链分工、合作和竞争中有效地利用人力资源的策略，使企业不断得以发展壮大。

一、国际人力资源的规划

案例阅读

跨国管理人员的作用

跨国管理人员不能利用所谓的管理学来指导自己的工作，这主要是因为存在着文化限制条件。由于社会的文化和意识形态的差异，管理学的概念很少具有全球通用性，而跨国管理人员经常在同一时刻与多种文化打交道，因此跨国人员就必须在领导方面承担应变角色。

强调适用性

适应性说明管理人员必须根据不同的情形来调整自己的行为模式，他们必须做好准备应付文化的差异。因此，跨国管理人员的基本任务是成为多维世界中能力较强的综合人才。在北美和欧洲大部分地区，很多人在一种组织结构中审视自己并解释他们在专业领域中的具体责任，而在世界上的其他地区，专业定位已经不像以前那么普遍。如果企业在招聘跨国管理人员，应聘者的适应性就是最重要的考虑因素。应聘人员的研究领域一般不会影响最后的选择决策。具体来讲，驻外人员必须具有参与管理团队、容忍不确定性并适应各种利益关系的能力。相关调研发现，美国企业在招聘和培训管理人员时，重点考虑他们的技术因素，而很多欧洲和日本企业的招聘和培训则强调社会学因素。因此，通过检验技术和社会学方面可以更深刻地理解角色期望的差异性。

技术和社会学方面

在技术体系中，管理角色是通过职责描述来确定的，主要是技术描述、委派以及具体到工作内容的决策权力等。经过详细的调查，跨文化调研人员发现角色行为之间存在重要差异，甚至在那些具有类似技术资格的人之间也存在不同点。日本和美国的企业人员由于文化背景的不同导致了行为的不同，但是不管是哪国人员，都必须学会适应各自的海外体制。重大的差异还可以区别出地域相近和文化相似的国家；即使是在一个国家内部，个人之间也存在着差异。

驻外人员和主要任务

驻外管理人员比其他人员要面临更多的适应问题，因为他们根本不从属于工作所在地的文化。除了某些特殊情况，驻外管理人员很少能得到国外社会的完全接受。他们永远都处于局外人的地位，只是不断向当地工人证明自己的价值。驻外人员的行为经常是社会评判的对象，他们也很难接受当地的风俗习惯，显著差异继续存在于他们和当地员工的价值观念之间。

除了驻外人员的文化和职位差异，主要的管理任务，如计划、组织、领导和控制等，在全球范围内还是很相似的。不过，每项业务领域内的责任在全球环境中存在显著差异。

资料来源：David H. Holt, Karen W. Wigginton. 王晓龙、史锐译. 跨国管理[M]. 北京：清华大学出版社，2005.

人力资源规划的最终目的是为了最有效地利用稀缺人才，实现企业利润最大化。人力资源规划的目标是随着企业所处的环境、企业战略与战术规划、企业目前的结构与员工的工作行为的变化而不断变化的。

▶ 1. 人力资源的供给分析

1）人力资源供给影响因素

人力资源供给包括狭义的供给（包括一个企业、一个行业或一个地区的人力资源供给）和广义的供给（指企业国际化运营中全区域的劳动力供给，包括各个国家、地区、各个行业的劳动力供给）两方面的内容。

（1）人力资源狭义的供给的影响因素如下。

① 公司所在地和附近地区的人口密度。
② 其他公司对劳动力的需求状况。
③ 公司当地的就业水平、就业观念。
④ 公司当地的科技文化教育水平。
⑤ 公司所在地对人们的吸引力。
⑥ 公司本身对人们的吸引力。
⑦ 公司当地的住房、交通、生活条件。

（2）人力资源广义的供给的影响因素如下。

① 全区域劳动人口的增长趋势。
② 全区域对各类人员的需求程度。
③ 新增劳动力规模与结构。

④ 教育制度变革而产生的影响。
⑤ 全区域就业法规、政策的影响。

2）人力资源的供给来源

为了有效地分析现代企业国际化中的人力资源的供给，必须明确目前的人力资源供给情况和流动情况，这两个方面是人力资源供给分析的基础。人力资源供给的来源主要包括两部分：组织外部的人力资源供给来源和组织内部的人力资源供给来源。

（1）组织外部的人力资源供给来源，实际上是社会供给来源，既包括一个国家的宏观的人力资源供给来源，也包括一个地区范围内的中观的人力资源供给来源。

（2）组织内部的人力资源供给来源，是指组织对现有人力资源的有效使用和开发，主要包括对现有工作人员的年龄分布、离退休情况、岗位结构、人员配置、考核晋升、人员流动以及培训开发等方面。

3）人力资源供给预测方法

常用的人力资源供给预测方法有以下几种。

（1）能力清单。能力清单是对员工竞争力的一个反映，可以用来帮助预测潜在的人力资源供给。人力资源规划的目的不仅是要保证为企业的空缺岗位提供相当数量的员工，还要保证这些员工的质量，因此就有必要建立员工能力的记录。能力清单主要服务于晋升人选的确定，职位调动的决策，对特殊项目的工作分配，培训以及职业生涯规划等。能力清单是现代国际化企业人力资源供给预测的一种常用的方法，如图10-2所示。

技能清单		
行为状态	技能状态	提升评价
最近个人评价		
管理能力清单		
管理幅度范围	管理总预算	受到的管理培训
管理对象类型	下属职责	当前的业绩管理

图10-2 能力清单

（2）人力资源接替计划。人力资源接替计划的关键是分析信息，明确工作岗位对员工的具体要求，然后确定一位显然可以达到这一工作要求的候选员工或者具有潜力且经过培训后能胜任这一工作的员工。

某企业现有岗位人数及变动情况如表10-2所示，问每一层级需要补充多少人？

表10-2 某企业现有岗位人数及变动情况表　　　　　　单位：人

	现有	退休	下岗	晋升	可提升
高层	15	5	3		
中层	75	10	10	5	10
基层	200	40	25	20	30

基层外部补充＝65＋20＝85（人）。
中层外部补充＝20＋5－20＝5（人）。
高层外部补充＝8－5＝3（人）。

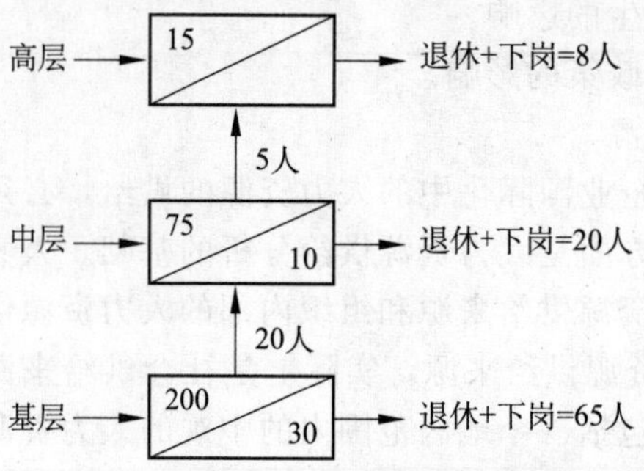

```
高层 → [15 / ] → 退休+下岗=8人
         ↑ 5人
中层 → [75 / 10] → 退休+下岗=20人
         ↑ 20人
基层 → [200 / 30] → 退休+下岗=65人
```

图 10-3　管理人员接替法图示

(3) 马尔可夫法

马尔可夫法又称转换矩阵方法，是一种可以用来进行组织内部人力资源供给预测的方法，目前广泛应用于企业人力资源供给预测上。它的基本思想是：找出过去人力资源变动的规律，以此来推测未来的人力资源变动趋势。马尔可夫法实际上是利用马尔可夫链即所谓移动转移概率矩阵来预测。这一矩阵描述的是组织员工流入、流出和内部流动的整合形式，作为预测内部劳动力供给的基础。由于实际的客观事物很难长期保持同一状态的转移概率，故此法一般适用于短期的趋势分析与预测。这种方法的主要步骤是：建立转换矩阵；概率不变性；转换矩阵的拟合；概率的利用。马尔可夫分析法适用于人员流动比例相对稳定的公司；适用于每一级别员工人数至少有 50 人的公司，或人数稍多时也可使用。流向某岗位的人数取决于该岗位空缺的数量。

▶ 2. 人力资源需求分析

在现代企业人力资源国际化管理中，人力资源的需求分为总量需求和个量需求。所谓总量需求，是指全球在某一阶段或时限内对人力资源的需求总量，包括数量、质量和结构方面。所谓个量需求，则是指某一个企业在某一阶段或时限内对人力资源的需求量，同样包括数量、质量和结构等方面。

1) 人力资源需求影响因素

(1) 人力资源需求宏观影响因素如下。

① 经济发展水平对人力资源需求的影响。

② 产业结构对人力资源需求的影响。

③ 技术水平对人力影响。

④ 国家对人力资源需求的影响。

(2) 人力资源需求微观影响因素如下。

① 顾客需求的变化(市场需求)。

② 生产需求(或企业总产值)。

③ 劳动力成本趋势(工资状况)。

④ 劳动生产率的变化趋势。

⑤ 每个工种员工的移动情况。

⑥ 社会安全福利保障。

2) 人力资源需求的预测方法

常用的人力资源供给预测方法有以下几种。

(1) 德尔菲法。德尔菲法又名专家会议预测法，是 20 世纪 40 年代末在美国兰德公司的"思想库"中发展出来的一种主观预测方法。德尔菲法分几轮进行,第一轮要求专家以书面形式提出各自对企业人力资源需求的预测结果。在预测过程中,专家之间不能互相讨论或交换意见;第二轮,将专家的观测结果惧起来进行综合,再将综合的结果通知各住专家,以进行下一轮的预测。反复几次直至得出大家都认可的。通过这种方法得出的是专家们对某一问题的看法达成一致的结果。

(2) 经验预测法。这种根据以往的经验进行预测的方法,简便易行,有些组织常采用这种方法做预测。例如,组织认为车间里一个管理者管理10个员工最佳,因此依据将来生产员工增加数就可以预测管理者的需求量。又例如,依照经验,一个员工每天可以加工10个零件,则若要扩大生产规模即可按产量计算出员工的需求量。

(3) 回归分析法。这是数理统计学中的方法,比较常用,它是处理变量之间相互关系的一种统计方法。这种方法中,最简单的是一元线性回归分析,也可以是多元线性回归分析和非线性回归分析。一般而言,人力资源需求量变化起因于多种因素,故可考虑用多元线性回归分析。

(4) 人员比例法。这是根据已确定的各类人员之间、人员与设备之间、人员与产量之间的各种科学的比例关系来预测人力资源需求的一种方法。

▶ 3. 人力资源规划的程序

进行人力资源规划的程序如下。

(1) 弄清企业的战略决策及经营环境,是人力资源规划的前提。不同的产品组合、生产技术、生产规模、经营区域对人员会提出不同的要求,而诸如人口、交通、文化教育、法律、人力竞争、择业期望则构成外部人力供给的多种制约因素。

(2) 弄清企业现有人力资源的状况,是制订人力规划的基础工作。实现企业战略,首先要立足于开发现有的人力资源,因此必须采用科学的评价分析方法。人力资源主管要对本企业各类人力数量、分布、利用及潜力状况、流动比率进行统计。

(3) 对企业人力资源需求与供给进行预测,是人力资源规划中技术性较强的关键工作,全部人力资源开发、管理的计划都必须根据预测决定。预测的要求是指出计划期内各类人力的余缺状况。

(4) 制订人力资源开发、管理的总计划及业务计划,是编制人力资源规划过程中比较具体细致的工作,它要求人力资源主管根据人力供求预测提出人力资源管理的各项要求,以便有关部门照此执行。

(5) 对人力资源计划的执行过程进行监督、分析,评价计划质量,找出计划的不足,给予适当调整,以确保企业整体目标的实现。

二、企业国际化运营中人力资源管理的招募与选拔

企业国际化运营中的人力资源管理考虑到劳动力的供应及其技能的差异性、劳动管理关系的不同模式,以及工会与企业谈判的可能性等问题,民族主义情绪给企业组织可能带来的影响等问题,企业国际化运营中人力资源管理部门也应给予重视。

人力资源素质的高低是决定跨国企业竞争优势的重要因素之一,企业国际化运营中的人力资源管理选聘是人力资源的重要来源,明确国际人力资源的招募与选拔标准,选择恰当的选聘方法可以确保跨国企业获得高素质人力资源。

▶ 1. 企业国际化运营中的人力资源供给分析

国际化企业使用的人力资源有三个来源:母国人员、东道国人员和第三国人员。母国

人员指的是公司总部所在国的人员，东道国人员指的是公司总部雇用东道国的人员，第三国人员指的是既非来自母国又非来自东道国的人员。

1）母公司员工

母公司员工是指员工来自于母公司所在国。从母公司选拔或在母国公开招聘人员，经过必要的培训后，派往海外子公司担任经理或其他重要职务。

人员母国化存在很多优点：一是母公司员工更熟悉母公司的战略、目标、政策和经营观念等，因而较容易与母公司进行有效的沟通；二是母公司员工忠于母公司，从而可以加强母公司对子公司的控制；三是母公司员工更了解母公司的生产技术，这就有利于新产品新技术引入海外子公司；四是母公司员工在同样情况下则更倾向于母公司的利益和把自己的民族利益放在首位。

人员母国化也存在一些缺点：一是母公司员工可能需要很长时间适应东道国文化、语言、政治和法律环境，难以对子公司的日常经营活动做出正确判断和决策；二是母公司员工有可能会增加了跨国企业的经营成本；三是母公司员工同当地员工之间短期内很难进行合作与沟通；四是这种人员配备方法限制了东道国员工的提升机会，可能会导致这部分员工的低生产率和高流动率，也不利于海外分公司的管理层与下属的有效沟通与合作。

2）东道国员工

东道国员工指的是那些在海外子公司工作的当地员工。东道国员工一般为中层和基层管理人员及一线的操作工人。

从东道国招聘员工有许多优点：一是雇用当地人员可以避免因文化差异而造成经营管理方面的问题；二是雇用当地人员可以降低人事成本；三是可以加深东道国政府和当地社会对分公司的良好印象，进一步与其建立良好关系；四是利用当地人员管理海外子公司，为当地管理人员提供了晋升及实现自身价值的机会，进一步调动了他们的工作热情和积极性。

从东道国招聘员工也存在一些缺点：一是东道国员工与公司总部的其他子公司或外国供应商和客户打交道时就会有许多困难；二是可能受强烈的民族意识影响，难以做到全心全意为母公司服务；三是管理人员当地化减少了母公司人员到国外任职机会，因而不利于母公司人员取得跨国经营所必需的经验和知识。

3）第三国员工

第三国员工是指母国和所在国之外，在全球的范围内，寻找最优秀的人员担任国外子公司的要职，即管理人员国际化。

从第三国招聘员工的优点有：一是从第三国招聘员工的选择面广，容易发现有良好的管理知识和经验的经理人员；二是作为职业型的国际经理人员，他们按职业道德、准则和国际惯例办事，不具有民族主义倾向，因而能够被母国和东道国所接受；三是招聘第三国员工在薪酬和福利方面的成本要低于母公司的外派人员。在全球范围内合理地调配和使用人力资源，使跨国企业的经营优势得到充分发挥；四是有利于公司塑造真正的国际形象。

从第三国招聘员工的缺点有：一是这种策略要求对人员及其职业实行高度集中化控制，从而削弱了当地经理选择自己所需人员的自主权；二是员工可能存在与东道国员工和母国员工之间沟通上的困难；三是管理人员国际化策略的花费较大。

近年来，跨国公司为了缓和与东道国的关系，纷纷实施本土化经营战略，他们在其东道国的子公司中任用当地管理人员，沿袭当地文化传统，最终形成适应当地经营环境的跨国公司经营模式。根据研究，企业国际化运营初期的人员本土化程度较低；企业国际化运营中期的人员本土化程度逐步提高；企业国际化运营后期，企业更倾向于在全球范围内挑选合适的人选。

▶ 2. 企业国际化运营中的人力资源管理选聘的标准

企业国际化运营中的人力资源甄选的程序与国内企业有许多相似之处，所招聘人员都必须具备完成工作所必需的技术知识和技能和人际关系能力等。然而，企业国际化运营中的人力资源工作与在本国工作还是有很大的差异，因此，人力资源选聘的标准也会因此而有不同的要求。

1）专业技术能力和管理能力

近来有关对英国、美国、德国的跨国企业的研究表明，企业在国际化运营中的人力资源甄选时要非常重视技术技能、行政技能和领导技能等标准。其中，有三种关键技能值得关注：自信、自尊以及面对压力的能力；与其他人交流的能力；对不确定性的承受能力。

2）文化适应能力

企业国际化运营中的人力资源还需具备一定的跨文化适应能力，能够适应生活、工作和商业环境，以便确保在新的环境中正常开展工作。由此，在对国际化企业工作人员进行面试的时候，应该特别注意应聘者思想的开放性以及对文化差异的接受程度。应聘者应该能接受不同的风俗习惯、宗教观念、生活环境和人情世故的能力，以及很快适应东道国的政治体制、法律法规和管理方式的能力。

3）外语能力

熟练地使用东道国的语言，是筛选跨国工作人员的一个重要的标准。因为，语言方面的差异是进行跨文化沟通最大的障碍。对中国的跨国企业来说，筛选母公司外派人员或第三国人员时，候选人是否能熟练掌握英语这一世界性通用的语言无疑是一个重要标准。

4）家庭因素

国际企业的员工在国外工作时间可能比较长，家庭所扮演的角色也不容低估（配偶是否支持和适应跨国外派，子女的教育问题，员工与其配偶的双重职业生涯规划的问题等）。研究人员找出了五种有助于国际企业的员工成功工作任务的因素：工作知识和动机、处理人际关系的能力、灵活性或适应能力、文化上的开放性以及家庭情况（配偶的积极态度、配偶愿意到国外生活等）。一般情况下，家庭情况最为重要，这一发现与其他有关国际性人员配置和工作调动的研究所得出的结论是一致的。

5）应聘者的国外工作经历

跨国企业在挑选外派人员或第三国人员的时候，最好的一条规则通常是：候选人过去的工作经历是对他在将来的工作岗位上能否取得成功的一种最好预测。公司主要注重选择其个人工作经历和非工作经历、教育背景和语言技能等方面的特点可以证明其能够在不同的文化环境中生活和工作的那些人。因此，不少公司在挑选应聘者时，就非常注意考察候选人的工作和非工作经历、教育背景、语言技能等方面，看看这些方面能否表明他们愿意并且容易在一种不同的文化下生活和工作。甚至包括候选人曾经有几次暑期海外旅行的经历，或者是否参加过外国留学生的项目等。

▶ 3. 企业国际化运营中人力资源选聘的实施

采用本土化管理政策和第三方国家招聘政策的大型跨国公司数量正在缓慢而稳定地增加，同时在母公司总部任职的外国经理人员的数量也在增加。因此，人员选聘已经成为企业国际化运营过程中人力资源管理的焦点问题。由于不同的国家有不同的文化，国际人力资源选聘在不同的企业有不同的做法，不仅招聘人员对象国际化，而且选聘方式、流程也遵循国际化。

1）建立人才储备库

建立人才库的目的在于任何时候公司出现职位空缺，都能在最快的时间内找着合适的候选人来填补。构建人才储备库，首先需要进行预测。预测可从两方面着手：一是与企业高层充分沟通，了解公司发展战略方向，及可预计的未来，企业可能面临的经营变化及相应的人员需求状况；二是分析企业以往的离职规律，包括离职率的时间规律、离职原因等要素，对企业未来的人员流动做出预测。

2）优化人才评价指标

提高企业国际运营中的竞争力必然需要有一套科学、统一、完整、专门的人才竞争力考评指标体系，人才竞争力评价指标体系的建立要着重考虑几个主要原则：科学性原则、系统优化原则、可比较性原则、可操作性原则和灵敏与时效性原则。

企业国际化运营中的人力资源应具备的知识结构，实践能力和素质可集中体现为思想品德素质、基础能力素质、专业能力素质和创新能力素质四个方面。将这四个方面作为国际化人才综合素质一级评价指标并对其进行再分解，进而形成二级评价指标和主要观测点，共同构成了国际化人才综合素质评价指标体系的核心内容。指标体系由五个部分组成，其中目标层是由人才规模指标体系、人才素质指标体系、人才投入指标体系、人才产出指标体系、人才环境指标体系组成。

3）选择有效的招聘方法

从实践来看，跨国企业在选聘人力资源时广泛使用了面谈、标准化测试、评价中心、简历、工作试用测试、雇员推荐等选拔和甄别方法。

（1）面试。面试是公司挑选职工的一种重要方法。初步面试通常由公司的人力资源部主管主持进行，通过双向沟通，由表及里测评考生的知识、能力、经验等有关素质的一种考试活动。具体操作程序是：第一轮面试一般由公司人力资源部的人员担任考官，他们就应聘者的外表、明显的兴趣、经验、合理的期望、职务能力、所受教育、是否马上能胜任、过去雇用的稳定性等项目测试。有些公司会请员工用英语做一个自我介绍，主要考查应聘者基本的语言运用能力。第二轮面试则由部门主管经理出面，这时候，有关业务方面的问题成了面试的重点，所以英语面试也从个人情况转向了专业领域。比如应聘市场部，则应聘者通常会被要求谈一谈以往最成功的一个案例，或者自身的业务强项等。

（2）标准化测试。标准化测试通常由公司外聘的心理学者主持进行。通过测试进一步了解应聘人员的基本能力素质和个性特征，包括其基本智力、认识思维方式、内在驱动力等，也包括管理意识、管理技能技巧。目前，这类标准化测试主要有6种人格因素问卷、明尼苏达多项人格测验、适应能力测验、欧蒂斯心智能力自我管理测验、温得立人事测验等。标准化测试的评价结果，只是为最后确定人选提供参考依据。

（3）职业素质测试。它是运用计算机等科学化手段，采用情景模拟、系统仿真、心理测试等方法，对被测试者的职业能力、职业兴趣、职业个性等素质状况进行系统、全面和科学的评价，从而为职业指导工作和单位用人提供科学的依据。整个过程由专家和公司内部的高级主管组成专家小组来监督进行，一般历时两天左右，最后对每一个应试者作出综合评价，提出录用意见。职业素质测试有四项：职业兴趣测试；职业人格（个性）测试；职业能力测试；应试焦虑（情绪）测试。

（4）书面测试。书面测试仍然是有效选拔驻外人员的重要方法。一般而言，这种书面测试的设计和使用必须紧扣企业的特点。许多公司设计和使用一些用于一般目的的测试，这些测试的主要目的是考察候选人的态度和个性特点等是否有利于他们成功地完成海外工作。不少企业利用"海外派遣测试题库"对外派候选人进行笔试。这项测试是要鉴别出外派候选人是否具备国际性人员配置工作所要求的那些性格和态度。

（5）情境模拟技术。情境模拟技术是指将应聘者置于某种模拟或者现实的工作情境中，通过对应聘者的观察来进行评价的一种方法，评价结果通常具有较高的预测性。目前，使用得比较多的情境模拟技术有：无领导小组讨论、公文筐、工作样本、演讲和商业游戏等。但是，由于情景模拟技术对评价者的要求高，同时成本也比较高，一般主要用于中高级管理人员的选拔。

跨国企业在东道国选聘员工时除了应用上述所提供的方法外还需要了解和适应当地的习惯。在选择招聘方式时需要经常权衡遵循母国习惯，获得他们认为"合适"的职位人选机会与遵循当地传统的成本与收益。当然，在东道国仅仅挑选员工常常是不够的，通常在招募新员工以后，需要对其进行培训才能真正成为公司需要的雇员。

第三节　企业国际化运营中的人力资源培训与开发

一、各国人力资源培训与开发的特点

▶ 1. 美国员工培训的特征

近年来，随着科学技术的迅猛发展和劳动生产率的极大提高，劳动密集型企业日渐减少，美国的一些大企业已经深刻认识到：人力资源因素在企业经营方面起着日益重要的作用，企业不仅需要具有高等教育背景的技术、管理人才，而且需要具有娴熟操作技能的员工。美国是世界上教育经费开支最多的国家，2013 年美国各级政府的教育开支，占 GDP 的 6%。其中，中小学生每人的教育投入为 9800 美元，纽约州则达到 14 000 美元。大学生的人均教育投入，则达到了 24 400 美元。在这些方面，世界上几乎无出其右者。再加上美国的研究院每年在世界范围内"掐尖"，把各国最优异的人才吸引过来，等于让别人为自己承担了一些最有效益的教育投资。美国的各类用人机构特别是大企业重视开展十分广泛的人力资源培训。在美国企业，员工从录用时起先要接受系统的职前培训，以后，员工一般都还需要接受在职培训。在职培训首先必须服从于企业人力资源规划中的再培训战略，并依据企业的人力需求和员工的潜能和可塑性。

美国人力资源培训与开发有两个显著的特点。

（1）美国人力资源培训与开发从发生、运转到发展，完全由劳动力市场需求来决定。人力资源培训内容的确定以及培训方式的选择，均取决于企业需要何种类型、何种程度的劳动力，并随着市场需求的变化而相应调整。因此，美国企业人力资源培训教育与生产力发展紧密联系，直接为其服务，并以能否增强市场竞争能力和适应市场需求为检验企业人力资源培训教育工作是否成功的唯一标准。

（2）美国企业人力资源培训与开发的内容、形式、资金渠道等多样化，没有统一的模式和标准，完全由各州因地制宜，由各社区学院、专科学校和企业等培训主体自行决定，因材施教，形成灵活多样、分权管理和运行的机制。

案例阅读

　　IBM公司追求卓越，特别是在人才培训、培养销售人才方面取得了成功的经验。具体地说，IBM公司决不让一名未经培训或者未经全面培训的人到销售第一线去。销售人员们说些什么、做些什么以及怎样说和怎样做，都对公司的形象和信用影响极大。如果准备不足就仓促上阵，会使一个很有潜力的销售人员夭折。因此该公司用于培训的资金充足，计划严密，结构合理。一到培训结束，学员就可以有足够的技能，满怀信心地同用户打交道。

　　IBM公司市场营销培训的一个基本组成部分是模拟销售角色。在公司第一年的全部培训课程中，没有一天不涉及这个问题，并始终强调要保证学习或介绍的客观性，包括为什么要到某处推销和希望达到的目的。IBM公司为销售培训所发展的具有代表性、最复杂的技巧之一就是阿姆斯特朗案例练习，它集中考虑一种假设的、由饭店网络、海洋运输、零售批发、制造业和体育用品等部门组成的、具有复杂的国际间业务联系。

　　通过这种练习可以对工程师、财务经理、市场营销人员、主要的经营管理人员、总部执行人员等的形象进行详尽的分析。这种分析使个人的特点、工作态度，甚至决策能力等都清楚地表现出来。

▶ **2. 日本员工培训的特征**

　　日本企业的人力资源管理模式正在原有的基础上，逐渐引入能力主义的管理方式，近年有了明显的变化。首先，虽然终身雇用制是日本人力资源管理的首要特点，但随着经营环境的多变和竞争的加剧，经常出现企业之间互相挖人才的现象。目前，许多中小企业甚至大企业广泛采用合同工制、定时工制以及中转职工制等雇用形式。其次，奉行业绩主义，推行职务能力工资制。日本企业的年功序列制正在向能力主义转变，许多企业正在建立以职能为中心的人力资源管理体系，其核心是职能资格制度。所谓职能是指履行职务的能力，一定的职能构成一种资格，职能资格是多等级的，每个等级都有明确的标准。这种制度由教育、调配、考评和报酬四个部分组成。它的一个鲜明特点，就是注意和关心员工的思想、干劲和能力开发，激励他们努力向上。最后，员工教育和培训注重适应企业的发展和国际化趋势。近年来，为适应国际化的发展，日本企业着重培养"经济型"、"未来型"和"国际型"人才，以迎接未来更加激烈的国际竞争。

　　此外，日本企业的生产自动化迅速发展，日本企业普遍重视对员工的教育培训，提出"生产产品，先培养人"的口号。日本企业对员工的教育培训主要有以下几方面的特点。

　　（1）企业员工的教育培训是建立在员工理解支持、双赢互利的功利性基础之上的。在日本企业，员工主动自发学习，努力研修，提高能力，完善自我，企业关心职工、劳资关系融洽、共谋发展的现象是较为普遍的。

　　（2）对员工的教育培训体现出素质本位的理念与实践。日本企业对员工的教育培训，实质是建立在提高工作能力基础上的素质培养，是以素质为本位进行的。在对员工分阶段分层次的系统教育培训中，注重适应性和实效性。

　　（3）对员工的教育培训有着人本关怀的色彩。企业对员工的教育培训体现人本关怀的色彩，表现为企业关注员工的职业生涯发展、应对失业、寻找新工作、健康计划、决策能力、演讲能力和综合能力等方面，都给予了重视并展开了教育培训。

▶ 3. 德国员工培训的特征

德国的"双元制"职业培训也是举世公认的企业在职培训的成功模式。这种培训层次模式是20世纪60年代在德国出现的,是一种初级职业培训制度。它按照分工合作原则,把企业在职培训与学校教育有机地结合起来。在培训期间,学员具有双重身份,既是职业学校的学生又是企业的学徒工人。按照分工合作协议,学校负责理论教育,企业负责实际操作训练。在时间分配和教学管理上,以企业培训为主,侧重员工技能训练,最后由企业负责结业考试。这种"双元制"培训模式对于德国经济的恢复与成长、提高企业的国际竞争力发挥了重要作用。

德国企业对员工的教育培训主要有以下几方面的特点。

(1) 注重技能是德国企业参与高技能人才培养的思想动力。整个德国社会尊重技能的文化传统是高技能人才产生的沃土。德国的企业界认为,不断补充受过良好培训并熟悉本企业生产的年轻人是企业发展的长期目标,只有录用受过良好培训的人才能保持产品的质量与竞争优势。

(2) 员工培训是德国企业参与高技能人才培养的主要表现。德国企业在车间附近建立学习角,每个小组都有学习场地,在新的学习系统中,可使学到的东西很快在实践中应用。2013年,德国企业用于职工培训方面的费用高达1500亿马克。

(3) 职业教育是德国企业参与高技能人才培养的重要途径。德国职业教育最具特色的是"双元制"职业教育,企业为"一元",职业学校为另"一元",是学生在企业接受实践技能培训和在学校接受理论培养相结合的职业教育形式,这恰恰是德国高技能人才培养取得成功的关键。

(4) 政策支持是企业参与高技能人才培养的有力保障。健全的制度和法规是德国高技能人才培养的重要保障,德国诸多法律法规,都对高技能人才培养过程中各个社会实体的职责做了充分规定,以实现高技能人才培养的制度化和法制化。

▶ 4. 法国员工培训的特征

法国的职业继续教育模式是企员工在职培训的一个范例。法国企业员工有法定带薪培训假期,雇主要缴纳本企业当年职工纯工资总额一定比例的职业继续教育税,以用于本企业职工的在职培训。大部分企业特别是大型企业,都有自己的培训机构,面向生产经营实际进行在职培训,取得了很好的经济效益。

法国企业对员工的教育培训主要有以下几方面的特点。

(1) 法国适应经济全球化的发展要求,从应对激烈的跨国竞争的角度,非常重视机构整体的学习能力和创新能力的建设,把对机构中全体员工的潜能开发、技能培训、经验分享、团队创造力作为企业人力资源管理的重要内容,摆在企业发展战略的突出位置,予以特别的重视,采取多种措施,开展相应的继续教育。

(2) 重视搞好培训的需求分析,增强培训的针对性。公司每年年底对全体员工的能力素质进行一次调查,对公司全体员工的培训需求情况进行一次综合分析,并结合员工的能力发展计划,制定出公司第二年的员工培训计划。

(3) 把对员工的培训与员工的职业生涯设计结合起来。法国公司大量运用能力分析工具,通过对员工的能力评估、潜质潜能分析、个人职业理想展望、员工职业发展设计、晋升或轮换工作岗位建议等方面的分析,设计对员工的培训内容,开展有针对性的专门培训,使所有员工的能力得到发展,职业爱好得到实现。

(4) 把培训作为对员工的激励手段。不少法国公司都创立了公司梯形人才储备库,分为四个层次,即高级行政主管、中层管理人员、关键岗位人员、有发展潜质人员,只有经过公司专门培训,才能依次进入人才储备库。员工以获得这样的培训机会为荣。

(5) 开展多样化、个体化培训。

二、对国际人力资源培训与开发的分析

▶ 1. 经济全球化条件下国际人力资源培训与开发的跨文化特征

国际人力资源培训与开发需要适应整个社会背景已经发生变化的现实,它应该反映出这一变化,识别、珍视新的行为,并将它们整合到个人和组织的行为中。技术、交通和通信为我们提供了创造新的文化沟通方式的可能性。国际人力资源培训与开发需要强化跨文化培训的内容,但不再仅仅局限于课堂,而是贯穿于跨国经营与管理的全过程。通过跨文化培训,可以加强人们对不同文化环境的反应和适应能力,促进不同文化背景人们之间的沟通和理解。将企业共同的文化传递给员工,形成企业强大的文化感召力和文化凝聚力。同时,由于世界上每一种文化都有自己的精华,来自不同文化背景的员工会用不同的视角来看待同一问题,进行跨文化培训可以促进不同文化背景的员工交流沟通,取长补短。

目前,人力资源已经成为跨国公司竞争的核心,跨文化培训正是合理控制和科学管理来自不同国家、民族、地区、组织的员工与生俱来的文化差异,提高人力资源产出效益的重要手段。通过跨文化培训,可以提高企业的跨文化管理水平,可以端正员工对异域文化的态度,使他们能够理解、接受乃至欣赏异域文化、风俗。通过跨文化培训,可以减少员工可能遇到的文化冲突,加深员工对企业经营理念的理解,保持组织内良好稳定的人际关系。因此,成功的跨文化培训能够使企业改变传统的单元文化管理的状况,充分发挥文化协同的作用,克服多元文化和文化差异带来的不利影响,使企业在国际竞争中具有相当的竞争力。

▶ 2. 经济全球化背景下跨文化培训中存在的问题

在经济全球化即后全球化的时代,大多数组织在日常经营中不可避免地要接触到许多不同的文化,即所谓的跨文化接触,然而,并不是所有的组织都能很好地进行跨文化培训。尽管有些企业提供跨文化培训项目,但是它们只是提供给被派往国外的人员,很少向组织中的其他成员提供跨文化培训。大多数组织都没有意识到,在经济全球化的今天,驻外人员以外的其他员工同样会接触许多来自其他文化的人,同样需要对不同的文化具有敏感性,也就是说,文化意识和文化敏感对所有的员工都很重要。

尽管许多组织已经向驻外人员提供了广泛的跨文化培训,但是普遍存在的一个问题是:这种培训的效果并不十分显著。最重要的原因之一是,组织中的经理人员自己都没有弄清楚到底什么是文化,如何影响,以及文化人们态度的,是如何决定人们的行为的,而且尽管他们意识到文化差异是一个需要解决的问题,但是他们也不会意识到跨文化培训是解决该问题的方法。

大多数组织在对驻外人员提供跨文化培训时采用的是一种"四点"培训方法,即出发前培训、到任后培训、归国前培训和归国后培训。在这四点以及各点之间的任何时间点上,组织可以对所有的成员提供从课堂培训到在线培训,到以现场指导为基础的支持、评估和咨询等活动。而实际上,有关调查发现,许多组织在提供跨文化培训时经常忽略归国前培训和归国后培训,尤其是归国后培训,他们没有意识到当驻外人员在国外工作很长一段时间之后,由于与母国失去了联系,再次回到母国的公司和生活社区时,同样会有文化上的逆冲击,仍需要进行跨文化培训。

▶ 3. 经济全球化条件下国际人力资源培训与开发的主要策略

对于推行国际化经营策略的企业来讲，往往要将员工特别是管理人员派往海外，因而这部分员工就将在完全不同于母国文化的另外一种文化环境下工作和生活。为了让他们发挥出应有的作用，必须进行跨文化培训，使其具备跨文化交往和跨文化管理的知识以及驾驭文化差异的能力，克服文化差异给交流和管理带来的障碍。

企业跨国经营中，在东道国的文化环境中，要面临两种不同的适应策略。一种是"被人改变"，即追随文化策略；另一种是"改变人"，即创新文化策略，由被动适应转向能动改观。当然比较友好的策略当属第一种。这样的结果是使企业的跨国经营成为东道国的"本地化经营"。在这一种过程中，最重要的环节是学习过程，即对东道国文化的学习。因此，追随文化策略又称为学习策略。对我国企业的跨国经营而言，其实力远不能与西方大公司相比拟，学习策略无疑是友好而且有效率的方式。

案例阅读

建设和完善企业文化的八大原则

1. 目标原则。企业应当以产品、服务和对顾客有益为出发点，制定一个明确而崇高的目标，让员工认同目标并以此为荣，"肯定自我价值"。

2. 共识原则。变"指挥"为"共识"，让职工参与管理，实行"共识或决策"，运用下属的集体智慧。

3. 卓越原则。"求新求变"是企业的一项持续性要求，追求卓越，在企业中注入"创造性不满足"的文化。

4. 一体原则。在企业中创造一体感，使"管理阶层"和"劳工阶层"合二为一，让员工参与管理决策。同时，在所有权方面，企业也应该创造一体感，形成"我也拥有企业一份财产"的职工心理状态。

5. 成效原则。把职工的利益与其工作联系起来。职工的工资应当依据工作成绩来支付，而非年资、专业技术以及其他在组织中的权利。当奖赏与成效联系在一起时，公司的生产力就会提高。

6. 实证原则。要求各级管理人员学会使用科学的方法进行实证分析，研究各方面的情况，了解自己负责的资料并把他们按期绘成图表在工厂公布。企业的兴衰在于管理人员的清晰的、批判性的和创造性的思考能力。

7. 亲密原则。管理人员与职工之间建立起亲密感，彼此信任，忠诚相待。所以，公司必须创造一种使职工发挥其才能与创造力的环境，组建创造性群体，让一群志趣相投的人一起工作。创造力只能在一种亲密的文化中才能得到充分的发挥。

8. 正直原则。即诚实，以负责的态度采取行动。管理人员要实现管理的目标，取得下属的信任，首先必须正直。正直能够激发出职工的信任、效益与献身精神。管理者必须依靠自己的人格力量，通过鼓舞、引导和强化下属应有的行动，与下属形成共同的目标。正直是企业文化赖以建立的基石。

——美国著名管理顾问劳伦斯·米勒

三、国际人力资源培训与开发的操作

国际人力资源培训的主要内容有对文化的认识，如敏感性训练、语言学习、跨文化沟通及冲突处理、地区环境模拟等。这样可减少驻外经理人员可能遇到的文化冲突，使之迅速适应当地环境并发挥有效作用；维持企业内良好的人际关系，保障有效沟通；实现当地员工对企业经营理念的理解与认同等。在具体培训的过程中，企业可针对具体的情况提出不同的培训方案，如东道国与本国的语言差异较大就应该更加偏重语言培训，如文化差异较大就应该加深对国外文化的了解，等等。企业跨文化培训是跨文化管理的重要策略之一，就是要培养员工的跨文化意识，增强员工的跨文化交流和跨文化沟通能力。在跨文化交流过程中，信息发送者和信息接受者之间都会存在一个信息转换的过程。首先信息发送者会根据自己文化背景下的思维方式将信息打包并传递出去，如果经过第三方转发则还可能受到更多文化影响，直至信息最终抵达信息接收者。当信息接收者获得信息后则将其翻译成自己熟悉的内容并以自己的文化思维模式去解读它。在实际的跨文化交流过程中，每一个信息发送者同时也是信息接收者，他们本身在自身的文化背景下所做的信息传达是没有失误的，但是信息在传递的过程中或多或少地会受到其他因素干扰和影响，因此信息到达接收者时可能已经变形。

为此，国际人力资源培训与开发在实际操作中应该注意以下几点。

（1）经理人员应该意识到跨文化培训的重要性。只有当组织的经理人员意识到跨文化培训的重要性，才能使组织内的跨文化培训更有效率，而不是走过场。

（2）要认识到不仅驻外人员需要跨文化培训，而且组织内的其他成员也需要培养文化敏感性。即使是国内的经理和员工也会接触到来自国内外的不同文化的人，如国外的客户、供应商等。当国内的经理和员工出差到国外时，也会遇到文化适应的问题。

（3）要认识到跨文化培训不是一时一地的一次性的培训，而是一个过程。

（4）要认识到培训的目的不仅在于改变员工的技术、态度、知识，开发员工的潜能，使其能力达到公司的需求，并且需要为员工提供职业安全，提升其就业能力。现在越来越多的公司意识到，培训不是仅仅为员工提供一种工作安全，而且要为员工提供一种职业安全。

（5）培训的方式与过去不同：国际人力资源培训与开发要求更有效、更节约成本的培训，如通过一个项目，由导师带领，通过工作提高他的技术。还有工作轮换、代理职务、易地派遣、学校教育、外部培训及内部培训等。

第四节 企业国际化运营中的人力资源绩效管理

一、国际人力资源绩效管理特点

国际人力资源管理中绩效考核的目的不仅仅是为员工薪酬调整和晋升提供依据，而且加入了许多新的因素。例如，重视个人、团队业务和公司的目标的密切结合，将绩效考核作为把相关各方的目的相结合的一个契合点。同时在工作要求和个人能力、兴趣和工作重点之间发展最佳的契合点。与一般的绩效管理相比，国际人力资源管理中的绩效管理具有一定的特殊性。

（1）多因性，即绩效跟员工的激励、技能、环境与机会有关。国际人力资源管理中的绩效考核不仅仅是为员工薪酬调整和晋升提供依据，而且加入了许多新的因素。更重视个人、团队业务和公司目标的密切结合，将绩效考核作为把相关各方的目的相结合的一个契合点。

（2）多维性，即应多维去分析与考评。在业绩考核指标设计中要全面地反映战略方向和业绩的统一，较为全面、合理、综合地反映一个员工的各方面的业绩。一是战略方向，包括长远的战略和优先考虑的目标；二是业绩，包括员工在财政、客户关系、员工关系和合作伙伴之间的一些作为和员工的领导能力、战略计划、客户关注程度、信息和分析能力、人力资源开发、过程管理法等。

（3）动态性，即员工的绩效随着时间的推移会发生变化，不能以僵化的眼光来看待员工的绩效。企业应将业绩计划看成是动态的，同时把工作业绩也看成是动态的，这样就能在出现问题之前或出现问题时，消除影响业绩的障碍。持续业绩沟通是一个双方追踪进展情况，找到影响业绩的障碍以及得到双方成功所需信息的过程。

案例阅读

在NEC中国公司做了15年人力资源管理的曹来京认为，绩效考核实际上是企业对员工，同时也是员工对企业的一种目标诉求。双方的这种诉求不是简单的一种要求，对于知识员工来说，这种诉求更是复杂，企业对知识员工的绩效考核的目的是激励其更好地发挥能力，而不是惩罚。

根据美国的知识管理专家玛汉·坦姆仆经过大量实证研究证明：激励知识型员工的四个因素依次为个体成长（约占总量的34%）、工作自主（约占31%）、业务成就（约占28%）、金钱财富（约占7%）。

对于NEC，文化对于绩效还有另外一层作用。"我们都知道，日资企业薪酬与欧美企业相比较低，这些从欧美知名企业过来的企业精英的薪酬必须得到保障，但是又无疑会成为一件容易产生矛盾的事情，怎样说服日本员工接受这一点显得很重要。我必须告诉他们这些从欧美知名企业过来的员工的价值以及市场行情。这样的沟通最后使招聘工作平稳完成。"曹来京认为，如果没有一个强大文化理念在起作用，仅仅因为待遇这方面的分歧就很难通过任何的绩效考核手段来弥补。

NEC还通常采用平衡记分法，对任何一个工作都从四个方面进行考察，即财务指标、客户满意度指标、流程指标、专业指标，这四个方面如果平衡了，就说明绩效较好。

二、绩效管理系统的设计

由于国际人力资源管理在员工绩效考核上存在一定的特殊性和复杂性，在操作上需要注意其文化背景及其不同的具体情况。绩效考核的重点由以往对员工的态度和特质转向与动态目标管理相结合的管理体系，将员工的个人目标和企业的经营目标完美地统一起来，从而激发更大的工作热情。绩效管理系统应包括以下几个步骤。

▶ 1. 选择科学的绩效评估指标

选择评估指标时要注意以下几个方面：

（1）选择评估指标要考虑国外因素。在战略层次上评估子公司经理人员的关键在于确定评估指标。

（2）行为也可以作为评价标准之一。

（3）慎重对待财务指标。

▶ 2. 确定评估执行者

对外派人员的评估一般由分公司的总经理、该员工的直接东道国主管或母公司的管理人员进行，这要视该员工的职位性质以及层次高低而定。

▶ 3. 制定绩效目标和绩效指标

绩效项目是指要从那些方面来对员工的绩效进行考核，即绩效考核项目有三个：工作业绩，工作能力和工作态度。绩效指标则是指绩效项目的具体内容，它可以理解为是对绩效项目的分解和细化。例如，对某一职位，工作能力这一考核项目就可以细化为分析判断能力、沟通协调能力、组织指挥能力、开拓创新能力、公共关系能力以及决策行动能力等六项具体的指标。对于工作业绩，设定指标时一般要从数量、质量、成本和时间四个方面进行考虑；对于工作能力和工作态度，则要具体情况具体对待，根据各个职位不同的工作内容来设定不同的指标。绩效指标的确定，有助于保证绩效考核的客观性。

▶ 4. 进行持续不断的绩效沟通

沟通贯穿于绩效管理的整个过程，不是仅仅年终的考核沟通，仅仅一两次的沟通是远远不够的，强调全年的沟通和全通道的沟通，主要包括如下几个方面：

（1）沟通是一个双向的过程，目的是追踪绩效的进展，确定障碍，为双方提供所需信息。

（2）前瞻性。

（3）定期或非定期，正式或非正式，就某一问题专门对话。

▶ 5. 进行事实的收集、观察和记录

员工业绩考核的标准和执行方法要取决于开展业绩考核的目的。对评价信息的选择与评价目的之间的配合关系可以从两个方面来认识：一方面，不同评价者提供的信息对人力资源管理中的各种目标具有不同的意义；另一方面，根据不同的评价标准得到的员工业绩考核信息对人力资源管理中的各种目标也具有不同的意义。

▶ 6. 召开绩效评估会议

绩效评估会议讲究效率，一般集中一个时间，所有的主管集中在一起进行全年的绩效评估。它主要包括以下四个方面：做好准备工作（员工自我评价）；对员工的绩效达成共识，根据事实而不是印象；评出绩效的等级；不仅是评估员工，而且作为解决问题的机会。根据绩效评估会议，最终形成书面的讨论结果，并以面谈沟通的形式将结果告知员工。但是到此为止，绩效考核并没有结束，此后还有一个非常重要的诊断过程。

▶ 7. 进行绩效诊断和提高

这是对绩效管理系统的评估，用来诊断绩效管理系统的有效性，改进和提高员工绩效，主要包括以下四个方面：确定绩效缺陷及原因；通过指导解决问题；绩效不只是员工的责任；强调应该不断进行。

三、绩效管理的方法与应用

国际绩效评估体系的应用方法如下。

（一）排序法

▶ 1. 简单排序法

简单排序法也称序列法或序列评定法，即对一批考核对象按照一定标准排出"1 2 3 …"的顺序。简单排序法的操作步骤如下：

（1）拟定考核的项目。

（2）就每项内容对被考核人进行评定，并排出序列。

(3) 把每个人各自考核项目的序数相加，得出各自的排序总分数与名次。

▶ 2. 交错排序法

交错排序法是简单排序法的一个变形。人们利用这种原理提出了交错排序法来克服简单排序法的缺点。在实行交错排序法的情况下，评价者在所有需要评价的员工中首先选出最好的员工，然后选出最差的员工，将他们分别列为第一名和最后一名；然后在余下的员工中再选择出最好的员工作为整个序列的第二名，选择出最差的员工作为整个序列的倒数第二名；依次类推，直到将所有员工排列完毕，就可以得到对所有员工的一个完整的排序。

▶ 3. 强制分布法

强制分布法实际上也是将员工进行相互比较的一种员工排序方法，只不过它是对员工按照组别进行排序，而不是将员工个人进行排序。

▶ 4. 成对比较法

面对比较法是对评价者根据某一标准，将每一员工与其他员工进行逐一比较，并将每一次比较中的优胜者选出，然后，再将每一员工逐一比较，并将每一次比较中的优胜者选出，最后，根据每一员工净胜次数的多少进行排序。

（二）行为法

▶ 1. 关键事件法

关键事件法是客观评价体系中最简单的一种形式。在应用这种评价方法时，负责评价的主管人员把员工在完成工作任务时所表现出来的特别有效的行为和特别无效的行为记录下来，形成一份书面报告。评价者在对员工的优点、缺点和潜在能力进行评论的基础上提出改进工作绩效意见。

▶ 2. 行为锚定等级评价法

行为锚定等级评价法是一种将同一职务工作可能发生的各种典型行为进行评分度量，建立一个锚定评分表，以此为依据，对员工工作中的实际行为进行测评级分的考评办法。行为锚定等级评价法实质上是把关键事件法与评级量表法结合起来，兼具两者之长。

▶ 3. 关键业绩指标法

关键业绩指标法是指运用关键业绩指标进行绩效考评，这是现代企业受到普遍重视的办法。这一办法的关键是建立合理的关键业绩指标。建立关键业绩指标体系时，应当遵循以下几项原则。

（1）目标导向原则。
（2）注重工作质量原则。
（3）可操作性原则。
（4）强调输入和输出过程的控制。

▶ 4. 观察评价法

行为观察评价法是行为锚定等级评价法的一种变异形式。与行为锚定等级评价法一样，行为观察评价法也是从关键事件中发展而来的一种绩效评价方法。行为观察评价法与行为锚定等级评价法在两个基本方面有所不同。首先，行为观察评价法并不剔除那些不能代表有效绩效和无效绩效的大量非关键行为。其次，行为观察评价法并不是要评价哪一种行为最好地反映了员工的绩效，而是要求管理者对员工在评价期内表现出来的每一种行为的频率进行评价。

(三) 结果法

▶ 1. 目标管理法

目标管理法是员工与上司协商制定个人目标（如生产成本、销售收、质量标准、利润等），然后以这些目标作为对员工评估的基础。为使目标管理法取得成功，企业应该将目标管理计划看成是理体系的一个组成部分，而不单单是经理人员工作的附加部分。经理人员必须将制定目标的权力下放给员工，给员工自行决断的自由。

▶ 2. 生产率衡量与评价系统法

生产率衡量与评价系统法的主要目标是激励员工向着更高的生产率水平前进。它是一种对生产率进行衡量以及向全体员工提供反馈信息的手段。生产率衡量与评价系统法主要包括四个步骤：第一，企业中的人共同确定企业希望达到什么样的产出以及执行或达成何种系列活动或目标。第二，大家一起来界定代表产出的指标有哪些。第三，大家共同来确定所有绩效指标的总量联系的各种总体绩效水平。第四，建立一套反馈系统，来向员工和工作群体提供关于他们在每一个指标上所得到的特定绩效水平的信息。最后，总体的生产率分数可以在对每一指标上的有效得分进行加总计算的基础上获得。

（四）360°考核法

360°绩效考核方法是指全方位、多角度的考核。即由被考核人的上级、同级、下级和内部客户、外部客户甚至本人担任考评者，从四面八方对被考核者进行全方位的评价，考核的内容也涉及员工的任务绩效、管理绩效、周边绩效、态度和能力等方方面面，考核结束，再通过反馈程序，将考核结果反馈给本人，以达到改变行为、提高绩效等目的。

第五节 企业国际化运营中的人力资源薪酬管理

一、薪酬管理制度制定的要点和措施

薪酬管理与企业发展是相辅相成的。一方面，薪酬管理的目的是在保障员工基本生活的同时，充分激励员工发挥自身潜能，从而实现企业国际化运营中所需要的核心竞争力。另一方面，企业核心竞争力的发挥，能促进企业发展，为公司薪酬管理提供有力的支持。

▶ 1. 加强预见性和计划性

在人工成本的预算中还要重点考虑的一个因素是物价和城镇居民消费水平的增长。随着当地物价水平和居民消费指数的不断上涨，员工薪酬水平也应进行一定的调整，由此必然会对当期人工成本总额产生一定的影响。

▶ 2. 掌握足够的理论和政策依据

国家及地方政府有关工资管理的法律法规规定是企业制定薪酬制度的基本政策依据和必须遵守的基本原则。人力资源部应当充分了解和掌握相关法律法规关于企业工资管理的有关规定和要求，制定的薪酬制度和人力资源管理相关制度均不得违反相关法律法规的规定。

▶ 3. 符合员工的收入期望值

每个企业的企业规模、企业文化、工作环境、发展前景等各有不同，员工对企业或项目部薪酬要求也会相应有所不同。人力资源部应充分了解员工的收入期望，及时进行沟通，在制定薪酬制度时尽可能在人力资源部的成本控制范围内使薪酬水平与员工的期望值达到平衡，这样才能充分发挥薪酬的激励作用，使效益最大化。

▶ **4. 建立合理的绩效评价体系**

人力资源部发放薪酬的各项经济指标取决于各个部门和岗位员工的业绩的高低，员工的收入水平也主要取决于企业整体的经济效益的好坏。因此，人力资源部应将主要任务和各项经济指标逐级分解到各部门、各岗位，建立科学合理的绩效评价体系。员工的薪酬水平和业绩考核结果直接挂钩，这样才能更好地激励员工提高工作效率。

总之，制定薪酬管理原则是：合理确定工资水平；员工之间的工资差距体现能力、岗位、绩效的差别；薪酬与岗位评价、能力评价与绩效考核挂钩；奖励创造新产品和改进工作流程的员工等。

企业薪酬制度设计完善是企业薪酬管理的一项重要任务，包括工资结构设计完善，即确定并调整不同员工薪酬项目的构成，以及各薪酬项目所占的比例，还包括工资等级标准设计，薪酬支付形式设计，即确定薪酬计算的基础，是按照劳动时间，还是按照生产额、销售额计算。不同的企业薪酬制度有不同的适用对象和范围，它们有的简单，有的复杂，关键是要选择与企业总体发展战略以及实际情况相适应的薪酬制度。

1) 薪酬调查

确定员工薪酬原则时要做到保持一个合理的度，既不能多支付，造成成本增加，也不能少支付，否则难以保持企业发展所需的人力资源，保持对外竞争力。要做到这点，企业必须进行薪酬调查。了解市场薪酬水平25％点处、50％点处和75％点处，薪酬水平高的企业应注意75％点处甚至是90％点处的薪酬水平，薪酬水平低的企业应注意25％点处的薪酬水平，一般的企业应注意中点(50％点处)的薪酬水平。

2) 岗位分析与评价

工作岗位分析是企业人力资源管理的重要基础和必要前提，它是对企业各个岗位的设置目的、性质、任务、职责、权力、隶属关系、工作条件、劳动环境，以及承担该岗位所需的资格条件等进行系统分析和研究，并制定出岗位规范和工作说明书的过程。工作岗位评价是在岗位分析的基础上，对企业所设的岗位的难易程度、责任大小等相对价值的大小进行评价。

3) 明确掌握企业劳动力供给与需求关系

了解企业所需要的人才在劳动力市场上的稀缺性，如果供大于求，薪酬水平可以低一些；如果供小于求，薪酬水平可以高一些。

4) 明确掌握竞争对手的人工成本状况

为了保持企业产品的市场竞争力，应进行成本与收益的比较，通过了解竞争对手的人工成本状况，决定本企业的薪酬水平。

5) 明确企业总体发展战略规划的目标和要求

企业薪酬管理的目的是为了实现企业战略，为了使薪酬管理成为实现企业战略成功的关键因素，薪酬管理原则的制定应以企业战略为转移。应该掌握企业战略规划的以下内容。

(1) 企业的战略目标，即企业在行业中的定位目标、财务目标、产品的市场定位等。

(2) 企业实现战略目标应具备的，以及已具备的关键成功因素。

(3) 具体实现战略的计划和措施。

(4) 对企业实现战略有重要驱动力的资源(人、财、物)；明确实现企业战略时需要的核心竞争能力。

（5）根据企业战略，确定激励员工具备企业需要的核心竞争能力的方法论；确定员工实现战略、激励员工产生最大绩效的方法论。

6）明确企业的使命、价值观和经营理念

企业价值观和经营理念统领企业的全局，指导着企业经营管理的诸多方面，对企业薪酬管理及其策略的确定具有重大的影响，其中最主要的是企业对薪酬作用、意义的认知。它要通过薪酬形式向广大员工传递何种信息和指引，同时薪酬也反映企业对员工特征、本性和价值的认知程度。

例如，企业的价值观是提倡团队合作，如果薪酬管理的原则是拉大同等级薪酬差距，就是与企业价值观背道相驰的薪酬管理原则；再如企业的价值观是迅速扩张、人才引进，相应的薪酬管理原则应是工资水平位于市场中上等水平；再比如企业价值观是重视质量和客户的满意程度，那么将奖金与销管业绩紧密挂钩的薪酬管理原则就是不正确的。

7）掌握企业的财力状况

根据企业战略目标、企业价值观等方面的总方针和总要求，从企业的财务实力的状况出发，切实合理地确定企业员工的薪酬水平。

采用什么样薪酬水平，不仅要根据薪酬市场调查的结果，明确把握不同地区、同行业同类或者不用行业同类岗位薪酬的市场总水平，还要充分分析各类岗位的实际价值，最终决定企业某类岗位薪酬水平的定位，是定位在90％点处、75％点处，还是50％点处、25％点处。

8）掌握企业生产经营特点和员工特点

企业生产经营特点和员工特点也会影响企业薪酬管理。如果企业是劳动密集型企业，如物业公司等，大多数员工是生产工人，每个工人的工作业绩不受其他人的影响，可以采用量化的指标来考核，工作业绩完全取决于个人的能力和主动性，那么企业薪酬管理的原则将是主要以员工的生产业绩（生产量、生产值或生产质量）决定其薪酬。如果企业是知识密集性企业，如咨询公司，员工大多是高素质的人才，对于企业来说，员工所承担的岗位的重要程度并不是非常重要，重要的是员工能力的大小，如果员工能力强，在业内非常知名，则会给企业带来更多的收益，这些企业在薪酬管理时可以提高员工能力、吸引高能力的人才为目的，制定基于员工能力的薪酬制度。

二、国际人力资源薪酬管理的特征

国际人力资源薪酬与激励管理面临着相当的复杂性，一个有效的国际薪酬政策应该具有以下特点。

（1）对外派人员来说，能使海外服务工作对人们具有吸引力，并能保留合格的雇员。

（2）对东道国和第三国员工来说，能增强企业对外部优秀人才的吸引力。

（3）使雇员在各个子公司间的调动和子公司与母公司之间的调动能顺利进行。

（4）使各子公司的薪酬制度之间有稳定的关系。

（5）使公司的薪酬制度与主要竞争者的薪酬制度相当。

▶ 1. 国际薪酬的多样性

国际薪酬的多样性包括由于员工类型的多样性而引起的不同的薪酬待遇问题，国家差异引起的薪酬货币购买力问题，以及文化差异引起的薪酬福利或激励问题等。薪酬专业人员需要知道东道国员工、第三国员工和驻外人员之间的区别，这些区别需要在薪酬上有所体现。同时，对于各国的生活水平或生活方式以及通货膨胀与货币稳定性甚至于法律以及人际关系水平而体现的货币的购买力，也需要在薪酬体系中有所顾忌。例如，货币稳定性的因素使得在用母国货币支付工资时，要时常随着两国汇率的变化而变化。此外，由于国家文化的差异，子公司可能采用与母公司不同的薪酬制度，而不同国家企业的福利开支或者激励制度也会有很大不同，这些都增加了跨国公司在海外进行薪酬管理的复杂性。

▶ 2. 薪酬成本与公平问题兼顾

如果单纯从驻外人员而言，由于需要吸引总公司员工愿意前往海外工作，给予其一定的补偿，其总工资往往需要较高，这对于薪酬管理人员是一种挑战。但是这种高成本需要与跨国企业的全球竞争战略相结合起来衡量，并且可以由雇员所做的贡献而获得弥补。此外，由于受外派人员到国外的薪酬与在国内得到的薪酬（包括内在性薪酬）的比较，驻外人员与公司当地员工的工资的比较，甚至所有驻外人员群体的工资的比较等诸多因素的影响，兼顾公平就成了跨国企业薪酬管理的一个重要课题。

总之，合理的国际薪酬方案，不但可以吸引全球各地的优秀人才，而且能对企业现有雇员发挥行为导向的功能，还能对提高工作质量和工作效率、降低经营成本起到重要作用。

三、国际人力资源薪酬与激励的操作

实际上，薪酬管理的原则是一个企业给员工传递信息的渠道，也是企业价值观的体现。目前企业普遍认为进行有效的薪酬管理应遵循以下原则：对外具有竞争力原则；对内具有公正性原则，支付相当于员工岗位价值的薪酬；对员工具有激励性原则；对成本具有控制性原则。由于国际人力资源管理需要面对不同国家的社会文化与法律制度背景，薪酬激励不能照搬本国企业的做法。即使在本公司内部，也要面临文化多样性的矛盾，跨国公司需要开发特别的薪酬激励计划，以弥补工作人员及其家人为了国外工作所做的个人牺牲。因此，企业在国际运营过程中，跨国公司针对所在国员工而制定的薪酬制度，一般都是以当地薪酬水平与结构为参照标准，并做出适当调整，使子公司在薪酬方面更加具有竞争力。

▶ 1. 国际人力资源薪酬的构成

外派人员的薪酬一般由基本薪酬、津贴、奖金和福利构成。

1）基本薪酬

外派人员的基本薪酬是与其所任职务相联系的，通常是确定奖励薪金、津贴及其他报酬的基础。基本薪酬可以用母国货币或所在国货币支付。

2）津贴

津贴是跨国公司对员工在海外工作支付的补助，通常包括以下项目：住房津贴、生活费用津贴、子女教育津贴、安家补贴等。

3）奖金

跨国公司外派任职人员获得的奖金通常以津贴的形式发放。主要包括以下项目：海外任职津贴、工作期满津贴、探亲津贴、艰苦条件津贴等。

4）福利

与薪酬相比，外派人员福利的管理更加复杂。通常，大部分美国企业的外派人员均享受母国的福利计划，而有些国家的驻外人员只能选择当地的社会保险计划。在这种情况下，企业一般要支付额外的费用。欧洲的母国人员和第三国人员在欧盟内享受可转移的社

会保险福利。一般情况下，跨国企业为母国员工退休而制订的计划都很好，对第三国人员则做得差一些。

▶ 2. 国际人力资源薪酬的设计流程

在当今企业的薪资体系中有很多种称谓，如绩效工资、职位工资、职位技能工资、协议工资、计件工资等，种类繁多。薪资有三种基本的模式：基于职位的薪资模式（即在什么职位拿什么钱）、基于绩效的薪资模式（即有多少业绩拿多少钱）、基于市场的薪资模式（即在市场上值多少钱就拿多少钱）。这三种薪资模式从称谓上即可对其制定薪酬的标准一目了然。绝大部分的企业都会结合上述三种薪酬模式，设计方案的优劣，是否能有效施行，如何运用工具建立适合自身企业的合理的薪酬制度，下面是薪酬设计的一般过程。

1）制定本企业的薪酬原则与策略

无论是企业的薪酬系统还是人员招聘、培训等其他人力资源管理工作，其目的都是帮助企业实现其战略目标。因此，在进行薪酬系统设计之前，有必要从战略的层面进行分析和思考，确定薪酬原则和策略，这是企业薪酬体系设计的总体思路性内容，是以后诸环节的前提，对后者起着重要的指导作用。这一步要明确本企业薪酬的原则，例如，是提倡薪酬等级拉开差距，还是注重薪酬整体的平均；是强调薪酬的弹性，还是刚性；以及基本薪资、奖金、福利之间的比重等。

2）工作分析

这是薪酬体系设计的基础。根据企业的组织结构，通过工作分析这一活动将获得企业中所有职务的工作说明书（包括任职资格等），这些文件和材料是下一步进行职务评价的依据。它在薪酬决策中有两个方面的重要作用：一是有利于明确不同工作内容之间的相似与差异，从而明确各岗位的职责与权限，并将所收集的资料最终整理成工作描述，即岗位说明书，界定各岗位的相似与差异。二是有助于建立内部平等的工作结构。工作分析是对企业现有岗位的一次大盘点，是对工作岗位进行科学设计的过程。通过分析，如果工作内容相同，那么薪酬也很可能是相等的。如果工作内容上存在差异，那么这些差异以及竞争者支付的市场薪酬率，都是支付因工作不同而带来薪酬差异的理论依据，并为职位评价奠定基础。

3）职位评价

职位评价（工作评估）是建立薪酬结构过程的一部分，重在解决薪酬的对内公平性问题。薪酬结构所关注的是企业内部薪酬水平等级的多少和不同薪酬水平之间级差的大小，这就需要系统地确定各职位的相对价值。在工作分析的基础上，划分岗位类型，参照岗位说明，以工作内容、所需的知识技能、对组织的价值、组织文化以及外部市场为基础，对岗位进行综合测定评价。它有两个目的：一是比较企业内部各个职位的相对重要性，得出职位等级序列，进行岗位归级，确定岗位工资系数，进而为确定工资分配差别提供量化依据。二是为进行薪酬调查建立统一的职位评估标准，消除企业内由于职位名称不同，或职位名称相同而实际工作要求和工作内容不同所导致的职位难度差异，使不同职位之间具有可比性，为确保工资分配的公平性奠定基础。职务评价主要是找出企业内各种职务的共同付酬因素，并根据一定的评价方法，按每项职务对企业贡献的大小，确定其具体的价值。这个环节是薪酬体系设计过程中最关键的一步。经过职务评价后，会获得各种职务的职务分，这些职务分反映了该职务对企业的价值和重要性，也是下面确定各职务薪酬范围的数值的依据。

4）薪酬结构设计

薪酬结构是指在同一组织内部不同职位或不同技能薪酬水平的排列形式，它确定薪酬等级的多少，不同薪酬等级之间级差的大小，以及决定薪酬级差的标准。薪酬结构的设计首先要符合公平原则，即决定薪酬的过程要公平，实际结果要公正。其次要综合考虑风俗习惯、经济环境、政策法规、组织战略、工作设计等内外因素影响。确定人员工资时，要结合考虑三方面的因素：职位等级、员工的技能和资历，以及员工的绩效。在工资结构上与其对应的分别是职位工资、技能工资和绩效工资。职位工资是以岗定酬，它依据工作内容，包括要求完成的工作任务、组织所期望的行为及结果来确定薪酬的高低。技能工资是以人定酬，关注的是员工拥有的技能或知识。绩效工资是员工业绩的体现，是确定薪酬结构的基础。它发挥作用的关键在于合理的设计与管理，并且需要一套完备而科学的绩效评价系统，才能公正地将报酬与绩效挂钩，引导和激励员工的行为。

5）薪酬调查

在市场经济条件下，外部竞争力成为影响薪酬体系设计的一个重要因素，它强调薪酬支付与外部组织的薪酬之间的关系，具有相对性，即与竞争对手相比而得到的薪酬。薪酬的竞争力在实践中是通过选择高于、低于或者相同于竞争对手的薪酬水平来实现的，而这种选择是在薪酬调查的基础上确定的。薪酬调查是采集、分析竞争对手所支付薪酬水平的过程，它能提供设计与竞争对手相关的薪酬策略所需的数据，并把策略变成实际操作中的薪酬水平和薪酬结构。

薪酬调查需要研究两个主要问题：调查什么，以及怎样去调查和进行数据收集。调查的内容，首先是本地区，本行业，尤其是主要竞争对手的薪资状况。参照同行或同地区其他企业的现有薪资来调整本企业对应岗位的薪酬，可以有效保证企业薪酬体系的外部公平性。

做薪酬调查的主要途径和方法有企业之间的相互调查、委托专业机构进行调查，以及从公开的信息中了解。

薪酬调查需要注意的有三点：一是薪酬调查的地域性和行业性非常强，我们做项目时如果没有足够的时间和资源做薪酬调查的话，最好把这块工作明确为由客户在项目组指导下自行完成。二是薪酬调查主要关注本地区同行业企业尤其是竞争对手的薪酬水平，不要将范围定得过于宽泛。三是薪酬调查的途径很多，同一岗位的薪酬水平数据会有差异，要注意选取可信度最高的数据。比如竞争对手来本企业应聘时讲的薪酬水平可信度就比较低。

6）薪酬定位

在分析同行业的薪酬数据后，需要做的是根据公司状况选用不同的薪酬水平。多数企业是通过调查其他竞争对手的薪酬率制定在市场上具有竞争力的薪酬率，并在综合考虑产品市场、劳动力市场和组织因素的前提下，应用市场调查的结果，采取领先、跟随、滞后或混合等策略来定位自己的薪酬水平。这些薪酬决策在不同企业是不同的，甚至在同一企业的不同职类中也是不同的。

7）薪酬体系的修正和调整

当企业的内、外部环境发生了变化时，随着岗位的调整、员工技能水平的变化，就会影响和破坏已建立起来的薪酬体系的平衡。此时，就必须对工作以及员工的技能和能力进行再次评估，从而调整或修正薪酬结构，使其重新达到内部一致性。此外，通货膨胀、行业或地区薪酬水平的改变、企业所处竞争地位的变化和企业竞争策略的调整等，也会引起企业薪酬水平的不断调整。而此时的薪酬调整需在重新进行薪酬调查的基础上进行，调整的步骤与设计一套新的薪酬制度类似。这就要求企业建立薪酬调查制度，设置专人定期收集劳动力市场上薪酬水平变化状况，作为薪酬调整的依据。在进行薪酬调整时，要注意在调整几次之后，常常会导致企业原先设置的薪酬结构中各项组成部分所占比例已不再符合当初的设想。因此，除非这种改变符合企业的期望。否则，为保持薪酬各组成部分的相对稳定，企业也需要定期对其进行一定的修正。

总之，企业的薪酬体系是一项复杂而庞大的工程，只有对薪酬体系进行多方面、全方位的设计，才能保证薪酬的公平性和科学性，充分发挥薪酬机制的激励和约束作用，使薪酬成为一种完成组织目标的强有力的工具。因此，我们在建立薪酬体系时，必须结合企业的实际情况，在不断探讨和摸索中逐步建立和完善符合企业特点的薪酬管理体系。

目前管理的出发点基本停留在"维持员工基本生活需要"上，目前在许多公司用到的工具"资产负债表平衡法"就是在降低成本的角度对待薪酬的，对于薪酬在激励出国工作方面的作用缺乏讨论。但是一个明显的事实是，外在薪酬在驻外人员身上所起的作用越来越小，而内在薪酬的作用越来越大。也就是说，驻外人员更需要组织对于自己工作、家庭和职业生涯的关注与支持。所以，事实上对于驻外人员而言，福利比高薪有效，所在国的支持又比福利与高薪有效。如今能够想得到的对驻外人员的激励仅仅包括驻外津贴、困难补助和流动津贴，显然这又是一些"保健薪酬"，与公司业绩的完成并无多大关系。

驻外人员薪酬的解决办法除了常用的资产负债表法，还有一些补充，如谈判工资。谈判工资在一些小公司里或者特殊雇员身上也会有应用。在跨国公司里，谈判意味着雇员和雇主之间达成一个工资与业绩之间的协议。这种协议相对来说，成本会比较高，对于雇主来说，雇员可能完不成任务；对于雇员来说，国外多变的环境会使他们有许多顾虑，这些顾虑要用很高的协议工资来抵消。

对于本地雇员的工资，通常会高于这些国家企业里相同工作的员工。另外，第三国员工的工资问题，在很大程度上应该和驻外人员的薪酬一致。因为第三国员工可能已经熟悉了如何与不同国籍同事交往的一些技巧或者是总公司的战略和文化，所以他们可能有更好的表现。对于他们的薪酬，应当按照驻外期限、职务以及本职工作的完成情况来决定，并给予与母国人员相同的报酬来对待，而无论以前的生活水平如何，并依然有合适的东道国员工作为生活顾问，还要赋予其充分的与职务相对应的一套权利。

此外，跨国公司支付员工工资也要讲究艺术。对所在国员工应该入乡随俗，例如，在基本工资和福利之间的分配比要跟所在国员工的要求一致；应该时刻关注驻外员工的困难，提供适当的补助；应该给驻外员工家庭以支持，等等。

本 章 小 结

本章介绍了经济全球化及其对人力资源管理产生的影响，阐述了国际人力资源管理与跨国公司的相关概念，提出了国际人力资源管理的三种研究视角，同时阐述了国际人力资源管理的定义。本章提出组织在走向世界的进程中以及成为跨国企业后，其人力资源管理的原则和实践；接着从管理学和应运科学两个角度介绍了国际人力资源管理的研究目的；最后谈到了跨国公司的人力资源管理的内容。

本章首先提出了一个企业要真正构建国际化的人力资源管理系统，必须要有国际化的人力资源战略思维，必须根据全球发展战略确立人力资源的战略与规划。其次，要想成为真正的国际化企业，组织内部就要构建一个能够适应国际化的工作环境，也就是国际化的人才生态。另外，就是要有国际化的管理基础和管理平台，要有能与国际对接的系统和流程。引进国际化的规则体系和基础管理平台。还有，就是要有国际化的知识交流分享系统。员工借助这个共享的知识管理体系可以便捷、顺畅地交流和沟通。

综合练习

一、名词解释

国际人才   战略体系   合作   驻外员工

二、单项选择题

1. 经济全球化优化了各种生产要素和资源的配置，也使得（　　）成为经济全球化企业经营的主流。

　　A. 承包　　　　B. 外包　　　　C. 发包　　　　D. 分包

2. 知识经济和网络经济的到来改变了人力资源管理的对象，其一是由传统的劳动力管理到（　　）员工的管理。

　　A. 知识型　　　B. 体力型　　　C. 学习型　　　D. 网络型

3. （　　）是指以网络为基础，以信息技术为手段，以电子化为表现的人力资源管理新方式。

　　A. EHR　　　　B. HER　　　　C. ERH　　　　D. ERH

4. （　　）组织就是一种通过减少管理层次，压缩职能机构，裁减人员而建立起来的一种紧凑而富有弹性的新型团体组织。

　　A. 网络化　　　B. 虚拟化　　　C. 职能化　　　D. 扁平化

5. 下面列举的四个理论学派中，（　　）不属于比较管理学的理论学派。

　　A. 行为学派　　　　　　　　　B. 应变管理学派
　　C. 经济发展与环境学派　　　　D. 经验学派

6. 德国企业坚持（　　）的管理原则，注重员工参与管理、团队精神的培养以及员工的职业培训，在雇用、培训等方面都独具特色。

　　A. 制度化　　　B. 社会化　　　C. 以人为本　　D. 团队化

7. （　　）的企业文化中包含追求经济效益和报效国家的双重价值目标的内容。

　　A. 美国　　　　B. 日本　　　　C. 德国　　　　D. 法国

8. 美国企业对于高级管理和技术人才的招聘主要通过（　　）进行。

　　A. 劳动力市场　B. 学校　　　　C. 猎头公司　　D. 网络

9. 商鞅在秦国推行改革，他在城门口立了一个木棍，声称能将木棍从南门移到北门的奖励500金但没人去尝试。根据期望理论，这是由于（　　）。

　　A. 500金的效价太低　　　　　B. 居民得到薪酬的期望太低
　　C. 居民对完成要求的期望太低　D. 大家都不敢尝试

10. 某大企业人才济济、设备精良，长期以来以管理正规、有序而自诩。但近年来该企业业绩不佳，尤其是干群士气低落，管理人员和技术人员的流失率逐年升高。从管理职能的角度分析，该企业最有可能是（　　）方面工作存在问题。

A. 计划职能　　　　B. 组织职能　　　　C. 领导职能　　　　D. 控制职能

三、多项选择题

1. 经济全球化又称为经济一体化，就其内容来说，包括（　　）。
   A. 生产全球化　　B. 贸易全球化　　C. 金融全球化　　D. 投资全球化
   E. 区域性经济合作

2. 世界三大经济区域化组织包括（　　）。
   A. 欧盟　　　　　　　　　　　　　B. 独联体
   C. 北美自由贸易区　　　　　　　　D. 亚太经济合作组织
   E. 非洲国家合作组织

3. 经济全球化对组织人力资源管理的影响主要体现在（　　）。
   A. 人力资源管理的创新　　　　　　B. 人力资源战略
   C. 组织变革　　　　　　　　　　　D. 劳动力的构成
   E. 文化冲突

4. 国际人力资源管理研究的视角包括（　　）。
   A. 制度比较视角　　B. 文化比较视角　　C. 跨国公司视角　　D. 战略管理视角
   E. 跨文化管理视角

5. 中国企业跨国经营的主体包括（　　）。
   A. 外贸专业公司　　　　　　　　　B. 大型贸易集团
   C. 生产性企业或企业集团　　　　　D. 大型金融保险、多功能服务公司
   E. 中小型企业

6. 美国传统企业的文化特征包括（　　）。
   A. 以追求利润最大化为最终目标　　B. 奉行"个人主义"和"能力主义"
   C. 重视法律和契约　　　　　　　　D. 推崇英雄主义、权威主义
   E. 倾向于"硬管理"

7. 日本传统企业的文化特征包括（　　）。
   A. 追求经济效益和报效国家的双重价值目标　B. 信奉家族主义和资历主义
   C. 富有集团主义管理思想　　　　　D. 以"和"为魂，注重劳资关系的和谐
   E. 重视对职工的教育培训

8. 德国的传统企业文化包括（　　）。
   A. 重视质量　　　　　　　　　　　B. 信奉家族主义和资历主义
   C. 产品附加值高和独特性　　　　　D. 团队意识、严谨的规章制度
   E. 技术主导

9. 日本人力资源管理的基本理论包括（　　）。
   A. 终身雇用制　　　　　　　　　　B. 等级制度和"软性"管理
   C. 企业内工会　　　　　　　　　　D. 年功序列制
   E. 企业新人事制度

10. 韩国人力资源管理的特点包括（　　）。
    A. 企业家族化程度高　　　　　　　B. 重视非物质激励
    C. 法治与情治相结合　　　　　　　D. 坚持以人为本的管理原则
    E. 推崇英雄主义、权威主义

四、判断题

1. 国际人力资源管理就是指研究跨国公司的人力资源管理。（   ）
2. 经济全球化与经济区域化是两个截然不同的发展方向，经济区域集团的形成阻碍了经济全球化的步伐。（   ）
3. 关于对跨国公司的管理，目前世界上存在着很多的模式，而且每天都在变，每年都在流行，所以不可能存在一个固定的管理模式让中国公司来效仿。（   ）
4. 总体上看，目前我国企业在境外投资多元化程度低、规模小、资金薄弱、人才缺乏、管理水平低，开拓能力和竞争能力都比较弱，许多海外投资企业还称不上是真正意义上的跨国企业。（   ）
5. 国家人力资源管理的研究视角主要有制度比较视角、跨文化管理视角和跨国公司视角，这三个视角是毫无联系，相互割裂的。（   ）
6. 外部招聘是欧洲企业招聘的主要方式，即对公司现有员工进行排名后选出承担新职位的最佳人选。（   ）
7. 人力投资模式是一种以满足组织个体需要为核心的激励模式，把企业目标与员工个人目标有机结合，目的是致力于对员工开展培训与开发，最终改善员工的绩效。（   ）
8. 序列制是指依据职工的年龄、工龄、学历等条件决定工资和福利待遇与晋升的一种薪酬制度。基本工资与工作能力没有直接联系，普遍实行定期增薪制度。（   ）

五、简答题

1. 什么是经济全球化和经济区域化？
2. 经济全球化对人力资源管理的影响？
3. 国际人力资源管理与跨国公司的定义分别是什么？
4. 从人力资源管理的主要模块简述美国人力资源管理模式与日本人力资源管理模式之间的区别有哪些？
5. 德国企业培训的特点是什么？

六、论述题

1. 在全球化和知识经济环境下，国际人力资源管理模式相融合的趋势体现在哪些方面？
2. 中国企业在国际化的进程中将面临哪些挑战？

七、案例分析

微软的人力资源战略体系

"如果把我们公司 20 个顶尖人才挖走，微软就会变成一家无足轻重的公司。"比尔·盖茨如是总结微软成为世界级企业的秘诀。从这句话我们不难看出微软对研究的重视。微软有 3 万多正式员工，一半多是做软件开发的，另一万人做营销，其他几千人分布在各管理职能部门和法律部门。

走进微软，技术创新一直贯穿于公司发展的过程之中，从 Windows95、WindowsNT 到 WindowsXP，从 Office95 到 Office2000 和 OfficeXP，从前端发展到后台的企业市场，SQL Server、Exchange Server、NET Enterprise Server，微软不断推出性能优越、洞悉用户需求的新产品。当电脑日益改变人们的生活，当网络风行全球之时，微软又推出了连接数字孤岛的 net 战略。微软是一家高新技术企业，而任何一家高新技术企业的成功都离不开它的研发部门，因此微软研究院的存在和发展则显得举足轻重。据《财富》杂志的资料，多年来，微软用于研发的经费一直占其收入的 15% 以上，仅 2000 年就用去了 37 亿美元。

2001年，由于微软亚洲研究院的杰出成就，比尔·盖茨同意微软亚洲研究院的研究经费增长30%，具体数额超过8000万美元，而微软中国研究院能在短短的两年多时间里成为世界一流的研究机构，更显示出了微软对基础研究的重视。

在微软看来，其人力资源策略简单而言就是怎么样能为员工创造动力，使他们愿意为公司创造价值，也可以是这样一句话：怎么样把人才留住，怎么样吸引最好的人才。考察微软这类高新企业的人力资源开发与管理时，首先要看它的研发部门的用人机制。作为知识经济时代的代表和高新技术"老大"的微软研究院，我们可以发现它的人力资源管理中的闪光点。

一、创新文化

在微软，文化的魔力非同小可，微软不是故意去打造雇主品牌，它推崇的是一种文化。微软在研发、创新等方面的卓越表现，很大程度上得益于其独特的企业文化：开放、对工作的热爱、授权、天空无限广阔、充满人性的关怀。例如，在回答"我手下的员工可以做什么"时，微软的答案有三个：在我不在的时候代表我；直接与高层老板接触、开会；由衷地希望他们超过自己。

微软对创新是宽容的，即便可能要以失败为代价，但微软不允许安于现状不思进取。了解计算机历史的人都知道20世纪80年代，字符界面的DOS向图形界面的Windows过渡，当时的情形是：如果微软抱紧DOS不放，结局是安逸地死去；如果选择冒险，转型过程可能会非常痛苦，结果也不一定成功，但比尔·盖茨情愿一试。假若微软没有这种"把整个公司都压上去"的魄力，恐怕现在早已不复存在了。比尔·盖茨那句"微软离破产永远只有18个月"的警告让微软上下都充满了危机意识和创新意识。

二、管理方式

微软注重长期性的承诺和支持。在一些公司，或因业务不景气，或因领导不理解、不支持，研究经费往往被削减，甚至撤销。但在微软，公司的前景一片明朗，比尔·盖茨对科研有最明确的承诺。他不但亲自管理研究（在微软，研究院是唯一不经过公司总裁，而直接汇报给比尔·盖茨的部门），而且花很多的时间和研究员一起研究将来的研究方向。此外微软还注重使命和大方向的启发。每一个成员的机构，都要有很强的使命感，靠它们来启发员工和帮助决定研究方向。微软也不例外，高层管理者根据对科技趋势、社会经济演变、公司未来的发展方向和员工一起定下一个有启发性的使命及研究院的大方向。在具体的进行研究的过程中，又能发挥员工自己的主动性，研究的项目、细节、方法、成败，都由研究员自己来决定。对于细节，领导层可以提出自己的意见，但决定权在研究员手中。

三、发掘人才

微软研究院奉行"追随人才"的战略，当时有人追问"追随人才"和"吸引人才"有什么不同，研究院的解释是，不能等着人才找上门，而是要求贤若渴，三顾茅庐。三顾茅庐的典故被微软仿效得淋漓尽致。比尔·盖茨在创立美国微软研究院时，请了许多说客去说服卡内基·梅隆大学的雷斯特教授加入。在历经6个月的"软磨硬泡"后，雷斯特终于为盖茨的真诚所打动。雷斯特加盟微软后，用从盖茨那里学来的耐心，又网罗了一大批计算机界大名鼎鼎的专家，其中包括微软亚洲研究院首任院长李开复博士。李开复博士受命创建在中国的研究院后，也用三顾茅庐之法挖来了包括被业界称为"全世界的财富"的张亚勤在内的一批"聪明人"，构建了当今最令人艳羡的团队。

四、独特的面试哲学

微软在选拔人才时，采取比较特殊的大面试方式。每一次面试通常都会有多位微软的员工参加。每一位员工都要先分配好任务，有的会出智力方面的问题，有的会考脑瓜的速度，有的会测试创造力及独立思想的能力，有的会考察与人相处的能力及团队精神，有的专家则会深入地剖析研究领域或开发能力。面试时，所有的问题都是特别有创意的。比如，测试独立思考能力时，会有这一类的问题：为什么下水道的盖子是圆的？请估计北京共有多少加油站？这些问题不一定有正确的答案，但是由此可以测出一个人思维和独立思想的方式。每一位员工面试之后都会把他的意见、决定（必须雇用、应雇用、可雇用、弱雇用或不雇用）、已彻底探讨的方向及建议下面员工可探讨的方向，用电子邮件通知所有下面的员工。最后，当所有的面试结束以后，集体做总结，挑选新员工。通常是在获得全体同意之后才会雇用一个人。但就算是全体同意，公司仍会询问申请者的老师、同学或其他可能认识申请者的人的意见。若一切都是很正面的，才会雇用这位申请者。微软正是通过这样的严格组织、谨慎态度和深入面试来表达对人才的重视。

五、留住人才

微软认为，每一个人都应该得到适当的待遇，但是除了提供有竞争性的（但是合理的）待遇之外，微软更重视研究的环境。微软研究院利用公司的雄厚资本，让每一个研究员没有后顾之忧，能够全心全意地做研究。最佳的研究队伍和自由、开放、平等的环境，让每个人都有彼此切磋、彼此学习的机会；长远的眼光和吸引人的研究题目，让每个人都热爱自己的工作；有理解并支持自己研究的领导，让每个人都能得到支持，紧随公司的大方向的同时；仍有足够的自由去发展自己的才能追求自己的梦想。

研究成果的评估上，微软同样采用开放性做法：就是把研究工作送到学术界，接受同行的评估和批评。学术界的认可和开放的环境，使得员工不必担心因公司把他们的重大发明变为公司机密，而丧失了与其他国内外学者交流，或被认可（获得论文奖）的机会。

所以，微软认为，如果只是用高的待遇，或许可以吸引到一些人，但只有一个特别吸引人的环境，才能吸引到并且长期留住所有最佳的人才。在微软全部三个研究院中，人才流失率不到3%（美国硅谷的人才流失率在12%左右）。

最后用两个人的话结束我们对微软研究院的人力资源管理战略的探讨，或许这对我们会有一些启发。一位在微软亚洲研究院服务了5年的员工用这些词语描述研究院："开放的环境、开明的管理、鼓励创新、有成就感和丰富的资源。""没有微软创新的性格，我和我的团队就不可能发展得这么快。"微软中国研究院王坚博士说。

资料来源：郭亮，薛莲. 微软的人力资源管理. 商场现代化[J]. 2012：12.

1. 结合案例，说说你对微软人力资源战略的认识？
2. 你认为微软的人才资源战略是否适合我国的企业，为什么？

参 考 文 献

[1] 张德. 人力资源开发与管理[M]. 4版. 北京：中国人民大学出版社，2012.
[2] 杨蓉. 人力资源管理[M]. 4版. 大连：东北财经大学出版社，2013.
[3] 陈维政等. 人力资源管理与开发[M]. 3版. 北京：高等教育出版社，2011.
[4] 彭剑锋. 人力资源管理概论[M]. 上海：复旦大学出版社，2003.
[5] 朱舟. 人力资源管理教程[M]. 2版. 上海：上海财经大学出版社，2009.
[6] 赵曙明. 跨国企业人力资源管理[M]. 北京：中国人民大学出版社，2001.
[7] 唐志红，骆玲. 人力资源招聘、培训、考核[M]. 北京：首都经济贸易大学出版社，2003.
[8] 石金涛. 培训与开发[M]. 3版. 北京：中国人民大学出版社，2013.
[9] 冉斌，李雪松. 人是最重要的：员工招聘六步法[M]. 北京：中国经济出版社，2004.
[10] 龙立荣，李晔. 职业生涯管理[M]. 北京：中国纺织出版社，2003.
[11] 刘冰，张欣平. 职业生涯管理[M]. 济南：山东人民出版社，2004.
[12] 许明月. 人力资源管理心理学[M]. 北京：经济科学出版社，2010.
[13] 苏进，刘建华. 人员选拔与聘用管理[M]. 北京：中国人民大学出版社，2007.
[14] 李艳. 人力资源管理工具大全[M]. 北京：人民邮电出版社，2009.
[15] 中国就业培训技术指导中心. 企业人力资源管理师（三级）[M]. 2版. 北京：中国劳动社会保障出版社，2007.
[16] 安鸿章，岳威，王守志. 企业人力资源管理师[M]. 2版. 北京：中国社会劳动保障出版社，2007.
[17] 颜爱民，方勤政. 人力资源管理[M]. 北京：北京大学出版社，2007.
[18] 朱勇国，丁雪峰. 国际人力资源管理[M]. 北京：中国人事出版社，2006.
[19] 李中斌，万文海，陈初升. 国际人力资源管理[M]. 北京：中国社会科学出版社，2008.